给指点，给讲说，
却随时准备少指点，少讲说，
最后做到不指点，不讲说。
这好比牵着手走，却随时准备放手。
在这上头，教者可以下好多功夫。
——叶圣陶

iCourse·教材

《教师教育课程标准（试行）》教材大系

国家级一流本科课程配套教材

教师教育国家级精品资源共享课配套教材

小学语文教学设计

（第2版）

主　编　蒋　蓉　李金国

副主编　莫崇芬　袁利芬

编写者　蒋　蓉　曾晓洁　黄朝霞　邹　婷　余丽英
　　　　莫崇芬　李金国　周杨林　刘济远　袁利芬

中国教育出版传媒集团

高等教育出版社·北京

内容提要

　　作为国家级一流本科课程、教师教育国家级精品资源共享课"小学语文教学设计"的配套教材，本书依据教育部《义务教育语文课程标准（2022 年版）》和统编版小学语文教材编写，遵循小学语文教学的基本规律，着力突出师范性和实践性，引导学生树立正确的小学语文课程观和教学理念。全书以小学语文教学设计为主线，着重对小学语文识字与写字、阅读与鉴赏、表达与交流、梳理与探究四大模块的教学目标设计、内容设计、过程与方法设计、学业质量评价设计进行阐述，并结合小学语文教学设计典型案例剖析小学语文各模块的教学设计技巧，切实培养师范生从事小学语文教学的实践能力，以满足基础教育课程改革对小学语文教学的需求。

　　本书凸显新形态教材的特点，将"纸介文本＋二维码资源＋数字课程"相结合，读者可以扫描书中二维码，查看与本书内容紧密相关的数字资源。

　　本书可用作小学教育专业教材，也可作为小学教师职后培训教材。

图书在版编目（ＣＩＰ）数据

　　小学语文教学设计 / 蒋蓉，李金国主编． -- 2版
． -- 北京 ：高等教育出版社，2023.8
　　ISBN 978-7-04-060202-9

　　Ⅰ. ①小… Ⅱ. ①蒋… ②李… Ⅲ. ①小学语文课-教学设计-高等学校-教材　Ⅳ. ①G623.202

　　中国国家版本馆CIP数据核字（2023）第039965号

小学语文教学设计（第2版）
Xiaoxue Yuwen Jiaoxue Sheji

| 策划编辑　王雅君 | 责任编辑　王雅君 | 封面设计　张雨微 | 版式设计　张　杰 |
| 责任绘图　李沛蓉 | 责任校对　张　然 | 责任印制　朱　琦 | |

出版发行	高等教育出版社	网　　址	http://www.hep.edu.cn
社　　址	北京市西城区德外大街4号		http://www.hep.com.cn
邮政编码	100120	网上订购	http://www.hepmall.com.cn
印　　刷	大厂益利印刷有限公司		http://www.hepmall.com
开　　本	787mm×1092mm　1/16		http://www.hepmall.cn
印　　张	20.5	版　　次	2016年11月第1版
字　　数	420千字		2023年 8 月第2版
购书热线	010-58581118	印　　次	2023年 8 月第1次印刷
咨询电话	400-810-0598	定　　价	45.00 元

前　言

党的二十大报告将"实施科教兴国战略，强化现代化建设人才支撑"作为一个单独部分，充分体现了教育的基础性、战略性地位和作用。进入新时代以来，我国在教育强国建设之路上取得了历史性、跨越式发展成就。这些实践成就令中国式现代化的教育图景底色更加亮丽。

"小学语文教学设计"课程作为育才造士的重要组成，依照《教师教育课程标准（试行）》开设，在小学教师培养中发挥着不可忽视的作用。本课程的任务是通过有关小学语文教学设计理论知识的讲授和教学技能的训练，使学习者具有较强的小学语文教学设计能力，提高其从事小学语文教学所必备的综合素质和专业化水平，以适应我国当前基础教育课程改革对小学语文教师的新要求。

一、修订背景与要点

本教材自 2017 年出版以来，受到了全国各地综合性大学、师范院校、高等专科学校师生的认可。教材出版至今，儿童青少年成长环境持续变化，他们的生活、学习、思维方式不断改变，不同价值观念相互碰撞，这些变化对人才培养提出了新挑战；教育领域发生了诸多变化——全国教育大会顺利召开，教育改革进一步深入，义务教育统编版语文教材投入使用，义务教育各学科课程标准（2022年版）颁布等。以上这些都促使我们启动教材修订。

在内容上，我们根据统编版小学语文教材、《义务教育语文课程标准（2022年版）》的要求进行了大量的更新，修订幅度较大。每个模块都特别注意融入核心素养、学习任务群、学业质量标准等重点、难点问题，凸显中华优秀传统文化、革命文化、社会主义先进文化等经典性内容在小学语文教育中的价值，同时关注学生当下生活，有机融入时代性内容，如现代教学媒体的运用、表达与交流的话题紧贴当今学生生活等。第 2 版教材的所有案例均紧密结合统编版小学语文教材内容，贯彻落实《义务教育语文课程标准（2022年版）》精神，符合语文教育发展需求、实践需求。

二、教材特色

结合当前语文课程改革的新形势，以及信息化时代的发展对小学语文教师的要求，修订后的教材力求呈现以下特色。

（一）更新内容体系，凸显实践性

教材以"设计"为主线，凸显实践性。其核心内容由绪论、小学语文课程四大模块的教学设计以及小学语文课堂教学的共性要素设计组成。其中，小学语文教学设计绪论从总体上阐述"语文""教学设计""课程标准"；小学语文课程四大模块的教学设计包括识字与写字、阅读与鉴赏、表达与交流、梳理与探究，小学语文课堂教学的共性要素设计就导入、提问、结课、板书、现代教学媒体运用、教案、说课方面进行了具体说明。每个模块的教学设计分为教学目标设计、教学内容设计、教学过程与方法设计、学业质量评价、教学设计案例分析等内容，既注重理论与实践的结合，阐述基本概念、原理、规律和方法，又注重呈现小学语文教材内容，以满足学习者的需求，为学习者的理解感悟和实训研讨提供有效支撑。这样的架构，符合学习者教学能力形成的规律，符合小学语文教师培养的基本规律，有利于培养学习者的小学语文教学设计与实施能力。

（二）创新编写体例，突出多元化

教材在编写体例上进行了精心设计。文前，专设"案例目录"，将各模块案例总体列出，方便学习者查阅；模块前设置"思维导图""模块导读""学习目标"；模块内将理论与实践紧密结合，设置"教学一线""合作研习""实践指导"；模块后设置"教学设计训练""推荐阅读"，其中"教学设计训练"设实践任务、实践要求、实践建议，以引导学习者将模块内容进行整合，反思拓展，提升该模块教学的综合能力。这样构建的小学语文教学设计的基本体例多元化，能满足不同的教与学的需求。

（三）精选典型案例，力求原创性

本教材编写者通过多种方式精选了大量鲜活的原创性案例，既有优秀教师的精彩课例，又有师范生的教学设计。案例包括教案设计、教学片段、教学分析等，且尽量做到一课多例、一例多用，强化学习者对教育教学情境的反思，促进教育实践智慧的形成。

（四）"纸介文本 + 二维码资源 + 数字课程"，助力教学方式变革

本教材关注学习者的已有经验和学习体验，通过实践指导、案例分享、合作研习等，力求做到将基础知识学习与能力训练相结合，理论与实践相结合。教材以"纸介文本 + 二维码资源 + 数字课程"为依托，教材文本呈现系统性的学习内容，教材中的二维码资源提供了更丰富的拓展性学习资源，数字课程为学习者线上系统学习提供便利。这些切实增强了本教材的实用性，为学习者提供了多种学习方式，便于师生根据教与学的需要较自由地安排学习内容，灵活采用线上线下、翻转课堂、混合式学习等多种教学方式。

三、教学与教材使用建议

为进一步提升学习成效，教师要引导学生努力做到"三结合"。

（一）关注现实，做到理论与实践相结合

本教材给学习者提供小学语文教育教学所需要的基本理论、方法，并带领学习者探索规律，期望学习者能运用理论知识和科学方法探寻和剖析小学语文教学中的诸多问题，据此培养语文教学思辨意识和语文教学能力。与此同时，本教材提供了大量的一线教学案例、实践指导等资源，期望学习者不但重视理论的学习，还关注一线教师的教学，举一反三，不断积累个人的教学智慧。本课程旨在培养学生的教学设计与实施能力，具有很强的实践性，故学习者应做到理论与实际相结合——用科学理论去指导实践创新，用实践创新去丰富理论，不断提高小学语文教学能力，并最终形成终身发展能力。在这之中，学习者要特别关注现实的语文教育。关注现实的语文教育有很多途径和方法，或深入小学进行调查研究，或坚持阅读有关语文教育的书刊，或参加小学语文教研教改活动等，如此，经常了解语文教学的新情况、改革的新动向、研究的新成果、学科的新发展，可为本课程的学习引入活水，注入生气。

（二）拓展探究，做到学习与研究相结合

学习者要带着问题去发现、探究，既要注重掌握小学语文教学的基本方法、规律，又要主动思考，善于提出问题，并带着问题进行研究性学习，培养研究意识与反思能力，这对切实培养从事小学语文教学工作的实践智慧，提升实践能力具有重要的意义。本教材提供了"合作研习"栏目，期望学习者能够利用这些栏目进一步加深对语文教育的理解。

（三）知能同步，做到理论修养提升与能力培养相结合

通过本课程的学习，学习者不仅要掌握基本理论，而且要培养从教能力。能力主要依靠自己勤练、苦练获得。提升能力仅靠课内是不行的，必须强化课外的训练。为全面提升小学语文教学能力，学习者一要苦练语文基本功，练普通话、练表达、练朗读、练粉笔字等；二要苦练教学的基本技能，练钻研教材、练学情分析、练教案撰写、练课堂教学等；三要苦练现代教育技术的操作。如果学习者既懂得为教之道，又有从教之能，还具有兴教之识，那么，也就很好地达成了本课程的学习目标。本教材的"教学设计训练"栏目为学习者提供了多种教学情境，其目的就是帮助学习者达到知能同步。

本教材是国家级一流本科课程及教师教育国家级精品资源共享课"小学语文教学设计"团队合作的成果。编写者有高校教师，有一线小学特级教师，他们都多年从事小学语文教育教学研究，有着丰富的小学语文课程教学经验。学生可登录"爱课程"网或"中国大学MOOC"查找同名课程进行学习。本教材编写人员及执笔情况如下：绪论由蒋蓉撰写；模块一由曾晓洁撰写；模块二第一至第四单元由黄朝霞、

邹婷撰写，第五单元由余丽英撰写；模块三由莫崇芬、李金国撰写；模块四由周杨林、刘济远撰写；模块五由袁利芬撰写；模块六由李金国撰写。蒋蓉设计了全书的框架及体例，并与李金国对全书进行了修改、统稿。高等教育出版社编辑们在教材构思和设计方面给予了宝贵的建设性意见和具体的编写指导。获取本教材教学课件可联系责任编辑王雅君（wangyj@hep.com.cn）。

　　本教材是教育部"小学语文课程与教学论课程（群）虚拟教研室"、湖南省"双一流"应用特色学科"教育学"、湖南省高等学校哲学社会科学重点研究基地"小学教师教育研究基地"的研究成果。本教材的编写，参考了国内外有关论著和教材，吸纳了部分专家学者的研究成果，采用了相关小学教师的优秀案例，在此一并致以深深的敬意与谢忱！限于编写水平，书中难免有疏漏之处，敬请专家和广大读者不吝赐教。

本书编写组

2023 年 6 月

登录"爱课程"网或"中国大学MOOC"，查找"小学语文教学设计"课程。本课程为你提供教学日历、课程大纲、学习指南、教学视频、演示文稿、习题作业等内容。

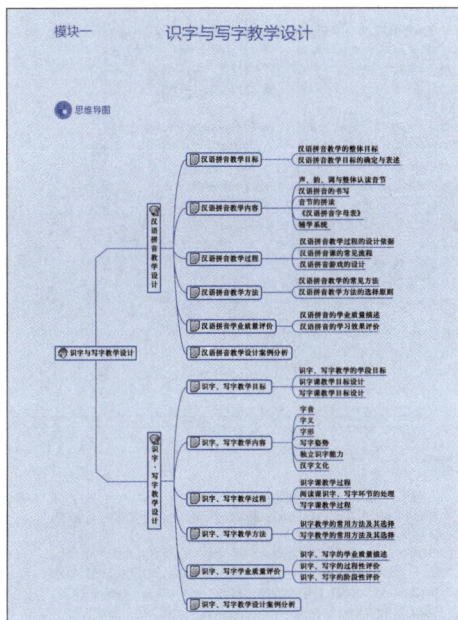

思维导图： 以简洁的图文形式，概括本模块各单元内容间的逻辑结构，便于你全面把握本模块内容结构。

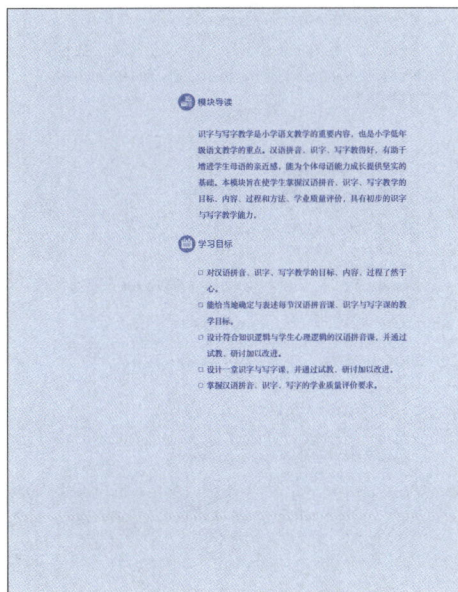

模块导读、学习目标： 简要介绍本模块主要内容及学习目标，便于你了解本模块基本内容与学习目标。

第一单元　汉语拼音教学设计　　21

b p m f

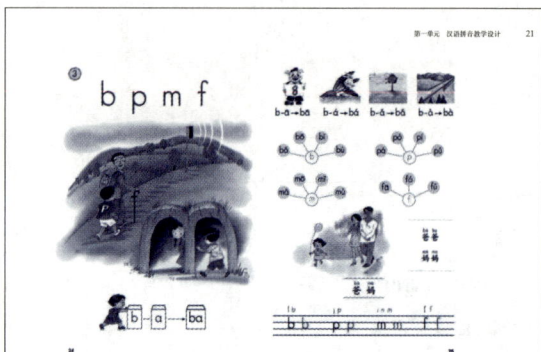

图 1-2　一年级上册"b p m f"教材示例

教学一线

案例 1-1　"b p m f"的教学目标（1）（一年级上册）

1. 学会 b，p，m，f 四个声母，能读准、认清形、正确书写。学会声母 b 和单韵母 a 拼成音节的方法。学会带声调读拼音节，学会拼读 b，p，m，f 与单韵母组成的音节。初步学会读轻声。认识"爸、妈"两个生字，能在一定的语境中运用。

2. 能通过自我探索、发现，找到隐藏在插图中的字母的形，读准字母的音。

3. 明白学习汉语拼音能帮助识字和阅读，学习国家通用语言文字。有主动学习的兴趣。

案例 1-2　"b p m f"的教学目标（2）（一年级上册）

1. 学会 b，p，m，f 四个声母，读准音、认清形、正确书写。

2. 学会声母 b 和单韵母 a 拼成音节的方法。

3. 学会带声调拼读音节，学会拼读 b，p，m，f 与单韵母组成的音节。

4. 初步学会读轻声。

5. 认识"爸、妈"两个生字，能在一定的语境中运用。

确定教学目标，首先要明白该课的学习基础：学习 b，p，m，f 之前，学生已经学了 a，o，e，i，u，ü，y，w。

请重点关注这两个案例拼音教学目标的确定与表述

教学一线：精选优秀小学教师及师范生的教学案例，直击小学语文课堂现场，助你积累教学实践智慧，实现理论与实践的无缝对接。"教学一线"旁批注了重点关注，使案例学习的指向更加明确。

22　模块一　识字与写字教学设计

案例 1-1 没有出现主要方向的偏差，也明白教学目标的学生视角，没有写成"使学生……"的格式，层次感也比较鲜明。但仔细阅读，可发现第 3 点所列目标不是本节课能一蹴而就的。

案例 1-2 所列教学目标，比案例 1-1 更清晰一些，但两个案例的"读准音，认清形，正确书写""带声调拼读音节"等说法较为笼统，"初步学会读轻声"要求过高。其实，"学会"是有层次的概念，比如，字母的认读，至少有带图认读、语境认读、纯字母认读三个水平层次；正确书写，有抄写、听写、默写三个水平层次；正确拼读音节，可也分为引导拼、齐声拼、独立拼等多层次。此外，从容量上看，该案例同案例 1-1 一样，都是把几节拼音课的教学目标集中写在一起，但这样有不便于检验每课时的教学目标是否达成。

合作研习

小王老师用分课时的方法写出了如下教学目标，它的可操作性、可评价性如何？你准备怎样完善？

"b p m f"的教学目标

第 1 课时

1. 初步学会 b，p 两个声母，能认清形、读准音。

2. 学会 b，p 与单韵母的拼音。

3. 能够根据书上 bá、pá 两幅挂图说一句完整的话。

第 2 课时

1. 学会 m，f 两个声母，能记清形，读准音。

2. 学会 m，f 与单韵母的拼音。

3. 初步掌握两拼法。

4. 能够根据插图，用"这是……"的句式说一句意思完整的话。

第 3 课时

1. 巩固 b，p，m，f 四个声母，继续练习拼读音节。

2. 学会拼读"爸爸、妈妈"，初步学会读轻声。

3. 认识"爸、妈"两个生字，并能在一定的语境中加以运用。

完善后的教学目标

拼音教学的整体内容

二、汉语拼音教学内容

汉语拼音教学内容，可以分为五个方面：声、韵、调与整体认读音节，音节拼读，汉语拼音书写，《汉语拼音字母表》，辅学系统等。

（一）声、韵、调与整体认读音节

1. 声母（21 个）

教材中，声母都按照发音部位分组呈现。舌尖后音 zh，ch，sh 和舌尖前音 z，c，s 容易混淆，舌尖后音 r 与舌尖中音 l 容易混淆，是发音部位不准所致，是教

合作研习：引导教学活动采用小组合作方式，深化对学习内容的理解与体悟。

扫一扫二维码，可轻松获取为你精心准备的微课、教学设计案例等。

实践指导：体现实践取向，助你掌握教学方法与技巧。

音或者形状，如图 1-8 所示。

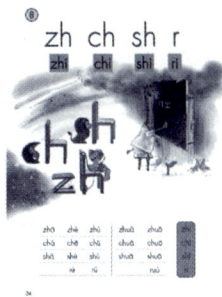

图 1-8　一年级上册 "zh ch sh r" 教材示例

🔵 实践指导
拼音课常用歌谣

拼音教学中的歌谣也非常多，有的已成为拼音课的必用歌谣。如：

张大嘴巴 a a a，圆圆嘴巴 o o o，扁扁嘴巴 e e e，1 字加点 i i i，乌鸦做窝 u u u，鱼吐泡泡 ü ü ü。

张大嘴巴 a a a，嘴巴挑鱼 o o o，小嘴一咧 e e e，牙齿对齐 i i i，嘴巴空出 u u u，撮个小圆 ü ü ü。

小小帆船逐波浪，像个 6 字就是 b；小猴推车上山坡，车的样子像个 p；小兔捧篮采蘑菇，三个蘑菇连成 m；魔术大师台上站，手扶魔棒 f f f。伞把 t，拐棍 f，靠背椅子真像 h。两门 m，一门 n，n 字伸头就念 h。z、c、s 后有椅子，翘起舌头 zh，ch，sh。

大 y 带小 i，一对好兄弟，两人在一起，仍然读作 yi。

小 ü 很骄傲，眼睛往上瞧，大 y 帮助它，摘掉骄傲帽。

一声高高平又平，二声由低往上升，三声先降再扬起，四声由高降到低。

🔵 合作研习
下面这则教学 ao 发音的案例①，用了哪些方法？

师：这节课，老师给大家带来了三位新的拼音朋友，你们看，这就是第一位

① 李清玲：课例《ao ou iu》小语一册。

这节口语交际课总体上体现了如下特点：

一是设计的层次性。在设计上，教师没有将口语交际的话题局限于同一认知层面反复循环，而是通过层层推进，将话题不断引向学生生活的多个方面，同时从同桌交流、小组合作、小型辩论等多种形式层层递进展开交际，体现了口语交际能力训练的层次性。

二是活动的开放性。表现在小组活动开放，营造各抒己见、畅所欲言的交流语境；表现在课堂评价开放，让学生成为评价的主体，真正发挥课堂即时评价的促进与激励功能。

三是交流的互动性。课堂上既有生生、师生等不同形式的互动，也有个体、集体、个体与集体等不同类型的互动，体现了口语交际平等对话、互动生成的特点。

四是内容的生活性。话题来自学生生活，切合学生的心理特点，充分体现了口语交际植根于生活实践、服务于口语实践的教学要求。

本章训练与拓展

💡 **教学设计训练** ▪▪▪▪▪▪▪▪▪▪▪▪▪▪▪▪▪▪▪▪▪▪▪▪▪▪▪▪▪▪▪▪▪▪▪▪▪▪

教学设计训练：结合学习内容设计实践任务，提出实践要求，提供实践建议，便于你运用本模块所学内容解决实践问题。

● **实践任务**

从语文教材中任选一个口语交际的内容，设计一份教学方案，并在小组中虚拟教学，相互评析。

实践要求：

1. 教学方案的各部分内容完整，重点突出教学目标与教学过程的设计；

2. 设计方案时要注意目标准确恰当、学生参与度高、交际互动性强；

3. 各自设计好方案后小组内进行虚拟教学，并相互评析。

实践建议：

请认真学习本模块各单元具体内容，并登录"爱课程"网观看本模块各单元教学视频，掌握好口语交际教学的设计与教学要求。

📖 **推荐阅读** ▪▪▪▪▪▪▪▪▪▪▪▪▪▪▪▪▪▪▪▪▪▪▪▪▪▪▪▪▪▪▪▪▪▪▪▪▪▪

推荐阅读：为你精选相关文献，将课内学习向课外延伸，满足你进一步学习与研究的需要。

1. 沈碧君. 项目化学习背景下的口语交际情境创设 [J]. 语文教学通讯, 2022(11).

项目化学习是基于项目而产生的一种创新高效的学习方式。该文基于项目化学习理念观照口语交际的情境创设，指出口语交际教学必须紧扣口语交际的项目目标、激发学生口语交际的内驱力、搭建真实的口语交际情境；提出用于课堂教学的情境拓展课本中展现的情境、教师组织创设的情境、学生根据生活经验并依

目　录

案例目录

模块六　课堂教学的共性要素设计　269

绪　论　小学语文教学设计概述

语文是学生学好其他课程的基础，也是学生全面发展和终身发展的基础，对于培养学生核心素养、推广普及国家通用语言文字、建立文化自信、提高民族素质具有重要的意义。语文是小学的主体课程。未来的小学语文教育工作者，需要有扎实的语文教育教学素质，其教学设计能力直接关系到教育教学的效果，影响到人才培养的质量。

第一单元　小学语文课程概述

课程是不断发展变化和丰富完善的。了解小学语文的发展、简论"语文"的含义及语文课程的功能地位，有助于从整体上初步把握小学语文课程的概况。

一、语文教育发展简况

我国的语文教育源远流长，积淀深厚。早在两千多年前的先秦时期，学生就需要掌握"六艺"——礼、乐、射、御、书、数。其中"书"大体相当于现代的语文课程。两汉以后，学生要诵习儒家经典——《四书》《五经》，其中自然有识字、写字、阅读、作文等内容。在我国漫长的古代社会，语文与经学、史学、伦理学融为一体，没有严格意义上的语文课程。

到 20 世纪初，我国废科举，兴学校，语文课程才分化出来。具体地说，1902 年，清政府颁布的《钦定学堂章程》（又称"壬寅学制"）规定：蒙学、小学、中学均设"读经"科，此外，蒙学再设"字课"和"习字"，初等小学设并行的"习字""作文"，高等小学设"习字""作文""读古文辞"，中学设"词章"。这里的"读经""习字""作文""读古文辞""词章"，大体相当于我们现在的语文课程，以分科形式存在的语文课程初见端倪。但由于种种原因，该章程公布后未能在全国实际推行。

1904 年，清政府颁布《奏定学堂章程》（又称"癸卯学制"）并在全国推行。该章程在课程设置上规定：初等小学堂、高等小学堂和中学堂均设"读经讲经"，初等小学堂另设"中国文字"（教学内容包括识字、读文、作文），高等小学堂和中学堂另设"中国文学"（教学内容包括读文、作文、习字、习官话）。该章程将识字、写字、读书、作文、说话等科目合为一科，语文课程独立设科。

1907年，清政府颁布《奏定女子小学堂章程》，不再设置"读经"课程，而设置"国文"课程，这标志着学科意义上的语文开始进入学校课程。

1912年中华民国南京临时政府教育部制定的《普通教育暂行课程标准》规定，废止"读经"，将清末以来的"中国文字"和"中国文学"改称为"国文"科，并将该科分为读法、作法、书法、语法（练习语言）四项。这一时期，语文与经学、史学、伦理学分离，作为一门独立的课程在中小学开设，教授的是文言文。尽管人们对它的认识还未深入学科领域内部，但语文课程在中小学教育中取得了一定的位置，为以后的发展奠定了基础。

"新文化运动"提倡白话文与新文学，反对文言文与旧文学，并倡导把国语作为全国统一使用的共同语言。在全国文化教育界的一致呼吁下，1920年北洋政府教育部通令全国，将国民学校一、二年级的国文改为语体文。此后，中学各科教科书也逐渐用语体文改编，实现"言文一致"，"国语"科从此诞生。1929年、1932年国民政府分别颁行《中学法》《师范学校法》，初中、高中、师范学校均设"国文"，形成小学设"国语"、中学设"国文"的语文课程体制。

1949年，华北人民政府教科书编审委员会决定将"国语"和"国文"统称为"语文"。1950年，由中央人民政府出版总署编审局编写的全国统一的《语文》教材明确指出，说出来的是语言，写出来的是文章，文章依据语言，"语"和"文"是分不开的。语文教学应该包括听话、说话、阅读、写作四项。这套课本不用"国文"或"国语"的旧名称，改称"语文"。"语文"这一课程名称自此命名。显然，"语文"这一课程名称避免了过去"国语"仅指口头语言，"国文"仅指书面语言，甚至仅指文言文的问题。课程名称变化后更加科学、规范，体现听、说、读、写并重的思想。

20世纪50年代初，受苏联的影响，国内普遍认为文学和语言混在一起教两败俱伤，提出将文学、汉语分科教学，为此，我国制定了中学文学、汉语教学大纲和小学语文教学大纲，还制定了《暂拟汉语教学语法系统》。1956—1958年，中学试行文学、汉语分科教学，小学虽没有分编文学和汉语课本，但在语文课本中充实了语言方面的内容，并且除课本之外还编写了系统的、着重进行语言训练的《语文练习》。这是新中国成立后语文课程第一次有计划、有组织的大规模改革，对语文课程产生了较大的影响。但它过于强调文学与汉语两个系统，偏重纯文学教学，忽视了综合语言运用能力的培养和思想政治的教育。文学、汉语分科教学实行不到两年，两科又重新合并为"语文"，并一直发展至今。

二、"语文"的含义

对于"语文"这一课程名称的含义，不同的人有不同的理解，有人理解为

"语言文字"，也有人理解为"语言文章"，还有人理解为"语言文学"甚至"语言文化"，可谓众说纷纭。

要正确理解这一概念，得追溯"语文"始用之时。前面已讲到，这一名称最早见于华北人民政府教科书编审委员会和中央人民政府出版总署编审局编写的《语文》课本。对此，曾主持过这项工作的语文教育家叶圣陶先生有过几次权威的阐释。

1962年，叶圣陶先生在一次讲话中明确指出："什么叫语文？平常说的话叫口头语言，写到纸面上叫书面语言。语就是口头语言，文就是书面语言。把口头语言和书面语言连在一起说，就叫语文。"[①]这简明扼要地揭示了"语文"的本质含义。

1964年，叶圣陶先生在一封书简中又进一步阐释："'语文'一名，始用于1949年华北人民政府教科书编审委员会选用中小学课本之时。前此中学称'国文'，小学称'国语'，至是乃统而一之。彼时同人之意，以为口头为'语'，书面为'文'，文本于语，不可偏指，故合言之。亦见此学科'听''说''读''写'宜并重，诵习课本，练习作文，固为读写之事，而苟忽于听说，不注意训练，则读写之成效亦将减损。原意如是，兹承询及，特此奉告。其后有人释为'语言''文字'，有人释为'语言''文学'，皆非立此名之原意。第二种解释与原意为近，惟'文'字之含意较'文学'为广，缘书面之'文'不尽属于'文学'也。课本中有文学作品，有非文学之各体文章，可以证之。第一种解释之'文字'，如理解为成篇之书面语，则亦与原意合矣。"[②]

据此，我们可以得出如下结论：语文＝语＋文＝口头语言＋书面语言＝语言（广义）。语文课应当是广义的语言课。实际上，从语文教学内容来看，语文课应包括"文字""文章""文学""文化"。正确认识语文的内涵，有助于我们准确定位语文课程。

现代课程论认为，语文课程是根据国家的教育目标，为指导学习者的语文学习活动，发展学习者的语文素养而制定的语文教育内容的系统组织。广义上，小学语文课程由三大部分组成：一是学校的课程表内开设的语文的各项内容，包含识字与写字、阅读与鉴赏、表达与交流、梳理与探究等；二是学校计划并实施的语文课外活动，如结合语文课的学习，组织的报告会、演讲会、辩论会、研讨会、戏剧表演等活动；三是学校中的隐性课程，如优美的校园环境、良好的校风以及融洽的人际关系等对学生的影响。

三、语文课程的功能地位

《义务教育语文课程标准（2022年版）》（以下简称《语文课程标准》）指出："语文课程致力于全体学生核心素养的形成与发展，为学生学好其他课程打下基础；为学生形成正确的世界观、人生观、价值观，形成良好个性和健全人格打下

---

① 叶圣陶.叶圣陶语文教育论集[M].北京：教育科学出版社，1980：138.
② 叶圣陶.叶圣陶语文教育论集[M].北京：教育科学出版社，1980：730.

基础；为培养学生求真创新的精神、实践能力和合作交流能力，促进德智体美劳全面发展及学生的终身发展打下基础。语文课程在推广普及国家通用语言文字、增强凝聚力、铸牢中华民族共同体意识，建立文化自信、培育时代新人，实现中华民族伟大复兴等方面具有不可替代的优势。语文课程的多重功能和奠基作用，决定了它在九年义务教育中的重要地位。"

语文课程有着重要的地位。从学校教育来看，语文课程是基础性课程，是学好其他课程的重要前提。小学各门课程的教育教学活动要正常地开展起来，其前提是学生能正确理解和运用国家通用语言文字，掌握听、说、读、写的基本方法和基本技能。语文素养高的人，可以迅速而准确地理解各科的知识内容，并运用准确的语言来表达自己的见解；而语文素养低的人，则可能在阅读和表达上出现各种障碍，进而影响知识的理解和思维的表达。因此，相比小学的其他课程来说，语文课程的课时高居榜首。

从学生的发展来看，基础教育的基本任务是为每个学生的发展奠定基础，而语言发展无疑是人的一切发展的基础。语文学习可以为培养学生正确的世界观、人生观、价值观，形成良好的个性和健全的人格打下基础。语文课程所培养的阅读、写作、口语交际等理解和运用语文的能力，构成了学生学习能力的基本要素；同时，语文学习可以帮助学生发展思维能力，提升思维品质，形成自觉的审美意识，培养高雅的审美情趣，积淀丰厚的文化底蕴，这些能为人的终身发展和全面发展奠定基础。

因此说，小学语文课程的多重功能和奠基作用，决定了它在义务教育阶段的重要地位。

第二单元　小学语文教学设计概述

"小学语文教学设计"是高等师范院校小学教师培养类专业全科及中文方向重要的专业课，是小学教师培养类专业其他学科方向（如数学与应用数学、英语等）的辅修课。

一、教学设计的内涵

"小学语文教学设计"课程是根据教育部《教师教育课程标准（试行）》设置的。为对其有较准确的把握，有必要对"教学设计"一词加以阐释。由于人们认识的角度不同，对教学设计的定义也不尽相同。

加涅曾在《教学设计原理》中指出：教学设计是一个系统化规划教学系统的过程。教学系统本身是对资源和程序做出有利于学习的安排。任何组织机构，如果其旨在开发人的才能，均可以被包括在教学系统中。

帕顿在《什么是教学设计》一文中指出：教学设计是设计科学大家庭的一员，设计科学各成员的共同特征是用科学原理及其应用来满足人的需要。因此，教学设计是对学业业绩问题的解决措施进行策划的过程。

赖格卢特对教学设计的定义基本上同帕顿的定义是一致的。因为在他看来，教学设计也可以被称为教学科学。他在《教学设计是什么及为什么如是说》一文中指出：教学设计是一门涉及理解与改进教学过程的学科。任何设计活动的宗旨都是提出达到预期目的的最优途径，因此，教学设计主要是关于提出最优教学方法的处方的一门学科，这些最优的教学方法能使学生的知识和技能发生预期的变化。

梅里尔等人在《教学设计新宣言》一文中对教学设计的界定值得人们重视。他认为，教学是一门科学，而教学设计是建立在这一科学基础上的技术，因而教学设计也可以被认为是基于科学的技术。

美国学者肯普对教学设计下的定义是：教学设计是运用系统方法分析研究教学过程中相互联系的各部分的问题和需求，在连续模式中确立解决它们的方法步骤，然后评价教学成果的系统计划过程。

迪克与凯瑞指出，教学设计包括教学系统开发过程的所有过程（分析、设计、开发、实施和评价），"设计"一词既指整个过程，也指一个主要的子过程。它是一套帮助教师系统化地准备教学、对教学系统做出决策的方法。[1]

乌美娜认为，教学设计作为一个系统计划的过程，是运用系统方法分析教学问题和确定教学目标，建立解决教学问题的策略方案，执行解决方案，评价执行结果和对方案进行修改的过程。它以优化教学效果为目的，以学习理论、教学理论和教育传播理论为基础。[2]

综合以上观点，教学设计应该包含以下几点：一是，教学设计要应用系统方法；二是，教学设计的结果是形成方案；三是，教学设计的目的是提高教学合理性和效率；四是，教学设计的对象是教学系统。[3]

综上所述，小学语文教学设计即指教师根据一定的教育原理和自己对小学语文教育教学活动的理解，对教与学的各种资源（教师、教学内容、教学方法、教学媒体、教学环境等）进行规划和安排，以使之序列化、最优化的过程。

二、小学语文教学设计的要素

小学语文教学设计主要包括教材分析、学情分析、教学目标设计、教学重难点设计、教学内容设计、教学过程设计、教学方法设计、教学媒体设计等内容。

（一）教材分析

教师进行教学设计首先需进行教材分析。教材是课程计划、课程标准的具体

① 裴新宇. 现代教学设计的概念与特征 [J]. 开放教育研究，2005(2)：65-66.

② 乌美娜. 教学设计 [M]. 北京：高等教育出版社，1994：11.

③ 周建平. 小学课堂教学设计 [M]. 北京：高等教育出版社，2012：3.

化，是教师指导学生获取知识和培养能力的重要凭借。因此，进行教材分析首先应研读《语文课程标准》。在此基础上，深入钻研教材，并进行教材分析。钻研教材不能局限于某一具体教学内容（如一篇课文、一项口语交际训练），而应依次对全套、全册、某一单元、某一具体教学内容进行全面钻研。这样，教师才能全面系统地把握整套教材的编排体系、知识结构、能力要求，做到"教一册，心中有全套""教一单元，心中有全册""教一课，心中有整个单元"。如此，就可在教学设计上胸有成竹，游刃有余，将语文教学的阶段性和整体性有机结合，避免教学的盲目性和教学内容与要求上的不稳定性。当然，教材分析的重点还是对本篇课文或教学内容（如一篇课文、一项口语交际训练）的分析。

（二）学情分析

学生是教学的主体。学生的学习态度、思想情感、知识结构、能力结构、学习生活环境以及师生间、生生间的关系等都会对学生学习产生直接或间接影响，因此需要进行学情分析。教师应注意分析学生语文学习中的共性和个性问题。特别是就当前某一具体教学内容而言，学生已有的知识和生活基础与我们如何进行该内容的教学设计密切相关。如教一篇课文，我们要了解学生学习过的课文，有哪些在思想内容和表现形式方面同本篇课文有内在联系，以便启发学生运用已获取的知识理解新知识；分析在即将学习的课文中，有哪些字、词是学生能够理解和已经理解的，有哪些遣词造句、布局谋篇的知识是过去学过并且会运用的，有哪些是过去没有学过的，或学过却还需要进一步巩固加强的；学生在字、词、句、段理解方面还有哪些难点；等等。

（三）教学目标设计

教学目标是教师在教学前对学生学习行为变化的预期。教学目标不仅对学生具有心理导向和激励功能，而且制约着教学设计和实施的方向，影响着教师对教材的处理加工、对教学过程的确定、对教学方法的选择和作业习题的编制。教学目标设计要在对教材、学情分析的基础上进行，应做到四点：一是全面，应从学生的核心素养出发确定教学目标；二是规范，要以学生为主体，不要使用"使学生""让学生"等说法；三是具体，即目标要体现客观性和操作性，设计者应尽可能选用那些意义确定、易于观察的动词，如"写出""背出""列出""辨别""比较"等，还可指出"情境或条件"，用以说明学生在何种条件下完成指定的操作，如"借助工具书""根据课文语境的暗示"等；四是开放，即目标设计要有一定的弹性。

教学一线

案例 0-1 《白鹅》教学目标（四年级下册）

浙江省杭州市文海实验学校 史蓉芳

（1）学习本课生字、新词，通过多种形式的朗读，了解鹅的特点，体会作者对白鹅的喜爱之情；（2）抓住关键词句，通过自主合作学习体会作者用词的准确生动和幽默风趣，感悟文中的写作方法；（3）有感情地朗读课文，提高阅读质量，激发对动物的喜爱之情，努力成为关注自然的"有心人"和"有情人"。

案例：《白鹅》（第1课时）①

这样确定的教学目标全面、规范、具体、开放。

（四）教学重难点设计

教学重点是指为达到教学目标而应着重指导的内容，它受教学目标的制约。教学难点是指学生学习的困难所在，它主要依据学生实际情况而定。如《白鹅》的教学重点是：引导学生了解课文是怎样写出白鹅高傲的特点的。教学难点是：从那些看似贬义的词句中体会作者对白鹅的喜爱之情。有时教学重点、难点是一致的。教师在进行教学设计时要注意确定教学重难点，这可以有效帮助教师在教学内容、过程、方法设计以及实际教学中更好地突出重点，帮助学生突破难点。

（五）教学内容设计

教学内容是目标的体现，是目标的细化。语文教学的识字与写字、阅读与鉴赏、表达与交流、梳理与探究中的某一内容，可教的具体内容有很多。如一篇课文可教的就有：了解时代背景，识字、写字，掌握课文主要内容，体会人物思想情感，体会重点词句，学习抓住人物外貌、语言、动作特点进行描写，反映人物思想品质的表达方法等。但课内时间是有限的，如果面面俱到，就会抓不住重点，因此教师一定要根据学段要求、单元重点、教学目标、学生实际等精心设计教学内容。

（六）教学过程设计

教学过程即指教学活动的展开过程。小学语文教学设计要依据小学生语文学习的特点、不同模块教学内容的特点及具体教学内容的特点来进行。如阅读与鉴赏教学的过程应体现"整体→部分→整体"的教学顺序，遵循"语言文字→思想内容→语言文字"的教学规律，其教学过程通常是"初读课文，整体感知"→"精读课文，思考感悟"→"熟读课文，总结延伸"。"初读课文，整体感知"的主要任务有两个：一是导入新课，激发学生的阅读兴趣；二是引导学生自己读书，把课文读通，读顺，查字、词典自学字词，质疑问难，了解课文大意。在前一阶段整体了解课文大意的基础上，教师在"精读课文，思考感悟"环节要引导学生进行细读、深读，交流读书心得，突出重点，突破难点，进行语感训练。"熟读课文，总结延伸"主要是指导学生在理解各部分内容的基础上，巩固知识，运用方法，拓展延伸，逐步形成能力。在这样共性过程的基础上，教师再对不同的教学内容设计有个性特征的教学过程。如《白鹅》一课，教师是这样设计教学过程的：

---

① 浙江省杭州市文海实验学校，史蓉芳。

教学
一线

案例 0-2 《白鹅》教学设计（四年级下册）

浙江省杭州市文海实验学校　史蓉芳

一、创设情境，引入新课学习

1. 看视频，初识白鹅。

2. 看漫画，了解作者。

二、检查预习，提炼核心问题

1. 同桌合作学习，读预习单上第一题的字词。

2. 提问：通过预习，文中的白鹅给你留下了怎样的印象？（傲慢、凶、架子十足、高傲……）那作者眼中白鹅是怎样的？请你浏览课文，找到相应语句，用波浪线画下来。

三、引导学生合作探究，品悟白鹅的"高傲"

1. 品读批注，合作学习。

2. 结合批注，汇报感受。

（1）叫声高傲，品悟"看家人"。

（2）步态高傲，品悟"大绅士"。

3. 概括总结，揭示深情。

（1）朗读第 3、4 自然段，品味高傲，体会作者对鹅的喜爱之情。

（2）总结文章一大表达特色——明贬实褒。

四、拓宽文本背景，让"高傲"更立体

1. 教师引入丰子恺《白鹅》原文的最后两个自然段，让学生体会鹅在作者心目中的地位。

2. 再读并体味中心句"好一个高傲的动物！"，升华情感。

3. 各自审查打星号之处的问题，倘若还有没解决的，就直接提出来共同解决。

（七）教学方法设计

设计语文教学方法要做到四点。

一是根据语文课程的性质与特点设计教学方法。工具性与人文性的统一是语文课程的基本特点。人文内涵丰富、价值导向鲜明是语文课程区别于数学、科学等课程的主要特点，所以语文教学更多运用谈话、讨论、读书等方法，较少使用演示法、实验法等；工具性特点使语文课程在方法设计上区别于同样富有人文内涵的道德与法治等课程，更多选用练习法等，以培养学生的听、说、读、写各项能力。

二是根据教学目标设计教学方法。教学方法是为目标服务的，故应紧紧围绕教学目标来对教学方法进行选取、组合、设计。如教学目标主要是掌握篇章的布局结构技巧，则较多运用分析讲解相结合以及学生自主练习的方法；如教学目标主要是对主题思想的感悟、理解，则可能更多运用问答和讨论的方法。

三是根据课文内容设计教学方法。不同内容的教学有各自的规律。教学内容是第一位的，教学方法是第二位的，内容决定方法。因此教师应认真钻研教材，然后根据教学内容的特点，设计教学方法。如三年级上册《美丽的小兴安岭》，课文共六段，第一段总起，写小兴安岭树木连成一片，就像绿色的海洋；中间四段描绘了小兴安岭春、夏、秋、冬四季的美丽景象，不仅抓住不同季节的景物特点，而且紧紧围绕树木这一共同特点来写，每段都是先写树木，再写树木周围的景色，与第一部分总起呼应；最后一段是全文的概括，说小兴安岭是美丽的大花园，也是一座巨大的宝库，形容小兴安岭的美丽和物产丰富。有的教师设计的教学方法是"举一反三法"，即在引导学生学习第一段后，对于中间的主体部分采用"导读—扶读—自读"的方式进行教学，教师重点指导阅读写小兴安岭"春"的这一段，并引导学生回忆是如何读懂的，小结学习方法。然后让学生尝试用这种方法阅读写小兴安岭"夏"的部分，教师相机进行指导。再放手让学生运用这种学法自学"秋""冬"的段落，学生先自己读书、思考，再相互讨论、交流。这种教学方法适用于侧重教给学生某种读书方法的课型，尤其适用于几个部分结构、写法基本相似的课文。同一种教学方法可以用于不同的教学内容。当然，我们也应注意到，针对同一教学内容，也可以设计不同的教学方法。如同样是教《美丽的小兴安岭》，有的教师就采用中心突破式，即为更好地突出重点，教学时直接切入课文中牵一发而动全身的中心词、中心句、中心段，以此带动对全文的理解。在这一课中，教师设计导入课文后，就直接切入课文最后一段即全文的中心段，通过对这个句子的分析，引导学生学习第 2 ～ 5 自然段，理解、体会从哪些地方可以看出小兴安岭风景美丽，又从哪些地方可以看出小兴安岭物产丰富。

四是根据师生特点设计教学方法，即教师根据自身的客观实际情况，并结合学生实际情况进行教学方法设计。

（八）教学媒体设计

随着科学技术的飞速发展、教育信息化的大力推进及信息化教学普及程度的逐步提高，教学媒体，特别是以计算机为核心的现代教学媒体，已逐步成为教学设计的基本要素之一。在现代语文教学环境中，教学媒体不仅具有传递教学信息的功能，还以学生完成学习任务所需的认知工具、交流工具等形式内化在教学过程中，在学生的思维能力培养和语文综合素养提升方面发挥着越来越重要的作用。

"媒体"一词是英文 media 的译名，意思是"两者之间"。媒体也称媒介，是指在信息传播过程中，从信息源到接受者之间携带和传递信息的任何物质工具。媒体有两种含义：一是指承载信息的载体；二是指存储和传递信息的实体。[①]

---

① 王以宁 . 教学媒体理论与实践 [M]. 北京：高等教育出版社，2007：10.

当媒体被用来存储与传递教学信息时则被称为教学媒体，因此教学媒体是指载有教学信息的媒体，是连接教育者和受教育者双方的中介物，是人们用来传递与取得教学信息的工具，是学习资源的重要组成部分。例如，具有明确的教学目的、教学内容、教学对象，专门用于教学的交互式白板、计算机和网络就是教学媒体。教学媒体可以传递生动、丰富、准确的信息，激发学生学习兴趣，有效提高教学效率。教学媒体有传统媒体（如板书、生字卡片、教学挂图、实物模型、幻灯片、投影仪）、多媒体课件和网络媒体等类型。

教师进行教学媒体设计，既要满足呈现教学内容和支持教学活动的需求，又要从学生的角度出发，着重考虑加工过的信息以媒体的方式呈现给学生后，学生可能产生的理解方式和学习结果。根据教学需要，教师也可设计让学生在课堂学习之前，准备课堂学习所需要的媒体材料。教学媒体的设计应在考虑整体教学环境的基础上，依据教学目标、教学内容、学习者的学习需求等进行。媒体形式的选择应符合小学儿童心理发展和认知特点，符合语文课程对学习环境和情境创设的要求。如《白鹅》一课，设计中多次使用视频呈现白鹅及丰子恺的形象，使对鹅比较陌生的城里孩子、对丰子恺不太熟悉的小学生对鹅及丰子恺均有了生动形象的感知，为学习、体会课文内容打下了坚实的基础。

三、小学语文教学设计依据

小学语文教学设计与其他学科设计一样，要遵循一般学习理论（如行为主义学习理论、认知主义学习理论、建构主义学习理论）、儿童语言学习理论、教学理论（如巴班斯基的教学过程最优化理论、斯金纳的程序教学理论、布卢姆的掌握学习理论中的目标分类体系、加涅关于学习结果的分类、布鲁纳的发现学习教学法、维果茨基的"最近发展区"理论等），同时，特别要注意依据小学生语文学习的特点、《语文课程标准》等方面。

（一）依据小学生语文学习的特点

"学习"一词在我国最早见于《礼记·月令》"季夏之月，鹰乃学习"一句，指的是小鸟反复学飞，习得行为。在我国古代，表示从口头或书面上获得知识或经验的时候，多用作"学""知""智"；表示行为活动和运用知识经验的时候，多写作"习""行""用"；"学"和"习"合用的时候，则偏重指"习"。小学生语文学习具有以下突出特点：

（1）实践性。语文课程的重要目标是培养学生语言运用的能力，而提高语言运用能力的主要途径是语文实践活动。语文课程具有工具性，掌握任何工具的基本途径是实践，而且语文与人的社会活动密切融合。因此，学习语文必须多实践，利用一切机会去听、说、读、写，以把语文知识转化为语文能力，在反复的语言实践中提升核心素养。

（2）真实性。《语文课程标准》指出，语文课程应引导学生热爱国家通用语言文字，在真实的语言运用情境中，通过积极的语言实践，积累语言经验，体会语言文字的特点和运用规律，培养语言文字运用能力。阅读，是为兴趣而阅读，为实用而阅读，在阅读中获取知识、陶冶情感、体验人生；写作，是为真情而写作，为实用而写作，写的都是自己想要说的话、想要表达的情感，或者通过写作达到某一交际目的。所以语文学习应力求在真实的语言环境中进行信息的输入与输出。

（3）渐变性。语文能力与核心素养的提升不是一蹴而就的，而是螺旋上升的。语文学习是一种在实践中实现"核心素养""知识与能力、过程与方法、情感态度与价值观"由浅入深、由低到高的循环往复的过程。

（4）整体性。语文课程内涵的丰富性，决定语文学习的整体性。语文知识多样，字词句篇、语修逻文，无所不包，无所不有。语文能力也是丰富多样的，就语文的专门能力而言，有听、说、读、写四种基本能力；就一般能力而言，有观察、记忆、联想、思维、想象多种能力。语文与其他学科的联系也是极为密切的，如文史哲、理化生、音体美、工农医等，广为包容。此外，语文无论是汉字、词语、句子、段落还是一篇文章，其整体性也是很突出的。汉语也有其特点，总的说来，汉语语法有规律，但没有多少强制的规矩，词法、句法大体靠意会，所以我国著名语言学家王力先生说："西洋语言是法治的，中国语言是人治的。"汉语的特点对小学生识字与写字、阅读与鉴赏、表达与交流、梳理与探究都会产生直接的影响，故语文学习上需加强整体感悟、整体把握。

（5）文化性。党的二十大报告指出"全面建设社会主义现代化国家，必须坚持中国特色社会主义文化发展道路，增强文化自信"，强调"以社会主义核心价值观为引领，发展社会主义先进文化，弘扬革命文化，传承中华优秀传统文化，满足人民日益增长的精神文化需求"。语文课程本身是人类文化的重要组成部分，也是中华优秀传统文化的载体，学生学习语文的过程也是传承人类文化、中华优秀传统文化的过程。如本书模块五"梳理与探究教学设计"中的案例"遨游汉字王国——有趣的字谜"，学生的学习过程就是体会我们祖国语言文字博大精深、奇妙无比的过程。

（二）依据《语文课程标准》

《语文课程标准》阐述语文课程的地位、性质，明确语文课程的基本理念，规定语文课程目标、课程内容、学业质量，对语文课程实施提出教学建议、评价建议、教材编写建议、课程资源开发与利用、教学研究与教师培训等指导性建议，体现出语文教学的指导思想，具有权威性。语文教师应树立课程标准意识，认真学习并贯彻其精神，融会贯通《语文课程标准》基本理念，将其转化为自己的教育教学思想，贯彻到课程设计与实施中，从而使语文教学活动朝着正确的轨道运行。特别是《语文课程标准》提出的语文课程的基本理念：立足学生核心素养发展，充分发挥语文课程育人功能；构建语文学习任务群，注重课程的阶段性与发展性；突出课程内容的时代性和典范性，加强课程内容整合；增强课程实施的情境性和实践性，促进学习方式变革；倡导课程评价的过程性和整体性，重视评价的导向作用。这是在大量教学实践和理论研究的基础上，总结中国语文教育成败得失，借鉴各国母语教育改革的经验而得出的成果。可以说，它是实施语文教育的"总纲领"，语文教师在进行教学设计时务必遵循。

第三单元　小学语文课程标准与教学设计

语文课程标准是语文教师进行教学设计的重要遵循。因此，了解、研究语文课程标准极为必要。这里，我们仅就现行语文课程标准做一简要介绍。

2011 年，我国在 2001 年颁布的《义务教育语文课程标准（实验稿）》的基础上，颁布了其修订版《义务教育语文课程标准（2011 年版）》。随着基础教育课程改革不断深入，义务教育语文课程的理论与实践均取得了丰硕的成果。在全面总结我国语文课程实施成就和经验，参考、借鉴国际语文教育改革新进展，深入落实党和国家教育方针政策的基础上，教育部对《义务教育语文课程标准（2011 年版）》进行了修订，于 2022 年 3 月正式颁布了《义务教育语文课程标准（2022 年版）》。其内容包括课程性质、课程理念、课程目标、课程内容、学业质量、课程实施、附录七部分，相较以前的语文课程标准，有许多重大变化与创新。结合《语文课程标准》，我们在教学设计时要重点关注以下几个方面。

一、明确课程性质

《语文课程标准》指出"语言文字是人类文化的重要组成部分。语文课程是一门学习国家通用语言文字运用的综合性、实践性课程。工具性与人文性的统一是语文课程的基本特征。"

在教学设计中要特别注意：

1. 引导学生热爱国家通用语言文字

一是指导学生学习运用国家通用语言文字。国家通用语言文字是普通话和规范汉字。国家推广普通话，推行规范汉字。在小学语文课程教学中，教师必须用普通话授课，同时要引导学生使用普通话和规范汉字进行表达与交流，并让学生真正认识到汉字是中华多民族的文化认同的表现，进一步铸牢中华民族共同体意识。

二是引导学生热爱国家通用语言文字。党的二十大报告指出，"中华优秀传统文化源远流长、博大精深，是中华文明的智慧结晶"。文字是承载传统文化最核心的载体，语文课程要让学生在具体的语文实践活动中，认识到汉字的源远流长、博大精深；认识到汉字生动形象的表现力和隽永深刻的文化魅力；认识到汉字在数千年的历史进程中铸就了辉煌的物质文明与精神文明。在这样的语文学习过程中，学生进一步加深对国家通用语言文字的热爱，建立文化自信，增强民族凝聚力。

2. 全面体现课程的综合性和实践性

一是突出综合性。教师要树立"大语文观"，以语文课程为基点，有机整合道德与法治、数学、科学、信息科技、艺术、体育与健康等课程，软化学科边界，加强课程融合，实现语文知识与能力的多元化，整体提升学生的核心素养。教师要基于语言文字的特点，加强识字、写字、阅读、口语交际、习作的融合，使学生在不同内容和方法的相互交叉、渗透与整合中，获得现代社会所需要的核心素养。

二是凸显实践性。要将语文学习与社会生活连接，一方面将社会生活中学生喜闻乐见的事物引入课堂；一方面把孩子引向户外，引向大自然，引向社会，引向生活，让学生在开放的状态中学语文、用语文。同时，要尊重学生的个体差异，创设良好的自主学习情境，设计多种实践训练，让学生在自主的听说读写活动中激发语文学习的兴趣，强化语文能力的提升。

3. 充分彰显课程的工具性和人文性

一是强化工具性。工具性是语言文字最基本的作用和最基本的特点。语文课程一定要努力让学生认识语言现象，掌握语言规律，学习正确熟练地运用语言这个工具。为此，要以小学语文教材中的内容为例子，并拓展到教材外生活中，让学生充分感知、体会语言的形式以及语言的形式是如何体现语言的内容的，这是语文课程的重要任务。

二是增强人文性。语言文字既是文化的载体，又是文化的重要组成部分。要让学生充分理解感悟体验汉语汉字所包含的人文精神和思想意识，学习中华优秀传统文化、革命文化、社会主义先进文化，关注和参与当代文化生活。同时，要让学习语言的过程成为小学生生命、心灵律动的过程，成为精神成长的过程。

三是注意工具性和人文性统一。语文的工具性和人文性不是相互对立的，也不是二者的简单相加。教师应努力使二者相互渗透，水乳交融，即在引导学生学习和热爱国家通用语言文字、为学好其他课程打下基础的同时，还应帮助学生形成正确的世界观、人生观、价值观以及良好的个性和健全人格；培养学生求真创新的精神、实践能力和合作交流能力；继承和弘扬中华优秀传统文化、革命文化、社会主义先进文化，增强对习近平新时代中国特色社会主义思想的理解和认识，为促进学生德智体美劳全面发展及学生的终身发展打下基础。

二、优化课程目标

《语文课程标准》紧紧围绕核心素养建构课程目标体系。其中清晰地表述了核心素养的定义：核心素养是学生通过课程学习逐步形成的正确价值观、必备品格和关键能力，是课程育人价值的集中体现。义务教育语文课程以培养学生的核心素养为最终目标。《语文课程标准》以高度的概括性明确具体地提出了课程的总目标。基于总目标，各学段各模块提出了相应目标，强化了课程育人导向，充分体现了正确价值观、必备品格和关键能力的培养要求。

在教学设计中要特别注意：

1. 加强核心素养的统领作用

一是强化育人导向。小学语文教学设计应紧紧围绕核心素养建构课程目标体系，发挥核心素养对语文课程的统领作用。义务教育语文课程培养的核心素养，是学生在积极的语文实践活动中积累、建构并在真实的语言运用情境中表现出来的，是文化自信和语言运用、思维能力、审美创造的综合体现。教学设计要以促进学生核心素养发展为目的，以识字与写字、阅读与鉴赏、表达与交流、梳理与探究等语文实践活动为主线，综合构建素养型课程目标体系、课程内容体系以及评价体系；要充分发挥核心素养独特的育人功能和奠基作用，课程教学应由学科本位走向素养本位。

二是强化要素整合。核心素养的四个要素是一个整体，有着内在的、不可分割的关系。在语文课程中，学生的思维能力、审美创造、文化自信以语言运用为基础，并在学生个体语言经验发展过程中得以实现。在教学设计时尤其是设计教学目标时不能简单一项项对应。当然在某一时段、某一教学环节中可能会有所侧重，但总体上应是整体推进的。

2. 加强课程目标的有机关联

一是深入理解课程总目标。语文课程围绕核心素养确立了9条课程总目标。这是对语文素养目标的高度概括，也是我们教学设计的目标总统领。第1条主要根据语文课程性质从情感态度与价值观层面提出，后面的每2条分别主要对应核心素养中的文化自信、语言运用、思维能力、审美创造等方面，充分体现了育人取向、学生立场、整合意识、时代特征等鲜明的特点。总目标规定的是义务教育课程学习的总结果，教学设计中要以此总体观照具体的教学。

二是积极强化模块目标连接。语文课程有四大模块，其中，"识字与写字"是语言学习的基础，"阅读与鉴赏"属于输入型学习方式，"表达与交流"属于输出型学习方式，而"梳理与探究"则是依托、融入前三种语文实践方式，是促进语言积累、内化、运用，进而促进核心素养提高的重要实践活动。学段目标是核心素养的阶段性表现。在教学设计上，教师要强化四大模块的目标关联，使之共同指向总目标，指向核心素养，彰显教学目标以语育人、以文化人的育人导向。

三、整合课程内容

《语文课程标准》专列"课程内容"部分，在主题与载体形式、内容组织与呈现方式等方面进行了重大创新，凸显了聚焦学生核心素养、突出了中华优秀文化和内容结构化的特点。中华优秀文化主要包括中华优秀传统文化、革命文化、社会主义先进文化。语文课程内容主要以学习任务群组织与呈现，按照内容整合程度不断提升，凸显阶段性、层次性和整体性的统一，强化了课程内容的整合。

在教学设计中要特别注意：

1. 关注主题与载体形式

一是突出中华优秀传统文化、革命文化、社会主义先进文化。党的二十大报告明确强调"推进文化自信自强"，要"发展社会主义先进文化，弘扬革命文化，传承中华优秀传统文化"，三者汇聚成当代中国文化的主流，构成当代中国文化优势的三大支点，这三大支点就是当前语文课程的重点内容。在突出上述主题的同时，教师还应选择反映世界文明优秀成果、科技进步、日常生活特别是儿童生活等方面的主题。要发挥上述重点内容的独特育人价值，教学设计上既要关注其普遍性，更要关注其特殊性，教学中应该根据语文学科的特点，注重熏陶感染，潜移默化，把这些内容渗透于日常的教学过程之中。

二是加强跨媒介阅读与表达的语文实践活动。《语文课程标准》指出："各类主题的载体还应包括口头和书面交流与沟通、跨媒介阅读与表达等语文实践活动。"教师要关注数字时代语言生活的新发展，把握互联网时代日常生活中语言文字运用的新现象和新特点，把握信息技术与语文教学深度融合的趋势，利用网络资源平台拓展学习空间，整合多种媒介的学习内容，提供多层面、多角度的阅读、表达和交流的机会。

2. 创新内容组织与呈现方式

一是优化学习任务群的构建。学习任务群由相互关联的系列学习任务组成。语文课程强化学习任务群的构建，分三个层面设置学习任务群，其中第一层设"语言文字积累与梳理"1个基础型学习任务群，第二层设"实用性阅读与交流""文学阅读与创意表达""思辨性阅读与表达"3个发展型学习任务群，第三层设"整本书阅读""跨学科学习"2个拓展型学习任务群。每个学习任务群贯穿各学段。根据学段特点，学习任务安排各有所侧重，螺旋式发展。教学设计时，应以语文实践活动为主线，以学习主题为引领，以学习任务为载体，整合学习内容、情境、方法和资源等要素。要关注大单元设计、项目式学习、跨学科整合。

二是强化学习情境的创设。教学导向应由知识学习、分解训练转为面向生活、"用"以致学，教学内容设计须由问题设计、练习设计转为情境创设、任务设置。要遵循学生身心发展规律和语文学习规律，从学生语文生活实际出发，引导学生关注家庭生活、校园生活、社会生活等相关经验，创设丰富多样的学习情境，设计富有挑战性的学习任务。教师要依托学习任务整合学习情境、学习内容、学习方法和学习资源，安排连贯的语文实践活动，切实激发学生的好奇心、想象力、求知欲，促进学生自主、合作、探究学习。当然，教学设计中也要根据学生需求提供相应的学习支持，引导学生在完成任务、解决问题的过程中积累语文学习经验。

四、明晰学业质量

学业质量是学生在完成课程阶段学习后的学业成就表现。《语文课程标准》特设"学业质量"部分，以义务教育语文课程培养的核心素养及其表现水平为主要维度，结合各学段的课程内容，按照日常生活、文学体验、跨学科学习三类不同的语言运用情境，对各学段学生语文学业成就表现进行整体刻画。各学段的语文课程学业质量相互衔接，体现了层次性和整体性，为评价学生核心素养发展水平提供了基本依据。

在教学设计中要特别注意：

一是做到"教—学—评"的一体化。《语文课程标准》中的学业质量是对每一学段学习结束后学生的关键素养进行结果描述。它与课程目标相呼应，大致以四类语文实践活动为主线进行。它超越了以往罗列具体知识点、能力点和内容点的形式，以帮助实现课程标准、教学与评价之间的一致性。为此，教学设计上，教学目标和教学活动要基于核心素养以及核心素养贯穿始终的课程内容而设计，评价要对教与学的过程和效果进行监控，并为教与学的改进提供依据。教师要明确为什么教、教什么、怎么教和教得怎样，学生要了解为什么学、学什么、怎么学和学得怎样。教师要避免简单随意和"一刀切"的做法，采用多元评价衡量学生，激励学生个性化发展。

二是做到过程性评价和终结性评价结合。过程性评价应贯穿语文学习全过程，终结性评价包括学业水平考试和过程性评价的综合结果。教师在教学设计上，过程性评价应侧重考察学生在语文学习过程中表现出来的学习态度、参与程度和核心素养的发展水平，要依据各学段的学习内容和学业质量要求，广泛收集课堂关键表现、典型作业和阶段性测试等数据，体现多元主体、多种方式的特点。学业水平考试要坚持素养立意、依标命题、科学规范，努力做到以情境为载体，依据学生在真实情境下解决问题的过程和结果评定其素养水平；命题材料的选取要具有时代性、典型性和多样性，充分体现语文课程特点；问题或任务可侧重语文实践活动的某一方面或设置综合型题目，让学生在复杂情境中充分展示核心素养发展水平。

思维导图

```
识字与写字教学设计
├── 汉语拼音教学设计
│   ├── 汉语拼音教学目标
│   │   ├── 汉语拼音教学的整体目标
│   │   └── 汉语拼音教学目标的确定与表述
│   ├── 汉语拼音教学内容
│   │   ├── 声、韵、调与整体认读音节
│   │   ├── 音节的拼读
│   │   ├── 汉语拼音的书写
│   │   ├── 《汉语拼音字母表》
│   │   └── 辅学系统
│   ├── 汉语拼音教学过程
│   │   ├── 汉语拼音教学过程的设计依据
│   │   ├── 汉语拼音课的常见流程
│   │   └── 汉语拼音游戏的设计
│   ├── 汉语拼音教学方法
│   │   ├── 汉语拼音教学的常见方法
│   │   └── 汉语拼音教学方法的选择原则
│   ├── 汉语拼音学业质量评价
│   │   ├── 汉语拼音的学业质量描述
│   │   └── 汉语拼音的学习效果评价
│   └── 汉语拼音教学设计案例分析
└── 识字、写字教学设计
    ├── 识字、写字教学目标
    │   ├── 识字、写字教学的学段目标
    │   ├── 识字课教学目标设计
    │   └── 写字课教学目标设计
    ├── 识字、写字教学内容
    │   ├── 字音
    │   ├── 字义
    │   ├── 字形
    │   ├── 写字姿势
    │   ├── 独立识字能力
    │   └── 汉字文化
    ├── 识字、写字教学过程
    │   ├── 识字课教学过程
    │   ├── 阅读课识字、写字环节的处理
    │   └── 写字课教学过程
    ├── 识字、写字教学方法
    │   ├── 识字教学的常用方法及其选择
    │   └── 写字教学的常用方法及其选择
    ├── 识字、写字学业质量评价
    │   ├── 识字、写字的学业质量描述
    │   ├── 识字、写字的过程性评价
    │   └── 识字、写字的阶段性评价
    └── 识字、写字教学设计案例分析
```

📧 模块导读

识字与写字教学是小学语文教学的重要内容，也是小学低年级语文教学的重点。汉语拼音、识字、写字教得好，有助于增进学生母语的亲近感，能为个体母语能力成长提供坚实的基础。本模块旨在使学生掌握汉语拼音、识字、写字教学的目标、内容、过程和方法、学业质量评价，具有初步的识字与写字教学能力。

📕 学习目标

- 对汉语拼音、识字、写字教学的目标、内容、过程了然于心。
- 能恰当地确定与表述每节汉语拼音课、识字与写字课的教学目标。
- 设计符合知识逻辑与学生心理逻辑的汉语拼音课，并通过试教、研讨加以改进。
- 设计一堂识字与写字课，并通过试教、研讨加以改进。
- 掌握汉语拼音、识字、写字的学业质量评价要求。

在"双减"背景下，义务教育阶段尤其是第一学段的识字量是2022年《语文课程标准》格外关注的问题，《语文课程标准》虽然在识字总量上仍延续了此前3 500个字的要求，但明确提示："一年级第一、第二学期会认的字大致安排250个和350个，其中二分之一的字会写。"这样的要求既有助于降低识字、写字的难度，顺利实现幼小衔接。[①] 因为汉字是中华文化的重要载体，所以识字、写字教学要将感受中华优秀传统文化作为重要内容，更要综合运用多种识字教学方法，提高识字教学效率。

第一单元 汉语拼音教学设计

孩子们进入小学，接受入学教育和一个单元的识字教学之后，紧接着就要学习拼音。在母语环境中，大街小巷、书籍网络中汉字居多，拼音极少，怎样在生活化学习资源相对匮乏的环境中，带领孩子们在大约8周时间内学好汉语拼音呢?

一、汉语拼音教学目标

教学目标有定向、激励、反馈、强化的功能。《语文课程标准》规定了拼音教学的整体目标，教师以此为依据再为每一节拼音课设立目标。

（一）汉语拼音教学的整体目标

根据《语文课程标准》，拼音教学在第一学段的目标是：学会汉语拼音。能读准声母、韵母、声调和整体认读音节。能准确地拼读音节，正确书写声母、韵母和音节。认识大写字母，熟记《汉语拼音字母表》。

具体来说，包括以下四个方面。

1. 读准声母、韵母、声调和整体认读音节

掌握（会认、会读、会写）21个声母、24个韵母、4个声调和16个整体认读音节。

声母（21个）：b, p, m, f, d, t, n, l, g, k, h, j, q, x, z, c, s, zh, ch, sh, r, (y, w)。

韵母（24个）：a, o, e, i, u, ü, ai, ei, ui, ao, ou, iu, ie, üe, er, an, en, in, un, ün, ang, eng, ing, ong。

声调（4个）：-, ´, ˇ, `。

整体认读音节（16个）：yi, wu, yu, zi, ci, si, zhi, chi, shi, ri, ye, yue, yuan, yin, yun, ying。

---

① 郑国民，李宇明. 义务教育语文课程标准(2022年版)解读[M]. 北京: 高等教育出版社, 2022: 109.

汉语拼音教学内容与《汉语拼音方案》的区别

2. 准确地拼读音节

拼音方法指把声母和韵母拼合在一起成为一个音节的方法。目前，小学最常用的拼音方法包括两拼法和三拼法。注意，《语文课程标准》只要求"能借助汉语拼音认读汉字"，教师要牢牢把握目标，不要增加难度，不必分析音节的构成，也不应要求学生默写音节、直呼音节。

3. 正确书写声母、韵母和音节

正确书写指将字母写对，笔顺正确，在四线格中的位置正确。

4. 认识大写字母，熟记《汉语拼音字母表》（如图 1-1）

A	B	C	D	E	F	G
a	b	c	d	e	f	g
H	I	J	K	L	M	N
h	i	j	k	l	m	n
O	P	Q		R	S	T
o	p	q		r	s	t
U	V	W		X	Y	Z
u	v	w		x	y	z

图 1-1　《汉语拼音字母表》

（二）汉语拼音教学目标的确定与表述

教师应将学习者通过学习后所达到的最终行为状态用具体的、明确的和能够操作的目标表达出来。[①] 但当前，不具体、不明确、不具备可操作性，仍然是语文教学目标的通病。

实践指导　好的教学目标应该如何表述？

一般而言，一个好的课时教学目标，在表述上应该尽量做到以下五点：

第一，重点突出，重要的写在前。

第二，方便观察、测量，谓语用"书写、背诵、复述、说出、区别"等行为动词，修饰语用"初步、基本、日常生活"等限定词。

第三，以学生为主体，不提倡使用"使学生"这样的使动结构。

第四，简洁明了。

第五，不拘泥于核心素养的四个方面，不是每节课都要在核心素养的培育上有所作为。

当然，相较于其他模块的语文教学，拼音教学虽然知识点更确定，教学目标的制订相对还算具体，但表述上可能还存在一些问题。下面，以"b p m f"为例，来学习如何表述拼音教学的课堂教学目标。先看教材内容（图 1-2）和该课教学目标设计的两个方案。

---

① 徐英俊.教学设计[M].北京：教育科学出版社，2001：115.

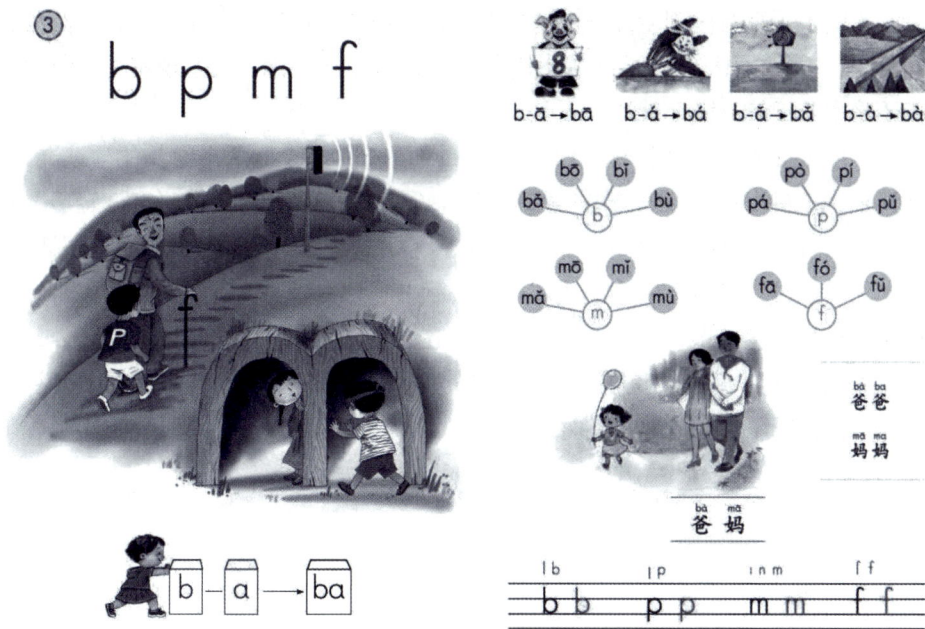

图 1-2 一年级上册"ｂｐｍf"教材示例

请重点关注这两个案例拼音教学目标的确定与表述

案例 1-1 "ｂｐｍf"的教学目标（1）（一年级上册）

1. 学会 b，p，m，f 四个声母，能读准音，认清形，正确书写。学会声母 b 和单韵母 a 拼成音节的方法。学会带声调拼读音节，学会拼读 b，p，m，f 与单韵母组成的音节。初步学会读轻声。认识"爸、妈"两个生字，能在一定的语境中运用。

2. 能通过自我探索、发现，找到隐藏在插图中的字母的形，读准字母的音。

3. 明白学习汉语拼音能帮助识字和阅读，学习国家通用语言文字。有主动学习的兴趣。

案例 1-2 "ｂｐｍf"的教学目标（2）（一年级上册）

1. 学会 b，p，m，f 四个声母，读准音，认清形，正确书写。

2. 学会声母 b 和单韵母 a 拼成音节的方法。

3. 学会带声调拼读音节，学会拼读 b，p，m，f 与单韵母组成的音节。

4. 初步学会读轻声。

5. 认识"爸、妈"两个生字，能在一定的语境中运用。

确定教学目标，首先要明白该课的学习基础：学习 b，p，m，f 之前，学生已经学了 a，o，e，i，u，ü，y，w。

案例1-1没有出现主要方向的偏差，也明白教学目标的学生视角，没有写成"使学生……"的格式，层次感也比较鲜明。但仔细阅读，可发现第3点所列目标不是本节课能一蹴而就的。

案例1-2所列教学目标，比案例1-1更清晰一些，但两个案例的"读准音，认清形，正确书写""带声调拼读音节"等说法较为笼统，"初步学会读轻声"要求过高。其实，"学会"是有层次的概念，比如，字母的认读，至少有带图认读、语境认读、纯字母认读三个水平层次；正确书写，有抄写、听写、默写三个水平层次；正确拼读音节，可也分为引导拼、齐声拼、独立拼等多个层次。此外，从容量上看，该案例同案例1-1一样，都是把几节拼音课的教学目标集中写在一起，但这样写不便于检验每课时的教学目标是否达成。

合作研习

小王老师用分课时的方法写出了如下教学目标，它的可操作性、可评价性如何？你准备怎样完善？

"b p m f"的教学目标

第1课时

1.初步学会b，p两个声母，能认清形，读准音。

2.初步学会b，p与单韵母的拼音。

3.能够根据书上 bá、pá 两幅挂图说一句完整的话。

第2课时

1.学会m，f两个声母，能记清形，读准音。

2.学会m，f与单韵母的拼音。

3.初步掌握两拼法。

4.能够根据插图，用"这是……"的句式说一句意思完整的话。

第3课时

1.巩固b，p，m，f四个声母，继续练习拼读音节。

2.学会拼读"爸爸、妈妈"，初步学会读轻声。

3.认识"爸、妈"两个生字，并能在一定的语境中加以运用。

完善后的教学目标

拼音教学的整体内容

二、汉语拼音教学内容

汉语拼音教学内容，可以分为五个方面：声、韵、调与整体认读音节，音节拼读，汉语拼音书写，《汉语拼音字母表》，辅学系统等。

（一）声、韵、调与整体认读音节

1.声母（21个）

教材中，声母都按照发音部位分组呈现。舌尖后音 zh，ch，sh 和舌尖前音 z，c，s 容易混淆，舌尖后音 r 与舌尖中音 l 容易混淆，是发音部位不准而致，是教学难点。此外，同为舌尖中音的 n 与 l 因发音方法差异（鼻音与边音）而产生混淆，也是一个教学难点。

b,p,d,q 之类相似的声母，除了写的时候容易互相混淆，认的时候也容易错。

2. 韵母（24 个）

韵母教学的难点通常有两个：一是复韵母的发音特点，二是后鼻音与前鼻音的区别。复韵母的发音特点是：组成复韵母的几个元音结合紧凑，发音时几个元音之间气流不能中断，要没有停顿地由一个元音向另一个元音滑动，发音器官由一个元音的发音状态逐渐变动到另一个元音的发音状态，但孩子们不一定能体会这种迅速连贯滑过去的感觉。后鼻音与前鼻音的区别难以掌握，主要是受到了方言的影响，这种情况在南方地区比较常见。

3. 声调（4 个）

汉语方言中的声调有很多种，小学的汉语拼音声调学习，指学习普通话的 4 个声调，掌握其调型，读对其调值。小学通常将阴平（调值 55）、阳平（调值 35）、上声（调值 214）、去声（调值 51）称为第一声、第二声、第三声、第四声。

4. 整体认读音节（16 个）

整体认读音节指不用拼读即直接认读的音节，或者说，是添加声母后读音仍和韵母一样的音节（yuan 比较特殊）。整体认读音节要直接读出，不需声韵相拼。把 16 个音节作为整体认读音节，是为了避开教学中的一些难点：yi，wu，yu，ye，yue，yin，yun，yuan，ying，避免了教学 i，u，ü，ie，üe，in，ün，üan，ing 自成音节时需讲授其拼写规则；zhi，chi，shi，ri，zi，ci，si，避免了教学舌尖后元音 [ʅ] 和舌尖前元音 [ɿ]。[①]

（二）音节的拼读

拼读指通过拼合两个或两个以上的音素读出音节。音节的拼读有两拼法与三拼法。两拼法是把声母和韵母这两个部分直接相拼（如 b+o→bo）；三拼法指把带介音的韵母分为两部分，然后再将声母、介音和韵母剩余部分相拼（如 b+i+ao→biao）。

拼读的难点是有些孩子能认识所有声母和韵母，但就是不知道怎样拼到一起，常用方法是多带读。另外，有少数学生对声调不敏感，拼读时不带调能拼对，带上调就拼不正确了，解决方法也是让学生多听、多跟着拼读。

（三）汉语拼音的书写

1. 拼音字母的占格

在四线格中，占中格的有 12 个字母：

a o e u w m n x z c s r

---

① yan 没有列入整体认读音节，是因为 yan 中的 a 相当于 ê，an 实际读 ên，跟其他整体认读音节区别较大。

占中上格的 9 个字母：

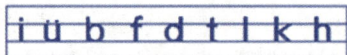

i ü b f d t l k h

占中下格的 4 个字母，占上中下格的 1 个字母：

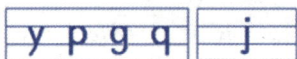

y p g q   j

要注意的是，语文课本上的汉语拼音用的是哥特体（也有的译为哥德体），线条均匀，没有粗细之分，没有装饰线，便于书写。哥特体同常见的罗马体有两个字母字形差别较大，一个是 ɑ-a，一个是 g-g，书写时要特别注意。

2. 拼音字母的笔画名称（表 1-1）

表 1-1　拼音字母的笔画名称

笔画	名称	举例	笔画	名称	举例
c	左半圆	ɑ e d q g	ɔ	右半圆	b p
l	长竖	l b p d q h k	ι	短竖	i m n r u
-	短横	f t	˙	圆点	i ü j
ſ	右弯竖	f	⌐	左弯竖	n m
J	竖左弯	g	ㄴ	竖右弯	u ü
ι	竖弯	ɑ	ˊ	右弯	r
<	斜左斜右	k	v	斜下斜上	v w
/	左斜	x	\	右斜	x y
/	左长斜	y	s	弯左弯右	s

3. 拼音字母书写的笔顺

教材对拼音字母的笔顺进行了标示（图 1-3）。

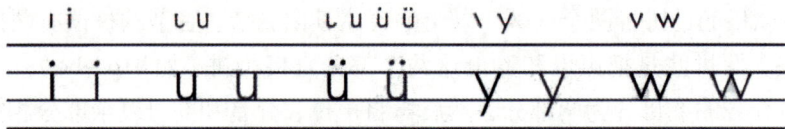

ı ɪ   ㄴu   ㄴuü   ˅y   v w

i i   u u   ü ü   y y   W W

图 1-3　小写拼音字母的书写笔顺举例

4. 声调的书写

先写声母、韵母，再写声调。声调的标位，按《汉语拼音方案》的规定，标在音节的主要元音（韵腹）上。有 ɑ，o，e 的韵母，ɑ，o，e 就是主要元音。以单元音 i，u，ü 作为韵母的，i，u，ü 就是主要元音。韵母 iou，uei，uen 省略成 iu，ui，un 后，调号就约定俗成地标在后一个元音字母上，即"i，u 并排标在后"。

四个声调的书写笔顺：第一声是从左到右，第二声从左下到右上，第三声左上到右下再斜着往右上，第四声从左上到右下。

（四）《汉语拼音字母表》

《语文课程标准》要求"认识大写字母，熟记《汉语拼音字母表》"。可是，字母表的字母怎么读？一线教师的发音五花八门，有的干脆将其中的辅音按声母的读音读。实际上，《汉语拼音方案》的法定读法，是读它们的名称音。名称音用拼音标下来是这样的：

a　bê　cê　dê　e　êf　gê
ha　i　jie　kê　êl　êm　nê
o　pê　qiu　ar　ês　tê
u　vê　wa　xi　ya　zê

《汉语拼音字母表》规定了汉语拼音字母的形体、排列顺序及名称。小学生学习汉语拼音字母的主要目的是帮助自己学习音序查字法。教学指导时可先让学生读读小写字母，再认识对应的大写字母，也可以借助旋律帮助记背。

（五）辅学系统

就教材而言，除了课文，由插图、提示语、练习、注释等构成的辅学系统也是重要的学习内容。教材中拼音部分的辅读系统包括如下内容。

1. 插图

小学语文教材中汉语拼音部分设计了丰富的富有启发性的插图，每一课都有一个配合字母教学的情境图。它们或示意字母发音，或表明字母形体，或表明音节结构，或表明声调认读，还有一些是为提高拼读能力而安排的。插图直观形象，有助于帮助学生学习抽象的拼音字母。如图1-4中椰子、月亮、耳机分别提示了韵母ie，üe，er的发音。图1-2中"b p m f"的图不仅示意了音，而且呈现了形。

图1-4　一年级上册"ie üe er"教材示例

2. 练习

练习旨在帮助学生学习、复习、巩固、拓展、运用，教师要充分理解教材编写者的匠心独运。如图1-5所示的练习，是在已经学完了所有单韵母和声母的情况下设计的连线练习活动。通过该练习活动学生能够对已学拼音知识进行巩固。

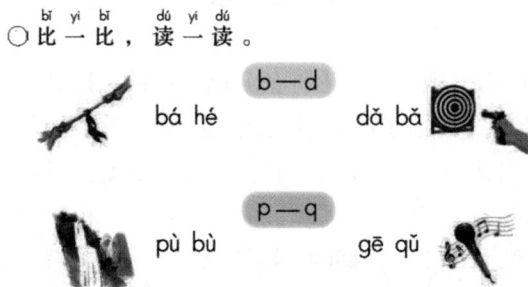

○ 比一比，读一读。

bá hé　　b—d　　dǎ bǎ

pù bù　　p—q　　gē qǔ

图1-5　一年级上册"语文园地二"教材示例

3. 汉字

一年级学生入学前很少接触汉语拼音，却熟悉一些汉字与词汇，汉语拼音教材充分意识到了母语学习者的这一天然优势，把常用汉字与词汇编入教材，作为练习拼读的材料。如一年级上册汉语拼音第9课中的汉字（图1-6）：

mèi mei
妹妹

nǎi nai
奶奶

图1-6　一年级上册"ai ei ui"教材示例

三、汉语拼音教学过程

明确教学过程设计依据，合理地安排教学过程，是构成高效课堂教学的重要因素。由于拼音教学内容的特殊性，其教学过程安排的基本原则是在尊重拼音的知识逻辑的同时，也必须尊重学生的心理逻辑。另外，对于拼音教学而言，游戏的设计也值得特别关注。

（一）汉语拼音教学过程的设计依据

1. 拼音的知识逻辑

基于拼音知识逻辑，教师可以分两个阶段进行教学。

第一阶段：集中学习汉语拼音，即学会21个声母、24个韵母、16个整体认读音节，能读准音，认清形；会认读四声；学会拼音方法，能准确地拼读音节；正确书写声母、韵母和音节。这一阶段的教学内容教材采用了以下编排顺序：

（1）教学"a, o, e, i, u, ü"6个单韵母及其带上4个声调的读法；

（2）教学"y, w"及其相应的整体认读音节"yi, wu, yu"；

（3）教学"b, p, m, f, d, t, n, l, g, k, h, j, q, x, z, c, s, zh, ch, sh, r"21个声母及相关的整体认读音节"zi, ci, si, zhi, chi, shi, ri"，拼读单韵母音节及一些有介音的音节；

（4）教学"ai, ei, ui, ao, ou, iu, ie, üe"8个复韵母，卷舌韵母er及相关的整体认读音节"ye, yue"，拼读复韵母音节及一些有介音的音节；

（5）教学"an, en, in, un, ün, ang, eng, ing, ong"9个鼻韵母及相关的整体认读音节"yuan, yin, yun, ying"，拼读鼻韵母音节及一些有介音的音节。

第二阶段：认识大写字母，熟记《汉语拼音字母表》。该段内容，教材安排在第二学期。

2. 低年级学生的心理逻辑

（1）学生的拼音学习起点

小学一年级要坚持零起点教学。学生入学时基础不一，教学不可过快，一刀切地非零起点教学更不对。教师既需要考虑零起点孩子的拼音学习兴趣与需求，也要适当关注非零起点学生的学习基础。教师可以采取的措施有：创造机会让掌握得较好的同学做小老师，适当补充一些提高性的材料，供拼音基础好的学生学习使用，但不有意在全班推广。

○ 实践指导
如何处理非零起点儿童的教学？

下面两个对比性案例①，对于如何根据学情处理拼音教学，有借鉴作用。

本案例请重点关注不同教师对非零起点儿童的教学策略

教学一线

案例1-3 拼音教学（1）

上课了，老师刚出示教学插图，就有许多学生发出"a—a—"声，老师立即把图片藏在了身后。等大家安静后，老师又拿出图片，可下面仍传出低低的"a—a—"声。

老师：图上画的是什么？

学生：a。

老师：老师问的是"图上画的是什么？"

学生：医生在给小孩看病。

老师：医生在给我们看嗓子时，让我们发什么音？

学生（无序地答道）：a—a—

老师：图下的这个字母就读……（还没等老师读，学生又读开了。）

---

① 张秋玲.语文教学设计：优化与重构[M].北京：教育科学出版社，2012：40-41.

案例1-4 拼音教学（2）

上课铃响过后，学生迅速在座位上坐好，老师开始实施教学。

老师先出示图片，当学生口中随便发出"a—a—"时，老师鼓励他们说："我知道许多同学都会读，我要找最守纪律的同学来当小老师教大家。"孩子们立刻把腰板挺得直直的，小嘴闭得紧紧的。这时老师找了一名学生站到前面并提示大家："注意听他的发音对不对，注意看他发音时的口型是什么样的。谁听得、看得最认真，我们就选他来当下一位小老师。"当学生掌握了a的读音后，老师出示图片，讲清医生在给我们看嗓子时，我们张大嘴巴发的就是a音。

上述两个案例的不同，主要源于教师对学生已有认知水平重视程度不同，后者更懂得学生此时最大的期待是什么，懂得根据学生的拼音学习基础进行教学设计。

（2）所在地区的方音

中国地域宽广，各地方言千差万别，学习拼音时，各地方言与普通话的差异通常成为拼音发音教学的难点。以南方为例，声、韵、调发音上的问题主要如下。

第一，平舌音z，c，s和翘舌音zh，ch，sh相互混淆。这两组音的发音部位一前一后，但南方很多方言分不清这一组音，多数表现为把翘舌音发成平舌音。

第二，鼻音n和边音l相互混淆，有的把鼻音n读成边音l，有的把边音l读成鼻音n。

第三，唇齿音f与舌根音h相互混淆，虽然这两组音的发音方法相同，但发音部位不同，多数情况是将部分h声母字混入f声母字。

第四，前鼻音n和后鼻音ng相互混淆，很多方言音中这两组音是不分的，通常是不发后鼻音。

第五，儿化音发音有缺陷，由于方言习惯的影响，许多儿童在发儿化音"er"的时候，舌头往往卷不起来，发音不到位。

第六，将阴平（调值55）读作曲折调（调值214），把阳平（调值35）读作阴平（调值55），把去声（调值51）读作升调（调值24）等。

受方言影响，孩子们在这些方面形成了一定的心理与发音定式，为此，教师备课时，要有意识地考察当地方言的声、韵、调三个方面的特征，尤其是声调。评价时，要以方言特征为教学评价重点，先要求学生当场拼读，在口（说）、耳（听）中评价学生是否已掌握了音节；同时，注意让学生在日常学习生活中正音，如字正腔圆地用普通话自我介绍、互道姓名、演唱歌曲等，让孩子们在绵延而平常的日子里带着任务学拼音、掌握拼音、用拼音。

（二）汉语拼音课的常见流程

流程，即过程，指一节课的教学环节；叫流程，是为了更形象地体现出课堂的生成性。关于教学过程，赫尔巴特分为"明了—联想—系统—方法"四个阶段，后来，齐勒尔、赖因将其扩充为"预备—提示—联想—总括—应用"五个阶段。不管是四段，还是五段，都符合学科课程学习的一般认知心理，也都是新授课常见的流程，拼音教学的新授课也是如此。

一节拼音课的基本流程，跟其他学科课程基本一样，但也有所变化，即"复习唤醒—新授—巩固应用—总结"。其中，新授环节是一堂课教学的主体，它的四个小环节更能展现拼音课的特性，一般包括"学新音—带调—拼读—书写"。比如，案例1–5中，其新授环节就展现了学新音、带调、拼读三个环节。

一节拼音课的基本流程

🖸 实践指导
一节拼音课的基本流程是怎样的？

教学一线

本案例请重点关注拼音课的基本教学流程

案例1–5 "ao ou iu"的教学流程（第1课时，一年级上册）

1. 复习唤醒

（1）复习 a, o, e, i, u, ü 的发音。

（2）复习 ai, ei, ui 的发音，强调滑动和快速滑动。

2. 新授

（1）不带调 ao, ou, iu 的发音。

第一步，学习 ao 的发音。

第二步，学习 ou 的发音。

第三步，学习 iu 的发音。

（2）带四个声调的 ao, ou, iu 的发音

（3）ao, ou, iu 与声母 zh, ch, sh, z, c, s, j, q, x, l, n 中能相拼的相拼后，组成新音节的发音。

3. 巩固应用

（1）学生用动作、表情表示音节，老师猜音节。

（2）超市购物游戏，读对音节才可购买相应的物品。

4. 总结

读带四个声调的 ao, ou, iu。

拼音课新授环节的四个小环节，即"学新音→带调读→拼读→书写"。

第一，学新音环节。根据课文插图提出新学内容，并指导学生发音。注意：看图的目的是让学生通过形象具体的图画，把抽象的拼音字母同具体实物联系起来。如学习单韵母 o，可以先让学生看课文中的插图，了解谁在干什么。学生知道大公鸡"喔喔叫"，发好 o 的音后，教师板书 o，出示字母形状，让学生将音

与字母的形联系起来。

第二，带调读环节。声调是汉语拼音教学中的重要内容，无论是教单韵母还是复韵母，教师都要指导带调韵母的读法。教声调要先教调号，然后指导学生正确说出声调，重点要读好阳平、上声。

第三，拼读环节。这一环节是学习新内容的主要环节，教学时要选用恰当的教学方法，利用教材加强知识的内在联系，讲清要领，指导学生根据韵母反复拼读，还可以借助卡片、游戏活动进行。

第四，书写环节。学生要先认识四线三格，弄清拼音字母占哪几格，并掌握字母笔顺名称及书写顺序，才能把字母写工整、写正确。抄写音节时，先写声母、韵母，后写声调。为防止抄写音节时出现错误，教师可用歌谣帮助学生记忆调号位置："有 a 不放过，无 a 找 o，e；i，u 并列标在后，i 上标调点去掉。"

（三）汉语拼音游戏的设计

低年级小学生还具有明显的幼儿阶段思维特点，游戏仍然是他们重要的学习方式。在教学中，教师采用各种游戏形式，可以为学生创设愉快的学习氛围，让学生在游戏中学习拼音，掌握拼音。

1. 常见的拼音游戏

拼音游戏非常多，下面略举一些。

（1）开火车。用于快速检查声母、韵母、音节。如口令："小火车开起来！火车火车往哪儿开？"（手拿拼音卡，一起做车轮滚动状。）"火车火车往这儿开！"（纷纷举手。）"一开开到这一组！"（被抽到的小组组员起立，按顺序读生字。）组员都读对了则"轰隆轰隆往下开"，一旦发现有人读错则"咔嚓咔嚓停下来""谁来当修理工"。学生起立教读，出错的学生跟读，火车修好，继续往下开。列车可以单开，也可以双开。各小组比较哪列火车开得快，全部安全通过的被评为"磁浮列车"。

（2）摘苹果（草莓等）。在画好的苹果树上贴上很多写了声母、韵母或音节的苹果卡，把喜欢的苹果摘下来，边摘边念。

（3）找朋友（找队伍）。如，把声母卡、韵母卡分别交给学生，哪两位（几位）同学拿的卡能组成所要求的音节，就是好朋友。教师可用它训练拼读或者按某种标准进行归类。

（4）购物。教师在卡片正面分别写上音节词，请一人做售货员，其他人去购物，拼对了才能成功购物。

（5）猜一猜。教师做出正确的口型让学生猜，或学生做教师猜，或学生间做口型互相猜。一些难点音，比如教学复韵母、平舌音与翘舌音、前鼻音与后鼻音时，教师都可尝试这一游戏。

（6）读读连连。事先设计好小动物、小花等图案，这些图案藏着拼音，请小伙伴认读每个拼音字母，然后按顺序连一连，看看变成了什么。学生可用它按顺序背诵声母表、韵母表、整体认读音节等（图 1-7）。

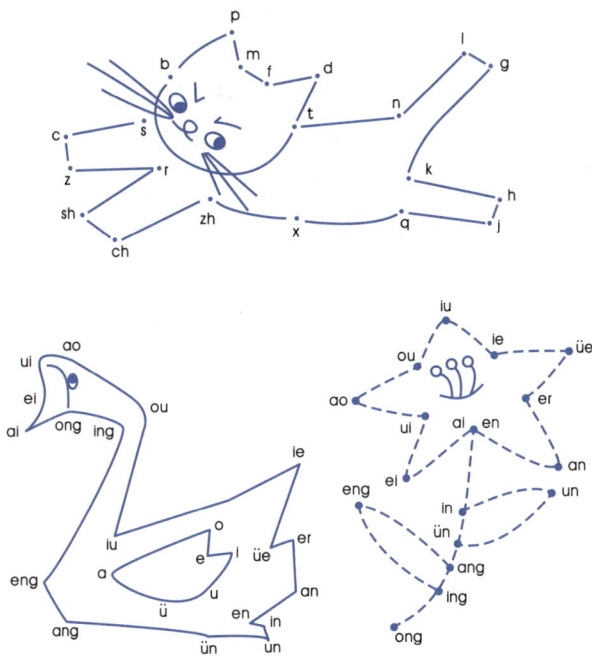

图 1-7　读读连连示意图

（7）攀登。用于巩固拼音，教师提前准备简笔画，由易到难依次认读，学生一步步登上山顶。

（8）打扑克。先指导学生制作含有声母、韵母的扑克牌，然后同学之间两两玩扑克，一方拿写有声母的扑克牌，一方拿写有韵母的扑克牌，双方同时出牌，谁先拼出由音节，这两张扑克牌就归谁。最后，看谁手里的扑克牌多，谁就赢了。

2. 游戏设计的原则

（1）意图明确，紧扣目标。教师要注意不能为了游戏而游戏。拼音教学需要读拼音、写拼音，这是学生未来学习的基石，所以游戏化拼音教学仍需将培养学生语文素养放在第一位，不能为了活泼的课堂形式丢掉了语文教学本质。

（2）指令清晰明了。七八岁的学生所掌握的词汇量有限，能理解的词语不多，概念也常常是孤立的，教师对他们提要求时一定要具体。比如，玩猜一猜的游戏，以下这个指令就很具体：“大屏幕上会出现音节，当你看到这个音节的时候千万别出声，在心里拼。拼出这个音之后，你就想用什么动作、什么表情来表现这个音节，并做出来，让老师猜猜是什么。”

（3）尽量全员参与。有些游戏只有部分同学能参与，如摘苹果、采蘑菇，这时教师如不关注未能参与的学生，他们的注意力就会分散。教师应让尽可能多的学生参与游戏，实在不可避免留下了“观众”，教师必须合理安排好他们的工作。如，要求他们对同学的表现及时做出回应、判断等。

（4）游戏形式需要不断更新。同样的拼音教学目的，可以设计很多种游戏。比如，前面案例 1-5，就用到了猜一猜、购物等游戏。

合作研习

下面这一段拼音教学实录①节选，用到了哪些游戏？教师是怎样组织游戏的？

师：我需要大家的帮助，我能不能考得特别出色，就全看大家的了。是这样做游戏，待会儿啊，大屏幕上会出现音节，当你看到这个音节的时候千万别出声，在心里拼，并想想用什么动作、表情表现出这个音节，然后李老师根据你们的动作、表情来猜猜是什么音节。知道了吗？

……

师：我呀，全猜对了。我也得感谢同学们。是你们拼得准，动作做得准，才使我猜得准。现在，李老师带你们去个地方，想不想去？

生：（齐声）想。

师：哪儿啊？快拼一拼。

生：（齐声）ch-āo-chāo（超）shì（市）

师：去哪儿啊？

生：（齐声）chāo shì（超市）。

师：去超市。超市有好多好多吃的，我们都喜欢吃，对不对？

生：（齐声）对。

师：李老师啊，就从超市里买了一些好吃的。想不想知道都有什么？

生：（齐声）想。

师：现在啊，我想请一位小小售货员到我这来。×××，你来吧，那我在超市到底买了什么呢？你先别拿出来给同学们啊，我们要什么，你给我们拿什么，好不好？（生：嗯！）好，这样，我们需要什么呢？看他有没有，（教师出示拼音）拼拼看。

生：c-ǎo-cǎo（草）m-éi-méi（莓）p-ài-pài（派）。

师：谁知道？你说。

生：草莓派。

师：一起说。

生：（齐声）草莓派。

……

课例中，李老师用到了两种游戏：猜一猜和购物。在游戏过程中，李老师指令清晰，并全程引领，同学们参与度非常高。

四、汉语拼音教学方法

实践指导
如何选择合适的
拼音教学方法？

一年级的学生年龄尚小，纯拼音的学习对他们来说是块难啃的骨头。所以，研究教学方法，选择合适的教学方式，是教师进行汉语拼音教学必须关注的一个

---

① 李洁玲.课例《ao ou iu》小语一册。

方面。

（一）汉语拼音教学的常见方法

1. 发音

教发音，教师可以充分利用教材上的插图。如教学 j 时，教材插图上有一只鸡，鸡是常见的动物，学生都认识，于是教师可先请同学们看插图，提示只要缩短"鸡"后面的拖音，读得既轻又短，就能准确地发出声母 j 的音。此外，还有许多其他的常用方法，比如：

拼音教学的常见方法

（1）示范模仿法。教师示范发音，让学生仔细观察口型、舌位并体会发音方法。这是汉语拼音教学最常用的一种方法，可以配合使用发音部位图。如 zh 的教学，先由教师示范读 zh，范读时要求学生仔细观察教师嘴角微微上翘的口型，然后再体会舌尖接近硬腭前部的发音要领，最后，教师带读、学生模仿发 zh 的音。

（2）口诀法。如"张大嘴巴 a a a，圆圆嘴巴 o o o，扁扁嘴巴 e e e"等。

（3）手势演示法，即运用手势、教学用具等进行必要的演示。如教平舌音和翘舌音时可以辅以手掌向前平伸或四指向内卷曲的手势；教声调时可按照四个调号的形状，用手势演示四声的走势，使调形直观化。

（4）夸张法。为了突出发音的特点，有意将口、唇、舌的动作适当夸张，或有意将声音拖长、加重，这样，学生的印象较深，对发音特点也容易领会。

（5）比较法，即把两个（两组）或几个声母韵母放在一起比较异同。如 b，p 的发音部位和发音方法基本相同，主要区别在于送不送气。如 ou 与 uo，都是动程较短的复韵母，区别是发音的起始和终点位置相反。

（6）限制法，即发音时设法使发音器官的某一部位受到限制，以便体会正确的发音方法。如教鼻音 n 和边音 l 时，让学生捏紧鼻子发 n，结果发不出音，松开手才能发出音来；而发 l 时，让学生捏着鼻子，体会气流不从鼻腔而从舌头两边送出的感觉。

2. 拼读

（1）口诀法。如音节拼读有两个常用口诀：两拼法是"前音轻短后音重，两音相连猛一碰"，三拼法是"声轻介快韵母响，三音连读很顺当"。

（2）动画演示法。主要用于掌握声母与韵母相拼的方法与技巧。教材中虽然有插图，但插图是静止的，刺激强度也许还不足以让学生进入情境，此时可以把情境图制作成动画，激发学生的兴趣。

（3）插图法。比如，复韵母的认读是韵母教学的一个难点，教复韵母 ai 时，先让学生看一幅画着两个孩子挨着站在一起的插图，由"挨着站在一起"引出"挨"字的读音，进而教会"挨"的读音，然后展示 ai，让学生明白"挨"的读音就是由韵母 a 和 i 共同组成的，发音时由 a 快速地滑向 i。

（4）游戏法。具体见上文"汉语拼音游戏的设计"。

3. 辨记

教辨记音形最常见的方法是看插图和唱歌谣。看插图时，通过记图可记其发音或者形状，如图1-8所示。

图1-8　一年级上册"zh ch sh r"教材示例

拼音教学中的歌谣也非常多，有的已成为拼音课的必用歌谣。如：

张大嘴巴 a a a，圆圆嘴巴 o o o，扁扁嘴巴 e e e，1字加点 i i i，乌鸦做窝 u u u，鱼吐泡泡 ü ü ü。

张大嘴巴 a a a，嘴巴拢圆 o o o，小嘴一咧 e e e，牙齿对齐 i i i，嘴巴空出 u u u，撮个小圆 ü ü ü。

小小帆船迎波浪，像个6字就是 b；小猴推车上山坡，车的样子像个 p；小兔挎篮采蘑菇，三个蘑菇连成 m；魔术大师台上站，手扶魔棒 f f f。伞把 t，拐棍 f，靠背椅子真像 h。两门 m，一门 n，n 字伸头就念 h。z，c，s 后有椅子，翘起舌头 zh，ch，sh。

大 y 带小 i，一对好兄弟，两人在一起，仍然读作 yi。

小 ü 很骄傲，眼睛往上瞧，大 y 帮助它，摘掉骄傲帽。

一声高高平又平，二声由低往上升，三声先降再扬起，四声由高降到低。

合作研习

下面这则教学 ao 发音的案例①，用了哪些方法？

师：这节课，老师给大家带来了三位新的拼音朋友，你们看，这就是第一位

---

① 李洁玲.课例《ao ou iu》小语一册.

（展示拼音 ao 的纸片）。有同学认识它吗？

（两位同学都读 ao。）

师：他们俩都说念 ao，那么他们的发音准不准呢？我们请书上的插图来帮忙看一看（展示奥运五环标志，贴在黑板上）。看到了它，你想到了什么呀？

生 3：看到它，我想到了奥运会。

师：哎，奥运会的"奥"就是这个字母的第四声。谁会读成一声？你来读。

生 4：āo

师：一起来读。

生：（齐）āo。

师：请同学们看，发 ao 的音的时候啊，要先张大嘴巴，从 a 快速地滑向 o，快得呀，就像踩上了滑板车，"哎"得一下就滑过去（动画演示）。请大家注意看李老师的口型，注意听李老师的发音，（做示范）ao。

师：同学们这么快就认识了第一个新朋友。现在我们来看第二位新朋友。

课例中教师运用了插图法、示范模仿法、动画演示法，使学生学得生动活泼。

4. 书写

（1）常见的拼音书写错误

第一，笔画数目错。如，将本来是两笔的 k 写成了三笔，将本来是两笔的 w 写成一笔或四笔，将本来是两笔的 a，b，d，g，n，p，q，u 写成一笔。

第二，笔画方向错。如，整圆笔画的正确书写是从上方落笔，往左下方运笔，一笔写成。半圆笔画，无论左半圆、右半圆，都是从上方落笔，左半圆从上往左下运笔，右半圆从上往右下运笔，一笔写成。阳平声调的正确书写是从左下向右上运笔，可以示意出朗读时调值的变化。

第三，笔画顺序错。典型错误：i，ü，j，先写上面的点，再写下面的部分；x 的笔顺搞反；先标声调，再写下面的字母。

第四，占格错误。如，i，j 上的点，本应写在第二线上面，却写在了第二线的下面；再如，p，q 应该占中下格，却占了上中格。

第五，大小写相混。如将 y 与 Y，k 与 K 相混。

第六，声调标错位置。如 iu，ui 的标调位置问题。

（2）教写的方法

第一，教会常识。指导写拼音时，要注意让学生关注每个字母的形状、笔顺、占格等。

第二，运用歌谣。如，关于声调标调，牢记歌谣"a，o，e，i，u，ü，标调时，按顺序。i，u 并列标在后，i 上标调点去掉"；关于 ü 的拼写，"小 ü 小 ü 有礼貌，见了 j，q，x，y 就脱帽"或"小 ü 小 ü 真骄傲，两只眼睛往上瞧，多亏朋友 j，q，x，y，帮它摘掉骄傲帽"等。

第三，运用游戏。如，关于 ui 的声调标记，每组准备四张韵母卡片 ui，教学

ui 的读音后，以四人小组为单位，让学生标一标 ui 的四声，看看发现了什么。

第四，凸显颜色。为了黑白分明，通常用白色粉笔板书，但必要时也可以用彩色粉笔加以点缀与凸显。

第五，动画演示。教师通常可用课件，让学生用鼠标把字母往四线格里拖一拖、放一放、比一比的方式，找到字母在四线格中的正确位置。还可将字母的书写做成动画，通过动画演示让学生看清字母书写的笔顺，并熟记于心。

（二）汉语拼音教学方法的选择原则

拼音教学方法选择上应做到直观化、活动化。

1. 直观化

六七岁儿童的认知心理还处于具体运算阶段，运用各种直观的方式进行拼音教学，符合他们的心理接受水平。直观化的方法不一而足，前面所列拼音教学方法大部分都是直观化的方法。

2. 活动化

教学时要注意幼小衔接，尽量多采用活动，使学习富有游戏性和趣味性。同时，汉语拼音知识的量很大，相对于识字、阅读而言，又比较枯燥乏味。所以，在学生已经初步学会拼读以后，要避免大量枯燥无意义音节的练习，增加与学生的生活世界紧密联系的音节练习活动。

五、汉语拼音学业质量评价

（一）汉语拼音的学业质量描述

《语文课程标准》对汉语拼音的学业质量描述，体现在第一学段"借助汉语拼音认读汉字"和第二学段"能借助汉语拼音……在阅读中主动识字""能根据需要用普通话交谈"这些语句中。这些语句，表明了将汉语拼音作为识字工具的清晰定位。

（二）汉语拼音的学习效果评价

《语文课程标准》指出，"课堂教学评价是过程性评价的主渠道"。汉语拼音作为一年级起始阶段的教学内容，其评价必须"注意一年级适应期学生的特点，科学确定评价起点""要特别重视保护学生的学习兴趣和积极性"。为此，教师应关注幼小衔接，在课堂教学过程中积极发现学生学习汉语拼音的进步之处。

学完汉语拼音之后，教师一般会进行汉语拼音学习效果的课堂观测。这种观测以口试的形式进行，孩子们朗读声母、韵母、整体认读音节，拼写词语、短句。教师或拼音水平高的高年级哥哥姐姐们要耐心细致地倾听和评价，并不时给予他们鼓励，让他们消除怯意，最大限度地发挥自己的水平。观测结束后，教师再根据记录，进行有针对性的辅导与帮助。

六、汉语拼音教学设计案例分析

本案例请重点关注本节拼音教学课的整体设计

案例1-6 "g k h"教学设计（第1课时，一年级上册）

湖南第一师范学院小学教育专业 李滕

一、教学目标

1. 会认、会读、会写"g k h"三个声母。

2. 能准确拼读"g k h"与单韵母"a e u"组成的音节。

二、教学重点

"g k h"的发音、拼读与单韵母组成的音节。

三、教学难点

g的发音；g，k的书写。

四、教学准备

图片、卡片、四线格小黑板。

五、教学流程

（一）情境引入

出示教材图片（图1-9），指名说说图上画的是什么。待学生回答后，询问学生是否会拼读这些音节，然后引出主题——今天我们一起进入声母g，k，h的学习中。

图1-9 一年级上册"g k h"教材示例

（二）学习声母"g k h"

1. 学习声母 g

（1）询问学生课本第 28 页所画白鸽的具体内容。

（2）指名读后，教师示范读，用"鸽"的发音来记住 g。

（3）齐读，开火车读，加深记忆。

（4）记形：一只白鸽 g g g，9 字拐弯 g g g。

（5）执教者示范书写，学生书空（左半圆，竖左弯）。强调左半圆要写圆，下格不要占满格。

2. 学习声母 k

（1）学习 k 的音——执教者咳嗽几声，询问学生听到了什么声音。

（2）解说今天要学的声母 k（出示卡片）。

（3）记音、形：音——一群蝌蚪在水里游，"蝌"就是音；形——两蝌蚪附着在水草上的样子。

（4）练读 k：男生读、女生读、齐读。

（5）自由记形。

3. 学习声母 h

（1）观察在椅子上喝水的小朋友。

（2）记住 h 的形——像把椅子 h h h。

（3）练读音：范读、齐读、分组读。

（三）音节拼读

1. 拼读 ga

g 与 a 见面了，快来拼一拼、读一读。ga 像鸭子叫。

2. 拼读方法

前音轻短后音重，两音相连猛一碰。

3. 其他声韵母拼读

g，k，h 分别与 a，e，u 相拼。

（四）拼读带声调的音节

1. 拼读四声

2. 拼读课本第 28 页所示的音节

3. 游戏巩固

执教者或学生指着音节，另一学生背对着猜。

（五）书写

1. g 的书写

g 有几笔，占几格，下格注意留小通道。

2. k 的书写

k 易写错，注意观察老师的书写。

3.h 的书写

学生自己练习书写 h 后，执教者示范写。

（六）小结

今天这节课，我们认识了三个声母朋友。（学生齐读 g，k，h）学习了拼读，我们还要会写。

这则教学设计有几个明显的优点，也有一些新手教师常见的可改进之处。

（一）优点

教学目标设计：清晰明了，但"会"的标准可进一步明确。

教学流程设计：思路清晰，不蔓不枝，过程扎实，起、承、转、合较自然。

教学内容设计：读音、察形、习写，重点得到了训练落实。

教学方法设计：教材得到了充分利用；学生活动多，巩固性游戏恰到好处，并且没有削弱教师的主导地位。

（二）可改进之处

从教学过程的设计来看，看不出对学生的基础性差异做了预先估计，似乎是将所有学生都看作为"零起点"。课堂教学是一个动态发展的复杂过程，可以预设，但不可能预见到课堂上将要发生的一切。因此，教学设计必须讲究"留白"艺术，要富有弹性，也就是说要有既定的东西，又要有待定的空间。

第二单元　识字、写字教学设计

传统语文教育启蒙时有平行的"识本"与"写本"[①]，走的是识写分流的路子。从各学段"认识"与"会写"字的数量要求看，《语文课程标准》也有明确的"识写分流"的意识。"识写分流"是指"识字"与"写字"在教学体系上各成序列，有联系但不并行，在教学时间上，要求能识的字与要求能写的字也并不同步，识字在先，写字在后。但这并不是否定识字、写字的紧密关系。教学中，识字与写字，尤其是"会写字"的识与写，很难截然分开[②]，故本教材将识字、写字教学设计放在一个单元讨论。

一、识字、写字教学目标

汉字是中华文明的重要标志，是中华优秀传统文化的极重要载体，是形象思维、理性思维与创造思维的结晶。认识汉字是了解汉语文化的前提，汉字书写过

---

① 例如，以"人之初，性本善，性相近，习相远"开头的《三字经》为"识本"，而以"上大人，丘乙己"开头的蒙学读物为"写本"。

② 2013 年起，教育部规定三年级起一周一节写字课，主要目的在于让学生把字写得更美观。

程就是一个感悟汉文化的过程。所以，识字写字教学是培养学生文化自信、语言运用、思维能力、审美创造等语文核心素养的重要依托。

（一）识字、写字教学的学段目标

依据《语文课程标准》，识字、写字教学的学段目标清晰地体现了多角度的渐进性，形成了一个系统，如表 1-2 所示。

表 1-2 识字与写字教学的学段目标

学段	累计会识	累计会写	独立识字能力	写字能力	情感态度
第一学段	1 600字左右	800 字左右	学习独立识字。能借助汉语拼音认读汉字，学会用音序检字法和部首检字法查字典	掌握汉字的基本笔画和常用的偏旁部首，能按基本的笔顺规则用硬笔写字，注意间架结构；努力养成良好的写字习惯，写字姿势正确，书写规范、端正、整洁	喜欢学习汉字，有主动识字、写字的愿望；初步感受汉字的形体美
第二学段	2 500字左右	1 600字左右	有初步的独立识字能力。能用音序检字法和部首检字法查字典、词典。能感知常用汉字形、音、义之间的联系，初步建立汉字与生活中事物、行为的联系，初步感受汉字的文化内涵	能用硬笔熟练地书写正楷字，做到规范、端正、整洁。用毛笔临摹正楷字帖，感受汉字的书写特点和形体美	对学习汉字有浓厚的兴趣，养成主动识字的习惯
第三学段	3 000字左右	2 500字左右	有较强的独立识字能力。感受汉字的构字组词特点，体会汉字蕴含的智慧	写字姿势正确，有良好的书写习惯。硬笔书写楷书，行款整齐，力求美观，有一定的速度。能用毛笔书写楷书	在书写中体会汉字的优美

上表中，"规范"指笔画正确，笔顺符合规范，不写错字、别字、异体字等。"端正"指横平竖直等笔画，左让右谦、上紧下松等间架结构合适。"整洁"指卷面干净。"行款"指整篇中每个字的大小，字与字、行与行之间的空隙和距离。"书写习惯"指握笔的姿势与写字的坐姿、站姿，以及高年级以后书写要有一定的速度。此外，"汉字的形体美"指汉字粗细、长短、曲直、浓淡的变化与和谐美。

⊙ 实践指导
识字写字教学不同学段的重点是什么？

由于识字、写字教学具有这种多角度的渐进性，所以不同学段的识字、写字教学有不同的重点。《语文课程标准》要求：第一学段"学习独立识字"，第二学段"有初步的独立识字能力"，且能借助字典、词典和生活中事物、行为的联系，初步感受汉字的文化内涵。很明显，两个学段的识字教学重点发生了转移。由于第二学段已经不再把识字作为整个语文教学的重点，所以三年级学生普遍存在生字回生率高的现象，教师应该根据遗忘规律，有计划地安排复习，避免遗忘。

另外还需特别注意的是，《语文课程标准》十分强调书写的质量，视识字与写字为"贯串整个义务教育阶段的重要教学内容"，第一学段即强调养成良好的写字习惯、写字姿势正确；第三学段再次强调"写字姿势正确，有良好的书写习惯"。同时还适当降低第一、第二学段的识字、写字量，以减量来保质。另外，

《语文课程标准》在"附录"中设有"识字、写字教学基本字表"和"义务教育语文课程常用字表"，两个字表中的字都是高频字，包含了汉字的各种笔画类型和基本间架结构类型，为识字与写字教学、教材编写和教学评估等提供了依据。

（二）识字课教学目标设计

小学语文的识字课主要有两种，一种是专门的识字课（即集中识字），一种是在阅读课中识字（即分散识字）。无论哪一种都需要教师指导写字。

1.识字课的识字、写字教学目标制订

合作研习

图1-10是一年级下册"识字1"的教材内容。两位教师分别为这篇课文确定了识字、写字教学目标，请你对这两个方案做出合理评价。

图1-10　一年级下册《春夏秋冬》

"识字1"教学目标（1）（一年级下册）

①认识"霜、吹、落、降、飘、游、池、入"等8个生字，引发识字兴趣。

②正确、规范书写"春、风、花、入、冬、雪、飞"7个生字。

③正确、流利地朗读词语或短语。

④主动收集关于春、夏、秋、冬的词语。

⑤认识并了解四季给大自然带来的变化，对大自然产生好奇，激发了解、观察大自然的兴趣。

"识字1"教学目标（2）（一年级下册）

①观察图画，看懂图意，对照图画理解句群意思。

②学会8个生字，会写7个字，读准字音，认清字形，理解字义，在田字格中正确书写。

③能主动积累有关四季的词语或短语。

④留心观察周围的事物，丰富自己的见闻和感受。

要对这两个教学目标做出合理评价，需先明确一个评价的标准。教学目标的共性要求，可参阅本模块第一单元"汉语拼音教学目标的确定与表述"部分。根据这些共性要求，可发现，上面两个案例虽然体现了学生的主体性，且表述简洁、明了，但仍存在操作性不突出的缺点。

该课的教学目标建议表述如下：

①在无拼音情况下，正确认读"霜、吹、落、降、飘、游、池、入"8个生字。

②正确、规范、端正地写出"春、风、花、入、冬、雪、飞"7个生字。

③正确、流利地朗读课文中的词语。

④收集并写出5~10个关于四季的词语或短语。

⑤观察教材插图，结合生活中的发现，说说四季更替给自然界带来的变化。

2.阅读课文的识字、写字教学目标制订

结合课文安排识字是小学识字的主要形式。为此，制订教学目标时要注意以下几点。

第一，课文中出现的生字不都是学生本课要掌握的生字。以一年级上册《秋天》为例，虽然教材中出现了21个生字，但本课的识字教学目标却不能写成要认21个字，因为，其中"秋、气、了、树、叶、片、大、飞、会、个"10个字要求脱离本课在别的语境中也能认识，而"凉、黄、落、来、空、蓝、高、群、雁、南、排"11个字则只要求在本篇中认识。

第二，多音字和发生语流音变的字要随文提醒。一般对于多音字，教材都有随文注音，对于发生变调、轻声、儿化等音变现象的字，教师在朗读或讲解时要给予学生提示。

第三，协调好识字目标与阅读目标之间的关系。不能顾此失彼，也不要僵化处理，要根据每一课的具体情况来处理识字目标与阅读目标之间的关系。

（三）写字课教学目标设计

一节写字课，可以教学执笔姿势，可以教写某一笔画，也可以教写某个整字或某类结构类型。

本案例请重点关注写字课教学目标的设计

教学一线

案例1-7　硬笔"横钩"的书写

1.通过观察、比较，会区别横钩和横折、横撇的不同。

2.学习横钩的写法。

3.正确、端正地在田字格里书写带有横钩笔画的汉字"买"。

案例1-7的目标层次分明，表述清晰明了，"在田字格里书写"等限定词用得好。不过，既然是目标，"通过"之类的过程性的词语可以不必写出。

从一年级到六年级，写字教学要依照"笔画→部件→结构"的思路，循序渐进地进行。具体步骤大致如下。[①]

（1）一年级上学期：一笔一笔地教。放慢速度，稳扎稳打。每篇课文要求书写的3~4个生字，可分散到两个课时进行。要一笔一笔甚至手把手地教，要把每个笔画的高低、长短、斜正、收放都示范清楚。

（2）一年级下学期和二年级：一部分一部分地教。一年级下学期开始，之前会写的字，变成了偏旁、部首。许多字作偏旁使用时，字形会发生变化，教师要引导学生观察、比较并寻找规律。书写每一个部件，教师都要进行细致入微的讲解，如，"亻"的竖，起点写在撇的二分之一处，"氵"的三点要形成弧型，"辶"的头要小，捺要一波三折等。

（3）三、四年级：一组一组地教。中年级已掌握所有笔画和绝大多数偏旁部首，学习重心应转移到各部件的组合搭配上，即，各部件的大小、高矮、胖瘦、斜正等形体特点，以及向背、穿插、避让、呼应等组合规则。指导时要增强"类别"意识，组织学生观察分析，按照结构特点分成几个大类，只选择每个类别中最具代表性的生字进行书写指导，做到"指导一个，带动一组"。

（4）五、六年级：有选择性地教。高年级教材中的生字有所减少，教学重点转移到阅读与理解上，且学生已把握了书写的基本规律，故教师应遵循"少而精"的原则，有针对性地教。教的重点，除了把字写美观外，更重要的是写正确，尤其是那些易与熟字相混的生字。

二、识字、写字教学内容

识字、写字的教学内容，主要归属于义务教育语文课程6个学习任务群中的基础型任务群"语言文字积累与梳理"。识字方面，首先是关注与自身、家庭、学校、社会生活密切相关的汉字，关注基本字；其次是通过查字典、分类整理和梳理形、音、义之间的关系提升独立识字能力，同时还要在借助汉语拼音在识字的过程中讲好普通话。写字方面，姿势正确是不违背身体发育的前提条件，体会汉字的笔势与结构特点是把字写好的核心，感受汉字文化是写字的最高境界。为了更明晰地展示识字、写字的教学内容，本部分从字音、字义、字形、写字姿

① 屈太侠.写字教学如何体现年级特点[J].语文教学通讯，2010(12)：45-46.(有改动。)

势、独立识字能力、汉字文化共六个方面进行讨论。

（一）字音

学了汉语拼音之后，字音已不需一个一个教。但有几类字的字音还是要特别注意。

1. 多音字与异读字

实践指导
识字与写字教学
教什么？

我国多音字数量较大。多音节约占常用字和次常用字的 16%[1]，《现代汉语通用字表》和《标准字符集》中的多音字（不包括破读字）共 856 个。[2] 庞大的数量以及较高的使用率，使得多音字成为识字教学经常要遇见的一种现象，其占到了小学生认字总量的 13% 左右。[3]

对于需要掌握的多音字，教材在课文中的会识字和全书后面的《识字表》中，都用蓝色予以标注。

2. 轻声字

轻声字是一种特殊的变调现象，是由于某个字长期处于口语轻读音节的位置，从而失去了原有的声调，听感上显得轻短模糊。北方大部分地区的方言中有轻声，而南方方言则几乎没有什么轻声，对于南方小学生来说，轻声是一种较难掌握的语流音变现象。小学语文教材的 1—3 册中都随文显示了哪些字在句子中该读轻声，但从第 4 册起，教材不再全文标注拼音，教师要注意对小学生进行指导。

除了轻声，儿化、"啊"的音变也是常见的语流音变情况，这两种情况不需要专门教学，但教师要有意识地相机引导。

（二）字义

字义教学是目前识字教学的一个弱项。学习汉字，归根结底在于运用，掌握字义是正确运用汉字的前提。汉语中有些字（词）只有一个意义，是单义字（词），一般为事物名称，不是字义教学的重点。作为语文教师，应多了解多义字的常用义、比喻义、本义。

其中，常用义指多义词中使用频率最高、运用范围最广的意义，从历史角度来看，今天的常用义也许在古代或未来不是常用义。比喻义指通过打比方产生的固定意义。比如"尾巴"一词原指"动物身体末端突出的部分"，但在"不要掉队做尾巴"这句话中使用的却是比喻义。本义是指字最初的、最基本的意义，如"深"的本义是从上到下或从外到里的距离大。

（三）字形

写好一个汉字，要注意它的笔画、笔顺、偏旁部首、间架结构及运笔要求。

---

① 季素彩，张德继. 汉语多音字的成因 [J]. 汉字文化，2000(3)：7-11.

② 刘春丽. 汉语多音字研究 [D]. 哈尔滨：黑龙江大学，2005.

③ 吴忠豪. 小学语文教学内容指要：汉语·阅读 [M]. 北京：高等教育出版社，2015：51.

1. 笔画

笔画是汉字的最小构成单位。写字时，按楷书的书写要求，从起笔到抬笔，叫作"一笔"或"一画"。要把字写好、写规范，必须认清这个字由哪几个笔画构成，要掌握基本笔画"横""竖""撇""捺""点""钩""提""折"的写法并进行练习。

常用笔画名称表

2. 笔顺

一个字先写哪一笔，再写哪一笔，都有一定的顺序，这种汉字笔画的书写先后顺序就叫"笔顺"。写字不依照笔顺，就会感到不自然、不方便，但是这种自然方便并非完全依个人喜好而定，它有一定的原则。这些原则主要是：第一，要符合现代汉字从左到右横排书写的习惯；第二，便于组织结构，使书写美观；第三，不破坏汉字的笔画系统。

小学第一学段即要求掌握基本的笔顺规则。汉字笔顺的基本规则是：

实践指导
汉字笔顺的基本规则

横竖交叉，先横后竖，如：十、干、丰。

有撇有捺，先撇后捺，如：人、入、天。

上下结构，从上到下，如：三、主、李。

左右结构，从左到右，如：什、川、脚。

两边笔画对称，先中间后两边，如：小、办、承。

全包围，先外后里再封口，如：日、四、回。

上右或上左包围，从外到里，如：原、病、司。

左下包围，先里后外，如：进、延。

框朝上三包围，先里后外，如：凶、函。

框朝下三包围，先外后里，如：同、网。

框朝右三包围，先上后里再左下，如：区、医。

此外，还须注意点的笔顺：点在左上先写，如"斗、头"；点在右上后写，如"戈、发"。

教师在教学中，要注意教给学生笔顺知识，对于一些笔顺容易错的字要重点加以指导。

3. 偏旁部首

除笔画外，偏旁部首也是字形学习的重要内容。偏旁与部首原本是两个不同的概念，偏旁（又称部件）指合体字的结构单位，部首是字典、词典根据汉字形体偏旁划分的门类。但小学语文教师通常会遇到学生将二者相混的问题，为此，建议将偏旁和部首分开来讲解，识字、写字时只说偏旁，查字典时再用部首。小学称呼的部首，以《新华字典》最新版的要求为准。

常用偏旁名称表

4. 间架结构

汉字的笔画或部件或偏旁按一定顺序进一步组合就成了字。汉字包括独体字和合体字，独体字内部不能分割，如"文""中"等；合体字则可以分解为若干个基础部件，如"邑"可分解为"口"与"巴"，"汉"可分解为"氵"与"又"。

合体字占了汉字总数的 90% 以上，分析合体字的结构组成有益于记忆字形和掌握字义。独体字的笔画组合方式和合体字的部件组合方式合称为汉字的结构。

小学阶段，教师主要指导学生掌握独体和合体中的上下、左右、包围这几种结构。据统计，3 500 个常用字中左右结构和左中右结构的字有 2 000 多个；上下结构和上中下结构的字有 800 多个。在布局的过程中领悟"左让右谦、上紧下松"的道理，把字写得结构匀称、得体，使笔画不过于松散，也不过于紧密，而且整篇之中，每个字的大小要基本相同，字与字、行与行之间要有一定的空隙和距离。这是汉字的间架结构和空间布局，要注意间架结构、空间布局是否合理。

小学阶段，教师还要指导学生注意当一些独体字作为偏旁时，笔画是否有变化，是否有一旁多形（如"氵水""灬火""礻示""犭犬""扌手""忄心""亻人"）等情况。还要注意小学生，尤其是低年级小学生，容易将合体字写得很散，比如，将"取"字的"耳"与"又"之间隔得很开。

另外，教学中要特别注意对一些结构复杂的汉字（如"礴""范""灌"等）进行间架结构指导。

对于笔画、笔顺、偏旁部首，大部分教材有循序渐进、贯穿进行的编写意识，如一年级上册"识字"第 2 课中写字练习的内容为基本笔画"横""竖"，第 3 课增加笔画"横折""撇""弯钩"并融入最基本的穿插结构，如图 1-11。另外，一年级上册以独体字为主，到下册则以合体字为主。教师应根据每一课要求会写字的特点，对相关的书写知识进行相机指导。

汉字结构类型表

图 1-11　一年级上册"识字"教材示例

5. 运笔要求

运笔要求上，硬笔字的笔画平直，变化不大，因此在书写时起笔方法比较简单，可以概括为"横要平，竖要直，提、撇要尖，捺有脚，折有角就得顿，小小点要写好，落笔轻轻收笔重"。另外，具体每一笔画，都有细致的运笔要求，比如，基本笔画"悬针竖""垂露竖""斜撇""斜捺"在铅笔字（钢笔字）书写中的运笔要求如图 1-12 所示。

毛笔楷书的运笔，要重点注意逆锋起笔、中锋行笔、回锋收笔，如图 1-13 竖的写法。其中，逆锋起笔指起笔时笔锋要欲左先右、欲右先左、欲上先下、欲下先上，做到起笔藏锋。中锋行笔指行笔时锋尖始终从笔画中间运行。回锋收笔指写横和竖到尽头要收笔时，将笔略微提起，使笔锋回转。此外，毛笔在蘸墨时，要不断地转动笔杆，使笔毫保持正直，四面吸匀墨汁。

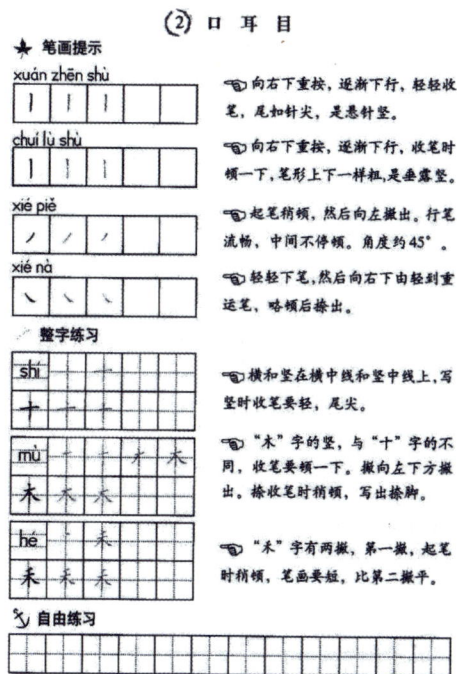

图 1-12　口耳目

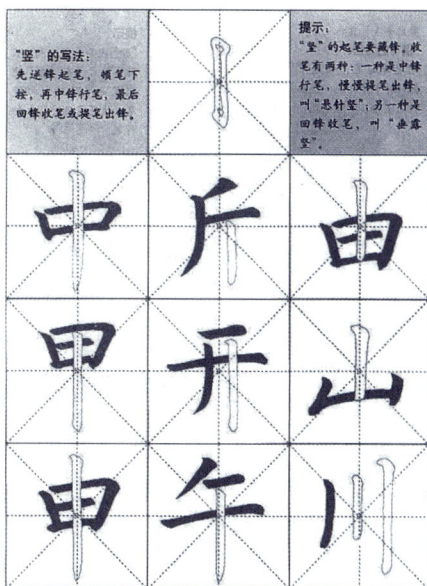

图 1-13　竖的写法

（四）写字姿势

写字姿势包括执硬笔、软笔的姿势，也包括坐姿与站姿。

1. 执笔

铅笔和钢笔的执笔姿势相同，毛笔的执笔姿势比较特别，如图 1-14 所示。

具体来说，硬笔的执笔姿势是：先用拇指和食指第一节指肚内侧夹住铅笔或钢笔笔杆，以悬起不掉为宜，然后用中指指甲处上侧顶住笔杆，形成三指夹笔，并适当用力，无名指并排抵住中指，小指稍打开垫在无名指的第一节与第二节之间为宜，三指握笔处离笔尖约本人拇指第一节长。[①]软笔的执笔姿势有五指、四

识字与写字教学的基本内容：写字姿势、识字方法、汉字文化

---

① 刘旭光，刘铭容.实用硬笔写字姿势 [J].青少年书法，2003(1)：34-35.

指、三指、握拳等多种，最为常用的是五指执笔法，即：用大拇指的前端，稍斜而略仰地贴紧笔管内方；用食指第一节向下倾斜，和大拇指隔笔管相对，由外方捏紧笔管，与大拇指内外夹持，约束着笔管；用中指的第一节顺着食指的倾斜方向，在食指下面，弯曲如钩地钩住笔管，以加强食指力量；用无名指的指甲与指肉相连处，从内向外顶住笔管；小指贴紧无名指下，协助无名指抵住中指由左外向右内的压力。[①]

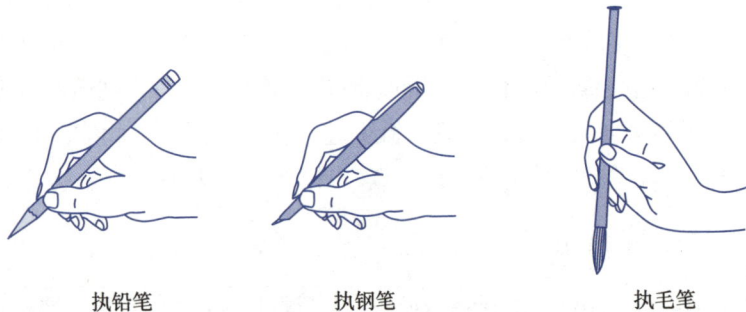

| 执铅笔 | 执钢笔 | 执毛笔 |

图 1-14　执笔

2. 坐姿

写铅笔字和钢笔字都采用坐姿，如图 1-15 所示。

写字的正确姿势是：头正、肩平、身直、臂开、足安。头正，就是头部要端正，微向前倾，双眼与纸面保持 30 厘米左右的距离，不要歪着脖子，或把头低下去，与纸面靠得很近。肩平，就是双肩要自然放松，保持平衡，不要一高一低、一前一后。身直，就是身体要坐得正、直，腰杆挺起，使胸部与桌沿保持一拳大的空档，不要曲背弯腰或胸部紧贴桌沿。臂开，就是双臂要自然地左右舒展放开，右手执笔，左手按纸，肘部转弯处的角度不小于 90°，不要双臂紧靠两肋。足安，就是双足左右分开与肩同宽，自然地稳踏地面。不要双足直伸，或一前一后，或两腿交叉。

3. 站姿

写毛笔字则有坐姿和站姿两种姿势，如图 1-16 和图 1-17 所示。

图 1-15　铅笔字、钢笔字坐姿 　　图 1-16　毛笔字坐姿 　　图 1-17　毛笔字站姿

① 刘诗. 执笔：写字常识讲座之四 [J]. 江苏教育，1985(18)：28-29.

坐姿要求头正、身直、肩平、臂开、脚平。

站姿要求头正、身直、左手扶案，肩平、脚平。

（五）独立识字能力

对一名四年级学生的采访

采访者：你现在主要用什么方法识字？

小学生：猜。

采访者：怎么猜呢？

小学生：看形声字的声旁和形旁。

采访者：还有什么方法吗？

小学生：查字典。

采访者：音序查字法和部首查字法，哪种用得比较多？

小学生：音序查字法要快一些吧……如果知道读音就用音序查字法，不知道就用部首查字法。知道读音还去查字典的字，是为了组词。

这位小学四年级学生所说的，实际上就是独立识字的两种基本方法：分析字形和查字典、词典。

小学生没有系统的汉字知识，引导他们分析字形、根据字形来进行猜测，就像古人说"大字认一边，长字认一截"一样。认一边、认一截并不可笑，这种现象说明了个体对形声字字理的一种体认。一次次去猜、去验证，能够增加学生对汉字文化的兴趣。

至于查字典、词典，小学阶段主要掌握音序查字法和部首查字法，具体要求是：知道音序查字法、部首查字法；掌握这两种查字法的一般步骤；运用这两种方法查检生字的读音和意思；根据需要选择恰当的方法查检字典、词典。"授之以鱼，不如授之以渔"，查字典是授之以渔地培养独立识字能力的有效路径。

（六）汉字文化

《语文课程标准》重视汉字文化，不仅要求感受汉字间架结构所体现的书写特点、形体美，还提出"初步感受汉字的文化内涵"和"体会汉字蕴含的智慧"。从某种意义上说，汉字教学的最高境界，应该是在亲近自然与生活的教学中，让学生体味到汉字所蕴含的深厚文化。

1. 字音文化

字音中蕴含着汉语的音韵美。教师要善于发掘、展现这些音韵美。如，一位教师教学《静夜思》这篇课文时，先引导学生看每一行的最后一个字，找出它们的韵母是什么。学生很快就发现——4个结尾字中有3个字的韵母都含有 ang[①]。教师顺势总结：最后一个字相同，读起来更加朗朗上口、有韵味。教师解释的过程虽然没有出现"押韵"这个词，却带领孩子们领略了汉字字音中的文化之美，这比仅使学生记住"押韵"一词要高明得多。

---

① 小学汉语拼音中，uang、iang 被拆分为 u-ang、i-ang，用三拼法跟声母拼读。

2. 字形文化

单从字形上看，汉字的书写布局有严格的要求，就每个字而言，要求结构匀称得体，笔画不松不紧；整篇之中，则要求各字大小基本相同，字行之间有一定的空隙和距离，这是中国和谐文化的集中体现。并且，汉字借助运笔的轻重提按和行笔使转，创造了点画的粗细、浓淡、长短曲直的多姿变化，形成了枯湿、刚柔、疾涩等不同质感的笔画，给人丰富的想象和优美的视觉感受。因此，体味和书写汉字的过程就是一个文化审美的过程。

3. 字义与字理

字义与字形文化之间的关系，一般通过了解字理来实现。除了一般性地讲字理，教师也可以用猜字谜等趣味性的游戏活动让学生了解字义与字形文化。

三、识字、写字教学过程

识字教学有两种形态，一是单独的识字课，二是在阅读课中进行的识字、写字。此外，写字教学也有其独特的教学流程，所以，下面一分为三地来分析识字、写字教学的过程。

识字教学的基本流程设计

（一）识字课教学过程

低年级有专门的识字课文，中、高年级教材的"语文园地"中也有专门的识字内容。针对这些识字内容的教学过程一般如下。

第一步，新字认读。学生可以用多种方式来认读新字。如，看情境图、找新字中的规律、朗读、联系生活等。

第二步，巩固。小学生认知特点是记得快，忘得快。因此，教师应及时组织巩固练习活动。常用的练习方法有游戏、竞赛、编字谜、讲故事等。

第三步，运用。识字的目的是提高学生听、说、读、写能力，使学生更好地阅读和写作，而练习是达到初步运用的中心环节。教师要引导学生进行说话、写话、阅读、背诵、实践活动。

本案例请重点关注识字课文的基本教学流程设计

教学一线

案例 1-8　"识字 6《古对今》"的基本教学流程[①]（一年级下册）

一、观察教材图片

二、朗读

三、学习生字

（1）第一节学习"圆、严、寒、酷、暑、凉"；

[①] 该课例由长沙市开福区东风小学吴春花老师执教，收录在湖南教育音像出版社《新课标小学语文教学课例》中。

（2）第二、第三节学习"晨、细、朝、霞、夕、杨"（找生字宝宝→小老师带读→比谁认得快→找规律→找成语→看图片用合适的成语命名）；

（3）全文生字巩固"认卡片→我猜你猜"。

四、整体感知课文

美读全文→发现对联的规律。

五、作业：词配画

（二）阅读课识字、写字环节的处理

三年级下册《陶罐和铁罐》的生字是"陶、罐、骄、谦、虚、懦、弱、恼、代、价"，两位教师在进行识字、写字教学时，分别采用了不同的方式。

A老师的处理方式为在阅读之前集中教。具体教学内容如表1-3。

表1-3 字词识写指导要点

字词	识写指导要点
陶罐	①"陶"和"罐"中都含有"缶"字，陶可用来制缶，罐是缶的一种。②"罐"字右边笔画多，右下角的"隹"有四横
骄	左边的"马"作偏旁，谦虚地把脚收回来，把横写成了提
谦虚	①"谦"的右边是个"兼职"的"兼"，古文字形为一只手同时抓住两把"禾"，表示同时得到。②"虚"字注意不能写成上下结构
懦弱	①注意"懦"的读音。②"懦弱"的反义词是勇敢
恼	一种心理活动，组词"气恼""恼怒"，所以是竖心旁
代价	买某种东西或者达到某种目的需付出的金钱、时间等，注意不要写成表示代替驾驶的"代驾"

B老师则采用了课中分散教的方式，如"罐"这个字，放在引出课题之时，B老师先出示"缶"的古文字形，告诉大家这个字的读音和意思（打击乐器或用来盛酒的容器），说明它现在经常作为偏旁来构成新字，如"罐"，也指盛东西的容器。如果这个"罐"是陶做的就叫陶罐，是铁做的就叫铁罐。然后顺势导出了课题——《陶罐和铁罐》。再如，将"懦弱"放在课文中教，B老师结合"懦弱"和"争辩"，让同学们明白了陶罐并不懦弱，他只是很讲道理，很谦虚，不像铁罐那样骄傲而不讲理。

从这两个例子来看，无论是课前集中教还是课中教，只要处理得当，都有非常好的教学效果。不过，两者之间还是有区别的。课前集中识字，主要是一种初步认识，要求读准字音，并在读字音的过程中感知字形和大概字义，它一般要求学生借助拼音、工具书先进行预习。放在课中教，重在理解字义，是把字放进具体的语言环境中，在学生理解意义的同时，进一步感知字形和巩固字音，其基本做法是把生字词置于具体的语言环境中，结合文意理解字词的义。

目前，阅读课中识字、写字教学环节处理上，有两种常见的误区。

第一种是处理不好识字与阅读的关系，要么"两段清"，要么"唯识字为务"。"两段清"视识字为障碍，即先识字再阅读的目的就是帮助学生扫清阅读中的障碍，顺利读懂文章，但进入文本学习之后，生字就被搁置一旁而不管不顾。"唯识字为务"即教师一遍一遍不厌其烦地对阅读当中的生字进行分析，包括偏旁、笔画、笔顺等，然后带领学生回想熟字，借助加一加、减一减等方式完成记忆，同时围绕着这个字进行字义扩展、词组扩展，徒然增加学习负担。

现在一般认为，生字的形、音需特别关注，当生字可能成为阅读障碍时应放在课前统一教；当特别需要突出字义理解时，则放在文中随课文教。当然，随课文识字有年级差异，中、高年级随着学生独立识字能力增强，识字主要安排在课前预习中，课堂上主要以检查预习的形式进行识字、写字教学。那些对于理解课文很关键的词，还要在课文语境中检验字义的理解情况。

第二种是"重识字，轻写字"。写字教学与识字教学息息相关，不可分割，但是现在的语文课堂中有相当一部分教师并不重视对学生进行书写指导，花费在这上面的时间和精力都比较少，指导往往只是"浮光掠影"，书写评价也几乎没有。

（三）写字课教学过程

观察下面的教材内容（图 1-18），想想：应该怎么教？写字教学的基本流程大致包括什么？

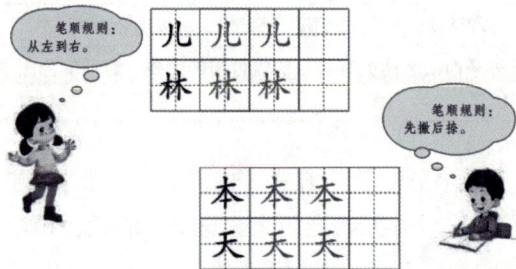

图 1-18 一年级上册"语文园地五"

写字教学，不管是单独一个笔画、一种结构，还是一个整字、一节专门的写字课，一般都包含以下几个环节。

1. 观察与讲析

观察包括读帖和看范写。读帖是静态观察，出示田字格中生字，学生独自观察笔势、每一笔的占格、部件位置关系等。看教师范写[①]，每个笔画都必须到位，并要全班学生都看得清清楚楚，同时让学生用手指空写。古人习字就有读帖、背帖的宝贵经验，其核心就是习字前熟记笔画的位置。

一节写字课的基本流程

---

① 一些教师在上课前就把课题工工整整地写在黑板上，甚至连板书提纲也要写在卡片上，上课时边提问边张挂。这种做法，可节省了当堂板书的时间，也可以为字写得不好的教师遮点儿丑。但起不到示范作用，也影响了对学生写字情感的培养。

教师范写时一般会做一些讲析，强调写字姿势、执笔方法及写字基础知识（点画、结构），指导关键笔顺等，这就把观察与讲析结合到一起了。范写时也可以不讲析，写完之后再师生共同观察、分析字的基本笔画、基本结构、字法、章法和书写规则。

2. 练习与体悟

一节 40 分钟的写字课，学生最少要用 20 分钟来进行写字练习。练习的方式包括描红和临写。先描红，再临写，教师巡视指导，提示写字姿势、笔画位置等。

指导练习的同时，一定要注意指导学生加强体悟。体悟就是观察、分析汉字的偏旁、间架结构、每一笔画在田字格中的位置，尤其是关键笔画在什么位置上起笔，什么位置上收笔，要在心里想清楚，给汉字定位。体悟可以让学生参与其中，还能培养学生对写字的情感。但千人千面、万人万相，由于感受力不同，每个学生写出的字是有差异的，要承认差异，保护学生多角度的审美。

3. 欣赏与评价

欣赏即端详品味所写字与示范字的差异，可自赏、互赏。评价的形式包括自评、互评、师评。自评，把自己练写的字与范字对比，找出不足；互评（生评），学生之间互相欣赏、观察，肯定优点，找出差距；师评，教师就学生评价中存在的问题以及自己在巡视过程中发现的共性问题进行点评。有条件的学校，教师可以利用实物展示台进行共评。不管哪种评价，都以指出优点为主，同时给出明确的改进意见。欣赏与评价是对训练情况、学生能力的综合评测，也是教师完善教学的重要手段。

4. 修改与总结

评价后，教师指导学生根据自我评价、同学意见和教师点评，修改自己书写的汉字，也可互相修改。教师巡回观察，发现问题时要及时纠正，确保每一个学生都能写好每一个字。如果是一节写字课，在课堂最后一两分钟，教师要在评议的基础上，用简洁的语言对这一节课的学习情况加以小结，总结写字规律，指导实践，提出希望，使学生掌握写字方法，巩固知识，为写字打下坚实的基础。

合作研习

笔画教学是一年级上册写字教学的一个重点。请小组合作，设计"人""大"两个字的教学基本流程。

参考案例[①]：

师：将硬笔习字册翻到第 28 页，本子放正中，铅笔放书的中缝，身体坐端正。做写字操，背诵写字坐姿要求：头正、肩平、座半、足安。（出示有田字格

① 何华英．一年级阅读课如何教识字、写字：以统编教材一年级上册《秋天》一课教学为例[J]．小学语文教师，2020(7-8)：116-117．

的人、大例字图片）

师：要把汉字写好，"三看方法"很重要：一看笔顺，二看位置，三看轻重。请大家按照笔顺在硬笔习字册上描红一个、仿影一个。

1. 老师指导写"人"字的方法

第一笔撇：起笔在竖中线上面的中间位置，经过横中线左侧中间偏右一点。师边说边指出例字在田字格位置。起笔重重行笔斜，轻轻抬笔收出尖。

第二笔捺：起笔在横中线上面一点，与撇相交，经过中心点，收笔要比撇低一点点。师边说边指出例字在田字格位置。起笔轻轻行笔斜，平平抬脚收出尖。学生写字，老师反馈评讲。

出示田格内"大""人"例字图片，让学生找一找两个字的相同点、不同点。相同点：都有撇、捺。不同点："人"字的撇是斜撇，大的撇是竖撇；"人"的捺在横中线的上一点，"大"的捺在横中线下一点。

2. 老师指导写"大"字的方法

第一笔横：起笔在左半格横中线中间偏右一点，行笔斜，经过竖中线，左右等宽。起笔重收笔重，左边低来右略高。

第二笔竖撇：起笔从上半格竖中线中间偏上一点，经过中心点偏左一点，上下等长，撇脚指向左下角。起笔顿，行笔先直后斜，轻轻抬笔收出尖。

第三笔捺：起笔从横中线偏下一点位置开始，与撇相交，捺脚比撇要低，指向右下角。起笔轻轻，行笔斜，平平抬脚收出尖。

学生写字，老师反馈评讲。

四、识字、写字教学方法

汉字是音、形、义的统一体，掌握汉字，不仅要分别识记音、形、义，还要建立音、形、义之间的联系。但为了分类便利，本教材把识字、写字的教学方法分开介绍。

识字、写字教学方法的设计

（一）识字教学的常用方法及其选择

现有研究对"识字教学方法"的归纳种类繁多。如戴汝潜、郝家杰在《识字教学改革一览》中归纳出集中识字、随课文识字、注音识字、韵语识字、字族文识字、字根识字等 21 种识字教学法。谢先模、徐冰云的《语文教学法集锦》收集了 45 种识字方法，如联系实际（破、啄）、形象教学（鸟、灭、拿）、难字分解（赢）、笔画分析（九、马）、彩笔标示（害、横）、演示（仰、衔）等。

合作研习

我们能很娴熟地运用音序查字法，但"会"和"教"是两码事，运用什么方法，才能更好地教会小朋友运用音序查字法呢？请展开小组讨论。

参考案例①：首先，将26个拼音字母比作26位组长，组长们按序排列，每个组长都带领着《汉语拼音音序索引表》中相应的一群组员。然后，请同学们观察哪位组长带的士兵多。同学们很快发现：s和z带的士兵多；v没有带兵；i，u被y，w代替；每个组长带的组员的第一字母都和班长一样；组员都没有音调。接下来，教师归纳："查字典时要先看这个字的拼音属于哪个组长带的兵，然后再到兵营中去找，确定这个组员在哪一页。"最后，查找音节"liú"的页码。"索引表"里只提示第一个"liú"字所在的页码，被查字具体在哪页，还要按照此音节声调的排列顺序来查找。明白上述基本方法后，全班进行音序法查字典比赛。

这则合作研习中的参考案例运用了游戏、竞赛的方法，引导学生联系生活、展开实操，生动活泼地进行音序查字法的学习。

查字法的教学需要注意方法，汉字形、音、义的教学也同样需要灵活运用各种方法。

1. 教会"形"的方法

（1）独体字：分析笔画

在教学中，一定要重视指导学生写对、写好独体字。因为独体字的构字、构词能力都很强，许多新字都由一些相同的独体字构成，几乎所有独体字都是偏旁，可直接参与构字，其中有的因构字时十分活跃而被确认为部首，比如"一、人、口、手、大、小、日、月、水、火、风、雨、山、石、田、土、木、禾、米、竹、刀、弓、车、舟、耳、目、舌、牙、足、寸、马、牛、鸟、虫、方、门、工、厂"等。构词能力强，是指独体字作为语素参与构成新词的活动能力强，有人统计，"一"可构321个左右的，"大"可构390个左右，"水"可构325个左右，可见独体字构词能力之强。

独体字教学一般采用数笔画分析字形，教给学生基本笔画、笔顺规则，记忆字形。如：乃，丿、乃；五，一、丁、五、五。边记笔顺边书空，掌握字形。有些相近字也主要采用分析笔画的方式，如"鸟"与"乌"，"日"与"白"，"口"与"只""古""石"。要特别注意引导学生比较形近字的不同之处，教学时可用彩色粉笔标出。

（2）合体字：分析部件

这是利用熟字来学生字，常用方法是"加一加""减一减""换一换"。"加一加"，是在原有认识的汉字基础上加偏旁或部件构成一个新字，如，哥—歌、扁—篇、遍，取—趣；或将两个已学字组合成一个新字，如，禾、火—秋，禾、少—秒。"减一减"，是将已认识的汉字去掉偏旁或部件构成一个新字，如，漂、瓢—票，完、园—元。"换一换"，是把一个已经认识的汉字换一个偏旁，使之构成另一个新的汉字，如，底—低、线—钱。

合体字的教学，还常采用字谜口诀法。如"上边竹子下边毛，写字画画离

① 刘浩．用"士兵归队"学习音序查字法［J］．小学语文教学，2010(3)：39．

不了"（笔）；"有水能养鱼虾，有土能种庄稼，有人不是你我，有马能行天下"（也）；"一点一横长，一撇到左方，一对孪生树，长在石头上"（磨）；"木旁一个老公公，好像黄山不老松"（松）；"点火为放炮，有水冒气泡，有食就吃饱，有足就会跑，伸手去拥抱"（包）；等等。不过，运用字谜口诀法虽有助于了解字形，但也不能胡乱拆字，以免给写字教学带来麻烦。

教合体字，要按"整体出发—分成部分—回到整体"的规律来分析、识记字形。

2. 读对"音"的方法

要想知道一个生字的读音，查字典是最好的方法。要读准一个字，应加强读音指导。找准发音部位，用对发音方法，则是最好的方法。此外，还可利用形声字声旁来了解一个字的读音。[①]

在碰见多音字的时候，要根据所组词的词义或语境来定音。

3. 理解"义"的方法

（1）实词：直观演示

实词，可用直观演示的方法形象地展示文字意义。一般而言，表示具体事物的名词、数量词等，可用实物、图片、幻灯片、标本、模型、投影等直接说明；动词，可通过动作，使学生明白词义；形容词，可通过语言的描绘、渲染创设一定的情境，让学生领悟词的意义和情感。

（2）虚词：联系语境

虚词可以联系上下文语境或生活语境，帮助学生通过具体的语言环境去意会和领悟字、词的含义，常用于抽象名词或介词、连词、助词、叹词的教学。像"更、又、也、却"的教学，都可运用联系语境法。

（3）纵向溯源：讲解字理

汉字的根本特性是其表意性。讲解字理既可以学生帮助理解字形，也可帮助学生理解字义，字理是沟通形义的桥梁。比如，教学象形字时，抓住象形字保留实物形态表示意思的特点，用图画和分析字形的方法帮助学生识字。如教学"女、舌、爪、巾、舟"这些基本字，教师就可用动画的方法制成课件，让学生在汉字的演变过程中理解字义。"会意"的字面意思是会合成意，即把两个或几个象形字或指事字的字形组合在一起，这些字形汇合而成的意义就是该会意字的意义。利用形声字的形旁归类，把相同偏旁的汉字归在一起，如把"膀、腰、肚、背"归在一起，可以发现，含"月"的字很可能跟肉有关。

（4）横向比较：寻找反义词或近义词

这是指利用反义或同（近）义词来比较辨析。包括：第一，利用反义词词义

[①] 虽然时至今日，许多形声字的声符已经不能完全准确表音，但其中仍有规律。比如，"反：返、饭、贩、板、版、扳、坂、叛"，虽然声符"反"在这些形声字中不能准确表音，但这些形声字的声母都是双唇音，发音部位相同。其实，即使是典型拼音文字的英语，随着语音发展，"一字多音"和"例外"也已非常普遍，对于形声字声符的表音程度不必苛求。

场，把表达的意思相反或相对的字归在一起，从而理解字义。例如，高—矮，胖—瘦，明—暗，美—丑。第二，利用同义词词义场，把意义相同或相近的词归在一起，使学生理解、体会字义，扩大词的积累。例如，很—非常—特别—格外—相当。

（5）形象朗读

一些字的字义，可以通过形象的朗读来加以提示。如"绕"字，读时把"绕"字拖长，表明其路途的曲折。读"波浪"一词，用温柔或高亢的声调，辅以相应的手势，展现微波的轻柔或巨浪的汹涌。很多词，如"激动""即刻"等词语中的生字或整个词语的含义，都可如此处理。

（二）写字教学的常用方法及其选择

1.教运笔、笔顺的方法

学生初学汉字要从基本笔画的运笔规则开始，教师要重视每一种笔画的运笔规则。教一个新字时，要重视其各个笔画组合时的书写顺序，即笔顺。

教笔势、笔画的最重要的教学方式是教师示范，示范时速度要慢，要一笔一笔地展示，并适当讲析，或者利用动画演示。生动的动画演示能直观、清晰地展示出字的笔势与笔顺写法，能让学生轻松愉快地学习书写汉字。

2.搭结构的方法

搭结构首先要重视"田字格"。"田字格"由横中线、竖中线、上半格、下半格、左半格、右半格几部分构成，是帮助学生在写字时确定笔画或偏旁部首的搭配方式和结构比例的书写方格。可让学生牢记"田字格歌"：

田字格，四方方，写好汉字它来帮。

左上格、右上格，左下格、右下格。

横中线、竖中线，各个方位记心间。

一年级学生书写汉字时往往把字写在田字格的位置偏下，这是由于他们还不能确定好笔画的空间位置方向，视觉对动作未能起监视、调节作用，以致出现笔画量度、间隔不当。习字时，特别是低、中学段学生习字时，要充分运用田字格，把握田字格的方位，掌握生字的一笔一画和田字格各部位的联系，熟背"上留天，下留地，左右两边留空隙"的书写规则。

汉字成千上万，但结构方式却只有上下结构、左右结构、包围结构等几种，各种结构方式的汉字书写都有规律可循。教师不可能每个字都教，所以要重点教会学生如何观察各部件的穿插避让，处理好各个笔画、部件之间的协调关系。

3.稳姿势的方法

目前，不少学生写字姿势不规范，主要表现在握笔过低、过紧，头部低伏，上身或右倾或向左倾，眼睛离本子太近，手指、肘部紧靠桌面以及胸部紧贴桌边等让人担心的现象。

要稳姿势，教师的态度很重要。教师是否经常提醒，教师作业批改时是否强调姿势要规范，是学生能否具备良好写字姿势的关键，必须从学生入学时就严格要求，并耐心细致地加以指导，以帮助低年级学生养成良好的写字习惯。

如果实在不行，可以建议家长进行器械干预，通过握笔器、背带等来矫正姿势。

4. 激趣的方法

（1）榜样激趣

"其身正，不令而行；其身不正，虽令不行。"（《论语》）小学生的向师性与模仿心强，教师要做好书写的表率作用。

（2）形象激趣

用图形和实物展现基本的书写原理。如有的教师把"横"比作扁担，"竖"像一根筷子，"点"像小雨点，"长横"比作一只横卧的蚕等，可以使小学生很容易理解这些笔画的形态特点，在轻松愉快的状态下弄清写字的原理。

（3）故事激趣

教学时可穿插古人写字的奇闻轶事。很多书法名家都有一些刻苦学书的奇闻轶事：王羲之每天临池学书，竟使清水池变成了"墨池"；欧阳询途经一块荒冢，发现了一块石碑上的好字，竟在碑旁露宿了三个晚上；怀素写字写穿木板；郑板桥卖字赈灾；岳飞沙土练字……这些和写字有关的生动故事，既可调节课堂气氛，又能使学生受到鼓舞。

（4）环境激趣

教师要创设光线充足的环境给孩子写字，并配套合适的桌凳。此外，可在学校、教室、家里张贴名人、教师、同伴或自己的书法样品，营造一种书法艺术氛围。

（5）比赛激趣

小学生好胜心、荣誉感极强，渴望得到肯定。每学期至少开展一次全班写字比赛；或者在班上留一块书法展示台，展示好字好作品；或每期评选"小小书法家""作品进步奖"等，让小学生们竞相写好字，从而走向成功。

五、识字、写字学业质量评价

（一）识字、写字的学业质量描述

《语文课程标准》对识字、写字的学业质量进行了如下分学段的描述：

第一学段：留心公共场所等真实社会场景中的文字，尝试认识标牌、图示、简单的说明性文字中的常用汉字；借助汉语拼音认读汉字，借助学过的偏旁部首推测字音字义，愿意向他人说出自己的猜想；遇到不认识的字，主动向他人请教。在学习与生活中，累计认识 1 600 个左右常用汉字，能正确书写 800 个左右常用汉字。喜欢识字，有意识地梳理在日常生活中学习的汉字、词语，并尝试进行分类；愿意整理自己的学习成果，并向他人展示。

第二学段：能借助汉语拼音、工具书，在阅读中主动识字；能根据具体语境辨析多音多义字的读音和字义，辨识、纠正常见的错别字。在学习与生活中，累计认识 2 500 个左右常用汉字。能使用硬笔规范、端正、整洁地书写 1 600 个左右常用汉字。注意积累和梳理语言材料，能把具有相同或相似特征的汉字进行分类，愿意与他人交流分类的理由，感受汉字和汉语的魅力；能分类梳理日常生活中学到的词句，愿意用自己喜欢的方式整理学习成果，参加集体展示活动。

第三学段：能独立识字，能借助工具书准确理解不同语境中汉字的意思。能辨识同音字、形近字，纠正错别字。在学习与生活中，累计认识 3 000 个左右常用汉字。能用硬笔规范、端正、整洁地书写 2 500 个左右常用汉字。有自觉识字的意识，在社会生活中发现自己不认识的字，能根据字形推断字音字义，并借助语境和工具书验证自己的推断；在学习中，能发现富有表现力的词句和段落，自觉记录、整理，乐于与他人分享积累的经验，并尝试在自己的表达交流中运用。

从上述内容可知，《语文课程标准》对识字、写字学业质量的描述，涉及了识写态度、识字手段、识写量、归纳意识与能力等多个方面，是立体的多角度评价，而非仅限于知识与能力的描述，符合系统学习观，强化了基于语文素养的思维能力与实践能力的培养。

（二）识字、写字的过程性评价

1. 课堂口头评价

课堂教学中的识字、写字评价，应当结合识字、写字学业质量的评价点，采用切中肯綮的口头语言，如"这个字的结构写得很稳当""前鼻音发得很清晰，但这个字应该读后鼻音""更正一次就对了，真棒！"等，以及微笑、点头、握手等赏识性的态势语言，发现学生识字、写字中的点滴进步，指出学生识字、写字中的重点问题，帮助学生树立识字、写字的信心。

2. 课堂听写

听写是考查字形掌握情况的主要方式，也是对学生听力的一种训练。听写内容一般为生字词、"语文园地"的读读写写、跟生字词相关的句子、古诗、课文要求背诵的内容，也可以适当听写难度更大的语段。目前小学较少使用听写，主要是因为形式比较乏味，但可以考虑更新形式，从而帮助师生更好地检查识字预习的效果。比如：

第一，给提示听写。教师念关键词提示，学生根据提示抢答。关键词有若干个，如果第一个关键词出现就抢答正确的，得分最高，关键词出现得越多，得分就越低。要注意的是，每出现一个提示，教师要有适当等待的时间，看看有无学生抢答，进行反馈后再继续。

第二，在语境中听写。学生学习完认识的字后，教师将这些字放置在一段话中进行重现，让学生听一段话，然后写出所要求的词语。如读出"他 ké sou（　　）了一整晚"的整个句子，让学生写出"咳嗽"这个词。

第三，窥写。在组织学生听写时，教师往往强调不能看书，但对学生实在写不出时的自然"偷看"要能够容忍，因为学生一般不会偷看，除非某一内容无论怎样也想不起来。听写的目的不是考倒学生，而是为了记住生字词，"偷"的方式比较刺激，容易入脑入心，是欲擒故纵的一个方法。如果找个能力强的学生在黑板上书写，会便于学生更好地"窥写"。

第四，选择写。教师念出的内容，不要求全写，而是给出条件，要求按条件选择性地写出其中一部分。如，教师念出 5 个词语，要求学生写出其中表示褒义的 3 个词。当然，教师给出的词语不能太多，要注意小学生短时记忆的容量。

第五，写近义词或反义词。读出一个词语，要求写出该词的反义词或近义词，如给出"风声鹤唳"，要求学生写它的近义词"草木皆兵"。这种听写方式提升了难度，但对于听写"语文园地"中的一些意义相关的词语很有好处。

3. 识字、写字的作业评价

《语文课程标准》指出："作业评价是过程性评价的重要组成部分，作业设计是作业评价的关键。"因为小学一、二年级不布置书面家庭作业，所以低年级识字、写字的作业设计可以分课前、课中两个部分来进行分析。

预习，是学好语文的良好开端，有助于学生自主运用所学知识和能力发现、解决问题，也是一个求疑和思考的求知过程。预习的内容与要求有学段差异。

低年级的预习可要求"圈""拼读""查"。"圈"是学生借助拼音试读生字，并对照书后的田字格将这些生字在文中圈画出来的方法，特别是课文中要求认读的生字一定要圈画出来。"拼读"是学生将生字多拼读几遍，以突破难点音的方法。"查"一般从二年级开始，要求学生预习时查字典，写出音序、部首、拼音。

中、高年级，识字、写字的预习内容可以围绕"圈""查""组"进行。"圈"指在读课文的基础上，圈出要求会认、会写的两类生字。"查"指查工具书，对于田字格里要求会写的生字，让学生在字上标拼音。"组"指组词。

（三）识字、写字的阶段性评价

阶段性评价旨在考察班级整体学习情况和学生阶段性学习质量，是回顾、反思和改进教学的重要依据。识字、写字是低年级语文教学的重要内容，阶段性评价尤为必要，但由于其评价内容相对零碎，一般学校很少举行专门的识字、写字阶段性评价，而是将其作为平时课前、课中作业的一部分，这样较好地落实了"教—学—评"一体化。也有一些学校会以活动的形式开展"小小书法家""我是词语王""识字小达人"等活动，学生在挑战中获取成就感，在评价中进步。

汉字是阅读和写作的基础，评价重点在于是否能读准字音、认清字形、理解字义和学会查字典。其中，读准字音主要针对同音字、多音字和音近字，认清字形主要针对笔画笔顺、偏旁部首、间架结构和易错字、不规范字，理解字义主要针对能否联系上下文、在语用中理解字的含义，查字典要求掌握音序查字法、部首查字法和数笔画查字法（难检字）。虽然考的是基础性知识，但评价时主要是通过运用的手段来考查。另外，写字也正以记入成长手册的方式，逐渐成为学生发展评价的内容。

六、识字、写字教学设计案例分析

教学一线

本案例请重点关注阅读课中的识字、写字教学设计

案例 1-9 《四个太阳》教学设计（第 1 课时，一年级下册）

一、教学目标

1. 学会认读"太、阳"等 13 个生字，学会写"太、校、秋、阳、金"等 5 个生字。

2. 学会多种识字方法，能够把字在田字格中写漂亮。

3. 能够流利地朗读课文。

二、教学难点

能够把字在田字格中写正确，写漂亮。

三、教学流程

（一）谜语导入

同学们，我们先来猜一个谜语：有个老公公，天亮就出工，有朝一日不见它，不是下雨就刮风。这个谜语的谜底是什么？对，就是我们每天都要见到的太阳。（出示太阳的图片）天上有几个太阳呢？只有一个。但是，有个小朋友呀，他却认为要有——四个太阳。

教师板书课题，同学们书空。提醒"太""阳"在田字格中的笔画、偏旁占位。

一起读课题。

（二）新课教授

1. 自由读课文：把字音读准，把句子读通顺。检查读书情况。请四个同学来读课文。

2. 同桌互读生词。要求：一个小朋友在读的时候，另外一个小朋友手里拿着铅笔，把他读错的或不会读的词语圈出来，再教他读一读。

3. 检查自读成果：学生单个读、老师范读、开火车读、全班齐读。

4. 出示要学的 13 个要求会认字。学生自由说识字方法。

5. 给偏旁找朋友的游戏。游戏规则：三个人合作给偏旁找一找朋友（组成"阳""道""送""忙""香""甜""温""暖""该""颜"等 10 个典型合体字）。出示偏旁，看能拼出哪些生字宝宝。读拼出来的生字。先请一位同学指着生字宝宝，领着大家读一读，然后组个词。

6. 播放绿色背景的课文第一段 PPT，学生跟着老师同步读，老师声音尽量大。

7. 学写"校"字。分析"校"的结构，在田字格中将其写得漂亮。（教师指导：观察左窄右宽的结构，观察右边"交"字中三个点的异同。）教师范写，学生练写。教师提醒学生正确的写字姿势（头正，身直，脚放平）。展示学生作业。

8. 学习"戏"字。出示错误"戏"字。说出其他带有又字旁的字。教师范写。学生书写（注意正确的写字姿势）。

9. 伴随音乐，根据 PPT 所显示的教材图片，师生共读第二段。

10. 结合"舌"字旁，理解"甜"字。请小朋友展开想象，想一想，金黄的秋天，落叶可以邀请我们尝到哪些香甜的水果？落叶为什么"忙着"邀请？教师示范说，然后学生说。

11. 学生读第三段说一说"温暖"和"冻僵"的意思。

12. 师生齐读第四段。学习"颜"字。"颜"的偏旁在右边，是"页"。提问：小朋友们还知道哪些"页"字旁的字？归纳"页"字旁的字很多都跟脸有关系。用"颜"组词（颜色、笑颜、笑逐颜开、喜笑颜开、颜面、颜料……）。

13. 学习写"金"和"秋"，注意两个字中撇、捺的不同写法。先观察教师范写，再在教材田字格中写。教师巡查指导。

（三）布置作业

想写生字的同学可以回家练一练字，想读书的同学可以把课文读给爸爸、妈妈听。

这则教学设计比较成功。主要体现在：

（1）教学内容的设计合理。《四个太阳》是一年级下册的一篇阅读课文。一年级下册仍以识字、写字作为阅读教学的重要内容，此时小朋友们已经积累了一些识字方法，但仍需老师加以细致的指导。这则设计从教学内容上来看，充分注意了教师对于识字、写字教学的指导作用，体现了学生的年龄特点与识字基础。

（2）教学方法设计独具匠心。教学中使用了四种识字教学方法：第一，猜谜语识字。第二，用熟字加偏旁、换部件的方法记住一些生字。第三，把"甜"字放在课文中，联系上下文及拓展说句子理解。第四，字理识字法。结合偏旁"页"学习"颜"字，顺便了解"页"字旁的一系列汉字及含有"颜"的一些典雅词语。

（3）写字教学落到了实处。本课共 7 个会写字，第一课时安排学习了其中 5 个，对关键笔画、易混淆笔画、合体字结构都进行了指导。

（4）教学过程紧扣教学目标。教学目标与教学步骤，可以看到二者之间的紧密联系。如果说不足，那就是第 3 个教学目标在教学过程中反映得不够充分。

本章训练与拓展

教学设计训练 ⅧⅧⅧⅧⅧⅧⅧⅧⅧⅧⅧⅧⅧⅧⅧⅧⅧⅧⅧⅧⅧⅧⅧ

● 实践任务

1. "ai ei ui" 是学习复韵母的第一课，教材内容如图 1-19，请进行该课的教学设计。

图 1-19 一年级上册 "ai ei ui"

2. 图 1-20 是二年级上册"识字 4"的内容。根据其内容，进行识字、写字教学设计。

实践要求：

1. 根据学段特点、教材特色展开设计。

2. 做一个完整设计，要求包括教学目标、教学内容、教学过程和教学方法。

3. 学时超过 1 课时的，请分课时设计。

4. 按下面"实践建议"的步骤写出详案后，分小组试教并反复修改磨课。

实践建议：

1. 第一步，根据学段特点、教材特色，对教学内容独立进行深入解读，确立本任务的教学设计框架。

④ tián jiā sì jì gē
田家四季歌

chūn jì lǐ chūn fēng chuī
春季里，春风吹，
huā kāi cǎo zhǎng hú dié fēi
花开草长蝴蝶飞。
mài miáo ér duō nèn sāng yè ér zhèng féi
麦苗儿多嫩，桑叶儿正肥。

xià jì lǐ nóng shì máng
夏季里，农事忙，
cǎi sāng yǎng cán yòu chā yāng
采桑养蚕又插秧。

zǎo qǐ qín gēng zuò guī lái dài yuè guāng
早起勤耕作，归来戴月光。

qiū jì lǐ dào shàng cháng
秋季里，稻上场，
gǔ xiàng huáng jīn lì lì xiāng
谷像黄金粒粒香。
shēn tǐ suī xīn kǔ xīn lǐ xǐ yáng yáng
身体虽辛苦，心里喜洋洋。

本文选自中华书局《一年级期小学用国语读本第三册》，编者朱文叔，有改动。

dōng jì lǐ xuě chū qíng
冬季里，雪初晴，
xīn zhì mián yī nuǎn yòu qīng
新制棉衣暖又轻。
yì nián nóng shì liǎo dà jiā xiào yíng yíng
一年农事了，大家笑盈盈。

jì hú dié mài miáo sāng féi nóng guī
季 蝴蝶 麦苗 桑 肥 农 归
dài cháng gǔ lì suī xīn kǔ liǎo
戴 场 谷 粒 虽 辛 苦 了

季	季	吹	吹
肥	肥	农	农
事	事	忙	忙
归	归	戴	戴
辛	辛	苦	苦

Q 朗读课文。背诵课文。

Q 读一读，记一记。

我知道四个季节的
主要农事活动。

bō chā yāng gēng chú gē jī
播种 插秧 耕田 采桑 除草 割麦 打谷 积肥

23 24

图 1-20 二年级上册《田家四季歌》

2. 第二步，查找同篇或相关教学内容的教学视频或教学设计文本，从中吸纳细节性内容或方法，完善教学设计。

3. 第三步，查阅拓展性资料，为课堂的不虞之需做好准备。

📖 推荐阅读 ▪▪▪

1. 王宁 . 汉字构形学导论 [M]. 北京：商务印书馆，2021.

该书重新阐发传统"六书"的精神，在汉字表意特性和汉字构形系统这两个基本原则的基础上，提出适用于古今各种体制的汉字结构分析、系统描写的普遍原理和可操作方法，对汉字整理、应用和教学有重要参考价值。

2. 金文伟，曾红，温莉 . 汉字教学常用字形义解析 [M]. 北京：中国财富出版社，2012.

该书重在汉字字理解析。解析时，先解析其较早字体的形音义关系及演变，然后举例解说该字的本义、引申义、假借义的主要义项及义项间的联系，有利于以简驭繁地科学识字。

3. 小学生笔画部首结构字级笔顺字典 [M]. 北京：商务印书馆，2018.

该字典收字 5 700 余个，紧密配合小学语文教材，配合小学写字教学，贯彻国家有关字形、注音、笔顺等各项语言文字法规，功能丰富，比较实用。

4. 范博睿，杨庭宇，易进 . 识字与写字教学中审美创造素养的培育 [J]. 语文建设，2022(16).

该文从审美素养培育切入，对《语文课程标准》、识字与写字各学段的相关调整进行了具体说明，并针对其变化给出了相应教学策略。

5. 刘晶晶，刘葳蕤. 语文识字教学中的文化想象及能力培养 [J]. 教育研究与实验，2022(05).

该文呼应《语文课程标准》要求，提出：应将汉字的整体文化意蕴与人的整体感知能力进行充分关联，这是识字的逻辑起点；通过取象比类培养思维的敏感度、灵活度、深刻性，这是识字的进阶过程；在特定的语言环境中将符号世界由外在表相导入深层的内在生命，这是识字的境界生成。

思维导图

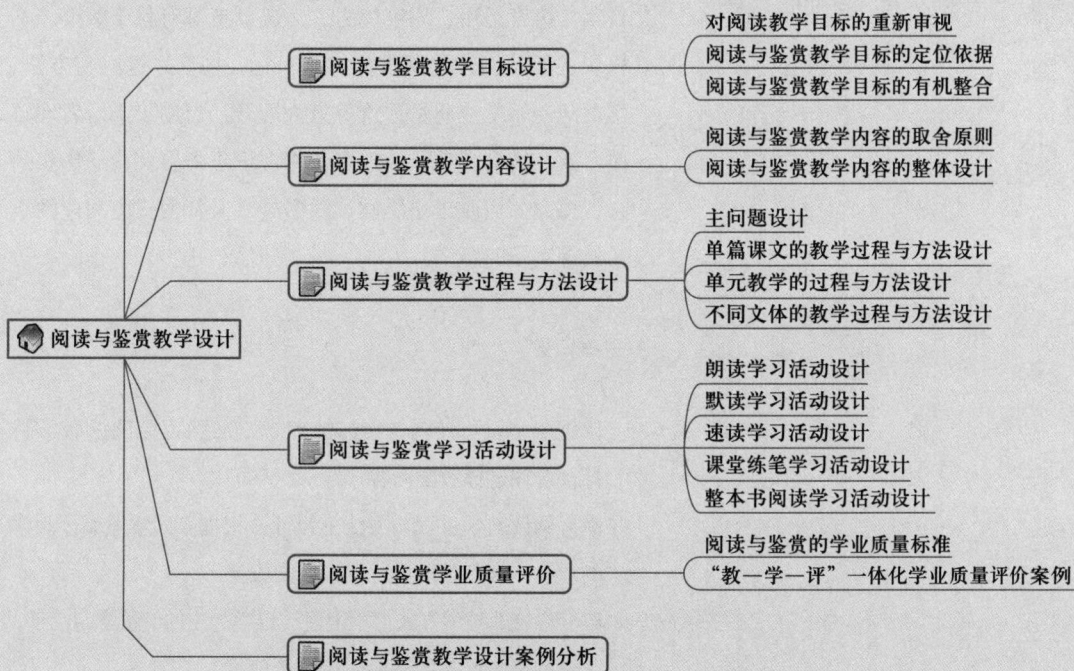

阅读与鉴赏教学设计

阅读与鉴赏教学目标设计
- 对阅读教学目标的重新审视
- 阅读与鉴赏教学目标的定位依据
- 阅读与鉴赏教学目标的有机整合

阅读与鉴赏教学内容设计
- 阅读与鉴赏教学内容的取舍原则
- 阅读与鉴赏教学内容的整体设计

阅读与鉴赏教学过程与方法设计
- 主问题设计
- 单篇课文的教学过程与方法设计
- 单元教学的过程与方法设计
- 不同文体的教学过程与方法设计

阅读与鉴赏学习活动设计
- 朗读学习活动设计
- 默读学习活动设计
- 速读学习活动设计
- 课堂练笔学习活动设计
- 整本书阅读学习活动设计

阅读与鉴赏学业质量评价
- 阅读与鉴赏的学业质量标准
- "教—学—评"一体化学业质量评价案例

阅读与鉴赏教学设计案例分析

阅读与鉴赏教学是小学语文教学的中心环节，在完成小学语文教学任务中占有重要的地位。小学阶段，学生的文化自信、语言运用、思维能力、审美创造都有赖于阅读。本模块主要从阅读与鉴赏的教学目标、内容、过程与方法、学习活动、学业质量评价等方面展开，有助于学习者理解由"教"转向"学"的理念，将理论思考与实践操作相结合，探究如何改进小学阅读教学方式及如何提高阅读教学实效等实际问题。

📅 学习目标

□ 依据由"教"转向"学"的理念，准确定位阅读教学目标，合理选择教学内容。

□ 掌握阅读教学过程与方法的设计，根据不同学段阅读教学的重点，会分学段进行阅读教学设计。

□ 改变传统的教学方式，学习设计以学为主的阅读学习活动。

□ 了解阅读与鉴赏的学业质量评价要求。

□ 在完整案例中感悟、学习阅读教学整体设计的思路。

　　《义务教育语文课程标准（2011年版）》中的"目标和内容"安排了"识字与写字、阅读、习作（写话）、口语交际、综合性学习"五大模块内容，显然，这种安排将知识点、能力点线性排列，逐点解析。2022年，《语文课程标准》在核心素养背景下，将原来的"阅读"改成了"阅读与鉴赏"，"阅读"不再是孤立的阅读，不再是基于知识的点状的、线性的学习，而是在生活中、在社会中解决问题能力的体现，实现由单篇阅读到阅读单元，再到学习单元的变革。在阅读中表达，在阅读中思考与审美，在阅读中增强文化自信，让语文教育更具科学性、思辨性、综合性和时代性。

第一单元　阅读与鉴赏教学目标设计

教学一线

本案例请重点关注教师如何依据学段目标确定教学重点

案例2-1 《开国大典》教学目标设计（六年级上册）

　　1. 把握课文记叙顺序，概括主要内容。

　　2. 默读课文，想想从群众入场到游行结束，课文写了哪几个场面，简要说说开国大典的过程。

　　3. 读阅兵式部分，说说课文是怎样描写这个场面的。

　　4. 自主选择场面描写的段落，边读边在旁边做批注。

　　"初步学会运用国家通用语言文字"是语文课程的重要目标。案例2-1的这一课为六年级上册第二单元的第三篇课文，单元的主要教学目标是了解文章是怎样点面结合写场面的，本案例四个目标中有三个目标与"场面描写"有关，由"读场面"到"说场面"，最后到"写场面"，体现了一定的递进性。此外，把握课文记叙顺序，概括主要内容也是高年级的重点教学内容。

一、对阅读教学目标的重新审视

　　阅读教学的目标是什么？教一篇课文，怎样设计教学目标、选定重点教学内容？这是当下阅读与鉴赏教学的一个难题，也是许多师范生面对一篇课文时觉得十分棘手的一个问题。这个问题不解决，阅读与鉴赏教学恐怕很难走出高耗低效的局面。

　　我们先来看一些过去比较常见的课文的教学目标设计：

　　1.《富饶的西沙群岛》教学目标：了解西沙群岛的美丽与富饶。

2.《海底世界》教学目标：了解海底世界景色奇异、物产丰富。

3.《太阳》教学目标：了解太阳和人类的密切关系。

4.《松鼠》教学目标：了解松鼠的外形和生活习性。

5.《桥》教学目标：学习、体会老支书舍己为人的品质。

6.《乡下人家》教学目标：感受田园诗情。

从以上阅读教学目标设计，我们可以归纳出两种比较常见的设计思路：一是把学习、理解课文内容作为主要教学目标，如例1、2、3、4；二是把体会课文的思想、情感作为重要教学目标，如例5、6。这两种设计思路都有一个共同特点：把人文教育作为教学的重点。当下的阅读教学，这样设计教学目标的，比比皆是。

为什么不把培养语文能力——朗读能力和默读能力，联系上下文理解词句含义的能力，品味、积累词句的能力，运用语言的能力，领悟表达方法的能力等，作为教学的重点目标呢？读写结合、课堂练笔可不可以作为教学重点呢？这些，正是语文教学的目的所在、核心所在、本色所在。培养语文能力，是语文教学的主心骨，离开了主心骨，课的性质就发生了变化，语文课已不再是语文课，谈何"精彩"？谈何"亮点"？谈何"效率"？

学习课文必须理解课文内容，这是毋庸置疑的。然而，理解课文内容一般不能作为教学的重点目标。小学语文教材中有几百篇课文，课文内容包罗万象，无所不有，小学各门学科，如数学、科学、艺术等学科内容，在语文教材中均有体现，不少课文还涉及中学的道德与法治、历史、地理、生物学、物理等学科的内容。如果把理解课文内容作为教学目标，语文课岂不成了一种"大杂烩"？其实，大部分课文的基本内容，学生自己读一两遍就能理解。有些知识难点，如吃蚜虫的为什么是七星瓢虫、琥珀是如何形成的、恐龙是如何飞向蓝天的，学生只要大体知道意思就可以了，完全不必深究。深究这些知识，是其他学科的教学任务，是中学甚至大学阶段该做的事，语文教学不应该承担也承担不了这份任务。所以，把理解课文内容作为教学的主要目标是没有必要的。那样教，是"教教材"，而不是"用教材教"。教材中也有少数课文比较难懂，如少量古诗、古文等，这些课文的难，并非难在内容上，而是难在文字上，教学时应重点引导学生学会通过查字典、联系上下文等方式弄懂字、词、句、段、篇的意思，从而理解课文内容。理解课文内容只是一种结果，而在理解的过程中掌握语文学习方法，形成语文能力才是教学的着力点。

学习情感性强的课文，必须引导学生感受作者的情感态度与价值观，这也是毋庸置疑的。然而，语文教学中的情感教育与道德与法治课或班会的情感教育是有区别的。道德与法治课的情感教育，是直接的，并不考虑语文能力的培养；而语文课中的情感教育，是潜移默化的、渗透式的，它以培养语文能力为主轴，结合着进行情感教育，力求"披文入情"，"言""意"兼得，而不可由"情"到"情"，得"情"忘"言"。语文课的情感教育，是一种"悟情"，重在一个"悟"

⊙实践指导
制定阅读教学目标时如何把握语文能力、课文内容之间的关系？

字，重在从字里行间"悟"出情感，重在掌握"悟情"的方法，形成"悟情"的能力。实际上，"悟情"只是小学语文阅读教学的诸多目标之一，而小学语文教材中的课文，大多数情感性比较强，我们不可以一碰到情感性强的课文，就把"悟情"作为教学重点，否则会削弱其他教学目标。

二、阅读与鉴赏教学目标的定位依据

找准重点目标，首先应该明白阅读教学目标的两个性质：第一，阅读教学目标是隐性的。它隐藏在课文里面，不是一下子可以发现的。小学数学、科学等课程，每课时的教学目标都十分明确，并不需要教师自己去找。语文则不然，语文教材是以课文的形式呈现的，而课文并没有告诉我们教学目标在哪里。结果，不少教师误以为学习、理解课文内容就是教学目标。于是，教《只有一个地球》时，"爱护环境、保护地球"就成了教学目标；教《蝙蝠和雷达》时，"探索蝙蝠在夜间飞行的秘密"就成了教学目标。这样把课文内容作为教学重点，培养语文能力的目标便会落空，教学就会迷失方向。第二，阅读与鉴赏教学目标是多元的。一篇课文是一个整体，其中隐含无数教学目标。如六年级上册《只有一个地球》可以用来教识字、写字、朗读、默读、词句、口语交际、写话……如果我们什么都教，看似面面俱到，实际面面都不到。因此，必须从多个目标中选择一两个作为重点目标。如何选择？这又是一个难点。由于阅读教学目标具有这样两个性质，所以给语文教师教课文带来了诸多困难和迷惑。

那么，教课文怎样找准培养语文能力的教学目标呢？

（一）以促进学生核心素养发展为导向

美国心理学家布卢姆认为有效的学习始于准确地知道要到达的目标是什么。《语文课程标准》在进行课程理念的阐释中明确了语文课程立德树人的根本任务和文化自信、语言运用、思维能力、审美创造为代表的核心素养的发展方向。因此，阅读与鉴赏作为语文教学的重中之重，就必须重视核心素养的方向性的指引作用。在各学段阅读教学目标设计之时，教师需要在"目标"引领下，认真落实基础性任务群、发展性任务群、拓展性任务群三个层级六大任务群的教学任务。在设计各单元、各篇目的阅读教学目标之时，应该着眼于核心素养进行纲领性的整体设计，再进一步针对具体文本进行具体化的设计。下面以二年级下册第七单元为例，介绍核心素养统领下的教学目标设计。

单元第一篇课义是《大象的耳朵》，此课文的核心思想是"人家是人家，我是我"。其阅读基点是理解并承认"我"的个性和特点——我就是不一样的。那么在带领学生理解这个"我"时，既可以理解为个体的"小我"，也可以理解为国家这个"大我"。因此，其教学目标之一可以设计为"认识并表达'中国'这一'大我'的特点和闪光点，以此挖掘中华民族之光、中华文化之光，从而强化民族自豪感、民族自信心"。通过认识中华民族和中华文化的闪光点，家国情怀存留在学

○ 实践指导
如何理解阅读教学目标的性质？如何找准课文的重点目标？

生思想深处，文化自信此时此刻就通过这篇阅读课文落到了实处。

单元第二篇课文是《蜘蛛开店》，其课后习题要求学生展开想象，续编故事。因此，这篇课文的教学目标之一可以设计为"通过续编故事，发展学生的逻辑思维能力和创造思维能力，初步养成积极思考的思维习惯"。在蜘蛛开店过程中有一个共同的规律是无论什么物品，其售价都是一元钱，并且蜘蛛售卖出的商品都是与生产难度最大的顾客成交，比如河马买的是口罩，长颈鹿买的是围巾，蜈蚣买的是袜子。所以在续编的过程中，教师可以引导学生顺编或者逆编，比如进一步挖掘生产难度大的产品，或者改变交易金额，根据生产难度梯度设计交易金额等。不管采用何种续编方式，学生的逻辑思维和创造性思维都能得到发展，学生思维的敏捷性、独创性随之得到培养，并逐渐养成独立思考、积极思考的思维习惯。

单元第三篇课文是《青蛙卖泥塘》，在课文中，青蛙的泥塘从一个只是水坑的"烂泥塘"发展成有树、有花、有草、有水塘的青蛙都舍不得卖掉的泥塘。此篇课文的教学目标设计之一可以是"认识泥塘一步步变美的过程，进一步对泥塘进行审美性的创造，将泥塘设计成越来越美的地方"。在进行阅读教学时，引导学生在认识青蛙的种草、引水、栽树、种花、修路、盖房等让水塘越来越美的行为中，理解泥塘越来越美的要素、感受泥塘越来越美的过程，同时欣赏它越来越美的存在。在此基础上，教师甚至可以进一步引导学生对泥塘进行创造性的审美设计：还可以设计些什么、创造些什么让泥塘变得更加美。这样，课文教学就实现了引导学生通过阅读教学获得较为丰富的审美经验，并进而感受美、发现美和创造美的能力的目的。

单元第四篇课文是《小毛虫》，此篇课文通过小毛虫蝶变成蝴蝶的过程阐释了每一个人都有自己该做的事情，万事万物都有自己的规律。那么，这篇课文的阅读教学设计的目标之一可以是"通过认识小毛虫蝶变过程的艰难和结局的美好，感悟很多事物的发展也会是一个过程艰难，但结果美好的蝶变过程"。在阅读教学的过程中，教师就可以以此基点引导学生拓展性地阅读相关主题。如革命先烈们为了中华人民共和国的成立和发展而艰苦奋斗、英勇牺牲等，以此激发学生对革命领袖、革命家、英雄人物的崇敬之情。本课在本单元第一篇课文的基础上进一步强化家国情怀和文化自信。同时值得注意的是此单元的课文的思维能力、审美创造、文化自信的培养都是基于理解语言、表达语言等语言运用的基础上进行的。

由此可见，教师在进行单元的教学目标的设计之时可以进行单元式的核心素养的整体设计，通过单元内不同篇目的教学目标设计落实有层次、有逻辑的核心素养的培养目标。在教学目标的指导下，有效设计紧密相关的、有内在逻辑关系的语文实践活动，从而在进阶式任务情境中解决问题，全方位、立体化地提高学生的核心素养。最终，通过阅读教学贯彻落实育人导向、以"文"化人的新课标精神。

（二）从学段目标中找依据

《语文课程标准》是语文教学的基本宗旨。教课文，必须以此为基本依据，尤其要以其中的学段目标为依据。学段目标是《语文课程标准》的核心内容之一。第一、二、三学段的阅读与鉴赏教学目标如表 2-1 所示。

表 2-1 "阅读与鉴赏"学段目标

类别	第一学段	第二学段	第三学段
标点符号	认识课文中出现的常用标点符号，在阅读中体会句号、问号、感叹号所表达的不同语气	在理解语句的过程中，体会句号与逗号的不同用法，了解冒号、引号的一般用法	在理解课文的过程中体会顿号与逗号、分号与句号的不同用法
词语句子	结合上下文和生活实际了解课文中词句的意思，在阅读中积累词语	能联系上下文，理解词句的意思，体会课文中关键词句表达情意的作用；能借助字典、词典和生活积累，理解生词的意义	能联系上下文和自己的积累，推想课文中有关词句的意思，辨别词语的感情色彩，体会其表达效果
朗读默读	学习用普通话正确、流利、有感情地朗读课文。学习默读	用普通话正确、流利、有感情地朗读课文；初步学会默读，做到不出声，不指读；学习略读，粗知文章大意	熟练地用普通话正确、流利、有感情地朗读课文；默读有一定的速度，默读一般读物每分钟不少于 300 字；学习浏览，扩大知识面，根据需要搜集信息
阅读方法	借助读物中的图画阅读	能初步把握文章的主要内容，体会文章表达的思想感情；学习圈点、批注等阅读方法；能对课文中不理解的地方提出疑问，乐于与他人讨论交流	在阅读中了解文章的表达顺序，体会作者的思想感情，初步领情文章的基本表达方法。在交流和讨论中，敢于提出看法，作出自己的判断；阅读说明性文章，能抓住要点，了解文章的基本说明方法；阅读简单的非连续性文本，能从图文等组合材料中找出有价值的信息；尝试使用多种媒介阅读
内容情感	喜欢阅读，感受阅读的乐趣；阅读浅近的童话、寓言、故事，向往美好的情境，关心自然和生命，对感兴趣的人物和事件有自己的感受和想法，并乐于与他人交流；诵读儿歌、儿童诗和浅近的古诗，展开想象，获得初步的情感体验，感受语言的优美	能复述叙事性作品的大意，初步感受作品中生动的形象和优美的语言，关心作品中人物的命运和喜怒哀乐，与他人交流自己的阅读感受；诵读优秀诗文，注意在诵读过程中体验情感，展开想象，领悟诗文大意	阅读叙事性作品，了解事件梗概，能简单描述印象最深的场景、人物、细节，说出自己的喜爱、憎恶、崇敬、向往、同情等感受；阅读诗歌，大体把握诗意，想象诗歌描述的情境，体会作品的情感；受到优秀作品的感染和激励，向往和追求美好的理想
课外积累	尝试阅读整本书，用自己喜欢的方式向他人介绍读过的书；养成爱护图书的习惯；积累自己喜欢的成语和格言警句；背诵优秀诗文 50 篇（段）；课外阅读总量不少于 5 万字	阅读整本书，初步理解主要内容，主动和同学分享自己的阅读感受；积累课文中的优美词语、精彩句段，以及在课外阅读和生活中获得的语言材料；背诵优秀诗文 50 篇（段）；养成读书看报的习惯，收藏图书资料，乐于与同学交流；课外阅读总量不少于 40 万字	阅读整本书，把握文本的主要内容，积极向同学推荐并说明理由；背诵优秀诗文 60 篇（段），注意通过语调、韵律、节奏等体味作品的内容和情感；扩展阅读面，课外阅读总量不少于 100 万字

《语文课程标准》作为教学的基本依据和方向标，它对阅读与鉴赏的教学目标提出的明确而具体的要求，是教学的基本依据。确定课文教学的重点目标，首先应该熟悉相关的年段目标，并以此为依据来确定这篇课文教学的重点目标。教一本教材，也应以学段目标为依据进行整体设计。比如，第二学段阅读与鉴赏教学目标共有六条。这六条就是第二学段阅读与鉴赏教学要达成的目标。此外，第二学段的识字与写字和表达与交流教学的目标，也大都与阅读与鉴赏教学有直接关联。我们应善于把《语文课程标准》规定的目标合理分配到一本教材的相关课文中去，结合课文特点，每课确定一两个重点目标。如有的课文可侧重培养朗读能力，有的课文可侧重培养默读能力，有的课文可侧重培养理解词句的能力，有的课文可侧重培养把握课文内容、体会课文感情的能力，有的课文可侧重培养某种习作能力……这样通盘安排，才能整体提高学生的语文能力，不至于顾此失彼。

（三）从教材编写意图中找依据

统编版语文教材是以《语文课程标准》为依据编写的，尤其以学段目标为准绳。认真研读深钻教材，我们就能发现阅读与鉴赏教学的重点目标。

例如，第二、三学段教材在每个单元首页有一个简明的提示。这些提示一般分两个部分：一是人文主题，概述本组课文的基本内容；二是语文要素，提出本组课文的语言学习重点。这些教学要求，就是本组课文教学的重点目标。

如五年级上册第五单元课文，有如下有关语文要素的提示："阅读简单的说明性文章，了解基本的说明方法。搜集资料，用恰当的说明方法，把某一种事物介绍清楚。"从这个提示中，我们可以发现如下重点目标：（1）阅读简单的说明性文章；（2）了解基本的说明方法，在搜集资料的基础上，用恰当的说明方法，把某一种事物介绍清楚；（3）试着运用多种说明方法说明身边的一个事物。教师要恰当地把以上三个重点目标分配到本单元课文的教学之中。如教《太阳》，可侧重目标（1）；教《松鼠》，可侧重目标（2）；教习作例文《鲸》和《风向袋的制作》可侧重目标（3）。

又如，教材中课后思考题，有的也可以作为教学重点目标。如六年级上册第13课《桥》，课文后有这样的思考题"画出描写雨、洪水和桥的句子读一读。再联系老支书在洪水中的表现，说说这些描写对表现人物的作用""小说最后才点明老支书和小伙子的关系，和同学讨论这样写有什么好处"。这两个思考题提示了课文两种有特色的表达方法（环境描写、设置悬念），学习这两种表达方法就可以作为课文的教学重点之一（安排在第2课时），并可运用这两种表达方法练习写片段。

再如，四年级上册《夜间飞行的秘密》一课中，有这样的批注：飞机的夜间飞行和蝙蝠有什么关系？《呼风唤雨的世纪》一课中，也有这样的批注："'千里眼''顺风耳'和腾云驾雾的神仙"在现代指什么？教材设计这些批注是提示教师这样发问吗？当然不是，它其实是给学生一个示范：学会抓住关键词语提出问题。"能对课文中不理解的地方提出疑问"是第二学段阅读与鉴赏教学的重要目标之一，教材这样设计，正是把《语文课程标准》的要求纳入教材之中。教师要明白编写者的"良苦用心"。因此，培养学生提出问题的能力，就可以作为教学这两篇课文的重点目标之一。

（四）从课文特点与学生实际情况中找依据

确定一篇课文的教学重点目标，要关注学段目标，关注教材编写意图，同时还要关注课文特点。每篇课文都有自己的特点，可依此确定重点目标。从课文特点中揣摩教学目标，要求教师深入钻研教材，牢牢把握课文的特点，并对课文特点形成独特的体验。例如前面提到的《桥》一课，课文开头就描写了雨、洪水和桥的环境之恶劣。课文正是通过这样的环境渲染来衬托老支书在洪水中的高大形象的，这也正是本课的重点难点所在，可作为教学的重要目标之一。

下面以三年级上册《灰雀》一课为例来说明依据学生的实际情况确定教学目标。

教学一线

本案例重点关注教师的指导方法

案例 2-2　《灰雀》教学片段（三年级上册）

默读列宁与小男孩第一次对话内容，思考：他们对话时各自心里想什么？填写提示语，揣摩这时候男孩的神态和动作。

男孩（　　　　　）说："没……我没看见。"

两三个学生回答后，似乎再也说不出新的词语了。这时老师出示了"慌乱地、害怕地、心虚地、吞吞吐吐地、结结巴巴地、犹犹豫豫地、红着脸、低着头、用很小的声音"等，学生纷纷用以上词语说话、朗读。

学生想说却说不出来，也就是处于"愤""悱"状态时，教师适时提供了支架式的帮助，解决了此班学生词汇贫乏的问题，将教学推向高潮。这是"教"为"学"服务的教学，也是以"学"为中心的教学。

学段目标、教材、课文特点，这三者是拟订教学重点目标的共同因素。而教学必须因人制宜、因班制宜。因此，学生语文学习的实际状况，也是确定教学目标的因素之一。例如，班上的学生语文能力较强，教师就可以把教学要求适当调高一些；反之，可以适当调低一些。

以上三种因素是一个整体，要从整体出发兼顾各种因素，从而确定每篇课文的教学重点目标。

三、阅读与鉴赏教学目标的有机整合

明确了各学段阅读与鉴赏教学目标和确定目标的依据之后，我们还需要从目

阅读教学目标的有机整合

标设计的误区中走出，从培养学生核心素养、语文能力、注重工具性与人文性结合、重视语文能力目标之间的关系等方面对阅读与鉴赏教学目标进行整合。

（一）目标整合的问题

当下教学目标的整合存在"三维式""并列式"的典型问题，请先看实例。

教学一线

案例2-3 《穷人》教学目标设计（六年级上册）

● 知识与能力：

1. 学习12个生字，掌握"舒适、抱怨"等15个词语。

2. 学习默读，提高默读的能力。

3. 理解课文内容，感受桑娜、渔夫的勤劳、淳朴。

4. 体会心理描写的特点。

● 过程与方法：

1. 学习默读的方法。

2. 学习心理描写的方法。

● 情感态度与价值观：

1. 学习桑娜和渔夫宁可自己受苦也要帮助他人的美好品德。

2. 体会人物内心感情的变化。

案例2-4 《桥》教学目标设计（第2课时，六年级上册）

1. 有感情地朗读课文。

2. 揣摩优美语句，体会句子的深刻含义。

3. 感受老支书舍己为人的高大形象。

4. 学习通过动作、语言、神态描写，表现人物特点的写法。

以上两例，反映了传统小学语文教师确定教学目标的常用模式。第一种模式，我们称之为"三维式"。这样拟订教学目标，意在体现语文课程目标三个维度的特点，用意是好的。然而有其弊端：一是目标太多，一堂课8个教学目标，平均每个教学目标用时只有5分钟，教学岂不是蜻蜓点水？二是教学目标之间你中有我，我中有你，彼此交叉、包含。按这样的目标教学，岂不是重复啰唆，学生还有兴趣学下去吗？三个维度是建构课程目标的整体框架，面对一篇课文，教师要善于把三个维度整合为一体，选准一个重点目标切入，从而同步达成多元目标。

第二种模式是当下语文教师用得较多的一种教学目标设计模式。这种"并列式"比起"三维式"要好，它的条目相对较少；条目之间意思明白，不交叉，不包含。然而，这种"并列式"也有明显的不足：一是几个目标之间是并列关系，四个目标四足鼎立，看不出重点，而一堂课如果没有重点，就可能是一盘散沙。

二是把工具性目标与人文性目标人为地割裂开来，似乎体会思想感情（人文性目标）与朗读课文、揣摩句子、领悟表达方法（工具性目标）是不相干的两码事。目标割裂，很可能导致教学中工具性与人文性分离。三是把领悟表达方法与揣摩句子分割开来，可能导致学生在认识上出现错觉：文章的表达方法似乎可以独立于句子之外，成为一种难以运用的东西。因此，这种"并列式"的设计模式，也是教学目标定位中的一种误区。

（二）目标整合的思路

教学目标的确定，贵在整合。教师要在深入钻研《语文课程标准》、教材的基础上进行整合。所谓整合，从哲学层面来说，就是要善于抓住事物的主要矛盾来解决问题；从语文教学的层面来说，课文中的各种因素会构成一个有机联系、不可分割的整体，抓住一个要点就可以带动全篇。整合阅读与鉴赏教学目标，有以下思路。

1. 围绕培养核心素养这个基点来整合

语文教学的基点是培养学生的核心素养。"学习运用国家通用语言文字"是语文教学的第一要务。《语文课程标准》的学段目标，主要强调从培养核心素养的角度出发拟订目标，而知识、方法、情感等目标并未成为独立的目标条目，主要是以有机渗透其中的方法呈现。《语文课程标准》已为我们指明了方向，并做出了整合的示范。这样的指导，同样适用于拟订课文的教学目标。

如前面提到的《穷人》一课，拟订了八个教学目标。略做分析即可发现：学习默读、领悟心理描写的方法这两点与培养学生的语文能力直接相关，可以作为重点来整合其他目标。然后作进一步整合：第1课时以学习默读的方法作为主目标。在默读中，学生必然会学习字词，必然会感受与理解课文内容，必然会经历默读的过程。由此，学习默读方法的主目标带出若干层分目标。第2课时以领悟心理描写的方法为主目标，在领悟过程中，会涉及理解人物的情感和品德，同样，一个主目标会带出其他目标。这样整合之后，一个课时突出一个重点，又能兼顾其他目标，教师教起来顺手，学生学起来顺心。

2. 注重工具性目标与人文性目标的整合

确定教学目标时，有些教师习惯把工具性目标与人文性目标分开，从而形成"并列式"的"花开两朵，各表一方"的目标结构，这是不妥当的。一篇课文的工具性与人文性，并非两朵花，而是一朵花相互依存的两个方面，犹如花蕾与花瓣，或花的形状与颜色，二者共存于一个统一体。例如词句与情感就是一个统一体：情感靠词句来表达，而词句必然表达相应的情感。再如文章的写作方法与文章的主旨、情感的关系：写作方法必然为表达某种主旨服务、为表达某种情感服务，离开了这些，就写作方法讲写作方法是毫无意义的。因此在教学设计中，教师要学会把工具性目标与人文性目标整合为一体，并形成贯穿全课的主目标。

如前面提到的《桥》第2课时的教学目标设计，教师分别从朗读、学句、悟情、写法四个方面拟订四个教学目标，而没有整合出一个统摄全过程的主目标，教学难免散乱。这四个目标可以整合为一个主目标：学习表现老支书舍己为人品质的动作、语言、神态描写。全课以"学习人物动作、语言、神态的写法"为主目标贯穿始终，这样一个主目标带出其他三个目标：学习表现人物特点的写法，要从典型句子入手，"学句"的目标即可渗透其中；抓住典型句子时，学生需要朗读这些句子，"朗读"的目标即可渗透其中；在品读人物的动作、语言、神态时，必然涉及老支书的情感，这样，"悟情"的目标即可渗透其中了。抓住主目标，带动其他目标，使工具性目标与人文性目标融为一体，学习表达方法与体会人物思想感情融为一体。这样教，既符合课文固有的特点，又利于提高教学效率，是语文教学应该追求的一种高境界。

（三）主目标的确定及其达成策略

整合目标之后，要紧紧围绕主目标设计教学主线，并将其他目标有机渗透其中。究竟以哪个作为主要目标，要视具体的课文而定。总之，设计一课时的主目标，犹如构思一篇文章的中心，无中心不成文，无重点不成课。现举两个案例供参考。

本案例请重点关注如何确定并落实主目标

教学一线

案例 2-5 《太阳》教学目标（第 1 课时，五年级上册）

1. 能默读课文，掌握有关生字词。
2. 了解关于太阳"远、大、热"等方面的知识。
3. 抓住课文要点，把握课文的主要内容。

以上三个目标，不宜并列式地按先后顺序去实施，而要从三个目标中选定一个主目标，即选定"抓住课文要点"作为主目标。为什么要选这个作为主目标呢？第一，这是一篇说明文，学段目标中对教说明文的要求是"能抓住要点，了解文章的基本说明方法"。其中，"了解文章的基本说明方法"可以安排在第 2 课时，第 1 课时重在"抓住要点"。第二，课后第一个思考题为："默读课文，说说课文从哪几个方面介绍了太阳？太阳对人类有哪些作用？"编写者设计这样一个思考题的目的，就是让学生学会抓要点。第三，"抓住要点"与太阳的有关知识是密切相关的，要点抓住了，太阳的有关知识自然就知道了。教学时可分以下三步。

第一步，默读课文，用词语概括课文写了哪几个方面的内容。要给学生 5~8 分钟时间默读，默读时画画写写，用心思考、概括。大体可从三个方面概括：远、大、热。反馈时要比较哪位同学的概括更准确，以提高全班学生抓要点的能力。

第二步，默读课文第一段，了解作者写太阳的远是抓住哪些要点来写的。教师要善于引导学生学会用简洁的语言归纳要点。

第三步，默读课文其余各段，了解作者写太阳的大、热以及太阳与人类的密切关系是抓住哪些要点来写的，放手让学生自读自悟，教师围绕是否准确抓住了要点予以点拨。

这样设计，"抓住课文要点"成为贯穿全课的主目标，而其他目标如默读课文、了解有关太阳的知识也都渗透其中。这样教，才是教语文，而不是教科学知识。

教学一线

本案例请重点关注教学目标整合的艺术

案例 2-6　《落花生》教学目标（第 2 课时，五年级上册）

1. 能有感情地朗读课文。

2. 体会重点句子含义。

3. 作者借落花生告诉我们的道理。

4. 学习借物喻人的表现手法。

以上四个目标可以整合为一个重点目标：以花生特点悟作人道理。

整合后的目标体现了工具性目标与人文性目标有机统一，充分彰显语文能力的培养。

围绕这一重点，可设计如下教学主线：

第一步，品花生特点。一是品花生的一般特点。默读课文，从课文的对话可以看出花生具有什么样的特点？学生默读批注、讨论，了解花生"味道很美、可以榨油、价钱便宜、果实埋在地里、矮矮地长在地上"等特点。二是品花生的突出特点。讨论：花生可贵在哪里？教师出示句子"花生的好处很多，有一样最可贵：它的果实埋在地里，你们看它矮矮地长在地上，等到成熟了，也不能立刻分辨出来它有没有果实，必须挖起来才知道"，突出花生"有用、不张扬"的特点。

第二步，悟做人道理。学生再读课文，观察板书，说发现。讨论：父亲想借花生告诉我们什么道理（人要做有用的人，不要做只讲体面，而对别人没有好处的人）。教师追问：有用的人是怎样的人？从而引出作者许地山，从他身上印证具有花生品格的人的特征。

第三步，课堂小练笔。教师引导：生活中有很多平凡的人，他们就像"花生"那样，默默无闻地做着贡献，你发现了他们的存在吗？学生练笔：在我心中，（　　　　　）最可贵，他们就像"花生"那样默默无闻地做着贡献，（　　　　　）。学生围绕重点目标，在"学习知识、迁移知识、运用知识"的教学主线推进中实现"言""意"兼得。

合作研习

下面是五年级下册阅读课文《青山处处埋忠骨》的教学目标设计。请以小组为单位展开讨论，讨论时结合学段要求、单元重点以及学生的学段特点，从以下四条目标中选择和确定教学重点和难点。

教学目标：

1. 能正确认读"踟躇、黯然"等词语，并了解其含义。

2. 能运用快速浏览的方法，迅速捕捉课文信息。

3. 能运用批注的学习方法，了解毛泽东在爱子毛岸英牺牲后的一段情感波澜，从中领略他那伟大的慈父形象，通过了解"青山处处埋忠骨，何须马革裹尸还"的含义，体会毛泽东常人的情感和无私的胸怀。

教学重点：

教学难点：

第二单元　阅读与鉴赏教学内容设计

本案例请重点关注如何依据学段要求取舍阅读教学内容

教学一线

案例2-7 《开国大典》教学内容设计（六年级上册）

1. 学习快速默读课文，把握课文记叙顺序，概括主要内容。

2. 运用一定方法掌握"政、宾、盏、栏"等14个生字及由这些生字组成的词语，体会"汇集、瞻仰"等重点词所表达的感情。

3. 默读课文，画出描写毛泽东动作和群众反应的句子，说说作者怎样抓住人物动作、神态来表达感情。

4. 重点品读"会场"段落，学习场面描写，并运用一定方法学习体会"主席台""广场""检阅"等场面，进行场面片段描写练笔。

应该说，教学内容是目标的体现，是目标的细化。《开国大典》一课要学习的内容有很多，如了解背景，掌握课文主要内容，体会情感，识字、写字，体会重点词句，学习按顺序描写事物，学习人物描写、场面描写以及夸张、比喻修辞手法等。如果教学设计面面俱到，结果可能面面不到，蜻蜓点水。以上四个教学内容的确定和教学目标设计一样，观照了单元重点、学段要求，特别注意了对高年级学生进行快速默读、抓重点词句品读，学习场面描写等语文能力的提升。

一、阅读与鉴赏教学内容的取舍原则

实践指导
这节课教什么好呢？

"这节课教什么好呢？"语文教师面对一篇课文时，头脑中常常会冒出这个疑问。别小看这个疑问，它常常让你百思不得其解，常常让高手争论不休，常常成为一堂课成败的关键。

（一）重点抓取两条命脉

我们面对一篇课文经常遇到的一个问题是面对众多可讲点不知道如何取舍教学内容。任何一篇课文，所包含的教学内容都会有几十个点：从知识的角度来说，有字、词、句、篇、点、语、修、逻、文、书；从能力的角度来说，有朗读、默读、查字典、联系上下文理解词句、把握课文主要内容、阅读不同文体等；还可从方法的角度、习惯的角度、情感的角度、内容理解的角度，列出很多教学内容。一篇课文就是一只麻雀，麻雀虽小，五脏俱全，每个部位都有研究的价值。正因为每篇课文都具有这样的综合性特征，我们常常会做出错误决断：一节课多则选七八项教学内容，少则选四五项教学内容，面面俱到地教，没有中心，没有重点，结果往往是眉毛胡子一把抓，西瓜芝麻一锅煮，教学内容"多而杂"，教学结果难免"少慢差"。

俗话说"多则惑，少则得"，因此，删繁就简就是一种大智慧。在教学内容的安排上如何实现"任凭弱水三千，我只取一瓢饮"呢？此时此刻在阅读教学内容的安排上就需要"有所为，有所不为"了。那么在教学内容取舍的过程中，要紧紧抓住下面两条命脉作为取舍的基本原则。

第一原则为重点抓取中华文化的命脉。因为课程标准是教学内容安排的根本方向，《语文课程标准》明确提出立德树人的根本任务，也明确了培养核心素养的根本目标，那么阅读教学内容就应时刻围绕着以"文"育人、以"文"化人的根本方向来安排。其中的"文"主要是指傲立于华夏大地的中华优秀传统文化、革命文化以及社会主义先进文化。所以，在课文内容的选择上只要是与此相关的教学内容也就成了其必然选项和优先选项。

第二原则是时刻把握时代社会的命脉。这也就意味着阅读教学内容的取舍应该紧跟社会的时代性、典范性要求。"以学生为本"是当下的重要教学理念，在此理念的引领下贴近学生生活的时代气息浓厚的、具有典范性的内容也就成了教学内容的重要选取内容。

教师把握住了这两点基本原则，从教学内容层面上就做到了"四两拨千斤"，有助于培养学生的核心素养、实现立德树人的课程目标。

（二）学会"四个不教"

选择教学内容有两种基本思路：一种是从"什么需要教"的角度来思考，这是顺向思路，常规思路；还有一种是从"什么不需要教"的角度来思考，这是逆向思路，非常规思路。采用两种思路比采用一种思路常常更富有创意。

关于如何选择阅读教学的内容，著名语文特级教师薛法根有个法则，叫作"三不教"：学生已知已懂的，不教；学生自学能弄懂的，不教；教了暂时也不懂的，不教。在这个基础上，我们再补充一点：某个内容放到其他课文中去教效果更好的，不教。这样合起来可以叫作"四不教"。有了这"四不教"，一篇课文需要教的内容就不多了，阅读教学就会变得"少而精"了。

下面我们分学段对若干课文教学内容的取舍做一番探究。

1. 第一学段：凸显字词和朗读，其他内容可以少教或不教

● 实践指导
各学段如何利用
"四不教"原则
选择教学内容？

教学，贵在抓住重点和难点。第一学段的教学，重点和难点是识字与写字、常用词语和朗读。抓住了重点，就抓住了根本，其他教学内容可让学生自学解决或点到为止。

如一年级下册《棉花姑娘》一课，可教的内容有如下几项：（1）学认6个字，学写7个字；（2）学习分角色朗读课文；（3）掌握"盼望"等8个词语；（4）体会感叹句表达的感情；（5）了解课文主要讲了一件什么事；（6）理解课文内容；（7）了解童话反复、对话多等特点；（8）知道燕子等是益鸟，蚜虫是害虫；（9）培养科学精神；（10）学习自主识字的方法。如果选定以上10项作为教学内容，并在两课时教完，每课时的教学内容就有5项之多。"多则惑"，很容易哪项都教不好。

对以上内容，可进行如下选择：（1）（2）（3）是关于识字与写字、词语、朗读等内容，是第一学段的教学重点，应为主要教学内容；（4）是关于感叹句的内容，在本文中不突出，不如放到别的课文中去教；（5）（6）理解课文内容，并不难，学生读一两遍就能明白，不必再教；（7）关于害虫、益虫的知识，学生在幼儿园就已懂得，属于已知，可以舍弃不教；（9）培养科学精神，应以渗透为特征，不必单独设项；（10）学习自主识字方法，可融入（1）中进行。这样经过筛选、整合，教学内容只剩下（1）（2）（3）项，其中（3）学词语又可以与（1）（2）相互结合。因此真正需要教的是（1）与（2），教师可以安排在两课时中完成。每课时凸显一个重点内容，比面面俱到地教、蜻蜓点水式地学效率高得多。

再如教《小蝌蚪找妈妈》，不必花许多时间问"小蝌蚪是怎样反反复复才找到妈妈的"，可以让学生多读几遍，再模仿着自创一段。总之，第一学段课文教学内容的选择，一般都应遵循强化字词和朗读的原则，为学生打下一个比较坚实的语文基础。

2. 第二学段：可因课而异，取舍内容

教第二学段的课文，有的可侧重理解语言，有的可侧重运用语言。字、词、句难点较多的，可侧重理解语言；字、词、句难点较少的，可侧重运用语言。而与理解、运用语言无关或关系不大的内容，则可不教或少教。

三年级下册第八单元的语文要素是复述，其关于复述的整体要求是："了解故事的主要内容，复述故事；根据提示，展开想象，尝试编童话故事。"复述故事的方法有很多，如表格法、思维导图法、抓关键词法、图片法、文章段落结构法、表演法等，选择复述方法时，自然因课而异。《慢性子裁缝和急性子顾客》一文的故事情节随时间的变化而变化，可抓住时间线（第一天→第二天→第三天→又过了一天）运用表格法引导学生复述，再运用此方法复述《方帽子店》课文内容。课文《漏》则是按地点变化的顺序展开的，复述时可抓住表示地点的关键句开展系列活动。本单元的最后一课《枣核》既有时间的变化，又有地点的变化，情节起伏跌

宕，因此可采用多种方法复述故事，教学时学生可自主选择方法。

第二学段许多课文教学内容的处理都同此理。教学，不要让学生老有"炒现饭"的感觉，要有一点新鲜感，有一点挑战性。教《记金华的双龙洞》时，内容的理解、游览线索的交代等，都是学生自学可以解决的，而画一幅双龙洞的平面图、画出水流的路线却不容易；教《乡下人家》时，屋前种瓜、门前种花、喂养鸡鸭等场景，不必问来问去，而如何抓住乡下人家独特的景物来写，则很值得探讨。紧紧抓住语言理解和表达的特点来教，就会教得有效、学得有趣。

在教学内容的取舍上，其实涉及一个根本问题：语文教学的核心价值是什么？在这个问题上，学术界目前尚未形成共识。但多数人认为，语文教学的核心价值是让学生理解与运用国家通用语言文字。因此，教什么，要在这样一个总的指导思想下动脑筋。人文精神也很重要，它与学习语言相比，并无轻重之分，它也是语文教学的重要内容。但是，在语文教学中，人文精神的教育不是直来直去的，它的特点是"熏陶感染，潜移默化"，是"随风潜入夜，润物细无声"的，而不能"人文唱主角，深挖又细究"。过早、过深地让孩子感悟文章中蕴含的深层人文思想，无异于拔苗助长。那样教，效果会适得其反。

小学语文教材中也有少数课文，在内容理解上有一定难度，小学生自学未必能准确把握，如《只有一个地球》（六年级上册）、《呼风唤雨的世纪》（四年级上册）等，教这些难度较大的课文，教师也可以把理解课文内容作为重点教学内容之一。但是即便如此，教学也要做到以下两点：一是"披文入情"，即从学习语言文字入手来理解内容和感情；二是"点到为止"，即对一些现阶段学生难以理解的内容，让学生大体理解即可，不必深挖细究。

3. 第三学段：凸显对表达方法的领悟，力求读写结合，其他内容可以少教或不教

五六年级的学生已经有了一定的独立学习能力。凡是学生已学、已知的，绝不重复讲解；凡是学生自己能学懂的，教师绝不越俎代庖。教师的教，要选择学生必须掌握而又未能掌握的内容。

如薛法根教《真理诞生于一百个问号之后》，只重点选择了两项教学内容：一是课文中的一个重点句子——把"？"号拉直了"！"号；二是让学生发现这篇课文叙述三个事例时写作上有什么共同特点。其余如生字、生词、朗读、概括课文主要内容、理解课文里讲的三个故事等内容，一般教师都可能选作重点的，他都没有教。因为他认为，学生在课前对这些内容已作充分预习，学生手里占有的资料甚至比教师的还多，再教，难免在已知中兜圈子。教学效果证明，这样的选择的确高人一筹。

教第三学段的课文，切忌四面出击。教师要舍得"割爱"，舍得"丢"。"丢"是为了更有效地"得"。教六年级上册《穷人》，重在使学生体会人物心理，其他可以不教；教四年级上册《梅兰芳蓄须》，重在使学生悟"以小见大"的写作特点，其他可以不教；教五年级下册《景阳冈》，重在使学生悟打虎一段几个动词

的运用，其他也可以不教……精选一点来教，比起一堂课选若干点来教，效果要好得多。"伤其十指，不如断其一指""四面出击，不若突破一点"，说的就是这个道理。

（三）"不教的"与"教的"

"不教的"不等于"不学的"。"不教的"又可分为两类：一类是既不教又不学的；另一类是学生通过自学自己能弄懂的。对于后一类，就要安排并指导学生自学。自学的方式大体有两种：一是课前的预习，二是课中的自读。凡课前有预习的，教师可在课中检查；如果课前没有预习，或者多数学生课前没有充分预习的，那就要在课内安排时间让学生自学，并提出自学要求，然后进行检查。教师要舍得把时间还给学生，绝不要把自学的过程变成一问一答的过程，有时学生自学的效果要比教师教的效果好得多。

除去"不教的"，"教的"就只剩下一两个点了，就可以集中精力予以解决。阅读课的教学内容一旦变得简明扼要，"怎么教"的问题就好办多了。具体怎么教，教师可以各显神通，但是不要把"教的"理解为全由教师讲解或问个不停。"教的"，同样要设计为一个以学生为主体的学习过程，只是教师应在适当的时候进行必要的发问、讲解、启发、示范而已。

弄清"不教的"，并且舍得不教，"教的"就会精彩纷呈！

合作研习

有教师对六年级上册《穷人》一课的教学内容进行了如下选择，请根据你对教材的理解说说：哪些内容是需要教师教的，哪些内容是学生已知已懂的，哪些内容是学生自学能弄懂的，哪些内容是教了暂时也不懂的，还有哪些内容可放到其他课文中去教。以小组为单位，每位同学可先完成学习单，再在小组内交流。

（1）学生字；（2）学词语；（3）学句子；（4）抄写句子；（5）学朗读；（6）学默读；（7）理解人物；（8）体会真情；（9）了解作者和时代背景；（10）把握写作顺序；（11）了解省略号的用法；（12）学习怎样写对话；（13）了解小说三要素；（14）理解环境描写；（15）学习外貌、动作描写；（16）学习心理描写；（17）心理描写练笔。

第一类，需要教师教的：

第二类，学生已知已懂的：

第三类，学生自学能弄懂的：

第四类，教了暂时也不懂的：

第五类，放到其他课文中去教效果更好的：

二、阅读与鉴赏教学内容的整体设计

国外许多国家的语文课程标准对阅读教学的内容都有详细的说明，为教师的教学提供了许多方便。为了顺应这种发展趋势，《语文课程标准》将语文课程内容划分为"语言文字积累与梳理""实用性阅读与交流""文学阅读与创意表达""思辨性阅读与表达""整本书阅读""跨学科学习"六大学习任务群，目的是突出语文课程情境性、实践性、综合性特征，这既给了教师较大的发挥空间，同时也对教师提出了更高要求。因此，备课时，教师要在教学内容上下功夫。教师把握阅读教学的内容，既要一课一课地推敲，更要学会整体设计。

（一）整体设计的若干思路

1. 纵向思路

纵向思路是指从不同学段、不同年级、不同学期的角度入手，根据课程标准规定的学段目标来拟定教学内容。课程标准是按学段来设置教学目标的，我们便可按学段来拟订相关的教学内容。

2. 横向思路

横向思路是指按语文教学的六大学习任务群分别从不同角度来拟定教学内容。如阅读与鉴赏教学这一块，就可以根据课程标准的学段目标，从朗读、默读、学习字词、掌握句子、把握课文主要内容、学习不同文体、领悟表达方法、领悟课文情感、养成阅读习惯、形成学习策略、有一定的阅读量等若干方面来拟订教学内容。

3. 综合思路

综合思路是指把纵向思路与横向思路结合起来，从某一册入手来拟定教学内容，再逐步扩展到其他各册，从而形成一个完整的教学内容体系。

（二）单册的整体设计

我们以五年级下册的语文教材为例，从阅读教学的角度，设计教学内容体系，供大家教学时参考。

设计五年级下册的阅读教学内容，有如下整体构想：

（1）以培养学生核心素养为导向，整合知识与能力、过程与方法、情感态度与价值观三维目标。

（2）以现行教材的单元组合为结构展开，每个单元的教学重点内容均依据课程标准学段目标和教材的单元提示拟订。

（3）按课文、课时设计教学内容。凡精读课文，一般有两个重点教学内容，适合两个课时的教学；略读课文，一般只拟订一个重点教学内容，供一课时使用。非重点教学内容，没有进入设计之内，由教师自定。

（4）教学内容设计的几个侧重点：全册教材的教学，以朗读为重点的，共有6次；以默读为重点的，共有19次；以练习（主要是口头语言表达）为重点的，共有16次，以练笔为重点的，共有12次。这样设计，可让阅读与鉴赏教学的核心内容得到保证。

（5）教学时，大家可根据实情适当调整。

（三）学习任务群的整体设计

2022 年版的课程标准与 2011 年版的课程标准相比，最大的变化即是增设了学习任务群。学习任务群又分为三个不同的层级，其中第一层设"语言文字积累与梳理"1 个基础型学习任务群，第二层设"实用性阅读与交流""文学阅读与创意表达""思辨性阅读与表达"3 个发展型学习任务群，第三层设"整本书阅读""跨学科学习"2 个拓展型学习任务群。此学习任务群的层级设置的逻辑起点是"学生身心发展规律和核心素养培养的内在逻辑"。阅读与鉴赏占据了三个发展型学习任务群和一个拓展型任务群，可以说它占据了学习任务群的半壁江山。因此，阅读与鉴赏的教学实践活动不仅要担负起打通"文化自信、语言运用、思维能力、审美创造"内在脉络的重要任务，而且要以不同的阅读主题为引领，以不同的阅读与鉴赏的学习任务为载体，整合阅读教学的学习内容、情境、方法和资源等阅读要素。

在这样一个各种阅读要素整合的过程中，学习任务群在横向上不仅要贯穿课内读本和课外读本，还要贯穿个人、家庭、学校、社会等维度的读本；在纵向上不仅要贯通整本书阅读、单元阅读、单篇阅读的教学实践活动，还要贯穿第一、二、三学段的阅读教学实践活动。这样，各任务群通过纵横双向发展就实现了阅读与鉴赏教学整体设计的实践性、综合性、进阶性和适应性。下面介绍几种学习任务群的整体设计从而使教师了解如何整合阅读资源，如何让语文阅读课程向纵深处追溯。

1. 链式任务群的整体设计

"链式任务群，是指教师通过环环相扣的、层层递进的任务链、任务块、任务群等推动学生的语文学习。[①]"这种组织形式主要在单元整体设计中比较常见。它意味着在单元的阅读教学设计中，打破单篇独立式的学习组织形式和教学内容，而将整个单元的几篇阅读课文在单元主题和语文要素的统领下，将阅读教学组织、整合成由一个个从低阶到高阶、从基础到高级的链式任务群。任务群里的各个子任务不仅在左右之间具有关联性，同时在前后之间具进阶式的递进性、层次性。因此，往往在一个单元的链式任务群中，"前一个任务"是"后一个任务"的基础，"后一个任务"是"前一个任务"的提升和发展。

以语文四年级下册第八单元的童话教学为例。本单元的人文话题是"奇妙的童话"，落实读写训练的语文要素是"感受童话的奇妙，体会人物真善美的形象""按自己的想法新编故事"。其中指向阅读的语文要素是在奇妙的童话中体会人物的真善美，并发挥自己的想象新编童话故事。那么，怎么在单元整体目标的统筹下设计整体性的阅读教学内容呢？整体式的链式任务群此时就派上用场了。

---

① 顾张琪 ."学习任务群"视域下的小学语文阅读教学课堂 [J]. 山西教育（教学），2022(11):64-65.

此单元的链式学习任务群可以设计为如下几个子任务。任务一：聊一聊，即在单元阅读教学前，学生自主收集经典童话，设计我最爱的童话人物、童话故事采集卡，并将采集卡的内容以口头交流和表达的方式分享给同学们。任务二：讲一讲，即复述《宝葫芦的秘密》的内容，说说奶奶讲的宝葫芦的奇妙之处。任务三：读一读，即阅读《宝葫芦的秘密》这本书，了解当王葆得到一个宝葫芦时，这个宝葫芦到底带给他的是幸福还是烦恼？从而引领学生体会王葆身上所隐藏的真。任务四：想一想，即通过阅读学习《巨人的花园》，思考小男孩让巨人发生了怎样的变化，又为什么会有这些变化？其奇妙之处在哪？从而引领学生感受小男孩身上体现的美。任务五：写一写，即通过阅读学习《海的女儿》，续编小人鱼化为泡沫后的可能发生的奇妙故事，以进一步体会小人鱼身上所闪现的善。

从中可见，立足于单元整体设计的链式任务群有助于打破课文篇与篇之间的界限、藩篱而实现单元整体性、递进式的教学活动的开展。

2. 辐射式任务群的整体设计

"辐射型任务群是一种以'原点'为中心的发散型任务结构。[1]"在设计、研发辐射性的任务群时，首先要设计好任务原点，其所辐射的子任务群或小任务群都是基于这个原点来展开的。所以，作为"中心问题""核心问题""关键问题"的任务原点要具备在阅读教学中的可辐射性和延展性。同时，围绕这个任务原点，设计研发出的发散性的子任务则要具备关联性、散射性。通过这样的任务群的整体设计，学生对语文文本的理解实现深度和广度的双重发展，语文素养和语文能力得到整体性提升。

如果说链式任务群是基于单元内容进行设计的，那么辐射式任务群则可以以学期或学年为跨度来展开。下面以五年级上册学习任务群的整体设计为例（表2-2）。

表2-2　五年级上册各单元的单元提示

单元	单元提示
第一单元	一花一鸟总关情
第二单元	阅读要有一定的速度
第三单元	民间故事，口耳相传的经典，老百姓智慧的结晶
第四单元	为什么我的眼里常含泪水？因为我对这土地爱得深沉……
第五单元	说明文以"说明白了"为成功
第六单元	舐犊之情，流淌在血液里的爱和温暖
第七单元	四时景物皆成趣
第八单元	旧书不厌百回读，熟读深思子自知

纵观五年级上册中的八个单元主题，其核心原点可以分别凝练成以下几个关键词：花鸟、阅读、民间故事、土地之爱、说明文、父母之爱、四季之景、阅读。从这八个关键词中选"阅读"作为设计原点是比较适合的，原因有三。其一是

① 顾张琪."学习任务群"视域下的小学语文阅读教学课堂[J].山西教育（教学),2022(11):64-65.

"阅读"既是第二单元的关键词,又是第八单元的关键词(但是这两个单元"阅读"的侧重点不同)。其二是它们的位置一个出现在学期初、一个出现在学期末,在时间跨度上作为整个学期的学习任务群的设计原点也是恰到好处的。其三是阅读从来都是语文学习最重要的学习方式,提高学生的阅读能力是非常必需且关键的。基于以上三个理由,五年级上册以"阅读"作为学习任务群的设计原点是无可厚非的。

那么,本学期围绕"阅读"这个设计原点设计了以下子任务群。任务群一:探究读书的价值和意义;任务群二:探究古人的阅读书目和阅读方式;任务群三:探究今人的阅读方法和阅读态度;任务群四:研究古人和今人的阅读习惯和阅读媒介的区别;任务群五:列出自己的阅读书单和阅读计划;任务群六:选择一本名著进行阅读,做读书笔记、撰写阅读心得。

通过这六个任务群的设计和实施,学生不仅深化了对"开卷有益"的认识,而且掌握了读书的方法,养成了一定的阅读习惯。学生在建构过程中通过分析比较、归纳判断等认知活动,其辩证思维、创造思维、逻辑思维等都能得到发展。学生在经典名著的阅读过程中,能更进一步地感受和发现中华语言文字的美,从而涵养其高雅的阅读情趣,提高学生的文化自信和审美创造能力。同时,学生完成任务的过程就是语言运用的过程,其语言运用能力自然而然也会得到提升。因此,辐射式任务群不仅为学生打开了广袤的阅读世界,也给了他们在阅读世界中遨游的翅膀和前行的船桨,更重要的是辐射式任务群的设计与研发在优化学生学习方法的同时,能有效地引导学生从语文知识向语文能力过渡,从而全面地培养和建构学生的核心素养。

第三单元　阅读与鉴赏教学过程与方法设计

教学一线

本案例请重点关注教学过程中如何紧扣学生的语言运用能力实施教学

案例 2-8　《青山处处埋忠骨》教学过程设计(五年级下册)

一、整体感知,用词概括

学生默读全文,然后用一个词语概括毛泽东听到儿子牺牲后的内心情感:

悲痛万分　极度痛苦　强忍悲伤　千头万绪　悲痛欲绝

眉头紧锁　泪湿衣襟　情绪激动　外表平静　内心忧伤

二、领悟写法,体会感情

1.课文读来十分感人。作者是怎样通过描写人物的神态和动作来表达情感的呢?试看一例:

"毛泽东整整一天没说一句话，只是一支又一支地吸着烟。桌子上的饭菜已经热了几次，还是原封不动地放在那里。"

这句对毛泽东不说话、不吃饭的细节描写，表达了他当时什么样的心情？

学生领悟：

作者描写毛泽东不说话、不吃饭，只是一支又一支地抽烟，这个细节表现了毛泽东听到儿子牺牲这个晴天霹雳的消息后，十分悲伤，内心痛苦万分。

2. 细读课文，找一找课文中还有哪些细节描写，这些描写表达了人物怎样的情感？

3. 仿写一个片段，用细节表达人物情感。

这个案例，自始至终把学习语言运用能力摆在核心位置。整体感受时，运用词语说感受；读全文时，先举例说明如何"品细节，悟情感"，举例之后让学生反三，形成迁移过程；课尾，领悟写法，仿写片段。全课语言运用与情感领悟融为一体。

一、主问题设计

应该说，阅读与鉴赏教学中教师的"问题"设计水平会直接影响语文教学的效率，而那些能"牵一发而动全身"的主问题又尤为关键。设计主问题的策略方法有哪些，通过怎样的过程来完成教学任务，是我们应该重点关注的内容。

（一）主问题设计的重要性

我们先来看看全国青年教师阅读教学观摩活动中的几堂优质课。

在三年级下册《花钟》一课中，教师设计了两个主问题：（1）读读这些写时间的词语，你们有什么发现？学生读后发现：作者是按花开的时间顺序写的；写时间的词语，有的放在句前，有的放在句末，富有变化；写具体时间，有的用了"左右"，有的没用。（2）作者一口气写了九种花，你发现这九种花的样子有什么不同，你喜欢哪种花开的写法，为什么？学生各抒己见，各选一种花表达自己读后独特的感受。《花钟》一课的教学，就是围绕这两个主问题展开的。这两个主问题，其实就是一个主问题："作者写花开的时间和样子各有什么不一样？"教师把这个问题分两问提出，形成两个主要学习环节。有了这样的主问题，教学目标明确，重点突出，内容具体，教学过程自然水到渠成，学生也必然学有所得，对如何阅读和写作均有帮助。此课在赛课中获特等奖。

五年级上册《慈母情深》一课，教师在学生速读课文、整体感知的基础上，提出了如下主问题："课文中母亲的哪些细节让你感动？"要求学生边读边画出有关句子，作简要批注。于是学生沿着"品细节、悟感情"这样一条主线展开了学习活动。这样教，目标明确，主线突出，做到了长文短教，也获得了特等奖。

五年级下册《猴王出世》一课，在整体感悟猴王形象之后，教师提出了如下主问题："请你把目光聚焦在语言文字上，从'怎样写'的角度，你发现了什么秘密？"全课围绕这样一个主问题展开，分若干层次让学生去发现作者写的秘密（如分析三字句、对偶句、排比句，发现猴王语言短促、跳跃等特点）。教师始终围绕"怎样写的秘密"这个主问题展开教学活动，教得集中，学得有效。

阅读教学中，凡是优质的课，几乎都有一个共同的特点，那就是精心设计教学的主问题。主问题往往决定一堂课的方向和成败。一堂课的教学目标、教学重点、教学内容和学习的难易度，常常蕴含在主问题中，它是教师教学观念和教学智慧的集中体现。可以毫不夸张地说，有了一个比较好的主问题，这个课就成功了一半。

低效课堂的一个显著毛病是没有主问题。一堂课提出几十个问题，且不说问题太多，更严重的是几十个问题彼此并列分割，没有主次，没有核心。这就好比写一篇文章，平分秋色地提出几十个互不相干的论点，结果文章没有中心，等于什么问题也没解决。提高阅读教学的效率，应从学会设计主问题起步。

（二）主问题设计的策略

主问题如此重要，那么，主问题的设计有什么策略呢？

○ 实践指导
主问题的设计有
什么策略？

1. 把主问题设计在学生的"最近发展区"

问题一出，学生举手如林，不是好问题；问题一出，学生瞟一眼课本即可回答，不是好问题；问题一出，学生略加思索即可准确回答，也不一定是好问题。真正的好问题，一要引导学生仔细阅读，二要引发学生深入思考，让学生在经历认真读、思之后才能回答，即我们平常说的"跳起来才能摘到果子"，即处于学生的"最近发展区"。

2. 把主问题设计在核心目标上

一堂课的教学目标，可能有若干项，其中必有一项是主要的，我们把它称为核心目标。这个核心目标就是设计主问题的基础和前提。设计好主问题，首先必须找准阅读教学的核心目标。

3. 把主问题设计成一个学习过程

一个好的主问题，必须形成解决问题的学习过程，使主问题的解决成为课堂学习的中心环节。如前面提到的《猴王出世》一课，围绕"从'怎样写'的角度，你发现了什么秘密"这样一个主问题，就形成了若干个学习层次：读"三字句"有什么发现？读"四字句"有什么发现？读"对偶句"有什么发现？读石猴成为猴王的部分又有什么发现？主问题在新的情境中不断重复出现。这样设计，主问题就形成了若干个学习层次。再如三年级上册《灰雀》一课，围绕"你能从列宁和小男孩的对话中推测出他们的心理吗？"这个主问题，也形成了品读四次对话的学习层次：小男孩慌乱（没……我没看见）——想说灰雀没有死，但又不敢讲——肯定灰雀还活着（会飞回来的）——十分肯定灰雀会飞回（一定会飞回来的！）。学生在主问题引导的学习过程中，一步步体会小男孩诚实善良的品格。

有的教师虽然也能设计一个较好的主问题，可惜没有转化为有层次的学习过程，在抛出主问题后两三个尖子学生简单回答一下，几分钟就结束了。这就叫作没有形成学习过程，问题好像解决了，其实只是假象，学生并未形成学习能力。这种现象必须引以为戒，加以避免。

4. 把主问题控制在三个以内

一堂课的主问题不宜过多，一般一个最好，课堂围绕一个主问题展开，内容集中，重点突出。不过，语文教学有时很难像数学课那样，一堂课只解决一个问题，它常常既要突出重点，又要兼顾其他。因此，一堂课也可以设计两个主问题，但建议最多不超过三个主问题。主问题太多，"主"则不"主"了。前面提到的三堂课，最多有两个主问题，主问题的解决都经历了 30 分钟左右的时间，这样设计，效果最佳。

一节课只提一两个主问题，不等于一节课只提一两个问题。因为课堂教学还要兼顾其他目标和内容。同时，主问题也可以变换形式提出，同样能保证教学的高质量。

（三）主问题设计的思路和方法

1. 从提高朗读能力的角度设计主问题

教某些课文，可以把重点目标放在提高朗读能力上，那么就可以从朗读、感悟的角度设计主问题。如三年级上册《秋天的雨》一课，可以设计主问题：怎样才能读出五彩缤纷的美呢？围绕此主问题设计三个层次的朗读训练：（1）你怎样理解"五彩缤纷"？联系上下文朗读。这叫学习知识层面的朗读训练。（2）课文中的"五彩缤纷"指什么？学生在连线、填空色彩词中完成朗读，这是强化知识层面的朗读训练。（3）生活中还有哪些事物是五彩缤纷的？学生通过知识迁移表达观点的迁移。这是运用知识层面的朗读训练。

2. 从提高默读能力的角度设计主问题

不同学段对提高默读能力有相应的要求。教学时可根据不同要求提出主问题，第一学段可以提出如下主问题："你能用默读的方法把课文读懂吗？"这样的主问题，意在让学生掌握默读的方法，可以分若干层次贯穿全课。第二学段可以提出如下主问题："默读课文，你能做到不出声、不指读，还提出三个以上的问题吗？"（边读边画，在有疑问的地方打上"？"）这样的主问题，意在引导学生学会默读时提出疑问。第三学段可以提出如下主问题："用几分钟时间快速读完全文，然后关上书，看看你能回答多少个问题。"（读后做捕捉信息的测试。）这样的主问题，意在训练学生的速读能力。

3. 从掌握词句的角度设计主问题

如果我们把掌握词句作为一堂课的核心目标，那么可以从掌握词句的角度提出主问题。如六年级上册《草原》一课，需要理解和学习的优美句子较多，教学时可参考课文后的思考题，提出如下主问题："阅读全文，画出你觉得写得很美的句子，你能发现它们美在什么地方吗？"这样一个主问题不仅可以分层学习，还能引领全课的学习。

4. 从学习表达的角度设计主问题

学习表达，是语文教学的主要任务之一，也是学生学习语文的难点之一。当下的语文教学，在理解课文内容和情感方面花的力气较多，相对说来，在学习表达方面花的力气太少，这是不正常的。

学习表达，各学段应有区别：低、中、高各段均可学习课文如何遣词造句；中段可侧重段的表达；高段可侧重篇的表达。有了这样一个指导思想，设计主问题就有了基础。如三年级下册《花钟》可从语段的角度设计主问题，五年级下册《猴王出世》可从学篇的角度设计主问题。

不同的文体有不同的表达特点，教学时可以根据表达特点设计主问题。四年级上册《一只窝囊的大老虎》，作者主要通过描写人物的神态、动作、语言来表现"我"的真情实感，教学时可设计如下主问题："我"在排练节目和演出时心情有怎样的变化？五年级上册《太阳》是一篇说明文，具有说明文的典型特点，教该文可从"把握要点""了解说明方法"两个角度来设计主问题，从而形成两课时的教学主线。

我们还可对一组课文的主问题作综合设计。如五年级下册第五单元，有"人物描写一组"和《刷子李》，都是写人的课文，每篇课文均可从人物描写的角度设计主问题；第七单元有《威尼斯的小艇》等三篇描写异域风情的课文，教学时可以从"作者是怎样抓住异域风情的特点来写的？"这个角度设计主问题。这样教，可以达到读写结合的目的。

设计主问题的思路有很多，以上所说，只是列举。我们用心钻研教材和《语文课程标准》的学段目标，才能设计出比较好的主问题。

二、单篇课文的教学过程与方法设计

⊙ 实践指导
单篇课文的教学
过程设计注意哪
"三突出"？

单篇课文的教学过程与方法设计，往往决定一节课、一篇课文教学的成败和效率高低。单篇课文教学过程设计的策略与方法如下。

（一）突出语言学习，特别是学习国家通用语言文字运用

《语文课程标准》指出："语文课程是一门学习国家通用语言文字运用的综合性、实践性课程。"这句话表明了语文课程的性质，规定了语文课程的核心目标和任务。语文教学的任务和目标是多元的，既有学习语言文字的任务，如学习识字与写字、学习阅读与鉴赏、学习表达与交流，提高听、说、读、写的能力，还有陶冶感情、学习做人等人文目标。在诸多目标中，必须有一个重点目标，那就是学习语言文字。

学习国家通用语言文字又有许多层次，如认读、感受、理解、品味、积累、运用等，在这诸多层次中，运用语言文字是重中之重。因为，感受也好，理解也好，积累也好，归根到底都是为了运用，为了用语言文字与别人交流。学生掌握

了运用语言文字与别人交流的本领，那么他的发展就有了基础。

因此，单篇课文的教学过程设计，必须紧紧围绕语言文字运用这个核心展开，而不可以课文内容、课文主题、课文情感为依据。每个学习环节的设计，都应该有明确的学习语言文字的目标，并力求工具性与人文性有机统一。

教学一线

本案例重点关注各环节有关语言运用的教学设计

案例 2-9 《开国大典》《太阳》的教学过程

《开国大典》（六年级上册）

第 1 课时：

1. 快速默读课文，7 分钟左右读完。

2. 依据课文描写的几个典型场面，概括课文主要内容。

3. 朗读课文，体会句子中重点词语表达的感情。

第 2 课时：

1. 朗读、体会"阅兵式"部分，说说课文是怎样描写这个场面的。

2. 仿写场面描写片段。

《太阳》（五年级上册）

第 1 课时：

1. 整体感受，抓住课文几个要点。

2. 学习字、词。

3. 学习第一至三节，了解几种说明方法。

第 2 课时：

1. 批注全文，找出相关的说明方法的句子。

2. 修改语段，学习运用说明方法。

3. 仿写片段，综合运用几种说明方法。

以上两篇课文的教学过程设计有一个共同特点：每个课时、每个教学环节的设计，都与学习语言运用密切相关，而且每课时能抓住一两个重点，读与写紧密结合，工具性与人文性融为一体。

（二）突出学生的语文实践活动

单篇课文的教学过程设计，离不开教师的讲和问，学生的听和答。然而，提高语言运用能力，主要不是靠教师的讲、问习得的，而要通过学生自身的语文实践活动，如读、写、说、背、搜集资料、综合实践等获得的。因此，单篇课文教学要把学生的语文实践活动作为教学设计的重点和核心，使之成为课堂教学的主体部分。

本案例重点关注学生语文实践活动的有效性

教学一线

案例2-10 《灰雀》语文实践活动设计（三年级上册）

1.学习带着问题默读全文，理解课文的主要意思。完成填空：课文讲述了_____、_____和灰雀的故事。

2.品读列宁和小男孩的四次对话，体会他们各自的心理，完成以下填空练习：

（1）男孩（　　　　）说："没……我没看见。"

（2）列宁（　　　　）说："一定是飞走了或者是冻死了。天气严寒，它怕冷。"

3.在分角色朗读基础上完成小练笔：那只深红色胸脯的灰雀，经历了被捉又获得自由的经历，他的心情如何？如果灰雀会说话，它会说什么？选取一种句式，写下来。

我会对列宁说_____

我会对小男孩说_____

教这篇课文，教师共设计了三个语文实践活动。第一个活动是从整体上把握课文，读后填空，会填，说明读懂了；第二个活动完成提示语填空，提高朗读能力和书面语表达能力的同时，走进列宁和小男孩内心；第三个活动是练笔，可以拓展思维，深化情感，言意兼得。这样的教学过程设计，立足学，服务于学，既可以保证学生以读写活动为主，又可以保证学生人人参与活动的时间，还可以保证课堂教学以练为主，在读中学写，读写互促。

（三）突出自主、合作、探究的学习方式

教学过程设计要反映学习方式。学习方式主要有两种，一种是讲授，即接受性学习方式，另一种是学生自主、合作、探究的学习方式。这两种学习方式各有长处和不足。当下，教师主要采用第一种学习方式，教师通常讲得多、问得多，学生被动应答。要改变这种状况，就要提倡自主、合作、探究的学习方式。设计学生的实践活动，可为实现这样的学习方式奠定基础。教师在教学中要舍得放手让学生主动学习。

合作研习

下面两篇课文的教学过程设计，你觉得存在什么问题？你打算怎样改变它？

1.《青山处处埋忠骨》（五年级下册）教学过程设计

（1）初读课文，感受感情。

（2）细读课文，领悟感情。

（3）再读课文，升华感情。

2.《桥》(六年级上册)教学过程设计

(1)结合朗读,感悟父亲"了不起"。

(2)结合诵读,感悟儿子"了不起"。

三、单元教学的过程与方法设计

单元教学的过程与方法设计是设计中的一个难点。当下的小学语文教材,一般是按人文主题和语文要素双线组织内容的。单元教学的过程与方法设计应注意以下几点。

(一)每个单元确定 1 ~ 2 个语言学习重点

学习任何一个单元都要有重点目标,学生学后才会有收获。重点学习(教学)目标的确定,一是要紧紧抓住学段目标的要求。二是教材单元提示中的"语文元素"已明确提示了学习重点,我们便可以此为重要依据确定单元学习重点,同时教材中的课后练习、语文园地也需要我们统筹考虑。三是要根据学情调整单元语言学习重点。

(二)形成"学—扶—放"的学习过程

一个单元通常有四篇课文,教学时要区别对待。同单元的几篇课文,教学重点要保持一致。教第一篇课文时可能有新的知识点,教师应大胆传授相关知识(学),教后面的课文要逐步放开,让学生自己发现、运用(扶),教到最后,要让学生仿写(放)。

(三)力求读与写融为一体

一个单元可以设计多种教学目标,其中最重要的目标是读与写。读与写要紧密结合,保持一致,读中悟什么,写中就要仿什么,不要各行其是,读写分家。

教学一线

案例 2-11　三年级下册第八单元整体设计

一、单元学习目标

1. 借助表格、示意图等提示把故事讲清楚。

2. 在熟悉故事内容的基础上,能抓住主要的情节,用自己的话来复述故事。

3. 边读边想象,尝试通过添枝加叶来创造性复述故事。

二、单元学习安排

1.《慢性子裁缝和急性子顾客》重点学习环节

借助表格梳理故事结构,把故事主要内容讲清楚。

2.《方帽子店》重点学习环节

迁移运用复述方法,尝试用自己的话讲述故事。

本案例请重点关注如何依据单元重点设计表达活动

3.《漏》重点学习环节

借助示意图和文字提示，边想象边讲故事。

4.《枣核》重点学习环节

发挥想象，练习创造性地复述故事。

5."语文园地·交流平台"重点学习环节

梳理要素，综合运用复述方法复述。

三、设计特点

1.人文主题和语文要素双线推进学习重点—复述故事。

2.复述过程与方法循序渐进：把主要内容说清楚—讲述故事—边想象边讲故事—创造性复述故事—综合运用复述方法复述。

合作研习

以小组为单位，合作研讨五年级下册第四单元的整体设计。

1.阅读单元提示，明白教学目标和教学重点。

（1）单元提示分两点，一段提示了本组课文的内容，一段提示了本组课文的教学重点目标。

（2）根据《语文课程标准》，你觉得应该把感受领袖情怀作为教学重点，还是把领悟人物描写、有机渗透情感作为教学重点？

2.阅读该单元的课文，确定单元教学的一般目标和重点目标。

（1）五年级阅读教学的一般目标是什么？

（2）如何确定本单元的1~3个教学重点目标？

（3）学习人物描写，可否作为本单元重点目标？

（4）理清课文的记叙顺序，可否作为本单元重点目标？

（5）四篇课文的教学重点，如何保持一致？

（6）四篇课文的教学重点，如何体现"学—扶—放"的过程？

3.找一找四篇课文的读写结合点。

四、不同文体的教学过程与方法设计

不同体裁的文章，在结构形式和语言表述方面具有不同的特点。小学语文教材根据不同年级学生的实际，编入了多种体裁的课文，其目的是引导学生学习语言的积累，促使学生逐渐接触各种文体，为学生独立阅读各类文体作品打下初步基础。同时，《语文课程标准》在小学阶段淡化文体，笼统地将课文分为两大类——叙事性作品、说明性文章。下面着重谈谈写人、写景的叙事性作品和说明性文章的教学过程与方法设计。

（一）写人课文的教学过程与方法设计

小学语文教材中，写人的课文占很大比例。以五年级下册为例，《草船借箭》《景阳冈》《猴王出世》《摔跤》《他像一棵挺脱的树》《两茎灯草》《刷子李》《青山处处埋忠骨》《军神》《清贫》《杨氏之子》等课文，都可大体归入写人一类，约占整本教材篇目的 1/3，足见写人课文的分量。怎样设计写人课文的教学活动呢？

1. 前提——找准写人课文的教学目标

教写人的课文一般有两类教学目标：一是一般教学目标，即识字写字、学词学句、朗读默读、把握内容等。这是教任何一篇课文都要达成的教学目标。二是特殊教学目标，即领悟作者怎样写人，体会人物的感情和品德。

以上两类目标，1~3 年级的教学，应以达成一般教学目标为重点，即以识字写字、学词学句、朗读默读、把握内容等为教学重点。4~6 年级的教学，则应以达成特殊教学目标为重点。因为学生进入 4 年级以后，已具有一定的学习基础，他们可以自学字、词，可以独立地朗读、默读，把课文自读一遍就可大体把握文章的主要内容。在这样的情况下，写人课文的教学重点应逐步转移到领悟作者怎样写人、体会人物的感情和品德上。这样教与学才能提升一个层次，学生的学习兴趣才能被激发，形成新的兴奋点，学生读与写的能力才能得到有效提高。

《语文课程标准》和教材编写均有这样的意图。《语文课程标准》第三学段目标中，明确提出了不同文体的教学要求，并强调"初步领悟文章的基本表达方法"。中、高年级的教材有单元提示，凡是写人的单元，大都以"领悟表达方法"为理念。《语文课程标准》和教材的意图，我们要用心体察。

比如五年级下册第五单元课文，有"人物描写一组"、《刷子李》。该组课文前有如下"语文要素"的单元提示："学习描写人物的基本方法；初步运用描写人物的基本方法，具体地表现一个人的特点。"这个提示，实质上是本组课文教学重点目标的提示，根据这个提示，我们可以比较准确地确定该组每篇课文的教学重点目标：

"人物描写一组"教学重点目标：学习作者怎样通过人物神态、动作、外貌描写来表现人物的鲜明特点。

《刷子李》教学重点目标：运用抓人物动作、神态等描写方法说说刷子李的特征。

以上两课的教学重点目标，都是从指导学生学习作者怎样写人这样一个特殊角度提出来的，既符合课文特点，又符合教材编写意图，还符合《语文课程标准》的要求，是比较准确的目标定位。当然，教学时，还可设计一些次要目标。

2. 关键——把悟写法与悟情感融为一体

学习写人的课文，贵在"两悟"：一是"悟写法"，二是"悟情感"。"悟"的过程，是在教师指导下，学生自主发现的过程，而不是教师把自己的"悟"传授给学生的过程。

　　"悟写法"与"悟情感"应融为一体，这就存在一个以什么为主线的问题，是以悟写法为主线，还是以悟情感为主线？教学设计中常见的有以下两种方式。

　　一种设计方式是以"悟情感"为主线，渗透词句、写法的学习。比如教《桥》一课，先让学生通读全文，说说整体感受，引出"了不起"几个字，然后引导学生体会老支书怎样了不起，找有关句子来印证、分析、朗读，深入理解老支书的大爱。教学中也可以抓一两个词语，如紧扣"揪出"让学生展开想象，或者朗读有关人物对话等。这样的教学主线设计，情感性比较强，但它有明显的缺陷：一是重人文感悟，轻语言学习。课堂教学始终围绕主人公在哪些方面"了不起"展开，核心问题是"了不起"表现在哪些方面，这其实只是停留在对课文内容的理解和深挖上。其中的词句学习、课文朗读等，都是为理解"了不起"服务的，教学中并无明确的语言学习目标。比如"揪出"一词，五年级学生应早就熟练掌握，再花许多时间去教、去学，其目的无非是从内容、情感上深挖细究，对语言学习并无多大用处。二是违背教材意图，难以达到教学目标。教材明确提示要以领悟人物描写的方法为重点，可是教学却以领悟情感、思想为重点。这样设计教学主线，"悟方法"成为次要内容。学完课文，学生对父与子有什么"了不起"也许能说出个一二三，对人物描写恐怕不会有什么新的认识，更不用说形成能力了。这样设计教学主线，得意"忘"言，或重意轻言，阅读课的性质就可能发生变异，即可能类似道德与法治课。

　　另一种设计方式是以"悟写法"为主线，渗透"悟情感"。在任何一篇写人的课文中，"写法"与"情感"好比是一对孪生兄弟，共存于一体。文章的内容、情感要用一定的写作形式来表达，而任何写作形式都是为表达一定的内容、情感服务的。因此，在"悟写法"的同时，必然要"悟情感"，即领悟这样的写作方法表达了什么样的情感。以"悟写法"为主线，可以把"悟情感"自然地带出来，从而实现"言意兼得"；而以"悟情感"为主线，是很难带出"悟写法"的，难以实现"双赢"。是以"悟写法"为主线，还是以"悟情感"为主线，恐怕是语文课与道德与法治课的一个分水岭，设计教学主线时切不可掉以轻心。

　　"悟写法"是一个笼统的概念。学写人的课文，对于小学生来说，要领悟的方法主要有以下几项：精选事件来表现人物；抓住人物的特点来写；通过人物外貌、动作、语言、心理活动的描写来表现人物的思想感情；通过细节描写来刻画人物等。每篇课文的教学，一般应选其中一点来学习。

　　如教学《桥》一课，就可以把领悟作者怎样描写人物神态、动作、语言作为教学设计的主目标并形成教学主线。在学生通读课文、整体感悟的基础上，教师可以提出这样一个主问题：课文是通过怎样的具体描写来表现老支书的品格特征的？请在课文中画出有关句子。沿着这个主问题，学生边读边画，边批边议，教师抓住典型句子予以点拨、示范、小结，从而形成一条完整的教学主线。这样设计教学主线，学生在悟得写法的同时，又能更深刻地理解老支书对村民的深情，"悟写法"与"悟情感"水乳交融，不可分割。

又如教《慈母情深》一课，学生初读一遍课文，就能大体领悟母亲深爱儿女的那份情感。后面的教学，就不要停留在情感上深挖细究，而应及时把教学重点转移到"悟写法"上来，并抛出主问题：哪些是描写母亲外貌和语言的句子？请学生体会这些句子表达的感情。全课围绕这个主问题展开，学生读读画画，教师顺势点拨。这样教学，教得轻松，学得有效。因此，真正的有效教学是朴素简明的，无须玩新花样。

3. 要领——读写结合，注重练笔

学习写人的课文，在领悟写法之后，还应安排时间让学生练笔，把从读中学到的东西运用到习作中去，力求使读与写的能力都得到提高。

高年级每教一篇课文，都应尽可能设计写作训练。讲读课文的练笔，时间安排可以适当长些；略读课文也可以安排 10 分钟左右的时间让学生练笔。练笔的内容，应与读的内容保持一致，以求读写互促。这里的关键在于：教读，要抓住一个重点，即教得简略，不要在内容上问个没完，议个没了。阅读简明了，重点突出了，才有时间安排练笔。

写人课文后的练笔，不要设计成一种单纯的技巧训练，而要精心设计情境，引发学生的情感体验，以收"情动辞发"之效。

下面仍以五年级上册第六单元课文为例，提供几则练笔设计供大家参考：

《慈母情深》练笔设计：妈妈（或奶奶、外婆）是最疼爱你的人，妈妈的关爱从早到晚围绕在你身边。选一个妈妈关爱你的小场景写下来，注意写好神态和语言。

《父爱之舟》练笔设计：你和爸爸（或爷爷、外公等）之间发生过什么让你感动的事，或印象深刻的事？选一件小事写一段话，注意写好人物的神态、动作和语言。

《"精彩极了"和"糟糕透了"》练笔设计：爸爸、妈妈看到你在学习上有了进步，或在习惯上有了长进，一定会十分高兴，会发自内心地夸奖你、鼓励你。选一件爸爸、妈妈夸奖你、鼓励你的小事写一段话，注意写好神态、语言和自己的心理活动。

（二）写景课文的教学过程与方法设计

1. 误区——只见景美、情美，不见言美

一位教师教四年级下册《乡下人家》一课。在初读课文、学习生字之后，教师提出这样一个问题："乡下人家美不美？"学生齐声回答："美！"教师顺势板书一个"美"字，然后问："那么我们先学课文第一段，看看乡下人家美在什么地方。"学生匆忙读一遍之后，便议论开了：有的说瓜架很美，有的说瓜藤很美，有的说结出的瓜颜色很美。之后就按这样的顺序学完第一段，再学第二段，直至学完全文。

这样以感悟美景为主线设计写景课文的教学，行吗？如果行，那么放一个美景的视频，学生对美景的感受岂不更直观、更具体，学起来岂不更有兴趣？然而，我们不能这样教写景课文。

语文课的本质属性和独当之任，是学习如何用语言文字来表达特定的内容和情感。离开了语言文字的学习，语文课就不成其为语文课。因此，阅读教学始终应该把理解和运用语言文字放在首要位置，学习写景课文也不例外。

写景课文的景与情，均属课文内容这个范畴。而学习写景课文，不能仅仅在内容上下功夫。教材中的写景文，都是文质兼美的散文。从教学价值来说，值得学生领悟的有三种美：一是景物美，二是情感美，三是语言美。这三美是一个统一的整体，作者用优美的语言来表达优美的景物和优美的情感。对于小学生来说，学会理解语言、运用语言是第一要务，也是学习中的难点，应该作为教学中的主要目标，作为设计教学主线的基本依据；同时，离开语言表达，景物美和情感美就可能被架空。

只重景美、情美，轻视言美，是教写景课文的一大误区。

2. 导向——围绕语言美设计教学活动

教某些写景课文，可侧重领悟遣词造句的美。如三年级下册《荷花》一课，语言美的特点非常鲜明。教学这篇课文时，在学生初读课文、整体感悟的基础上，可以围绕学习语言来设计教学主线。第一课时侧重学习第二自然段，教师可提出这样一个主问题：作者写荷花，你觉得哪些句子写得特别美？（圈画）你发现了什么写作秘密？引导学生品读，写荷花的姿态和色彩美。第二课时侧重学习写荷花动态美的段落，可设计主线问题：想象画面，说说你从哪些地方体会到了这一池荷花是"一大幅活的画"。最后引导学生小练笔：第二自然段写出了荷花不同的样子，仿照着写一种你喜欢的植物。这样教学，学生在理解与运用语言上就会大有长进。而且学习有了新意，有了适当的难度，兴趣也会随之高涨。

教某些写景课文，也可侧重领悟表达方法的美。如《乡下人家》一课，在表达方法上的突出特点是抓住了乡下人家独特的美。课文末尾有这样一句话："乡下人家，不论什么时候，不论什么季节，都有一种独特、迷人的美。"这"独特"二字就是设计教学主线的突破口。教师要善于引导学生体会作者观察和写作的视角：从城乡比较的角度来发现乡村独特的美，如果仅仅从乡村的角度出发来阅读，那么几乎每家每户都有种瓜种花、喂鸡养鸭的景象，似乎并不"独特"；然而从城乡比较的角度去阅读，则美不胜收。因此，教师可考虑这样设计主问题：读了课文，你发现乡下人家与城市人家比，它美在什么地方？这样一引导，学生细读课文后必能发现：乡下人家，门前种瓜种花，城里人家门前石狮子一对儿，大旗一杆；乡下人家屋前养鸡，小河养鸭，城里人家只有高楼大厦；乡下人家，可以在晚霞、微风、蝉鸣声中用晚餐，城里人家只能在小小的房子里用晚餐。通过比较，学生就能深深感悟乡下人家独特的美，也能深深感悟作者独特的观察角度和独特的表达方法。这无论对于学生的阅读还是写作，都会大有裨益。

教某些写景课文，还可围绕背诵积累设计学习活动。写景文，多为文质兼美之文，多读多背，有利于形成语感，增加积累。有的教师喜欢把背诵全部安排在课外，这是不妥当的。这不仅增加了学生负担，也影响学习效果。课内背诵，可以形成竞争气氛，并有教师指导，其效果与课外背诵大不一样。而且背诵是课堂教学应达成的目标，不可完全安排在课外。教师在课堂教学中要舍得花时间让学生多读多背，并给予恰当的指导。

3. 练笔——重视表达训练

我们当前的小学语文教材，是以阅读为核心来编写的。这样编写教材，有重人文、重教化的优势，但也有忽视表达的不足。习作是衡量学生语文水平的一个基本依据，又是学生学习语文的难点。而以阅读为核心的语文教材，未能凸显习作这个重点与难点。扬长避短的办法之一就是读写结合，读中学写。语文教材究竟是以阅读为核心好，还是以表达为核心好，目前尚无定论。许多国家和地区，如美国、澳大利亚、日本等，都没有正规的阅读课（有的只是学生的自由阅读），它们的语文教材是以表达为中心来编写的。我们必须重视把阅读与表达融为一体，而不要等到特定的作文课时才进行表达训练。

如果花两个课时教一篇写景课文，在教学策略上可以考虑安排半课时到一课时学写。学写，可以成为教学写景课文设计教学主线的基本思路之一。学写的具体思路一般可以这样设计：发现课文写作上的一个秘密→设计情境仿写片段→反馈评价。这样设计主线简洁、明了且有效。

（三）说明性课文教学过程与方法设计

1. 把握说明文的教学要点

教学说明文，关键是要弄清说明文的教学目标。把目标弄清了，教学主线的设计也便有据可依了。

一是一般教学目标，即识字与写字、学词学句、朗读默读、把握内容等。这是教学任何一篇课文都要完成的教学目标，教学说明文也不例外。

二是特殊教学目标，即学会阅读、写作说明文这种特殊的文体。《语文课程标准》对第三学段的说明文教学提出了以下明确要求："阅读说明性文章，能抓住要点，了解文章的基本说明方法。"这句话对说明文的教学提出了两点要求：一是能抓住要点，二是了解文章的基本说明方法。"抓住要点"与《语文课程标准》在第二学段提出的"把握文章的主要内容"要求有相似之处，但要求更高一些：要能分点说出全文的主要内容以及分点说出某段落的主要内容。因为说明文大都是按若干要点来组织文章思路的，抓住了要点，就抓住了文章的纲领。"提领而顿，百毛皆顺"，抓住了纲领，就大体把文章读懂了，把文章的结构弄清楚了。至于"了解文章的基本说明方法"，对于小学生来说，主要是了解下定义、列数字、举例子、分类别、作比较等方法，并能初步学会运用。

第一、二学段说明文的教学，重在达成一般教学目标；第三学段说明文的教学，重在达成特殊教学目标。因为对高年级的学生来说，面对一篇说明文，理解词句、理解内容已不在话下。他们的难，是难在把握要点、了解说明方法、学写说明文上。因此，教高年级的说明文，起点要有所提高。

五年级上册第五单元课文是一组说明文，单元提示中有如下"语文要素"导语："阅读简单的说明性文章，了解基本的说明方法。搜集资料，用恰当的说明方法，把某一种事物介绍清楚。"这个导语与《语文课程标准》的要求是一致的，也是我们设计教学主线的基本依据。

教学这一组课文，可考虑分两个层次来设计教学主线：第一个层次是把握课文要点，第二个层次是学习说明方法并试着运用。如果教学一篇精读课文有两课时，那么，就可以围绕这两个层次每个课时设计一条教学主线；如果是略读课文，只有一个课时，那么这两条主线可考虑侧重一个方面。

如教《太阳》一课，第1课时同样可以把"把握课文要点"作为教学主线。在整体感知的基础上可分三步走。第一步，立足全文抓要点，问：作者在课文中一共写了太阳的几个特点？请你一个一个连续说出来。此问的反馈不宜太早，一定让全班绝大部分学生举手之后再反馈。因为这是抓要点的一种基本训练，要立足让每个学生都得到训练。如果反馈太早，尖子学生一眼就能发现线索，很快就能说出结论，而一般学生才开始思考，结果只能接受别人的现成结论，这就很不利于提高一般学生抓要点的能力。第二步，引导学第一段，抓段中的要点，即学会抓住一种特点和作用。第三步，放手让学生自学其余各段。第2课时则以领悟说明方法作为教学重点，并试着运用。

再如《松鼠》一课，是用1课时教完的略读课文。可以先让学生通读课文，整体感知松鼠的可爱；再引导学生抓住课文要点，了解作者是从哪几个方面来写松鼠的；然后抓住几个重点句子体会作者怎样把松鼠写得十分可爱。这样设计教学主线，能较好地达成说明文的教学目标。

2. 注重读中学写

读中学写、读写结合，是教学任何一篇课文的重要指导思想之一，是传统语文教学的基本经验之一，也是提高语文教学效率的有效方法之一。实现读中学写，读写结合，要解决两个关键问题。

一是读的设计要突出重点，简明扼要，为读中学写、读写结合提供条件。为什么许多教师总是觉得课堂教学时间太紧呢？为什么教学中总是那么匆匆忙忙呢？为什么练写活动总是插不进去呢？我们应对课堂教学的主线设计予以反思。

语文教材是以文章的形式呈现的，而每一篇文章都是一个包罗万象、面面俱到的整体。面对一篇课文，好比面对一口水井，每次最好只取一瓢饮，不要企图一次把一口井的水喝完。"任你弱水三千，我只取一瓢饮"，这是教任何一篇课文应有的策略思想。有了这种策略思想，才可能重点突出，简明扼要。

现在的阅读与鉴赏教学，恰恰是在这个策略上出现了偏差。对说明文内容的理解，学生读一两遍就明白了，我们要学会调整教学重点，把力气花在学生读写说明文的能力上。

教师还应充分认识写的重要性。尤其是在高年级的语文教学中，写既是一个重点，又是一个难点。学写说明文，更是学生的难中之难。因此我们一定要坚持读中学写这样一个指导策略，把阅读教得简明些，留出时间让学生练笔。

二是要精心设计练笔项目。说明文的练笔，既要紧扣从阅读中领悟的表达方法，又要紧密结合学生的生活实际。

如教学《太阳》一课，可设计如下练笔：写一段话，介绍一种外形特别大的蔬菜、水果或动物，如你见过的大西瓜、大冬瓜、大南瓜、大水牛、大鱼……用列数字、打比方的方法来说明它大到什么程度。练笔的目的，主要是初步学习运用从课文中学到的列数字、打比方等方法来说明一个事物的特点。

再如教学《松鼠》一课，可让学生把从课文中获得的有关松鼠的信息分条写下来，学习说明方法时，再设计如下练笔：写一个关于小动物的生活习性的片段，如小猫玩球、小狗啃骨头、小鸡吃虫子、小鸭戏水、水牛洗澡、小鱼吐泡泡等，句子里面要体现喜爱之情。练笔的目的，是让学生模仿课文说明事物的方法，并融入人的情感。

做到以上两条，课堂练笔一定会见成效。

合作研习

研讨《军神》（五年级下册）这篇课文的教学，解决以下四个问题：

1. 这个单元的教学重点是什么？

2. 可否从人物描写方面提出一个主问题？

3. 可否这样设计主问题：作者是怎样通过人物神态、动作、语言来表现人物特点的？

4. 假如这个主问题可行，你打算怎样围绕主问题设计教学过程？请写一个教学提纲。

第四单元　阅读与鉴赏学习活动设计

近年来，大家对"以生为本""关注学生的发展""关注学生的'学'"等提法可以说是耳熟能详了。然而，在课堂上，真正实现由"教"转向"学"还存在一定困难，课堂上常常以教师为主体，教师拥有话语霸权，学生仍然是配合教师的状态；"教"的活动设计得多，"学"的活动设计得少或者没有。阅读与鉴赏教学是语文教学中的第一大板块内容，也是用时最长的板块，基于此，我们将"阅读与鉴赏学习活动设计"单独作为一个单元，想以此促进学生"学"的理念落实，加强"学"的操作性。当然，"教"与"学"本身就是统一体，自然，"学"的活动设计也关涉"教"，但我们的出发点是想突出学生的主体作用，真正将以"学"为本的理念转化为教师的教学行为。

教学一线

案例2-12 《赵州桥》学生语文实践活动设计（三年级下册）

《赵州桥》有这样一段：这座桥不但坚固，而且美观。桥面两侧有石栏，栏板上雕刻着精美的图案：有的刻着两条相互缠绕的龙，嘴里吐出美丽的水花；有的刻着两条飞龙，前爪互相抵着，各自回首遥望；还有的刻着双龙戏珠。所有的龙似乎都在游动，真像活了一样。

教学这一段时，一位教师设计了一张活动卡发给学生，让每位学生根据活动卡提示完成语文实践活动：

1. 自由朗读这一段，感受雕刻龙的姿态美。

2. 这一段开头的一句话，在课文中起了什么作用？

3. 圈出三个"有的"，读一读，从三个句子中再圈出三个写龙的四字词。（相互缠绕、回首遥望、双龙戏珠）

4. 根据这三个四字词，你能用手势表示龙的三种优美姿态吗？

5. 用上"有的……有的……还有的……"这种句式，描绘出同学们手势的优美。

6. 朗读这一段，读出对龙优美姿态的赞叹感情，可以边读边做手势。

完成这样一张活动卡，学生必须人人动眼、动嘴、动手、动笔、动脑，经历五六分钟的活动过程。这个过程，是学习语言运用的过程，也是情感交流的过程。而要让学生经历这样一个可贵的过程，教师在备课时就要精心设计活动卡，要把主要精力放在设计学生的语文实践活动上。有了语文实践活动的设计，学生才可能人人投入读、说、写、练之中，才可能提高读写能力，才可能实现学生自主、合作、探究式学习，才可能减少教师的讲、问与表演。

一、朗读学习活动设计

朗读，是小学语文教学的重点内容之一。有些课文的教学，可以围绕朗读这个重点设计教学主线。

调查发现，有的小学生虽然读课文还可以，可是面对一篇陌生的文章，朗读达不到基本要求的比例达60%以上。许多小学生朗读水平不过关，一个重要原因是教师在教学中忽视朗读的基本训练，许多教师仅仅把朗读作为调节课堂气氛的一种手段，而极少把朗读作为教学重点目标并围绕这一目标设计教学主线。这样，朗读教学的时间虽然花得不少，但课堂效果并不理想。

怎样以朗读为重点设计学生的学习活动呢？

（一）明确朗读要求

培养朗读能力，是《语文课程标准》提出的阅读与鉴赏教学目标的理念之一。作为教学目标，各学段有共同要求，即"用普通话正确、流利、有感情地朗读课文"。这条要求有四个要点：一是用普通话朗读，而不可用方言朗读；二是朗读要正确，不错字，不丢字，不漏字；三是朗读要流利，要读得顺畅，不回读，不读破句；四是朗读要有感情，讲究快慢轻重、语气语调。以上是对各学段的共同要求。对朗读能力的培养，《语文课程标准》对不同学段还有不同要求，这是教师们较少关注的：第一学段重在"学"，第二学段重在"用"，第三学段重在"能"。可见，学习朗读，重在第一、二学段；第三学段则以学习默读为主，朗读退居次位。关于读得"正确、流利、有感情"，不同学段的侧重点也是有区别的。读得"正确、流利"是基础的要求；"读得有感情"，则是相对较高的要求。第一学段应把"读得正确、流利"作为教学的主要目标，以后随着年级的升高，再侧重要求"读得有感情"。然而现在许多观摩课、竞赛课，不管哪个年级，上课伊始就要求读得有感情，这与《语文课程标准》、教材的要求是有差别的。

🔵 实践指导
怎样以朗读为重点设计学生的学习活动呢？

（二）巧设多种思路

以朗读为重点设计学习活动，可以有多种思路。

1. 逐步升级式

逐步升级式，即以朗读训练为主线安排学习活动，逐步提升朗读的要求。朗读训练之前可重点学习生字，大体感悟课文基本内容；之后，朗读训练可分三步进行。下面以五年级下册《杨氏之子》为例进行说明。

第一步要求读得"正确"。侧重读准含生字的三个词语和两个多音字（"为设果"的"为"，"应声答曰"的"应"），这样就把诵读与巩固生字、学习词语融为一体了。

第二步要求读得"流利"。发现学生朗读的问题后，教师范读，用竖线标出停顿：梁国 / 杨氏子 / 九岁，甚聪惠。孔君平 / 诣 / 其父，父 / 不在，乃 / 呼儿出。为 / 设果，果 / 有杨梅。孔 / 指以示儿 / 曰："此 / 是君家果。"儿 / 应声答曰："未闻 / 孔雀 / 是夫子家 / 禽。"学生自由练习读，个别读，小组读，读出停顿，读出重音，"流利"地读，目标达成。

第三步要求读得"有感情"。重点指导读好"儿应声答曰：'未闻孔雀是夫子家禽。'"句。通过创境读，问答读，读出味道，读出杨氏之子的机智与聪慧。

这样的朗读训练设计，由"正确"到"流利"再到"有感情"，要求逐步升级，每一步的要求具体、明确，又符合《语文课程标准》的要求，学生每读一次都会有新鲜感。在朗读过程中，学生对课文词句、内容的感悟也会逐步加深。一个学期能这样训练若干次，学生的朗读水平定会大有长进。

2. 举一反三式

举一反三式，即教师着重教一处，归纳方法，然后放手让学生自己读练，再反馈总结。如教一年级下册《小猴子下山》一课，第 2 课时可考虑以朗读训练为重点设计教学主线。一年级的朗读训练，不要急于求成，不要一上来就是"有感情地朗读"，而应更多地关注学生是否读得"正确"。

这篇课文共有五个自然段。教师可重点指导学生读好第一段，看似容易，其实许多一年级的孩子不一定读得正确。学生可能把"掰"和"扛"两个动词的韵母读错；学生可能把"有一天"的"一"读成第一声，"小猴子"的"子"读成第三声；"扛着"的"着"轻声读不准。教师可指导学生一边读汉字，一边看拼音，用"双行同读"的方法纠正方言，读准字音。

举例之后，让学生运用"双行同读"的方法，自由练读其他各段。教师巡视时，要做个别辅导；反馈时，要特别关注学生能否用课文中的注音来规范自己的读音。对于朗读过程中的新问题，教师要特别予以提醒。

一年级语文教材的一个突出特点是绝大部分课文都注了拼音。其目的有两个：一是帮助学生学习生字；二是帮助学生学好普通话，学会用普通话正确地朗读课文。对编写者的用心，我们要细心体会。

3. 难点突破式

难点突破式即针对学生朗读中的难点设计教学主线。学生朗读的难点一般有以下这些：读不准字音，丢字、添字，读不好停顿，只会唱读，读不好人物对话，读不出恰当的情感。朗读的难点，还会因班而异。教师要摸准学生的具体情况，一堂课侧重解决两三个难点问题。

4. 当堂检测式

当堂检测式即在课堂上对学生朗读进行评价与检测。尤其是低年级的朗读，一定要力求人人基本过关，检测是不可或缺的手段。教学与测评不一定截然分开，有时可采取"以评代教"的办法处理。"以评代教"的程序为：教师提出评测要求→学生自读准备→学生组内自评→教师抽评或学生展示。"测评要求"可以是全面的，也可以突出某一点。"自读准备"要给予充裕的时间练读，此时的练读，学生可能思想更集中，效果更好。"组内自评"，一般四人一组，教师应将设计好的"评价表"发给学生，并让学生掌握评价标准；学生评得大体准确即可，不过分计较等第，重在过程并促进学生朗读能力的发展；学生如果自认为需要重新评估，也可以再练再评。这种"以评代教"的朗读课，既可以提高朗读教学的效率，又可以促进"教—学—评"一体化，还可以节省单独评价的时间，一举数得。

（三）指导紧紧跟上

设计了学生的学习活动，可以保证教学过程围绕重点目标进行。但要进一步提高教学效率，教师的指导必须到位。

一要指导学生把朗读与理解结合起来。朗读既有技巧问题，又有理解问题。如果对课文的内容、情感不甚理解，那么光指导技巧就会舍本逐末。朗读与理解是相辅相成的：理解支撑朗读，反过来，朗读又可以促进理解。教学时，要力求二者结合。

二要指导学生发现朗读的秘密。朗读能力的提高，常常不是教师灌输朗读知识就能奏效的，而要靠学生在朗读实践中主动发现。如引导学生发现什么地方该短暂停顿，什么地方该停长一些，什么地方该读重音，什么地方该读轻音，什么地方该读快一些或慢一些，等等。发现这些秘密并不难，学生自主发现产生的效果比教师直接点明要好得多。

三要适时示范。儿童模仿能力强，尤其对一些技巧性强的项目善于模仿。模仿是学习朗读的"捷径"，学生在课堂上模仿的对象主要是教师。可惜许多教师该示范的时候不敢示范，或不善于示范。因此，教师要努力提升自己的朗读能力，低年级的教学尤其强调示范。

四要恰当地使用课堂学习评价语。对学生的朗读评价，有的教师喜欢说"读得好""读得真棒"等。这样的评价语太笼统，缺少方向性的指导。要尽可能用朗读的要求评价朗读，如"读得正确，没有读错一个字，也没有读丢一个字""读得很流利，特别是读长句子停顿处理得好""读得很有感情，有轻重缓急，有抑扬顿挫，同学和老师都被深深感动了"等。这类评价语，具体明确，可以使学生明确朗读的要求和方向。

二、默读学习活动设计

默读与朗读应该并重，理由如下：

第一，《语文课程标准》对朗读与默读提出了同等要求。在《语文课程标准》的学段目标中，关于默读与朗读，各学段均有一条要求，并无孰轻孰重之分。

第二，教材对默读与朗读提出了同等要求。以小学语文教材为例，一至三年级的课文，课后大都要求朗读课文，较少要求默读课文。但从四年级开始，每册教材要求默读的课文达 10 篇以上；有的课文虽未明确提出默读要求，但要回答课后的问题，也非默读深思不可。可见，教材对朗读与默读关系的处理，从整体上进行了精心设计，并未厚此薄彼。

第三，从朗读与默读的功能来说，它们各有优势。朗读有利于语言的规范，有利于儿童眼、口、耳等多种器官同时参与，集中儿童的注意力，有利于儿童受到美的熏陶，有利于形成浓浓的课堂气氛。特别是儿童内部语言还未得到充分发展时，朗读是一种较好的阅读方式。默读并不具备朗读的这些优势，然而默读的优势却是朗读不可替代的：默读的适应范围广得多，儿童的课外阅读以及人们日常工作和生活中的阅读，主要采用默读形式；默读的速度快得多，它可以一目一行，甚至一目十行；默读有利于深入理解，可快可慢，可以回读，可以停下来思考、动笔，因而能促进思维的发展；默读是实现阅读教学其他各项目标的基础，如联系上下文理解词句、领悟表达方法等，都要以学生的个体默读为基础。正因为默读具有以上诸多特殊功能，所以我们绝不可以把默读摆在可有可无的位置。可以毫不夸张地说，学生小学毕业时，如果默读能力较差，那么非常不利于他将

来的学习。因此，我们一定要加强对学生的默读指导。

○ 实践指导
各学段如何设计
默读活动?

（一）第一学段

小学第一学段以朗读训练为主，同时也要兼顾默读训练。《语文课程标准》对第一学段的默读要求没有明确规定，只有"学习默读"几字，主要意图是降低难度，给孩子较大的空间。第一学段的默读，教材是从二年级上册起步的。全册教材在两篇课文后都提出了"默读课文"的要求。

第一学段默读课文的学习活动设计，可把默读的基本训练与课文内容理解有机结合起来，一般按以下步骤进行：

第一步，教师轻声带读。开始默读时，学生不一定适应，因而要经历一个轻声带读的阶段。教师可以轻声朗读课文，要求学生不出声地跟读，"只用眼睛看，不用嘴巴念"。由于低年级学生默读的速度与朗读接近，所以教师轻声带读，学生跟着默读，是与学生理解课文的速度相适应的。

第二步，学生独立默读。默读前，教师可提出如下要求：一不动嘴，二不出声。默读时，教师注意倾听和观察。倾听，意在了解学生是否出声；观察，意在发现学生是否动嘴。起始阶段，对学生默读的要求不宜过高，如有出声、动嘴的，亦属正常现象，不可指责。教师重在鼓励，表扬那些不出声、不动嘴的学生。以后的默读训练，还可提出"不指读，不动喉"的要求。默读后，可以提出一些简单的问题让学生回答，如课文写了谁、写了一件什么事等。

第三步，学生带着问题默读。此时，教师可以抛出课文后的问题，让学生带着该问题默读课文，然后讨论解决。

这样设计学习活动，学生至少默读课文三次，默读训练成了主要目标。一个学期经历六七次这样的训练，学生可以大体学会默读，初步掌握独立读书的本领，这种本领将让学生终身受益。

（二）第二学段

小学第二学段默读训练的主要目标是："初步学会默读，做到不出声，不指读。""能对课文中不理解的地方提出疑问。"《语文课程标准》里的这两句话实为两个目标。

一是初步学会默读，要做到"不出声，不指读"，这是在低年级初学默读的基础上提出的要求。不细究每个字的细节，能逐步扩大知觉单位，使学生根据上下文意义从整体上感知这个字。这样，默读速度加快，逐步达到"自动化"的程度。这项目标主要在三年级达成。二是在默读中能提出疑问，这是《语文课程标准》提出的新目标，意在培养学生的质疑能力，教材主要安排在四年级，并向高年级延伸。

四年级及以上的默读训练，立足培养学生的发问质疑能力，设计思路多种多样。

教有些课文，可以在课一开始时引导学生质疑，学生一边默读，一边在不理解的地方打上疑问号。必要时教师适当提示质疑的思路：如对课题提出质疑，对难懂的词语提出质疑，对难以理解的句子提出质疑，对课文内容提出质疑，对课文的写作方法、遣词造句提出质疑，等等。教师对问题的质量要及时予以评价，引导学生提出能引起大家深入思考、透过字面看到文字背后的有价值的问题。教师还要善于对学生提出的问题进行归纳、排序，从而形成新的教学思路。

教有些课文，可以在课中引导学生质疑。教师在课中引导质疑，就是把质疑设计为一个教学环节。如教《琥珀》，当读到"一大滴松脂从树上滴下来，刚好落在树干上，把苍蝇和蜘蛛一齐包在里头"这句时，教师可追问："作者这样推测的依据是什么？你还可进行怎样的推测？"

教有些课文，可以从课尾引导学生质疑。学完一篇课文后，有的教师喜欢问："都懂了吗？"如果学生说都懂了，教师就特别满足，这其实是一种误导，只是学生以为自己真的全都懂了。著名科学家钱伟长提出了一种很有见地的看法，他认为，把学生都教"懂"了，是一种不负责的表现。他认为，学生在课堂上应经历一个"不懂→懂→不懂"的过程，要让学生带着新的问题走出课堂。这是很有见地的看法。许多课文在学完之后，教师可考虑安排一个质疑的环节，让学生带着问题走向课外。

（三）第三学段

第三学段的默读，《语文课程标准》有如下要求："默读有一定的速度，默读一般读物每分钟不少于 300 字。"与《语文课程标准》的目标相匹配，第三学段教材在许多课文尤其是长课文后面提出了"快速阅读课文"的要求。由此可知，第三学段的默读，还应着眼于提高速度。

然而，在我们的小学语文课堂中，却很少能看到正规的速读训练，最多是让学生花几分钟快速读一遍课文，接着就进入精读。速读极少成为课堂教学的主线，因而学生速读能力的提高也就很难看到实效。

三、速读学习活动设计

在高年级的阅读教学中，教师应有意识地在每学期选择若干篇课文对学生进行速读训练，围绕提高速读能力设计教学。下面提供两种设计思路供大家参考。

（一）检测式速读

第一步，速读基本训练。做若干卡片，分别写上 4 个字、6 个字、8 个字的词句，每张卡片让学生看半秒钟，然后说出内容。要求：扩大视幅，一目多字。

第二步，尝试速读。从课文中选一段 200~300 字的内容，一分钟内读完，读后能回答与基本内容有关的问题。要求：快速阅读，抓住主要信息。

第三步，快速阅读全文。限时阅读，起始阶段可控制在每分钟 300 字左右，之后再提高要求。如果课文有 2 000 字，可限时 6~7 分钟（不可提前预习）。

第四步，测试。精心设计测试题，侧重了解学生捕捉课文主要信息的情况以及初步的感悟、分析、概括能力，一般以 5~10 题为宜，多用选择、填空题，便于快速记分。测后学生自己评分。准确率达 70% 以上有效，否则无效。

第五步，总结。速读结果，学生之间会有较大差异。要侧重让学生总结经验

实践指导
如何进行速读训练？

和教训，注意紧扣速读的两项基本要求，立足促进全班学生速读能力的发展。

以上步骤，是以提高学生的速度能力为主要目标的。与此同时，学生也能把握课文的主要内容、基本线索，并对文中的主要事件、主要人物等进行初步评判，同时达成多个目标。

（二）篇带篇式速读

学完精读课文或略读课文后，可以再选一篇有相似点的文章让学生速读。如教完六年级上册的写景文《草原》，可以选择席慕蓉的《夏日草原》让学生速读；教完《少年闰土》，可选择同样是鲁迅写少儿生活的《社戏》让学生速读；教完六年级上册《穷人》，可选择俄国著名作家托尔斯泰的《舞会之后》让学生速读。速读训练可以从课内选文扩展到课外选文，可以一篇带两篇甚至三篇，不仅促进学生阅读速度的提高，还可以让阅读与鉴赏教学从"教课文"走向"学语文"。

教课文，传统方式是单篇教学。6年时间，300多篇文章，均采用一篇一篇教的方式。这种方式会让学生更多地关注每篇课文内部的知识，而较少关注篇与篇之间的联系。这样，学生的学习往往长期停留于"个例"感知，很难上升到由"类别"而形成的知识结构，语文能力的提高就会很有限。以篇带篇式的教学，既有利于提高阅读速度，又有利于扩大阅读量，还有利于学生通过比较文本形成知识结构，一举数得。

以上两种速读训练思路，只是列举。教师在教学中可以创造更新颖、更有效的设计思路。

四、课堂练笔学习活动设计

著名语文教育家张志公先生说过：阅读教学，要带领学生在课文里走一个来回。这话既形象又精辟。所谓"来"，是指通过学习语言文字把握文章的内容、情感、主旨；所谓"回"，是指把课文读准、读通、读懂之后，再引导学生探究作者是怎样写的。我们当下的阅读教学，一般重视带领学生的"来"，而较少关注学生的"回"，即较少引导学生探究作者是怎样写的。这种"有来无回"的阅读教学，严重影响了阅读教学效率的提高。

（一）发现写的秘密，学得有趣有效

四年级以上的学生，把一篇课文读通、读懂并不难。如果我们的教学始终停留在理解内容上，就有"炒剩饭"之嫌；如果在内容深度上不断挖掘，又难免丢失语文味。因此，在学生初步读懂课文的基础上，把教学的着力点转移到"让学生发现写的秘密"上来，不失为阅读课教学的一种大智慧。

"让学生发现写的秘密"，抓住了阅读教学的主心骨。第二、三学段的阅读教学，既应让学生读懂课文写了什么，更应让学生探究课文是怎么写的。比如课文怎样遣词造句，怎样把一个意思写得清楚明白，怎样把重点的地方写具体，怎样安排文章的顺序，怎样抓住特点来写，等等。以上这些都是阅读教学的分内之事。

"让学生发现写的秘密"，即学生必须跳起来摘到果子。对于学生而言，读懂了并不难，而发现写的秘密却有一定的难度。阅读教学不能老是从"已知"到"已知"，那样教，学生的兴趣会丧失殆尽；而写的秘密，是隐藏在文字后面的东西，对学生来说是一种未知。从"已知"探求"未知"，"跳一跳，摘果子"，自然而然地激发学生学习兴趣。

"让学生发现写的秘密"，可以使读与写融为一体。读，可以提升层次；写，有经典作为借鉴。这样教，才是有效教学。这种教学方式必然由"言"入"意"，"言""意"兼得。

（二）发现写的秘密，一课瞄准一个"点"

第二、三学段的阅读教学，凡精读课文，一般会安排两课时来教。第 1 课时可以侧重从怎么读的角度来教，如怎样朗读，怎样默读，怎样联系上下文理解词句，怎样把握课文主要内容，等等。第二课时则可以侧重从"让学生发现写的秘密"的角度来教。略读课文，先花一点时间让学生把握课文的主要内容，然后把主要精力用于引导学生探究写的秘密方面。

小学教材的课文大都是经典的文章。每篇课文在写作上都会有若干特点。有的课文，要说出三四个特点甚至七八个特点都不难。而教学不可面面俱到，一般每课抓一两个"点"即可。这样突出一两个重点，教学才有成效可言。

这个"点"怎样定？一般说来，要以《语文课程标准》的学段目标为依据，结合教材的编写意图、课文的特点以及学生的实际情况来确定。下面，以五年级下册教材中的若干课文为例加以说明。

⬤ 实践指导
如何找准一课的"点"？

《祖父的园子》是第一单元第二篇课文。单元提示：体会课文表达的思想感情。把一件事的重点部分写具体。教这篇课文时，可关注重点部分是如何写具体的，在"我"的系列活动中体会内心。

《草船借箭》是第二单元第一篇课文。单元提示：初步学习阅读古典名著的方法。这篇课文的基本特点是诸葛亮的语言机智巧妙。因此，教这篇课文时，可以先通过把握故事的"起因—经过—结果"了解主要内容，再聚焦人物特点。

《军神》是第四单元第三篇课文。单元提示：通过课文中动作、语言、神态的描写，体会人物的内心。该文通过对刘伯承在手术台上神态、语言、动作的描写表现军神的人格魅力。教学时可通过感情朗读、填写学习单等方式学习语言、运用语言，体会人物的内心。

"人物描写一组"第五单元第一组课文，共有三篇短文。单元提示：学习描写人物的基本方法。结合课文特点，《摔跤》一文可侧重发现人物动作描写的秘密，《他像一棵挺脱的树》一文可侧重发现人物外貌描写的秘密，《两茎灯草》一文可侧重发现细节描写的秘密。

（三）发现写的秘密，精心设计学习活动

确定一课时教学的"点"之后，要围绕这个"点"，精心设计学生的学习活动。引导学生发现写的秘密，常用的思路是：整体感悟→引导"举一"→放手

"反三"→归纳小结→课堂练笔。

本案例请重点关注教师是如何设计课堂练笔活动的

教学一线

案例 2-13　《匆匆》课堂练笔活动设计（第 2 课时，六年级下册）

1. 整体感悟，提出"发现写作秘密"的要求。

2. 引导学习第一段，师生共同发现写的秘密，课件出示三个排比句，让学生发现排比句式、三组反义词的作用，选择三个形象来写自然界的事物去了还会回来的好处。

3. 让学生归纳小结，并自学其他段，独立发现写句子的秘密。

4. 创设情境，课堂练笔，仿写句子。

五、整本书阅读学习活动设计

苏联教育家苏霍姆林斯基认为：让学生变聪明的方法，不是补课，不是增加作业量，而是阅读、阅读、再阅读。有人说，一个人的阅读史就是一个人的精神成长史。20 世纪，叶圣陶、蒋伯潜等现代语文教育先驱，提出了"整本书阅读"的概念。《语文课程标准》提出："倡导少做题、多读书、好读书、读好书、读整本书，注重阅读引导，培养读书兴趣，提高读书品位。"《语文课程标准》提出了小学各学段的整本书阅读要求。第一学段目标：尝试阅读整本书，用自己喜欢的方式向他人介绍读过的书。养成爱护图书的习惯。第二学段目标：阅读整本书，初步理解主要内容，主动和同学分享自己的阅读感受。第三学段目标：阅读整本书，把握文本的主要内容，积极向同学推荐并说明理由。

"整本书阅读"已成为当下中小学一个非常热门的话题，并且在实践中逐渐走向课程化。小学语文教材为顺应这种发展趋势，呼应整本书阅读教学理念，一年级增设"和大人一起读"栏目，主要体裁为童谣和儿歌；二年级增设"我爱阅读"栏目，阅读体裁以童话为主，如《神笔马良》《七色花》等。三到六年级为"快乐读书吧"栏目，每一册都安排了相应阅读内容。三年级阅读主要为童话和寓言，如《安徒生童话》《稻草人》《格林童话》，以及中国古代寓言、伊索寓言、克雷洛夫寓言等。四年级阅读神话和科普读物，《本草经》《十万个为什么》《看看我们的地球》《灰尘的旅行》《人类起源的演化过程》等。五年级以阅读民间故事和中国古典四大名著为主。六年级以阅读儿童小说和外国名著为主，如《小英雄雨来》《爱丽丝漫游奇境》《鲁滨孙漂流记》《童年》《爱的教育》等。

显然，上述栏目对小学阶段读什么书进行了系统规划，从阅读浅显易懂的童话、寓言、故事到篇幅渐长的叙事性作品，阅读的难度随着年级升高而递增。这些栏目，旨在改变课外阅读的边缘化，促进儿童阅读进教材、进课程，使课外阅读课程化，给学生读什么课外书、如何读课外书等以全方位的指导。这些栏目是统编教材着力构建的"教读—自读—课外阅读""三位一体"阅读教学体制的重要组成部分。广大一线教师在实施过程中，从内容、实施、评价等方面进行了儿童整本书阅读课程的优化。如根据学情设置整本书阅读的导读课、推进课、分享课。

导读课，作为整本书阅读教学的起始课，教师主要依托教材内容，或通过欣赏精彩片段，或制造一个悬念，激发学生整本书阅读兴趣，并给予学生通读引导、方法指导和策略建构。推进课，主要讲授阅读方法、补充文学常识、出一些思考题等。这一课型旨在通过阅读与鉴赏、表达与交流和梳理与探究，解决学生在阅读过程中提出的问题，借助师生交流化解认知冲突。分享课，可以口头语言、书面海报以及综合活动等方式呈现，读后启智。这一课型不仅要展示成果，还要在原有基础上有所提升，即借助成果展示，实现学生阅读能力的进阶发展。

教师在教学四年级上册第四单元"神话故事"过程中，引导学生阅读《山海经》一书，在导读课环节设置了"我给神兽分分类"的任务情境，引导学生借助序言、目录预测全书的内容，依据已有知识储备和字面意思进行初步推断，将目录中出现的众多神兽依照名称进行分类（鸟类、兽类、鱼类、神类），不能推断的"神兽"则需要快速翻书查找，依照"神兽名片"和配图进行分类。一方面，"神兽"能够很好地激发学生的阅读兴趣；另一方面，认识"神兽"可以让学生对已有动物认知图式进行顺应、同化，并在认知过程中逐渐理解上古先民正是以生活中常见的动物为原型，将不同物种的特征进行大胆组合，创作出诸如"人面四目而有耳""龙身而人面""人面而一足""人面而马身""人面而虎爪"的多特征组合。"我给神兽分分类"任务抓住了学生的好奇心，引领学生快速熟悉全书内容，整体把握全书结构，为进一步阅读"热身"，让学生获得坚持阅读的力量。在这种力量支撑下，推进课能够促进学生的阅读向深处发展，帮助他们体验阅读过程中的认知升级。分享课的"展示"环节：一方面，学生在整本书阅读过程中要完成系列学习任务，形成"可视化的成果"；另一方面，"展示"即"评价"，通过阶段性和终结性阅读成果的分享交流，学生在互相学习、启发中，很可能碰撞出新的火花。[1]

整本书阅读是小学语文教学中的重要组成部分，教师在教学实践中按照语文学科核心素养培养的现实要求，对整本书阅读教学进行系统开发和设计，有效指引学生对知识内容进行学习，提高学生对语言文字的理解和应用能力，强化学生的审美鉴赏能力，对于学生良好思维建构能力和文化理解能力、文化传承意识的培养也能产生良好的促进作用。因此在教学实践中，教师要注意将小学语文教学中整本书阅读作为重要的切入点，发挥核心素养的导向作用，对教学活动进行开发设计，从而指导学生对语文知识进行多元探索，保障学生的核心素养得到有效培养。[2]

教学案例：
《珍爱家园》群文
阅读教学设计

① 陈晓波."快乐读书吧"的价值定位、呈现特点与实施路径：基于教材内容分析与转化的视角[J].语文建设，2022(4)：4-9.
② 王亚丽.以核心素养为导向的小学语文整本书阅读教学模式分析[J].中华活页文选（教师版），2022(3)：3-5.

第五单元　阅读与鉴赏学业质量评价

从学业质量的内涵描述中可知，在功能上指向过程和结果双重的诊断和发展功能；在评价维度上，重视以"文化自信""语言运用""思维能力""审美创造"为代表的核心素养的"道"的评价维度。

一、阅读与鉴赏的学业质量标准

学业质量作为学生语文学业成就的关键表现，它会对学生的语文学习的识字与写字、阅读与鉴赏、表达与交流、梳理与探究各个板块进行全面的评价和考核。但《语文课程标准》的学业质量描述侧重以学段的纵向逻辑来梳理阅读与鉴赏作为最具综合性的重点模块，其学业质量描述也就与其他模块的学业质量描述存在一些重叠性。下面将以表格的形式从日常生活、文学文化、跨学科学习三类情境进行与阅读与鉴赏相关的学业质量描述呈现，如表 2-3 所示。

二、"教—学—评"一体化学业质量评价案例

学业质量评价的设计，是推动学生有效学习的杠杆，是检验学习效果的重要证据。学业质量描绘对三个学段分别提出了相应的评价要求，重点关注了以下问题：第一，完整描述核心素养的基本表现；第二，满足不同类型评价和测量的要求；第三，清晰刻画语文学业发展的进阶水平；第四，关注学生情感态度，学习品质在教学影响下的积极变化。在阅读教学实施过程中，我们应始终把握学业质量的评价标准，保持"教—学—评"的一致性。

在具体实施过程中，要做到学业质量评价的客观、有效就需要在不同的阶段都有相对应的思量。首先，在教学设计阶段，对小学各年段的阅读教学内容应有整体思考，对每一册教材、每一单元的教学内容要有整体设计思路。其次，在阅读教学实施阶段，就需要利用现有小学语文教材整合单元内容，加强教学过程的评价指导。下面以四年级上册第四单元为例，讨论阅读教学学业质量评价的落实问题。

四年级上册第四单元的人文主题为"神话，永久的魅力，人类童年时代飞腾的幻想"。语文要素有三点：了解故事的起因、经过、结果，学习把握文章的主要内容；感受神话中神奇的想象和鲜明的人物形象；展开想象，写一个故事。本单元围绕此"双线"编排了《盘古开天地》《精卫填海》《普罗米修斯》三篇精读课文和《女娲补天》一篇略读课文，"快乐读书吧"推荐的书目是《山海经》。秉承"教—学—评"一致性的原则，我们对本单元的阅读教学内容进行了如下设计（表 2-4）：

表中"教—学—评"一体化的评价设计是在充分了解与分析四年级学生学情

表2-3　阅读与鉴赏的学业质量描述

学业质量	第一学段	第二学段	第三学段
日常生活	愿意为他人朗读自己喜欢的语段；朗读时能使用普通话，注意发音；注意发音对文本的理解和感受，愿意和同学交流朗读体验，能简单评价他人的朗读。喜欢阅读古诗文，能熟读成诵，读故事，并与他人讨论	能按照一定的顺序讲述见闻，说出自己的感受和想法；能尝试根据语言经验和生活经验解决日常生活中的问题。能阅读常见图文材料，注意图文关联，初步把握材料的主要内容	在学习中，能发现富有表现力的词句和段落，自觉记录、整理，乐于与他人分享积累的词句和经验，并尝试在自己的表达交流中运用。能根据表达的知识和经验初步判断信息真伪，初步判断问题的初步认识；能概括说明性文字的主要内容或非连续性文本的关键信息；能用准确的语言简洁清楚地介绍、说明事物或图表，运用文本主要信息解决现实生活中的简单问题。养成留心观察周围事物的习惯，有意识地丰富自己的见闻，乐于表达自己独特的感受。能与他人分享阅读作品获得的有益启示，有意识地运用积累的语言进行口头或书面表达
文学文化	喜欢阅读图画书、儿歌、童话、寓言、神话等，在阅读过程中能根据关键词句提取文本的显性信息，通过关键词句说出事物的特点，作简单推测；能借助相关的关键词句复述自己读过的故事或其他读物，尝试对阅读内容提出问题	喜欢阅读童话、寓言、神话等，在阅读过程中能借助阅读经验和生活经验解释作品中的人物行为，从某个角度分析和评价作品中的人物形象，并根据作品中的优美词语、精彩句段，说出关键语句在文中的作用；能借助上下文语境，概括文本内容，根据提示语复述文本，关注有新鲜感的词句。能诵读学过的优秀诗文，语调表达自己的理解和感受。主动阅读成语故事、寓言故事、神话故事、革命英雄故事等叙事性作品，能向他人讲述主要内容	独立阅读散文、小说、诗歌等文学作品，在阅读过程中能获取作品主要内容，用自己擅长的方式呈现对作品的理解；能用多种方式梳理作品的行文思路；能品味作品中重要的语句和富有表现力的语言，注意词语的感情色彩，通过圈点、批注等多种方法记录自己的阅读感受和体验，并主动和他人分享；能通过诵读、改写、表演等方式，表达自己对感人情境和形象的理解与审美体验；能借助与文本相关的材料，结合作品关键语句评价文本中的主要事件和人物，提出自己的观点或看法；能发现不同类型文本的结构方式和语言特点，感受作品内容、表现形式上的不同，积极向他人推荐，并有条理地说明推荐理由。在文学体验活动中涵养健康向上的审美情趣。重视朗读、借助语气、语调、重音节奏等传达汉语声韵之美，在反复朗读中加深对文本内容的理解。能主动阅读体现社会主义先进文化、中华优秀传统文化的作品，在阅读、访问过程中，结合具体内容或情境对作品内涵的理解，分享阅读、分享观点、访问的经历，见闻和心得体会
跨学科学习	在跨学科学习和探究活动中有好奇心和求知欲，喜欢观察、提问	参加跨学科学习活动，乐于观察、能参与简单的活动策划、组织工作；能根据活动不同学习活动主题搜集、整理信息和资源，提出自己感兴趣的问题；能用照片、图表、视频、文字等展示叙述性作品，并与他人分享	积极参加跨学科学习活动，能利用多种信息渠道获取资料，在简单的调查、访谈等活动中记录真实生活，能根据活动需要，结合自己的知识积累和生活经验提出要探究、解决的主要问题；能借助跨学科知识和相关材料，与同学合作提出解决问题的具体方法，运用相关学科知识解释自己的想法，记录探究的过程及结论；能组织讨论和专题演讲，发表自己的观点，在交流反思中辨别是非、善恶和美丑

表2-4　"教—学—评"一体化神话单元阅读活动设计——谁是神话大王

阅读任务与内容	教学目标	教学过程	评价标准
中国神话 任务一（2课时）： 1. 概括主要内容。 2. 区别想象与联想。 阅读内容： 1. 精读课文：《盘古开天地》。 2. 略读课文：《女娲补天》。	1. 能讲述盘古开天地的过程，交流对盘古的印象。 2. 能说出想象与联想的区别，感受神话的神奇。 3. 运用上文的方法，阅读《女娲补天》，完成相应的学习任务	1. 阅读导入：创设"谁是神话大王"故事情境，激发学生阅读神话、编写神话的兴趣。 2. 学生在通读两遍课文基础上，用上不少于课文中6个新鲜词词语说出课文主要内容。 3. 学生自主阅读《盘古开天地》的微课，师生对话：盘古开天地的神奇在哪儿？ 4. 观看想象和联想的微课，找出《盘古开天地》一文中想象与联想的段落，用自己的语言至少说出一条"想象与联想"词句连续的学习任务单。 5. 运用想象和联想方法，给《女娲补天》设计一个参与式活动，写一段包含想象元素的语段	1. 学生在通读两遍课文的基础上，至少用上课文中6个新鲜词词语说出《盘古开天地》的主要内容。 2. 观看"想象与联想"的微课，《盘古开天地》中的想象至少说出一个，独立勾画出《盘古开天地》语言至少说出一条"想象与联想"的区别。 3. 运用想象和联想想方法，给《女娲补天》设计一个运用想象和联想的参与式活动，写一段包含想象元素的语段
任务二（2课时）： 1. 说写故事。 2. 体验神话角色的神奇。 阅读内容： 1. 精读课文：《精卫填海》。 2. 整本书阅读：《山海经》。	1. 能结合注释，用自己的话讲述精卫填海的故事。 2. 阅读《山海经》，依据书中怪物的样子，完成创生一个"新"神话角色的学习任务	1. 默读文言文《精卫填海》，结合注释自由练说、同桌说、师生说，实现文言文白话文的转换。 2. 小组交流，按起因、经过、结果顺序，人人练说，各组代表展示，师生评议。 3. 学生自主阅读《山海经》读本，完成含有关《山海经》版本、目录、板块内容，整理印象等内容的读书卡，说出神话角色的神奇。 4. 阅读图文并茂的《山海经》中1～3处神话角色的神奇，"剪"出书中5个以上"怪物"身上的部件，创造一个名字，并给他（她）起一个名字，用一段话写出你创造这个神话角色的寓意	1. 按起因、经过、结果顺序，用上文中5个以上生字词，以上翻译后的词语讲述精卫填海的故事。 2. 阅读图文并茂的《山海经》读本中5个以上怪物身上的部件各一个，创造一个，并给他（她）起一个名字，以及你给神话角色创造的寓意
外国神话 任务三（2课时）： 1. 创造性讲编神话故事。 2. 梳理神话角色之间的复杂关系，感受神话的神奇。 阅读内容： 1. 精读课文：《普罗米修斯》。 2. 整本书阅读：《希腊神话》。	1. 能按起因、经过、结果的顺序讲述普罗米修斯"盗"火的故事。 2. 阅读《希腊神话》，说出书中的人名，梳理其中复杂的人物关系。 3. 召开"谁是神话大王"故事会，每人说出或者创编一个神话故事	1. 课前预习：试读《普罗米修斯》，与前文比较，说出中国神话与希腊神话的不同点。 2. 默读课文，画出含有故事起因、经过，用上文中6个以上生字词，说出普罗米修斯盗火的故事。 3. 阅读《希腊神话》，流畅说出6个以上书中的人名，以其中一位神话角色为中心说出这个神话角色两代以上复杂的人物关系，感受希腊神话的神奇。 4. 开展"谁是神话大王"故事会活动，故事可以是中国神话，也可以是希腊神话，还可以是自己创编神话，按同桌、四人小组、全班展示的顺序，层层推选，最终评选出神话故事大王	1. 画出含有故事起因、经过、结果及人名的思维导图，用上文中6个以上生字词，按思维导图思路讲述普罗米修斯"盗"火的故事。 2. 阅读图文并茂的《希腊神话》，流畅说出6个以上书中的人名，以书中一个神话角色为中心说出这个神话角色两代以上复杂的人物关系，感受希腊神话的神奇。 3. 召开"谁是神话大王"故事会，复述或者编写一个神话故事，故事包括起因、经过、结果，并有两处以上想象神奇的地方，最后将故事写下来

基础上得出的，学生经过前三年的学习，对于故事的起因、经过、结果已有多次接触，说出故事的起因、经过、结果对学生来说并不难，难的是弄清想象与联想的区别，弄清了二者的区别，有利于学生对神话故事神奇想象的把握。因此，做好学情分析是做好"教—学—评"一体化评价的前提和基础。要真正做好"教—学—评"一体化评价还需要把握好以下两个关键点。

其一，目标是"教—学—评"一体化的核心。目标在整个教学过程中有"导学、导教、导评"的作用，后续所有的课堂环节都要以它为中心。"教—学—评"一体化体现为三者的目标保持一致。如表 2-3 任务一中的目标 2 为：能说出想象与联想的区别，感受神话人物的神奇。验收此目标的评价任务（评价标准）为：观看想象和联想的微课，独立勾画出《盘古开天地》一文中想象与联想的段落，用自己的语言至少说出一条"想象与联想"的区别。评价标准中既有对目标质的要求——通过独立勾画想象与联想段落，说出二者的区别；又有量的规定，如"一条'想象与联想'的区别"。该教学过程紧扣目标，严格按照评价标准引导学生完成任务。

其二，持续性评价是"教—学—评"一致的关键。课堂学习进程中，围绕学生达到什么水平，离目标有多远，教师需要发挥"质量监测员"的作用，根据目标设计真实的评价任务，使用各种方法收集学生达成学习目标的证据，从而了解教与学的效度，为下一步的教和学提供调整和改进的依据。表 2-4 中的三个学习任务所对应的评价标准呈现递进状态，如让学生讲神话故事，按照"概括主要内容—说写故事—编写故事"的路径拾级而上，每一项任务的完成都有相应的具体验收指标，为目标达成的可能性创造了条件。

本单元的神话阅读核心目标有两点，一是基于语言，讲好神话故事。二是基于思维，想象奇特。神话人物与童话人物的最大区别，是童话中的人物与生活中的人物特点接近，而神话中的人物则超出一般人的能量，具有神性的特点。其水平级见下表 2-5 所示。

表 2-5 讲述（编写）神话故事评价标准

核心目标	维度	水平一	水平二	水平三	水平四
语言	内容新奇 表达精准	内容新奇，有起因、经过、结果	内容新奇，有起因、经过、结果，有符合神话人物的特点的语言和动作	内容新奇，有起因、经过、结果，有符合神话人物的特点的语言和动作，有我的心里想法	内容新奇，有起因、经过、结果，有符合神话人物的特点的语言和动作，有我的心里想法，有神奇的想象
思维	想象奇特 神性突出	我想到了，但是不符合神话人物特点	我想到的，也符合神话人物特点，但是别人也想到了	我想到的，不仅符合神话人物特点，还有一些是别人也没有想到的	我想到的，不仅符合神话人物特点，而且全是别人没有想到的

让核心教学内容分出若干个层次，每一层次的能力点都有精准的评价标准，这是目前核心素养背景下进行教学设计的重要技巧。它可以让核心教学内容变得饱满、充实；也可以让课堂呈现出层层深入的层次感，让学生顺着这个层次步步为营，体验"闯关"的乐趣。[①]

第六单元　阅读与鉴赏教学设计案例分析

本模块前三个单元分别阐述了阅读与鉴赏教学目标设计、内容设计、过程与方法设计的基本要领与方法，接下来我们分享几份阅读与鉴赏教学案例，从实践的角度学习如何进行阅读与鉴赏教学设计。几份案例各有侧重。第一份案例从要素入手，分别对教学目标、内容、过程与方法的设计进行全面呈现，旨在引导阅读教学设计完整、规范。第二份案例则从整体入手，就教什么、怎么教、有何教学亮点进行分析，旨在引导阅读教学设计针对文本特点体现设计个性。第三份案例旨在引导常态化阅读教学要简明具体，灵活有效。

教学一线

案例2-14　《灰雀》教学设计（第1课时，三年级上册）

岳阳市岳阳楼区教研室副主任　吴群

《灰雀》是三年级上册第八单元中的精读课文，本单元的人文主题为"美好品质"。《灰雀》一文共13个自然段，语言朴实，情感真挚，内涵丰富。课文讲述了列宁在与男孩的对话中，循循善诱地引导男孩意识到自己的错误，主动放回灰雀的故事。

本单元的语文要素是"学习带着问题默读，理解课文的意思"。学习带着问题默读，探究看似平静的语言背后的丰富的内心活动，从人物言行中体会人物心理，读出人物语气，这些是本课的教学重点。

一、教学目标

1. 学习带着问题默读课文，能通过人物的言行推测人物的心理活动。

2. 练习分角色朗读对话，能恰当地读出人物说话时的语气。

3. 读写结合，感受列宁尊重生命、关爱男孩的美好品质。

二、教学重难点

学习带着问题默读课文，能通过人物的言行推测人物的心理活动。

三、教学准备

多媒体课件。

---

① 李华平. 教学内容的精心提炼与结构化 [J]. 中学语文教学，2022(6)：30-37.

四、教学过程

（一）导入新课，预习反馈

1. 字理导入。

2. 预习反馈。

（1）检查会认字的生词认读。理解"胸脯"。

（2）检查句子朗读。强调：长句子的朗读，读出标点，读出感情。

（3）检查对课文内容的了解。

课文讲述了＿＿＿＿＿、＿＿＿＿＿和灰雀的故事。

（板书：列宁　男孩）

（二）学习第一段，体会灰雀的可爱

呈现灰雀动画图。

指导学习描写灰雀的句子，体会灰雀的可爱。

理解"婉转""惹人喜爱"等词。

读出灰雀的"惹人喜爱"。

（三）学习第二段，带着问题默读，通过人物言行理解人物心理

1. 提出学习要求。

默读课文 3~10 自然段，用"＿＿＿"画出写列宁的句子，用"＿＿＿"画出写男孩说的句子。

想一想，列宁和小男孩对话的时候，他们各自心里想的是什么？

（提示"各自"的意思：每一次对话，每个人的想法）

2. 小组交流。

3. 全班交流。

如果学生对此学习活动感到困难，就以第一次对话为例做示范指导，再默读思考第二至四次对话。

（1）第一次对话。

这时，列宁看见一个小男孩，就问："孩子，你看见过一只深红色胸脯的灰雀吗？"

男孩说："没……我没看见。"

（板书：？……）

填写提示语。想象这时候男孩的神态和动作。

男孩（　　　　　）说："没……我没看见。"

提供词语：

慌乱地　害怕地　心虚地

吞吞吐吐地　结结巴巴地　犹犹豫豫地

红着脸　低着头　用很小的声音

朗读上述词语。

（2）第二次对话。

列宁说："一定是飞走了或者是冻死了。天气严寒，它怕冷。"

那个男孩本来想告诉列宁灰雀没有死，但又不敢讲。

列宁说这句话的语气是怎样的？请你读出来。

列宁（　　　　　　）说："一定是飞走了或者是冻死了。天气严寒，它怕冷。"

提供词语：

担忧地，难过地，悲伤地

男孩的心里是怎样想的？"本来想"说明男孩知道灰雀的下落。"不敢讲"说明男孩没有讲真话。被列宁爱灰雀的心打动了，觉得不应该撒谎。

（3）第三次对话。

列宁自言自语地说："多好的灰雀呀，可惜再也飞不回来了。"

男孩看看列宁，说："会飞回来的，一定会飞回来的。它还活着。"

"自言自语"是什么意思？列宁真的只是说给自己听吗？（小男孩没说话，列宁故意说给男孩听，以对灰雀的感情打动男孩。男孩也是喜爱灰雀的，且是一个善良的孩子。）

从男孩"看看"这个动作，你发现了什么？从男孩大胆地"看看"列宁了，可以想到男孩先前一直没敢看列宁。从"不敢看"到"看看"，说明了什么？

读第三组对话，师读列宁的话，生读男孩的话。

（4）第四次对话。

比较句子：会飞回来？／一定会飞回来！

这两个句子有不同吗？你能读出不同吗？

标点不同，后者更肯定。

（板书：？　！）

回想一下，最开始的时候，男孩是怎样说的？看到他的变化了吗？列宁是怎样改变男孩的想法的？

（5）小结：男孩的想法发生了怎样的变化？列宁是怎样改变男孩的想法的？

没……我没看见。／一定会飞回来的。／一定会飞回来！

（6）如果列宁换一种方式的话，结果可能会怎样？从列宁的做法可以看出什么？

列宁一下就看穿了小男孩在撒谎，于是他走到小男孩跟前说："明明是你把灰雀藏起来了，快把它交出来！"

（板书：列宁爱孩子）

小结：同学们真会读书！我们带着问题默读，在读的过程中，能抓住关键词，推想提示语，并细读标点符号，真正理解了列宁和男孩的想法。现在，我们再来读他们的对话，会不会读得更好？请前后同学之间分角色互相练习，读出列宁和男孩各自的语气。

（四）分角色朗读第二段对话，读出对话的语气

1. 同桌练习分角色朗读。

2. 指名分角色朗读。

3. 引读。

4. 配乐读。

（五）小练笔

那只深红色胸脯的灰雀，经历了被捉又获得自由的经历，它的心情如何？如果灰雀会说话，它会说什么？选取一种句式，写下来。

我会对列宁说_____

我会对小男孩说_____

附：板书设计

26　灰雀

列宁　———爱———→　孩子

?　　　　　　　……

?　　　　　　　!

附：《灰雀》预习作业

班级_____　姓名_____

一、我会读词语，我能做到发音准确

　　nínɡ　xiōnɡ pú　　rě
列　宁　胸　脯　惹人喜爱　　仰望（yǎnɡ）

　　zhā　　huò zhě　　　xī　　chénɡ
面包渣　或　者　可　惜　　诚　实

二、我会读句子，我能做到不错字、不添字、不漏字，把句子读流畅

它们在树枝间来回跳动，婉转地歌唱，非常惹人喜爱。

列宁看看男孩，又看看灰雀，微笑着说："你好！灰雀，昨天你到哪儿去了？"

三、课文内容我知道

1. 我已将课文读了____遍。我能用笔标好课文的自然段。

2. 我知道课文讲述了_____、_____和灰雀的故事。

3. 那只深红色胸脯的灰雀究竟去哪儿了？我的答案是____。

　　A. 去找它的朋友了　　　　　B. 被男孩抓回家了

C. 飞到温暖的地方去了　　　　　　D. 去找吃的食物了

4. 读了课文，我不懂的问题是：

① _____

② _____

认真完成预习作业啦，我明天上课一定会表现棒棒的！

一堂好课就像一扇明亮的窗，让懵懂的观摩者豁然开朗。好课源于好的教学设计。怎样才算好的阅读教学设计呢？一般可从以下几个方面来评价。

教学目标：科学合理，明确具体，符合课程标准和教材关于阅读教学目标的要求，落实本单元语文要素，体现工具性和人文性的统一。

教学内容：重点、难点确定准确，落实教学目标的支撑点确定精当，教学内容的整体安排恰当。

教学过程：优化主问题设计，教学思路清晰，阅读层次分明。

教学方法：从教学内容和学生实际出发，选择恰当多样的教法，体现以读为本，尊重阅读个性。教学方法能为教学目标服务。

对照上述要点，《灰雀》这份阅读教学设计是完整规范、合理有效的，体现了以读为本，读中探究，读中提升语文能力的教学特色。长沙理工大学子弟学校的余丽英老师从以下几个方面对这节课进行了评析。

一、目标设计科学

阅读一篇文章、一个段落、一句话都应该有具体的目标，或学字词，或理思路，或领会中心，或揣摩写法。平时，有的课堂看似热闹，读的训练很多，但为什么而读？学生不知道，老师也盲目，这样的读是无效的。读不是形式，更不是走秀，读要实实在在。因此，阅读教学设计首先要依据课程标准，依据单元要素和学情科学确立目标。

教材每个单元的语文要素是直接呼应《语文课程标准》的。《灰雀》的单元语文要素为"学习带着问题默读，理解课文的意思"。吴群老师执教的《灰雀》一课，尊重学生认知规律，层层推进，体现了语文工具性与人文性统一。

二、内容设计精妙

阅读教学如何根据教学目标确定合适的教学重点和难点？怎样突破重点和难点？如何确定合适的教学起点与终点，将阅读教学内容有序、优化地安排呢？吴老师对《灰雀》教学内容进行了深入思考和巧妙安排。

首先，教学重、难点的确定是精准的。《灰雀》一课教学重难点为：学习带着问题默读课文，能通过人物的言行推测人物的心理活动。用"带着问题默读课文"的阅读方式"通过人物的言行推测人物的心理活动"，这项训练对教学目标的达成起着关键作用！

其次，选择四次对话作为重点品读的句段，利用关键人物的对话和标点符号来推测人物心理活动，达成目标的支撑点找得准，突破难点的方法用得妙。

此外，教学内容整体设计思路是立体多元的。

纵向思路。三条显性的：四次对话是主要线索，表示列宁、男孩语气变化的标点符号是两条附加线索。两条隐性的：列宁的心理变化、男孩的心理变化。吴老师利用四次对话，以及表示列宁和男孩语气变化的标点符号这三条显性线索提出问题，循着列宁的心理变化和男孩的心理变化两条隐性线索引导学生体会人物品质，再利用问号、省略号、感叹号完成板书，简洁明了，首尾呼应，凸显了"爱"的美好品质这一主题。

横向思路：字词、句、段、篇多管齐下。字词训练："胸脯""婉转""惹人喜爱"的正音、理解和"看看"一词的效果品析。句的训练："我会读句子，我能做到不错字、不添字、不漏字，把句子读流畅。"段的训练："我已将课文读了＿＿＿遍。我能用笔标好课文的自然段。"篇的训练："我知道课文讲述了＿＿＿＿、＿＿＿＿和灰雀的故事。""那只深红色胸脯的灰雀究竟去哪儿了？我的答案是＿＿＿。"等，读的训练一直贯穿教学始终，有默读、揣读、引读、分角色表演朗读等；说写训练（小练笔）：我会对列宁说"＿＿＿＿＿＿＿＿"，我会对小男孩说"＿＿＿＿＿＿＿＿＿"。这类发散性造句练习和主问题互动探究等，使语言文字训练进行得非常扎实。

综合思路：纵横交错。该课既有通过默读、角色朗读、引读、问答等多种形式感悟列宁和男孩心理变化及人物美好品质的纵向进程，又有字词、句、段、篇的听说读写练的横向训练，纵横交错，思路清晰，内容丰满。

三、阅读层次分明

阅读教学要理解词句的含义，了解篇章思路，领悟作者思想感情，学习表达方式等，从儿童认知规律来看，获取这么丰富的知识需要一个过程。因此，读要循序渐进，读要有层次。

（一）读通

古人云："凡读书……须要读得字字响亮，不可误一字，不可少一字，不可多一字，不可倒一字，不可牵强暗记；只要多诵遍数，自然上口，久远不忘。"如本案例课前的自学生字词、读熟课文的预习，第二课时的"抽查字词"，检查朗读，都旨在读通。

（二）读懂

教一篇文章，首先要让学生弄明白作者写了什么。因此，上课开始时，吴老师检查预习"我知道课文讲述了_____、_____和灰雀的故事"和"那只深红色胸脯的灰雀究竟去哪儿了？我的答案是____。"

叶圣陶说，"思想是有一条路的，一句一句，一段一段都是有路的，好文章的作法是决不乱走的。"因此在弄清文章写了什么的基础上，还要引导学生理清作者思路。《灰雀》品读前吴老师对学生提出"默读课文 3 ~ 10 自然段，用'____'画出写列宁的句子，用'____'画出写男孩说的句子。想一想，列宁和小男孩对话的时候，他们各自心里想的是什么？"这一要求就是在引导学生理清列宁和小男孩的心理变化线索，有以简御繁的功效。

（三）读好

为写好一篇文章，作家们常常"为求一字稳，不厌五更迟""语不惊人死不休"。因此，阅读教学要捕捉文字亮点，引导学生悉心推敲、比较，品味课文用词造句、表情达意的精妙之处，借机学习和发展语言。

《灰雀》语言比较朴实，其中人物对话和标点符号的描写很有特色。吴老师充分利用它们引导学生学习语言，既用比较法让学生明白了随着对话的展开列宁和小男孩发生的心理变化，又通过语言、动作、标点符号的猜读和品读让学生体会了列宁和小男孩的美好品质。

四、读有方法

为了提高阅读教学的效率，培养学生的阅读能力，教学中必须依据教材的具体内容、教师的能力和学生水平，选择适当的教学方法。本次教学设计用了多种教学方法。

（一）情境教学法

学习第二段时，教师播放了灰雀的动画，让学生图文对照朗读课文，读出灰雀的可爱。品读环节，教师启发学生合理想像列宁和小男孩的心理，揣摩小男孩在列宁启发下态度上发生的变化，让学生角色朗读，体会情感。

（二）整体阅读法

导入环节检查预习题"课文讲述了_____、_____和灰雀的故事。"是运用了整体阅读法。这种方法符合儿童由"整体—部分—整体"的认识规律，有利于学生把握故事内容，建立完整印象。

（三）课前预读法

公开课时间有限，吴老师课前就给学生布置了对应本节课教学目标的字、词、句、段、篇的预读练习，课上直奔主要内容，有利于节省教学时间，提高课堂效率。

（四）体验式朗读法

《语文课程标准》指出，要让学生"感受文学语言和形象的独特魅力，获得个体化的审美体验"，教师要"珍视学生的独特感受"。为了让学生感受列宁和小男孩的心理，吴老师让学生揣摩人物对话时的语气，并加上语气词表演读对话，引导学生结合当时的情境感受人物内心，激发了孩子们丰富的情感体验和精彩的个性朗读。

教学一线

案例 2-15　《扁鹊治病》（四年级上册）①、《刷子李》（五年级下册）②教学设计

教育要以人为本，课堂便是生本课堂。阅读课如何立足学生学科素养的发展而实施有效教学呢？周红霞老师执教的四年级上册阅读课《扁鹊治病》和杨波老师执教的五年级阅读课《刷子李》给了我们较好的启示。两节常态阅读课学段不同，风格却相似，都是在简简单单教语文，实实在在促发展。

案例 2-16　《三月桃花水》教学设计（四年级下册）
长沙理工大学子弟学校　余丽英

1.教学目标

（1）借助拼音、字典等，自学"绚丽、流淌、琴弦、纤细、应和、催促、开犁、裹着、袅袅炊烟"等生字词，读通课文，把握大意。

（2）用"读—画—想—读"的方法品读重点段，感受三月桃花水的美丽可贵。

（3）合理想象，续写第 6 段"它看见……"，背诵自己最喜欢的句段。

2.教学重点：用"读—画—想—读"的方法品读，感悟课文如何写出三月桃花水的特点。

3.教学难点：句式体察，续写"它看见……"。

4.教学准备：多媒体课件。

5.教学时间：2 课时。

教学设计与分析：
《三月桃花水》

本章训练与拓展

教学设计训练

● **实践任务**

小组合作，解读五年级上册《少年中国说（节选）》一文，并进行教学设计。

---

① 长沙理工大学子弟学校，周红霞。

② 长沙理工大学子弟学校，杨波。

实践要求：

1. 认真阅读五年级上册第四单元的单元导语、《少年中国说（节选）》课文、课后练习以及本单元"语文园地"中习作、口语交际等内容。

2. 先在小组中讨论：如何依据单元导语、课文特点等确定教学目标，合理选择教学内容，设计怎样的学习活动？

3. 写出《少年中国说（节选）》教学设计初稿。

4. 小组评议、反思，修改教学设计，并在组内试教。

实践建议：

1. 熟悉小学语文教材，注意将课内语文学习和课外阅读指导相结合，请认真学习本模块各章节具体内容，并登录"中国大学 MOOC"观看本章各节教学视频，掌握阅读教学的教学目标设计、教学内容设计、教学过程设计的要领。

2. 观摩一次阅读教学示范课，结合课例谈谈你的体会，并对你所设计的《少年中国说（节选）》教案再次进行修改、完善。

📖 推荐阅读 ▚▚▚▚▚▚▚▚▚▚▚▚▚▚▚▚▚▚▚▚▚▚▚▚▚▚▚▚▚▚▚▚▚▚▚▚▚

1. 吴忠豪. 语文到底教什么 [M]. 武汉：长江文艺出版社，2022.

教课文是把课文的内容当做教学的主要目标，教语文是指以"课文"为例子，指导学生掌握语文知识，学会语文学习的方法。我们要让学生在语文课上有更充分的时间学语文，而不是只听老师讲课文，从而实现真正意义上的把语文课堂还给学生。该书从以上视角回答了小学语文名师的优质课优在哪里，如何细读名师课例。吴忠豪教授细致专业地赏析于永正、李吉林、薛法根等名师的经典课例，带领一线教师学会备课、上课、评课。

2. 朱自强. 儿童文学怎么教：儿童文学文体知识与阅读教学 [M]. 北京：中国人民大学出版社，2022.

童话与幻想小说有什么区别？讲授儿童故事的时候，应该以什么频率来提问？教授一年级的小朋友时，是让他们自己读故事比较好，还是老师把故事读给他们听比较好？如果在课堂上有学生质疑童话的假定性，我们应如何引导呢？该书对上面的追问一一进行了解答，清晰梳理了儿童文学 7 类文体的艺术形式，结合大量鲜活的案例，解析了 17 种阅读教学法，旨在帮助老师打造更具针对性、更有效果的阅读课堂。

3. 王荣生. "语文学习任务群"的含义：语文课程标准文本中的关键词 [J]. 中国教育学刊，2022（11）：171–177.

"语文学习任务群"以促进"自主、合作、探究"学习方式为主要目的。作为课程内容组织方式的"语文学习任务群"，是在语文课程标准修订过程中发明的一个专用名词，它作为语文课程研制的工作概念，专用于组织和呈现语文课程内容。它既是课程内容的载体，即义务教育语文课程设置的 6 个"语文学习任务群", 又是内容组织, 即在《语文课程标准》中所列举的"系列学习任务"。该文有助于我们理解《语文课程标准》, 对文本有共同的理解是语文新课程标准顺利落地实施的必要前提。

表达与交流（口语交际）教学设计

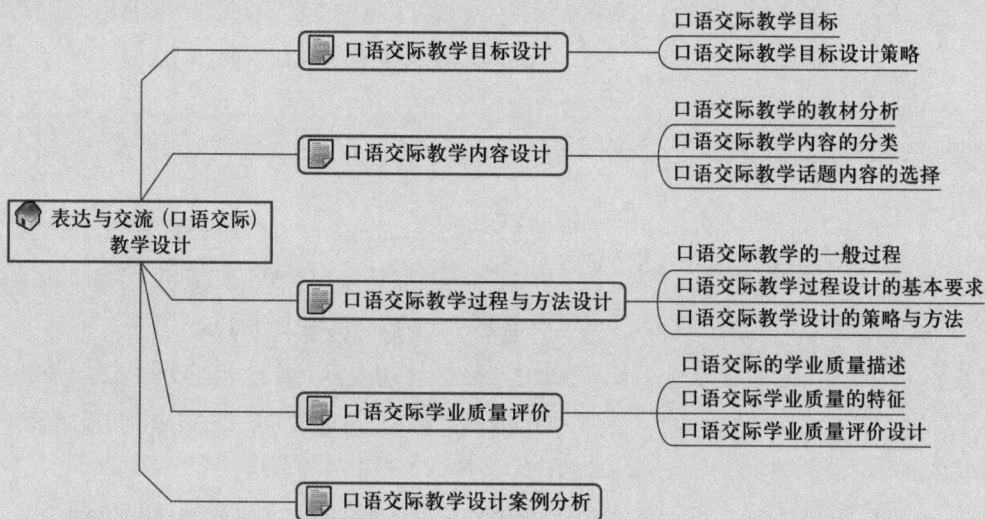

模块导读

表达与交流（口语交际）教学是教师通过具体生动的交际情境、交际活动，培养学生口语表达及交际能力的教学活动。本模块侧重从表达与交流（口语交际）教学的目标、内容、过程与方法、学业质量评价等方面来进行阐述。

学习目标

□ 了解表达与交流（口语交际）教学的内涵，明确口语交际教学的总目标与学段目标，熟悉口语交际教学目标的基本特点，会设计口语交际教学的具体目标。

□ 掌握表达与交流（口语交际）教学的内容分类与选择策略，熟悉口语交际教学的一般过程与方法，能进行口语交际教学的具体设计。

□ 了解表达与交流（口语交际）的学业质量评价的要求。

□ 观摩小学表达与交流（口语交际）教学活动，能进行口语交际教学案例分析，培养口语交际教学案例分析能力。

纵观新中国成立以后的历部小学语文课程标准（教学大纲），1987年教学大纲首次提出"听话、说话"的目标内容，2000年教学大纲将"听话、说话"改为"口语交际"。2001、2011年课程标准在延续"口语交际"名称的基础上，对"口语交际"的目标内容做了进一步的补充。2022年，《语文课程标准》的变化较大，将口语交际教学与习作教学一起并入"表达与交流"模块，同时在各个学习任务群中凸显了"表达与交流"的重要性。如"实用性阅读与交流""文学阅读与创意表达""思辨性阅读与表达"等，从名称上就凸显出"表达与交流"在语文教学中的重要价值，也表明"表达与交流"既可以是单列的语文课程教学模块，又可以是各个学习任务群的重要内容、方法与环节。模块的合并明确了"口语表达与交流"和"书面表达与交流"二者之间在"语言信息输出"上的共通性，同时也明晰了二者之间紧密关联、相互促进的关系。由于二者在《语文课程标准》的目标表述、内容呈现，以及教材编写上具有相对的独立性，为使阐述更清晰本教材将"口语交际"和"习作"分列在模块三和模块四中进行介绍。

第一单元　口语交际教学目标设计

口语交际是人们凭借倾听、口头表达与交流等言语活动来进行人际沟通和社会交往的一种社会活动。口语交际教学是在教师的指导下，通过具体生动的交际情境、交际活动，培养学生口语表达及交流能力的教学活动。

听、说、读、写能力相互制约、相互联系，共同影响语文能力的整体提升。因此，以听、说为核心的口语交际教学正是语文教学中不可或缺的重要内容之一。口语交际教学目标围绕学生口语交际能力展开。口语交际能力一般包括以下四个方面：① 口语表达能力，其主要活动形式主要包括依靠文字材料的命题演讲、朗读等，不依靠文字材料的交谈、即兴演讲等；② 听话理解能力，包括听话的注意能力、听记能力、听辨能力、听话的组合能力等，从技巧上来说，包含抓要点的技巧、诱导的技巧、推断和评价的技巧等多个方面；③ 语境适应能力指根据不同的场合、交际对象选择适当的表达方式，话语的表达符合时代与特定的气氛，即在口语交际语境中灵活应对的能力。④ 口语交际态度，指听对方说话应有礼貌，应把对方的话听完，不打断别人的话，不流露出不耐烦或不屑于听的神态，还应自然地和别人交流眼神，做出反应与回答。说话时大方、自然，不急不慢，轻重适度，尊重对方，控制自身情绪和情感激动因素的影响等。

一、口语交际教学目标

《语文课程标准》在课程"总目标"中明确提出"学会倾听与表达，初步学会用口头语言文明地进行人际沟通和社会交往"。在总目标的统领下，《语文课程标准》按九年一贯的思路整体设计，提出了表达与交流四个学段的目标。学段目标从普通话、倾听、表达、情感态度四个方面阐释"口语交际"的要求。其中小学三个学段与口语交际相关的学段要求具体见表 3–1。

学段目标是教学目标的依据，《语文课程标准》"表达与交流"中有关口语交际的学段目标主要有如下特点。

表 3–1　小学表达与交流（口语交际）学段目标

	第一学段	第二学段	第三学段
普通话	学说普通话，逐步养成说普通话的习惯	能用普通话交谈	
倾听	能认真听他人讲话，努力了解讲话的主要内容。听故事、看影视作品	学会认真倾听，听人说话时能把握主要内容，并能简要转述	听人说话认真、耐心，能抓住要点，并能简要转述
表达	能复述大意和自己感兴趣的情节。 能较完整地讲述小故事，能简要讲述自己感兴趣的见闻	能就不理解的地方向人请教，就不同的意见与人商讨。 能清楚明白地讲述见闻，说出自己的感受和想法。讲述故事力求具体生动。 根据不同的场合，尝试运用合适的音量和语气与他人交流	表达有条理，语气、语调适当。 参与讨论，敢于发表自己的意见，说清自己的观点。 能根据对象和场合，稍作准备，作简单的发言
情感态度	有表达交流的自信心和需要。 与他人交谈，态度自然大方，有礼貌。 积极参加讨论，敢于发表自己的意见	乐于用口头的方式与人交流沟通，愿意与他人分享，增强表达的自信心。 有礼貌地请教、回应	乐于表达，与人交流能尊重和理解对方。 注意语言美，抵制不文明的语言。 参与讨论，敢于发表自己的意见

（一）目标定位科学

从"听话、说话"到"口语交际"再到"表达与交流"，从名称的变化上可以看出"口语交际"在功能与地位上的发展轨迹。2001 年以前的教学大纲都是从规范用语、培养听和说的能力两个方面来定位目标的，没有体现"交际"所具有的互动特点；而 2001 年和 2011 年语文课程标准从现代公民必须具备的基本的口语交际能力角度，突出强调了"交际"的能力与情感态度目标；2022 年《语文课程标准》将口语交际并入"表达与交流"其目标定位科学，具体表现在：

一是定位准确。总目标"学会倾听与表达，初步学会用口头语言文明地进行人际沟通和社会交往"，正确把握了该阶段学生的认知特点，以及口语交际的核心任务；

二是内容全面，既有规范用语的能力要求，也有情感态度的要求。

（二）凸显核心素养

"表达与交流"有利于实现文化自信、思维能力、审美创造核心素养的发展与培养。如"实用性阅读与交流"要求学生"学习有关中华优秀传统文化的短文，将读到、听到、看到的故事讲给他人听""学习具体、清楚、生动地讲述有关老一辈无产阶级革命家和革命英雄、劳动模范、科学家的事迹，以及反映中华传统美德的故事""学习革命英雄和劳动模范的事迹，尝试用多种媒介方式记录、展示、讲述他们的故事，表达自己的崇敬之情"，突出在表达与交流中促进学生对中华传统文化和革命文化的深入理解和陶冶。"表达与交流"第三学段目标提出"表达有条理，语气、语调适当。参与讨论，敢于发表自己的意见，说清自己的观点"的要求，从条理性、说清楚方面提出要求，充分体现了对学生思维能力的培养。又如"文学阅读与创意表达"要求学生"阅读描绘大自然、表现人类美好情感的诗歌、散文等文学作品，结合自己的生活体验，尝试用文学语言表达自己热爱自然，珍爱生命的情感""用口头或者书面的方式表达对自然的观察与体验，抒发自己的情感"，突出表达与交流对学生审美创造核心素养培养的重要作用。

（三）阶段性与发展性统一

从纵向来看，小学三个学段的"口语交际"教学目标，彼此联系，循序渐进，体现了学习目标的阶段性和发展性的统一。

以倾听能力为例，第一学段要求"能认真听他人讲话，努力了解讲话的主要内容"。第二学段则要求"学会认真倾听，听人说话时能把握主要内容，并能简要转述。能就不理解的地方向人请教，就不同的意见与人商讨"。第三学段则要求"听人说话认真、耐心，能抓住要点，并能简要转述"。

在表达方面，第三学段比第一、第二学段更为宽泛，如"能根据对象和场合，稍作准备，作简单的发言"，显然比第一学段完整地讲述小故事，第二学段简要转述、讲述见闻、与他人交流等要求更为深入。从交流对象上看，第一、第二学段听说对象一般限于客观实际，第三学段则延伸到了主观看法。

二、口语交际教学目标设计策略

在教学实践中，小学口语交际教学极易出现教学目标设置不准确的现象，主要表现在教学目标设置得过高或过低。

口语交际教学的目标设计

教学一线

案例 3-1　"演讲"口语交际教学目标设计
（修改前，六年级上册）

1. 自选话题并拟定题目，学习写好演讲稿。
2. 学会并初步掌握演讲的基本技巧，形成良好的演讲能力。

在案例 3-1 中，教学目标第二条是"形成良好的演讲能力"，但仅靠一次口语交际练习就让学生获得良好的演讲能力显然目标设置过高。除此之外，口语交际课的教学目标设计也往往存在表述不明确、过于笼统的现象。如在该案例中，"学会并初步掌握演讲的基本技巧"，表述上就不够明确，毕竟演讲技巧很多，包括从内容到形式、从语言到态势的各种技巧，如果各方面都要涉及就难以突出重点，达到良好的训练效果。所以，教师需要结合教学的实际，充分考虑具体话题内容特点、学生实际的口语交际水平等设计具体、准确的教学目标。

（一）结合学段目标和内容设计

案例 3-1 出现目标设置不科学的情况，其原因主要是没有根据《语文课程标准》中的学段目标予以科学、恰当定位。六年级的学段目标是："表达有条理，语气、语调适当。参与讨论，敢于发表自己的意见，说清自己的观点。能根据对象和场合，稍作准备，作简单的发言。"该学段目标是根据高年级学生口语交际能力发展的阶段作出的相对科学的界定，因此每节课的教学目标首先要依据学段目标以及本次口语交际训练的重心来设计。案例 3-1 结合六年级的学段目标，我们大致可以归纳为以下几个要点：表达内容的条理性、表达的外在技巧（语气、语调）、灵活应对的能力、主动积极的态度。同时结合此次口语交际教材内容中的演讲训练要求，我们可以把教学目标设定在组织演讲内容、注意演讲技巧、积极参与演讲几个方面。如此，整体的教学目标在方向上基本不会发生偏差。

（二）结合学情设计

教学目标的表述不能笼统，应具体、明确。这就需要教师在结合学段目标、口语交际内容的基础上，再进一步分析学情，进一步明确教学目标。案例 3-1 虽然确定了大致的方向，但非常笼统，我们可以参照该口语交际训练的重点以及学生自身的长处与不足，有针对性地进行目标上的调整和设计。

（三）突出重点

学段目标对"表达与交流"各个方面均提出了要求，一次口语交际活动可供设计的教学目标"点"很多，但每节课的教学目标不可能面面俱到，学生在各个方面都得到训练和培养也是不切实际的。因此，教师在设计具体的教学目标时，还要有所侧重，突出重点。仍以案例 3-1 为例，在演讲技巧方面有很多内容可以作为目标，但该课教材提出的要求有"语气、语调适当，姿态大方""利用停顿、重复或动作增强表现力"，显然，这节课就可以将这几个方面作为演讲技巧训练的重点。

教学
一线

本案例请重点关注教学目标中核心素养的体现和表述的具体性、准确性

案例 3-2 "演讲"口语交际教学目标设计
（修改后，六年级上册）

1. 自选话题学习写好一篇有说服力的演讲稿，做到观点鲜明，选材准确。

2. 演讲时注意语气、语调适当，姿态大方。

3. 演讲中利用停顿、重复或动作增强表现力。

4. 乐于参与演讲活动，感受演讲的魅力。

合作研习

图 3-1 是三年级下册第七单元的口语交际教学内容，请小组合作研讨，设计其教学目标。

图 3-1　三年级下册"劝告"口语交际教学内容

第二单元　口语交际教学内容设计

口语交际教学的内容丰富多彩，既可以是小学语文教材中的"口语交际"训练内容，也可以来自语文课文内容甚至其他学科内容。实际上，口语交际

口语交际教学的内容设计

教学内容更多来自学生的学校、家庭、社会生活。因此，口语交际选择的教学内容应贴近生活实际，让学生有话可说。

一、口语交际教学的教材分析

小学语文教材的口语交际教学内容依据《语文课程标准》编写，其编排呈现出多方面的特点，下面从编写体例、话题内容、目标设计等方面加以分析。

（一）独立编排，自成体系

与以往口语交际教学编排位置不同的是，小学语文教材中口语交际教学内容编排在"语文园地"之前，作为独立的部分存在，充分体现了口语交际在语文教学中的重要地位，教师和学生都要充分认识口语交际的重要性。此外，作为独立的部分，口语交际是与识字、课文、习作、语文园地、快乐读书吧等栏目以单元形式组合在一起。而具体安排的内容自成体系，不完全依附本单元主题或语文要素。例如，一年级上册第三单元围绕"自然"的主题，编排了《秋天》《小小的船》《江南》《四季》四篇课文，这些课文题材丰富，体裁各异，有散文、儿童诗、古诗和儿歌，能够唤起学生对四季的美好感受，激发学生对大自然的喜爱之情。但该单元安排的口语交际内容是"我们做朋友"。再如，五年级上册第一单元以"花、鸟"为主题，编排了《白鹭》《落花生》《桂花雨》《珍珠鸟》四篇课文，语文要素是"初步了解课文借助具体事物抒发感情的方法"，但该单元安排的口语交际内容是"制定班级公约"。

（二）贴近生活，情境真实

口语交际教学的话题内容以贴近学生生活的口语交际活动为主，突出情境性和交际性，如三年级上册"我的暑假生活""名字里的故事""身边的'小事'""请教"；三年级下册"春游去哪儿玩""该不该实行班干部轮流制""劝告""趣味故事会"。所有的话题内容又可以细分为学生日常生活、校园生活、良好习惯培养、语文学习等方面。如日常生活的话题，包括我们做朋友、打电话、做手工、暑假生活、父母之爱等；校园生活的话题，包括做游戏、图书借阅公约、班干部竞选、制定班级公约、聊聊书法等；良好习惯培养的话题，如用多大的声音、请你帮个忙、注意说话的语气、商量、安慰等；语文学习方面的话题，如推荐一部动画片、趣味故事会、看图讲故事、讲历史人物故事、讲民间故事、我最喜欢的人物形象等。每个话题在设计时，都和情境结合在一起。如，二年级下册"注意说话的语气"，设计了许多贴合小学生的真实情境，"妈妈让我学钢琴，我想学画画。我会跟妈妈说……""上学迟到了，老师批评了我。下课后我对老师说……""看到同学洗手后忘了关水龙头，我会跟他说……"。再如，四年级上册提供的"安慰"交际情境（图3-2），很好地契合了儿童的现实生活，情境性和交际性非常突出。

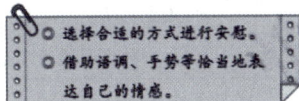

89

图 3-2   四年级上册"安慰"口语交际内容

（三）目标明确，注重梯度

小学语文教材的口语交际栏目设计了活动要求的指导语，以便签的形式提示了活动要求和内容，居于页面的右下角，这一提示能有效帮助师生快速抓住每次口语交际活动的重点内容，针对性强。如，一年级上册"用多大的声音"给出的提示：有时候要大声说话，有时候要小声说话。其目标为"明确说话声音的大小依据不同场合决定，引导学生在公共场合学会为他人着想"。再如，三年级下册"劝告"（图 3-1）给出的提示：注意说话的语气，不要用指责的口吻；多从别人的角度着想，这样别人更容易接受。这些提示既指明了知识与能力上的目标要求，也从各种情境的设计上明确了交际过程与方法上的要求，更从情感态度与价值观方面明确了得体劝告的价值。

此外，口语交际教学在内容编排上充分考虑了不同学段学生的年龄层次和口语表达水平，呈现了目标上的梯度性，体现出层级性。这既体现在同一册不同内容的目标层级上，更体现在不同册教材相同训练内容的目标梯度上。如，低学段一年级安排的内容分别是"我说你做""我们做朋友""用多大的声音""小兔运南瓜"，内容话题不同，但在说话一项上要求逐步提升，"我说你做"的目标要求是"大声说，让别人听得见；注意听别人说话"，"我们做朋友"要求"说话的时候，看着对方的眼睛"，"用多大的声音"则明确说话声音大小要根据不同场合决定，"小兔运南瓜"则要求学生根据图片想象故事，大胆说出自己的想法。可见，在不同的内容主题上就"说话"一项其目标要求逐步提升，从"大声说"到"看着对方眼睛"，再到"根据不同场合决定声音大小"和"大胆说出自己的想法"，体现出一定的梯度。再如，不同年级都安排与"讲故事"相关的口语交际内容（表 3-2），虽然主题类似，但讲故事的具体内容和形式各有差异，目标要求的难度随年级的增加而逐渐提升。

表 3-2　口语交际教学"讲故事"相关内容

教材	教学内容	目标要求
一年级下册	听故事，讲故事	听故事的时候，可以借助图画记住故事内容；讲故事的时候，声音要大一些，让别人听清楚
二年级上册	看图讲故事	按顺序讲清楚图意；认真听，知道别人讲的是哪幅图的内容
三年级下册	趣味故事会	运用合适的方法，把故事讲得更吸引人；认真听别人讲故事，记住主要内容
四年级上册	讲历史人物故事	用卡片提示讲述内容；使用恰当的语气和肢体语言，可以让讲述更生动
五年级上册	讲民间故事	讲故事时适当丰富故事的细节；配上相应动作和表情

（四）模块渗透，任务群融合

除了独立安排的口语交际部分外，教材其他内容也都涉及口语交际的内容。例如，在二年级上册第二单元识字部分，每篇识字课文都配了许多插图，同时课后习题中大多安排了口语交际的内容，教师可引导学生看图说话。如《场景歌》后面设计了"说一说，看谁说得多""选一张你喜欢的照片或图画，仿照课文，说说上面有些什么"。阅读课文《妈妈睡了》配有插图，教师可以引导学生交流表达，而课文中"她干了好多活儿，累了，乏了，她真该好好睡一觉"，这一句中"她干了好多活儿"，是一个文本空白，可以引导学生思考"妈妈到底干了哪些活儿呢"，之后再展开交流。语文园地的"写话""展示台"等环节也有口语交际内容的渗透，如二年级上册语文园地三"写话"部分指出："每个人都有自己喜爱的玩具。你最喜爱的玩具是什么？它是什么样子的？它好玩在哪里？先和同学交流，再写下来。"虽然这部分内容是写话，但写话前交流表达的过程其实就是贴合学生的现实生活开展的口语交际训练，且具体交际的内容非常明确；"展示台"栏目中的泡泡语"你积累了哪些词句？我们来交流一下吧"，同样为口语交际的内容提供了素材。综上，口语交际内容除了独立的口语交际栏目外，同时在识字、课后练习、习作、语文园地等栏目中予以渗透，且与各个栏目紧密融合在一起。

此外，《语文课程标准》指出语文课程内容以学习任务群的形式组织与呈现，设计了"语言文字积累与梳理""实用性阅读与交流""文学阅读与创意表达""思辨性阅读与表达""整本书阅读""跨学科学习"六个学习任务群。显然，《语文课程标准》在"实用性阅读与交流""文学阅读与创意表达""思辨性阅读与表达"等多项任务群的内容中都融合了口语交际（表3-3）。如三年级上册第四单元，整个单元以"猜测与推想"的思维训练为主题，编排了《总也倒不了的老屋》《胡萝卜先生的长胡子》《小狗学叫》三个童话故事，整个单元以思辨性的任务情境"猜测与推想"统摄阅读和表达，如"故事讲到了长胡子的各种用处，我依据这个内容和生活常识作了一些预测"等，学生在"思辨性阅读"中学习思辨性表达方法，又以"思辨性表达"促进"思辨性阅读"，在真实的实践情境中实现双向聚焦、相互促进。

表3-3 学习任务群中涉及表达与交流（口语交际）内容

任务群 \ 学段	第一学段	第二学段	第三学段
语言文字积累与梳理	在日常交际情境中学习汉语拼音和普通话	关注校园内外汉字和标点符号的正确使用情况，整理自己的发现和同学交流，互相正字正音；诵读、积累成语典故、中华文化名言、短小的古诗词和新鲜词语、精彩句段等，丰富自己的语汇，分类整理、交流，初步认识中华优秀传统文化蕴含的思想	开展校园内外讲普通话、写规范字、正确使用标点符号情况的调查，整理、分享自己的发现
实用性阅读与交流	学习运用文明礼貌语言，与家庭成员、亲朋好友交流沟通，学会感恩；学习与同学、老师文明沟通；乐于分享学校生活中的见闻和感受；学习认识有关标牌、图示、说明书等，了解公共生活规则，学会有礼貌地交流；学习有关中华优秀传统文化的短文，将读到、听到、看到的故事讲给他人听	学习用口头方式，客观地表述生活中的见闻片段；学习具体、清楚、生动地讲述有关老一辈无产阶级革命家和革命英雄、劳动模范、科学家的事迹，以及反映中华传统美德的故事	学习通过口头表达，与他人交流身边令人感动、难忘的人和事；学习通过口头表述，分享观察自然、探索科学世界的所见所闻、所思所感；学习革命英雄和劳动模范的事迹，尝试用多种媒介方式记录、展示、讲述他们的故事，表达自己的崇敬之情
文学阅读与创意表达	阅读并学习讲述革命领袖、革命英雄、爱国志士的童年故事，表达敬仰之情和向他们学习的愿望	阅读并讲述革命故事、爱国故事、历史人物故事，感受幸福生活来之不易，表达自己对美好生活的向往，以及对革命英雄、仁人志士的崇敬之情；学习用口头方式创编儿童诗和有趣的故事，发展想象力	运用讲述、评析等方式，交流自己的情感体验；用口头方式表达对自然的观察与体验，抒发自己的情感；学习品味作品语言、欣赏艺术形象，复述印象深刻的故事情节，积累多样的情感体验，学习联想与想象，尝试富有创意地表达；阅读反映少年成长的故事、小说、传记等，交流自己获得的启示

续表

任务群 ＼ 学段	第一学段	第二学段	第三学段
思辨性阅读与表达	阅读有趣的短文，发现、思考身边的鸟兽虫鱼、花草树木、家用电器等日常事物的奇妙之处，说出自己的想法；大胆提出生活和学习中遇到的问题，通过阅读观察、请教、讨论等方式，积极思考、探究，乐于分享自己解决问题的办法，说出一两个理由	阅读有关科学的短文，尝试发现日月星辰、风雨雷电、山川草木等大自然的奥秘，依据事实和细节，运用口头方式，表达自己的观点和思考；阅读解决生活问题的故事，尤其是中华智慧故事，尝试运用列提纲、画思维导图等方式，表达故事中的道理；在日常学习和生活中，主动记录、整理、交流自己发现的问题和思考，学习辨析、质疑、提问等方法	学习有理有据地口头表达自己的观点；阅读有关科学发现、技术发明的故事，用画思维导图等方式辅助，简洁清楚地表述科学家发现、发明的过程，学习科学家的创造精神，体会猜想、验证、推理等思维方法
整本书阅读	阅读自己喜欢的童话书，想象故事中的画面，学习讲述书中的故事	阅读表现英雄模范事迹的图书，讲述英雄模范的动人故事；阅读儿童文学名著，感受作品传达的真善美，用自己喜欢的方式讲述故事大意；阅读中国古今寓言、中国神话传说等，学习其中蕴含的中华智慧，口头分享自己获得的启示	阅读反映革命传统的作品，讲述自己感受到的家国情怀和爱国精神；阅读文学、科普、科幻等方面的优秀作品，学习梳理作品的基本内容，针对作品中感兴趣的话题展开交流；梳理、反思小学阶段的阅读生活，运用口头方式，与同学分享自己整本书阅读的经历、体会和阅读方法
跨学科学习	围绕爱图书、爱文具、爱学习等主题，走进图书馆、阅览室、书店、文具店，在借用、购买、整理图书和文具的过程中，学习识字、说话、计算、设计、美化，学习与他人沟通、交流	富有创意地设计并主动参与朗诵会、故事会、戏剧节等校园活动；选择自己发现和关心的日常语言、行为、校园卫生、交通安全、家庭教育等方面的问题进行调查研讨，尝试写出简单的研究报告，与同学交流	积极参加校园文化社团，参与学校和社区举办的戏曲、书法、篆刻、绘画、刺绣、泥塑、民乐等相关文化活动，体验、感知、传承中华优秀传统文化，运用多种形式分享自己的经验与感受；通过小组研讨，集体策划、设计参观考察活动方案，运用跨媒介形式分享研学成果；选取衣食住行、学校、地球、太空等某个方面，设计人工智能时代的未来生活，运用多样形式丰富自己的语言表达，呈现与分享奇思妙想

二、口语交际教学内容的分类

口语交际教学内容依据不同的分类角度可以有不同的类型，从语言表达角度分，有介绍、评价、求助、劝告、演讲、辩论等；从口语交际的具体形式上分，有编讲故事、描述介绍、想象表达、情景表演、游戏操作等。根据口语交际主体参与的形式，可将口语交际内容分为独白类口语交际、对话类口语交际、表演类口语交际三大类。

（一）独白类口语交际

独白类口语交际是指说话者在交流环境下进行言语表达，但听众与说话者没有直接的言语交流，通常以眼神、表情、气氛等予以回应。如自述、转述、自我介绍、讲故事、说新闻、看图说话、口头作文等。当然，独白类口语交际不是说话者的自言自语，仍需要关注听众的反应，与听众在心理和精神上展开交流。如一年级上册"小兔运南瓜"要求学生"大胆说出自己的想法"，学生需要展开想象，并把自己想到的方法大胆地说给同学听。从语言表达的角度来看，这个口语交际活动只是说话者的言语表达，但说话者同样需要关注说话对象的反应，获得听众的反馈。又如二年级下册"推荐一部动画片"，交际活动是说话者介绍一部给自己留下最深印象的动画片，讲讲最吸引自己的人物或故事片段。说话者在介绍过程中要注意说话的速度，以便听众能听得清楚，听众同时也需要认真倾听，了解说话者所讲的内容。

（二）对话类口语交际

对话类口语交际是由两人或多人参与的、双向或多向的、以口语为载体的信息交流活动，也是生活中使用最广泛、最直接、最灵活、最简便的言语交流形式。[①] 具体包括问答、电话交谈、待客、安慰、访谈、面试、辩论等。这种口语交际体现了交际双方的互动过程，需要双方互相配合进行语言交流活动，对话各方都需要认真倾听，并根据实际情况表达自己的想法，回应对方的问题。如三年级上册"请教"，需要针对生活中遇到的问题向同学请教。请教时需要有礼貌地请教，同时不清楚的地方要及时追问；而被请教的同学也需要认真倾听同学的困惑，并表达清楚自己的建议，你来我往中完成双向的交流活动。又如六年级上册"意见不同怎么办"，需要在小组讨论中展开"协商"。小组成员针对情境分别选择不同角色阐述对问题的看法，在这个过程中，成员之间需要准确把握别人的观点，不歪曲，不断章取义；同时要尊重不同意见，讨论问题和表达自己的观点时，态度要平和，以理服人。该口语交际活动实现的是多方参与的多向互动的口语交际教学目标。

（三）表演类口语交际

表演类口语交际兼具独白类和对话类口语交际的特点，主要在表演性的语言实践活动中展开，如课本剧表演、童话表演、演讲、讲笑话、主持节目等。五年级下册"怎么表演课本剧"口语交际活动，需要学生分组完成课本剧准备、排练及表演任务。具体包括：从课文中选择感兴趣的故事，并进行适当修改；设计人物的台词、动作、表情，分好角色后进行排练；在班级内进行表演。此外，小组

---

① 欧治华. 新课标下口语交际活动的类型及其教学策略 [J]. 现代语文（教学研究版），2013(6):24-27.

讨论各项任务时，小组成员要轮流做主持人组织活动和引导每个成员发表意见。而在五年级下册"我们都来讲笑话"的口语交际活动中，说话者需要熟悉笑话内容，尽量表现出笑话中人物的神情、语气和动作。说话者在笑话表演中主要以单向的言语表达开展口语交际。总之，在表演类口语交际中，学生往往需要通过表演的方式运用独白叙事或对话交流等多种形式，实现口语交际能力的发展。

当然，口语交际教学内容的分类不是绝对的，很多时候多种类型是相互融合的。口语交际是一个多向互动的过程，在师生、生生互动和小组群体互动的过程中，教师要遵循儿童的年龄特点和思维发展规律，根据口语交际教学不同的训练要求，选取不同的教学类型，采取不同的教学策略，充分利用多种手段、多种方式激发兴趣，培养学生的口语交际能力。

三、口语交际教学话题内容的选择

《语文课程标准》对表达与交流（口语交际）教学方面有诸多提示，在内容上提出"阅读有关家庭生活、学校生活、社会生活的短文，学习用口头的方式，客观地表述出生活中的见闻片段""学习通过口头表述和多种形式的书面表达，分享观察自然、探索科学世界的所见所闻、所思所感""第一、第二学段可以围绕'我爱我家''我爱上学''文明的公共生活'等主题设计学习任务，引导学生学习日常生活语言，学会文明交往，学习表达生活；第三、第四学段可以围绕'拥抱大千世界''创造美好生活''科学家的故事''数字时代的生活''家乡文化探究'等主题，开展阅读与探究活动，引导学生关注社会，表达和交流自己在生活中的发现和感受"。结合这些观点，小学口语交际教学的话题内容选择不能仅仅局限于教材，还应利用儿童生活、自然文化、信息科技等各个领域来选择话题内容。

（一）紧密结合教材选择话题内容

小学语文课本内容丰富、包罗万象，天文地理、名人典故、自然景观、人生哲理、诗词联画、情感意志、伦理道德、古典文明、科技成果等均在其中，教师可以根据课文的不同类型和不同特点，利用课文的具体内容，指导学生进行口语交际练习。

借助教材"插图"。第一、第二学段的课文配有许多色彩鲜艳、形象生动的图画，这些图画直观性非常强，往往能激发学生观察、想象和说话的兴趣。教学中可借助课文插图的话题材料，如汉语拼音教学每一课的情境图，引导学生进行口语表达。又如，《小小的船》一课，文中配有一幅形象生动的插图，教学时可以在学生熟读课文的基础上，让学生借助插图想象场景：晴朗的夜晚，我们坐在院子里仰望，蓝蓝的天空上无数的小星星在闪烁，还有一轮弯弯的月亮挂在空中。如果我们飞上天空，坐在月亮上，想想你会看到什么？它们又像什么呢？这样，借助插图引发了学生丰富的想象，为口语交际表达提供了极佳的话题材料。

拓展教材"留白处"。作者常常运用"留白"的艺术进行创作，余留一些内容让读者去填充和想象。教师可以充分利用这些"留白"，让学生展开想象的翅膀，这样不仅对学生感悟文章主题有极大的促进作用，而且有利于提高学生口语交际的能力。例如，三年级下册儿童诗《童年的水墨画》，"人影给溪水染绿了，钓竿上立着一只红蜻蜓。忽然扑腾一声人影碎了，草地上蹦跳着鱼儿和笑声。"这些诗性文字所表达的是断续的跳动的画面，教师就可以引导孩子们去想象生活画面，为何人影染绿了、为何人影碎了、为何草地上蹦跳着鱼儿和笑声，这样孩子们在语言表达交流中，体悟、品味诗性文字背后的童真童趣。

利用教材"延伸点"。教材是一种学习的载体、媒介，在课堂上我们更多的是要利用教材提供的范例，进行延伸、扩展。例如，学生可以仿照课文《总也倒不了的老屋》，说说老屋还可能遇到哪些小动物来寻求帮助。再如，《蜘蛛开店》一文，蜘蛛卖口罩给河马、卖围巾给长颈鹿、卖袜子给蜈蚣，结尾戛然而止让人意犹未尽，教师可以拓展延伸，引导学生思考：蜘蛛接下来会发生什么事情呢？这样既能提供口语交际的训练内容，同时又能让学生拓展想象更好地理解文本。

（二）充分利用生活话题选择内容

贴近家庭生活。家庭生活是学生生活的重要组成部分，因此，家庭生活的方方面面都可以成为口语交际教学的内容。比如，教师可安排学生交流"压岁钱怎么用""做家务该不该要钱""为父母做一件小事"。

挖掘校园生活。学生的学校、班级生活也是口语交际教学话题内容的重要来源，教师要充分挖掘。比如，"说说我最喜欢的游戏""我们美丽的校园"等。

关注社会生活。尽管小学生对社会热点问题认识不深，但他们也喜欢谈论社会上的一些热点话题。因此，教师可就一些社会热点问题组织学生收集信息资料，展开讨论，增强学生对社会的责任感。比如，组织学生开座谈会，谈论"食品安全问题"，分享观看《感动中国》的感触，交流对世界各地恐怖袭击和战争的看法，等等。

（三）围绕自然、科技、文化等设置话题

《语文课程标准》在"实用性阅读与交流"任务群中指出，学习内容包括"学习有关中华优秀传统文化的短文，将读到、听到、看到的故事讲给他人听""学习具体、清楚、生动地讲述有关老一辈无产阶级革命家和革命英雄、劳动模范、科学家的事迹，以及反映中华传统美德的故事""学习通过口头表述，分享观察自然、探索科学世界的所见所闻，所思所感"；在"文学阅读与创意表达"任务群中指出，学习内容包括"阅读、欣赏革命领袖、革命先烈创作的文学作品，以及表现他们事迹的诗歌、小说、影视作品等，感受革命领袖、革命先烈伟大的精神世界和人格力量，认识生命的价值；运用讲述、评析等方式，交流自己的情感体验""阅读表现人与自然的诗歌、散文等优秀文学作品，感受大自然的奇妙，体会人与自然和谐相处的意义；用口头方式表达对自然的观察与体验，抒发自己的情感"；等等。可见，小学口语交际的话题还可以从观察大自然、探

索科学世界、阅读革命故事、学习传统文化等方面选择内容。比如，围绕"大自然的神奇""数字时代的生活""革命先烈故事""传统节日文化"等。

合作研习

假如你是一位小学高年级语文教师，你本学期将选择几个什么样的社会热点问题作为学生的口语交际教学话题？

第三单元 口语交际教学过程与方法设计

本案例请重点关注教师是如何逐步引导学生明确本次口语交际活动的要求，以及如何在小组、全班交流过程中不断提高学生的口语交际实践能力的

教学一线

案例3-3 "劝告"口语交际教学设计（三年级下册）

长沙市雨花区枫树山鸿铭小学 陈宁 贾峰

【教学目标】

1.能根据具体情境选择恰当的方式，尝试劝说别人。

2.培养学生运用得体的语言进行表达的能力。

3.了解和感悟劝说语言的特点和技巧，养成良好的行为习惯。

【教学重点】

了解和感悟劝说语言的特点和技巧，能进行得体的劝说。

【教学难点】

体会养成良好的行为习惯的重要性，在劝说他人的同时，自己也受到启迪和教育。

【教学准备】

多媒体课件。

【教学过程】

一、情境引入，明确任务

（出示图片：一个男孩坐在楼梯扶手上往下滑）

师生交流：下课时，一个同学把楼梯扶手当成滑梯滑。看，他玩得多高兴，嘴巴张得那么大，双手还在挥舞。你们觉得这样好吗？（不好。）为什么不好呢？（因为很危险。）面对这样的情况，我们该怎么办？是，要劝他。（板书课题：劝告）

二、师生交流，研析方法

1.正巧有三位高年级的同学看见了，他们对这个小同学进行了劝说。不过，这三个同学的劝说方法不一样。（出示课件）

① 明明：你这样做太危险了，有可能会撞到别人的。

② 亮亮：你怎么不遵守学校纪律呢？太不应该了！

③ 红红：小同学，别这么玩！扶手很滑，如果没抓稳的话，你会摔伤的。

2. 你们能不能代高年级同学说一说劝说的话？

3. 你们觉得这个小男孩会接受谁的劝说？为什么？小组讨论交流。

4. 汇报交流，明确劝说的艺术。

小组派代表发言，组内其他同学补充发言。

教师小结：

① 明明的劝说：指责的口吻，对方不易接受。

② 亮亮的劝说：指出他的错误行为，带有批评的语气。

③ 红红的劝说：站在小同学的角度，为他着想，这样更容易让人接受，因此更能打动人！

5. 问题探讨：同学们都认为那个小同学更有可能接受红红的劝说。看来劝说还真是一门学问，那么劝说时要注意什么呢？

学生发言后教师小结（出示课件）：

① 注意说话的语气，要友好、和善，不用指责的口吻。

② 多从别人的角度着想，这样别人更容易接受。

三、交际练习，巩固要点

1. 提出问题：如果你是值日生，看到下列现象，会怎样劝说呢？（出示课件）

情景一：课间休息，几个高年级同学随手把牛奶盒扔在地上。

情景二：几个同学在阅览室里大声喧哗。

2. 同桌合作，选择一个话题模拟练习。

3. 全班交流，之后引导辨析：哪些劝说是成功的？成功的原因是什么？哪些劝说是不成功的？可以做哪些改进？

（提醒同学们认真倾听，依据"注意说话的语气，不要用指责的口吻；多从别人的角度着想，这样别人更容易接受"展开点评，提出改进建议。）

四、话题实践，拓展延伸

1. 其实在我们身边还有很多人需要我们劝说，大家看一看（出示课件）：

话题一：有同学违反交通规则，横穿马路。

话题二：表哥喜欢玩电脑游戏，一玩就是一整天。

2. 小组合作，每组练习一个话题。

3. 小组选代表表演，其他同学认真观看，予以点评。

（引导学生从劝说的角度去评，尽量不要从演的角度去评，同时口语交际的教学不能只着眼表达内容的生动活泼和交际过程的委婉流畅，还要随时关注规范的语法、标准的语音。）

4. 教师指导小结。

看到同学违反交通规则横穿马路，要及时拦住他，并将他带到路边进行劝说。如果对方已经在马路中间，就等过完马路再提醒对方下不为例，注意自己的安全。

提醒表哥不要沉溺于游戏，不然伤害眼睛，建议对方在现实世界中充实自己，多运动、多读书等。

五、总结分享，激发热情

1. 同学小结分享课堂所学。

2. 教师总结：同学们，这节课我们学劝说、练劝说、会劝说，大家的表现都很精彩。在生活学习中，希望同学们勤于发现、善于思考、乐于表达，用温暖的语气、多样的角度、得体的语言，消除他人心中的烦恼，做一个阳光智慧的劝说小天使。

附：板书设计

劝告
注意说话的语气
多从别人的角度着想

一、口语交际教学的一般过程

口语交际教学的过程设计

口语交际教学过程设计要紧扣教学目标，教师一般通过情境创设，激发学生口语交际的兴趣，并通过小组交流、全班交流的方式指点学生掌握方法要领，不断提高学生的口语交际水平，实现让学生想说、敢说、能说、会说的目标。

一般来说，口语交际教学按照"创设情境—研析方法—模拟交际—拓展延伸"四个环节来进行设计。

（一）创设情境

○实践指导
口语交际教学一般有哪些环节？

情境的创设通常能调动学生真实的情感体验，能激发学生进行交际的欲望。因此，课堂中教师要利用富有感染性的语言描述、多媒体课件或实物展示等各种手段，创设一定的情境或模拟生活实际，引领学生参与，从而激发学生口语交际的内在需要，提高学生在实际生活中的口语交际能力。在案例 3-3 中，教师通过图片和交流创设交际情境，引发学生思考，激发学生口语交际的热情。

（二）研析方法

进入交际情境后，各种交际中的问题逐步产生，这时就需要教师引导学生层层分析交际的具体方法和要领，帮助学生提炼、归纳应对同类交际话题内容的一般技巧和要求，从而为学生的口语交际实践活动提供方法指导。

（三）模拟交际

在分析具体的方法和要领后，教师需要组织学生进行实际的口语交际练习活动，在必要时再对学生进行口语交际要领的指导。模拟交际的形式灵活多样：可先由教师或优秀学生进行口语交际示范，接着让学生自选对象或小组内展开口语交际练习，最后教师选择口语交际范例，引导集体评议；也可以先放手让学生根据口语交际活动的要求自主进行口语交际，然后教师再选取典型，进行示范表演，同时引导学生进行评议。在案例3-3中，教师在明确要求后，引导学生采取同桌互练、小组互练、推荐代表、全班交流的形式，进行口语交际的训练。

（四）拓展延伸

课堂的口语交际活动总是一种模拟状态，还需要学生将课堂上获得的知识转化为实践能力。因此，教师在口语交际课后，还应设计一些口语交际作业，让学生运用所学知识大胆实践，将知识转化为能力。在案例3-3中，教师设计了"横穿马路""玩电脑游戏"的新话题，进一步拓展话题，达到充分训练学生的目的，将课堂学习拓展延伸至实际生活中。

当然，以上所说的设计思路是按一般规律提出的，在实际教学中，训练内容各异，各年级学生口语交际水平不同，教师应根据实际情况合理调整教学环节，有效进行口语交际教学设计。

二、口语交际教学过程设计的基本要求

（一）目标定位，准确恰当

口语交际教学的目标定位是一个非常重要的问题，为此，教师在确定口语交际教学目标时要注意以下三点。

> ● 实践指导
> 目标定位如何有效体现教学增值？

目中有人。就是要充分考虑学情。对于那些不爱在公众面前表达的学生，教师要多给他们机会，要关注他们表达的兴趣、情感和态度；对一些表达非常好的同学，在教学过程中要适当地增加一些难度。

心中有标。心中要有《语文课程标准》的学段目标。在口语交际过程中，我们不能够简单地只要求模仿、表演，更要关注学生的表达是否准确、是否得体、是否到位，并进行有针对性的指导。

手中有法。各个学段的话题不一样，所采取的教学方式往往不同。教师要从实际出发，有选择、有针对性地设计口语交际的训练方式以实现教学目标。

（二）增强互动，加强交流

口语交际不是听和说的简单相加，其核心是交际，其特点是互动。只有实现了互动，口语的交际功能才能真正实现，学生的口语交际能力只有在有互动的口语交际实践中才能形成。而口语交际中最大的难题就是只有"你来"，没有"我往"，只有单向传输缺少多向互动。如何从简单的听说技能转向复杂语境下的多向互动，是口语交际教学面临的一大难题。由此，增强各类口语交际课中的交际

性、互动性是解决这一问题的主要方式。如在自述、推荐、讲故事、解说等"独白类"口语交际中，教师要引导学生有"在场"的意识，要说得明白，使人听得懂、喜欢听，并且让其他学生参与互动评价，增强交互性；而像打电话、商量、劝告、辩论、情境对话等"对话类"口语交际，是两个人或多个人进行的直接交谈，这时就需要增加学生实战的机会，并让他们讲的时候尽量口语化。

（三）全体参与，点面结合

口语交际能力是在口语交际实践中发展的，口语交际教学应做到让每个人都有话可说，每个人都有机会说话。"全体参与"是提高每个学生口语交际能力的保证，而乐于参与本身就是口语交际的目标之一。"全体参与"包括参与活动、参与倾听、参与表达、参与交流。要做到"全体参与"，就必须运用"点面结合"的组织形式。"点"主要起示范、启发、引导作用，"面"则是给每一个学生创造参与的机会。要将个别活动、小组活动和全班活动结合起来。例如，续讲故事，可以先让每个学生思考如何续编故事，再选代表在全班试编一段，然后让每个学生在小组里说说自己续编的故事，再从小组里挑选编得好、讲得好的学生在全班展示、交流；也可以先让学生在小组里合作编故事，再挑选有代表性的小组在全班展示、交流，然后组与组之间互相观摩。无论是通过组间推荐在全班进行单独展示，还是挑选小组在全班展示，数量都不宜太多，否则部分学生将变成被动的听众，缺少主动参与的机会。

（四）关注生成，灵活导向

口语交际课的交际性和互动性决定了口语交际课的开放性和生成性，教师既作为参与者参与交际对话，同时也作为引导者对学生的口语交际进行有效的指导。作为教者，教师就应该把握课堂的灵活性、动态性，用心思考，积极应对，巧妙引导，满足孩子们发展的需要。要避免两种极端状况：一是过于放任，不加引导。教师未进行有意识的引导，不对学生的表达加以评价和指导，听之任之，不利于学生的发展。二是循规蹈矩，牵制过多。教师课前备课设计很周密，上课时按教学预设步步推进，只求教学流程顺畅，满足于完成计划。教师提出问题后，只要有一个学生回答出来了就开始下一轮讲解，也不管还有多少学生想发表意见；对于某一问题一旦发生争论，教师就拍手叫停，转到下一个教学流程；教师安排了小组讨论，可是学生刚凑到一块，教师就叫学生回到座位开始汇报交流。这些情形，自然会抑制学生的思维积极性，挫伤学生的表达欲望。

⊙ 实践指导
教师在不同口语教学情境下如何积极应对？

教师在口语交际教学中，首先要尊重主体。当一位学生在课堂上说得滔滔不绝、逐渐偏离话题时，或与话题风马牛不相及、答非所问时，教师不能简单甚至粗暴地叫停，而应在学生的语言组织、知识视野等方面给予肯定的前提下，用商量的口吻叫学生停一下，通过临时增加表扬、问答等方式指点学生改正不足之处，并逐渐过渡到下一个教学目标。其次，教师要凸显主导，张弛有度。课堂预设是课堂教学的前提，教师的主导一方面表现在课堂教学环节的引导上，另一方面体现在课堂教学的生成上。最后，教师要随机应变，巧妙转接。课堂中学生的情绪出现突然变化时，教师应通过改变教学策略来稳定学生的情绪，同时调整教学流程。一堂成功的、促进学生全面和可持续发展的课，就是能依据学生已有思维能力、疑难问题，按照教学目标及时调整预设方案而生成新的教学流程的课。

三、口语交际教学设计的策略与方法

教学活动主要应在具体的交际情境中进行，不宜采用大量讲授口语交际原则、要领的方式；应努力选择贴近生活的话题，凸显语文学习的实践性；关注互联网时代语文生活的变化，采用灵活的形式组织教学；重视在语文课堂教学中营造良好的口语交际氛围；体现教师的主导性，加强示范指导。

口语交际教学设计的策略与方法

（一）创设口语交际情境

《语文课程标准》指出，要"创设真实而富有意义的学习情境，凸显语文学习的实践性"。口语交际情境"源于生活中语言文字运用的真实需求，服务于解决现实生活的真实问题"。教师创设的情境"应建立语文学习、社会生活和学生经验之间的关联，符合学生认知水平；应整合关键的语文知识和语文能力，体现运用语文解决典型问题的过程和方法"。

首先，必须精心创设符合生活实际的交际情境，使学生有身临其境之感，激起交际的冲动，激发表达的欲望。[①] 交际情境只有与学生生活实际贴近，才能使学生产生积极的情感体验和进行口语交际的内在驱动，才可能产生富有实效的口语交际活动。因此，在口语交际情境的创设中首先应充分考虑学生的生活实际。

教学一线

本案例请重点关注教师创设的口语交际情境与生活的关联程度

案例 3-4 特级教师于永正执教口语交际"打电话"

情境：学生听一段天气预报，从中得知第二天要下雨，原计划的登山活动因此要取消，班主任李老师正在校外开会，还不知该消息，他还打算当天下午上山做相关的准备工作。怎么把活动取消的消息告诉李老师呢？

教学过程：首先，于老师让学生选择方法，学生一致认为打电话最可行。接着，学生两两组合，轮流扮演李老师，练习打电话，于老师简单交代打电话应注意的问题。最后，学生汇报交流。于老师相机评价并把有关打电话的方法渗透其中。之后，再挑选两位学生，到学校办公室给李老师打电话。

其次，教师可以通过实物、物象、语言、表演等多样化手段创设富有表情、

---

① 郭根福. 小学语文新课程教学法 [M]. 长春：东北师范大学出版社，2004：201.

动作、画面、声音的生活化交际情境。如"做手工"，学生把做好的手工作品及相应材料带入课堂，在介绍时自然而然进入交流情境；"春游去哪儿玩"，就可以利用多媒体创设情境，播放几处美景的录像，调动学生的热情。在案例 3-3"劝告"中，教师通过图片和语言描绘：下课时，一个同学把楼梯扶手当成滑梯滑。看，他玩得多高兴，嘴巴张得那么大，双手还在挥舞。""面对这样的情况，我们该怎么办呢？学生一听要帮老师解决问题，一下子进入了问题情境，产生积极的交流欲望。

（二）开拓口语训练途径

小学语文教材中设计了"口语交际"栏目，教师可结合教材中设置的典型话题，上好专门的"口语交际课"，这是培养学生口语交际能力的重要途径，要让学生通过口语交际课的交际实践，熟练掌握口语交际的基本技能，系统提升口语交际水平。不过，除了专门的口语交际课以外，还应在语文其他模块的教学（阅读课、习作课、活动课等）中有意识地培养学生的口语交际能力。如阅读教学中可对课文故事、典型人物读一读、说一说、评一评，让学生发表各自的见解，交流对课文的看法和体会。如学了《我要的是葫芦》（二年级上册），教师提出问题："葫芦掉光了，后来怎么样？第二年这个人又种了葫芦，又会发生怎样的故事呢？"学生发表看法，在交流中加深对课文的理解；学了《夜间飞行的秘密》（四年级上册），教师引导："蝙蝠发出的超声波碰到了飞蛾、蚊子会怎样？""生活中还有哪些发明是受到了动物的启发？"让学生积极思考参与交流。习作教学同样可与口语交际教学结合起来。"以说促写"是我国作文教学的宝贵经验，先口头作文后书面作文是作文课常见的教学程序。例如，薛法根老师教授"人物描写"时，先是和学生交流，让学生自己来说说对薛老师有哪些了解，对薛老师名字的看法，觉得薛老师相貌怎样，想知道薛老师的哪些故事；过程中薛老师相机引导，而学生在与薛老师融洽的口语交际中做口头作文，之后再进行写作。显然薛老师就是在习作教学当中通过指导学生有效开展口语交际活动，既训练了学生的口语交际能力，又使学生的书面表达能力获得了提升。

（三）构建良好的交际氛围

口语交际需要在一种民主、平等的氛围中进行，这样才能调动全员参与。教师要尊重学生的权利、个性特长、思维与说话方式等，充分发挥学生的自主性。教师也要当好学生真诚的听众，与学生一起聊天、讨论，进行没有距离的开放式的交流，并给予学生适当的指导。教师尤其要关注那些不善于表达的学生，多给他们鼓励和表扬，使这类学生逐渐树立表达的自信心。与此同时，学生之间的相互作用是不可忽视的教育因素。课堂上若一个学生在口语交际时受到其他学生的嘲笑挖苦，必然挫伤自信心，因此课堂口语交际中既要让学生学会清楚明白地表达自己的意思，也要让他们学会倾听、补充和帮助，在鼓励中学会交往，学会合作，营造积极、轻松、民主、合作的氛围。如《做手工》，教师拿出事先拼好的作品"丝网花"，然后让学生观察、讨论，再让学生猜一猜教师是用什么材料、怎样制作出来的。学生兴趣极浓，因为他们很喜欢猜测、揣摩教师制作的过程，于是有的学生互相提问交流，有的学生直接向教师咨询。在这种状况下，学生们没有拘束，营造了一种自由自在、无拘无束、轻松民主的交际情境，学生有话可说，有话敢说，有话能说，有话乐说，教学也就达到了预期的效果。

（四）加强教师的示范指导

想说、爱说是口语交际的前提，会说才是教学的目的。低年级学生想说，但有时候不知道如何去说，也不知道从哪儿开始说，结果东说一句西说一句，条理不清，杂乱无章，没有重点。这就要求教师必须做好示范，指导学生规范地进行口语表达，提高口语交际能力。

首先，要指点方法，有效引导。口语交际教学融"听""说""交际"三个部分于一体，在教学中教给学生必要的听说及交际的方法。如"听"的部分除了向学生交代"听什么""为什么听"，更要教会学生"怎样听"；"说"的训练中教会学生紧扣主旨来说，观点鲜明，条理清晰，纲举目张，通顺流畅，同时还要注意表达时语音、语调、停顿、节奏、重音等的处理，增强语言表达效果；交际时则要教给学生一定的交际技巧，例如，"如何在交际的最初几分钟迅速打动对方？""如何处理尴尬局面？"等。

其次，要以问助说，丰富内容。学生说的时候往往只能把看到的简单说出来，内容枯燥。例如，让学生说说周末是怎样度过的，学生只能说出"去郊外旅游了，很好玩"之类的话语。教师可以设计几个问题，帮助学生丰富说话内容。如：你和谁一起去的？怎么去的？你看到了哪些景物？描绘一下好吗？你玩了些什么？你最开心的事是什么？这次郊游最大的收获是什么？通过问题引导，学生的表达逐渐内容丰富，言之有物。

最后，应提供句式，内化语言。教学设计时教师可以通过句式的提炼，帮助学生找到表达的语言模型，从而使表达流畅、说话连贯。如《有趣的动物》设计了一个这样的环节：在出示了各种各样的动物以后，让学生说说自己喜欢哪些动物，当几位学生的表达出现相同句式时，教师相机出示四种不同的句式，征求意见式地说："能选择下面的句式说话吗？"第一组句式是"我特别喜欢（　　　）"，第二组句式是"我喜欢（　　　）、（　　　）和（　　　）"，第三组句式是"（　　　）、（　　　）和（　　　）我都喜欢"，第四种句式是"（　　　）我喜欢，（　　　）我喜欢，（　　　）我也喜欢"。通过句式的呈现，学生的交际语言逐渐生动起来，也更利于学生清晰地表达，并内化为自己的语言结构，形成语感。

（五）有效运用评价反馈

评价是一种常用的反馈方式，也是一种重要的调控手段。在口语交际教学中恰当地运用评价手段，不仅能及时掌握课堂教学的现状与教学目标之间的差距，以便补救，还能营造良好的学习氛围，激发学生参与交际的热情，培养学生良好的个性品质。所以，选择有效的评价策略，拓宽评价的视野，对上好口语交际课尤为重要。

首先，评价方式多样化。口语交际教学以双向或者多向互动为特点，评价反馈的方式也应是多种多样的。教学中应综合运用师评、生评、自评、他评、互评（师生或生生）等多种方式。例如，口语交际课中常有的一个教学环节——学生上台展示，有的教师马上就让下面的学生评价；有的教师却不着急，而是先让展示的同学自评或者互评，再让下面的学生评价，从而把更多的评价时间和发言机会留给学生，把评价的权利还给学生，使他们真正成为评价的主体、发展的主体。

其次，依据教学目标评价反馈。口语交际教学的评价反馈首先要紧紧围绕教学目标，渗透核心素养。不仅要关注语言因素，也要关注非语言因素。在语言因素方面，不仅借助评价激活学生的语言储备，规范学生的口头用语，还要借助评价培养学生言语的得体性和应变性；在非语言因素方面，把交往态度、习惯、方法、思维沟通能力、处事能力等也置于评价视野。[①]这样，评价反馈才能达到效果，完成口语交际教学的任务。

最后，还要注意评价语言的丰富性。教师要注意自己的评价语言对学生继续提高口语交际能力是否有建设性意义，要不断地以积极、宽容的态度肯定学生取得的成绩，从而增强学生的自信心。教师要善于发现学生的优点并加以肯定；对存在的问题要用委婉的语气以建议的形式提出，让学生知道今后努力的方向。例如："这么一点小小的区别，都被你找出来了，你的听力可真了不起！""你听出了他的不足，可帮了他的大忙！""你的表达条理特别清晰，太棒了！要是少一点口头禅'然后'就更好了！"这样的评价语能起到良好的作用。

第四单元　口语交际学业质量评价

学业质量是学生在完成课程阶段性学习后的学业成就，反映核心素养要求。当然，作为国家课程文件中的"学业质量"，呈现的是对学生核心素养的培养与发展来说有重要价值的"典型表现"，是学生核心素养发展的"基准线"，而在实际评价过程中要关注在具体实践情境中学生各种个性化发展的具体表现[②]。此外，语文学业质量是按照学生语文学习中的日常生活、文学体验、跨学科学习三类语言文字运用情境描述的，并没有对应性地就语文的识字与写字、阅读与鉴赏、表达与交流、梳理与探究进行描述，因此，《语文课程标准》的学业质量评价中很多内容其实是相互融合的，尤其是口语交际部分可以在其他各个模块中实施，因而在不同模块中均可以看到口语交际学业质量的标准要求。

---

① 宋祖荣. 口语交际教学的内涵与策略 [J]. 广西教育，2008(4)：19-20.
② 李倩. 义务教育语文课程标准"学业质量"解读：理解与运用 [J]. 江苏教育，2022(49)：69-72.

一、口语交际的学业质量描述

语文学业质量是学生在完成语文课程阶段性学习后的学业成就表现，是对学生语文学业成就具体表现特征的整体刻画，口语交际的学业质量既有独立的体现，同时又融入识字与写字、阅读与鉴赏、梳理与探究各个模块之中。为了方便掌握，我们从日常生活、文学体验、跨学科学习三类语言文字运用情境中归纳出所有与口语交际相关的内容，如表 3-4 所示。

二、口语交际学业质量的特征

学业质量中关于表达与交流（口语交际）部分的描述，明确了学生在完成不同学段任务后应该达到的程度要求。作为课程标准中首次呈现的内容，体现了全面性、进阶性、可操作性等特征。

（一）全面性

口语交际部分学业质量的描述，体现了全面性的特点。具体表现在：一是从日常生活、文学体验、跨学科学习三类情境出发，进行描述。强调学业质量的评价设计要注重三类情境活动。二是贯穿语文学习的各个模块。在识字与写字、阅读与鉴赏、梳理与探究等模块中均有口语交际。如识字与写字中"借助学过的偏旁部首推测字音字义，愿意向他人说出自己的猜想""能把具有相同或相似特征的汉字进行分类，愿意与他人交流分类的理由"；阅读与鉴赏中"尝试对阅读内容提出问题；愿意向他人讲述读过的故事，乐于向他人展示自己的作品；喜欢积累优美的词句，并尝试在口头和书面表达中运用""能复述读过的故事，概括文本内容，根据自己的阅读理解提出问题并与他人交流；乐于和他人分享阅读所得，关注有新鲜感的词句，并有意识地在口头和书面表达中运用"。三是口语交际维度的全方位关注。既重视口语交际的知识与能力，同时又关注口语交际的过程与方法，还侧重学生对口语交际时表现出的情感态度与价值观的评价。

（二）进阶性

《语文课程标准》在"学业质量内涵"中指出："四个学段的语文课程学业质量标准之间相互衔接，体现学生核心素养发展的进阶。"在口语交际方面，更是在学段之间体现出能力层次上的进阶性。例如，同是"说出自己的想法"，第一学段是"乐于表达自己的想法，遵守规则，主动合作，积极参与讨论，把自己的想法说清楚"；第二学段是"能按照一定的顺序讲述见闻，说出自己的感受和想法"；第三学段则是"能根据对象和场合，稍作准备，作简单的发言"。第一学段强调态度与情感，"乐于表达""积极参与"，并突出对"说清楚"能力的要求；第二学段则强调"按照一定的顺序讲述"；第三学段突出表达的针对性和灵活性，能力要求逐步提升。

表3-4 口语交际学业质量描述

学业质量	第一学段	第二学段	第三学段
日常生活	借助学过的偏旁部首推测字音字义，愿意向他人说出自己的猜想；遇到不认识的字，主动向他人请教。与人讨论交流，注意倾听，主动用礼貌用语回应；乐于表达自己的想法，遵守规则，主动合作，积极参与讨论，把自己的想法说清楚。	注意积累和梳理语言材料，能把具有相同或相似特征的汉字进行分类，愿意与他人交流分类的理由。乐于在班级活动中交流展示，能根据需要用普通话交流，认真倾听，把握对话的主要内容，并简要转述；能按照一定的顺序讲述见闻，说出自己的感受和想法；能尝试根据生活经验解决日常生活中的问题	在学习中，能发现富有表现力的词句和段落，自觉记录、整理，乐于与他人分享积累的经验，并尝试在自己的表达中运用。乐于参与讨论，敢于发表自己的意见；能根据对象和场合，作简单的发言。能用准确得体的语言清楚地介绍，说明事物和过程，运用文本主要信息解决现实生活中的简单问题。养成留心观察周围事物的习惯，乐于表达自己独特的见闻，有意地丰富自己的表达方式介绍；能用多种媒介介绍交流自己的感受；能用多种媒介表达交流
文学体验	喜欢阅读图画书、儿歌、童话、寓言等，在阅读过程中能根据提示提取文本的显性信息，通过关键词句简单推测，作简单推测；能借助阅读插图内容或其他读过的故事或读过的故事，乐于向他人讲述读过的故事，乐于向他人展示自己的作品；喜欢积累优美的词句，并尝试在口头和书面表达中运用。愿意为他人朗读自己喜欢的语段；朗读时能用普通话，注意发音，语调和节奏表现对文本的理解和感受；喜欢和同学交流朗读体验，能简单评价他人的朗读。喜欢诵读古诗，能熟读成诵。喜欢在学校、社区组织的朗诵活动，课本剧表演活动中展示、感受和发现会、故事会、课本剧表演活动中的体验，能表达自己的体验，并与他人讨论。	能复述读过的故事，概括文本内容，根据自己的阅读理解提出问题并与他人交流；乐于和他人分享阅读所得，关注有新鲜感的词句，并有意识地在口头和书面表达中运用。乐于参与读书交流活动，能诵读学过的优秀诗文，尝试用不同的语气、语调表达成语故事的理解和感受。主动阅读成语故事、寓言故事、神话故事、革命英雄故事等叙事性作品，能向他人讲述主要内容。参加文学体验活动，能记录活动过程，表达自己的感受	能品味作品中重要的语句和富有表现力的语言，注意词语的感情色彩，通过圈点、批注等方法记录自己的阅读感受和体验，并主动与他人分享、表达自己对稿人情境和形象的理解、改写、表演体验，能借助与文本相关的材料，结合作品关键语句评价文本中的主要事件和人物，提出自己的观点或看法；能发现不同类型文本的结构方式和语言特点，感受作品内容、表现形式上的不同，积极向他人推荐，并有条理地说明推荐理由。能与他人分享阅读作品获得的有益启示，有意识地运用积累的语言进行口头或书面表达
跨学科学习	在跨学科学习和探究活动中有好奇心和求知欲，喜欢观察，提问	参加跨学科学习活动，乐于观察、提问，交流，能参与简单的活动策划，组织工作；能根据自己简单的活动主题搜集、整理信息和资料，提出自己感兴趣的问题	积极参加跨学科学习活动，能利用多种信息渠道获取资料，在简单的调查、访谈等活动中记录真实生活；能根据活动需要，结合自己的知识和相关生活经验提出要探究、解决的主要问题；能借助跨学科知识和相关材料，运用跨学科知识理解和解释自己的想法，与同学合作解决问题的具体方法，记录探究问题的过程及结论；能组织讨论和专题演讲，发表自己的观点，在交流讨论中辨别是非、善恶和美丑

（三）可操作性

《语文课程标准》中的学业质量描述具有较强的可操作性。具体表现在：一是借助情境化的活动来描述学业质量，提出在"文学体验活动""班级活动""读书交流活动""跨学科学习活动"等情境中实施，甚至还明确了具体的学习情境，如"遇到不认识的字，主动向他人请教""与人交流讨论""与他人分享""通过诵读、改写、表演等方式表达自己的理解和审美体验"等。二是大量使用行为动词，因为"核心素养是人具备的可以真实而持续地表现出来、行动出来的素质，远非'坐而论道'式的记忆、背诵、理解所能形成，唯有反复实践才能逐步得以建构和发展"[①]。《语文课程标准》中改变以静态的知识技能掌握为质量标准的传统做法，多用具体行为动词来表述口语交际部分的学业质量，如"与人讨论交流，注意倾听，主动用礼貌用语回应""能按照一定的顺序讲述见闻，说出自己的感受和想法""参加跨学科学习活动，乐于观察、提问、交流，能参与简单的活动策划、组织工作""讨论""倾听""回应""讲述""提问""交流"等，都是操作性非常强的词语，特别突出学业质量评价的实践性、应用性。

三、口语交际学业质量评价设计

表达与交流（口语交际）教学的学业质量评价设计，既要关注结果性评价，更要关注过程性评价，尤其在突出情境性、实践性的原则下，口语交际教学的学业质量评价设计要突出如下设计方向。

（一）设计真实生动的口语交际情境

不管是在平时的语文学习中，还是在语文纸笔测试的质量评价中，口语交际的学业质量评价设计都必须关注口语交际情境性的价值，并且要通过情境化的活动来突出过程性评价，这也是学业质量描述中特别重视的方面。如"借助学过的偏旁部首推测字音字义，愿意向他人说出自己的猜想""能把具有相同或相似特征的汉字进行分类，愿意与他人交流分类的理由""愿意向他人讲述读过的故事，乐于向他人展示自己的作品"。每一个学业质量的评价都基于一定的活动情境，如推测字音字义、汉字分类、讲述故事。可见，口语交际的学业质量评价，必须依托一定的口语交际的活动情境。在平时的语文学习中，可以设计"识字大王竞赛""故事分享会""书籍推荐会""说说我的家乡"等各种口语交际情境活动，教师从中训练学生口语交际能力，并根据不同的学段要求关注学生口语交际的表现情况。

（二）融合各个模块设计口语交际评价

口语交际学业质量评价并不是只在表达与交流部分进行评价，而应该在不同的语文学习模块中进行融合。例如，在识字与写字模块中，可以借助偏旁部首让学生推测字音字义，引导学生向师生说出自己的猜想，这个过程既能帮助学生提升识字

---

① 刘仁增. 学业质量的构成元素、基本特性与教学应用 [J]. 福建教育，2022(7)：47-51.

能力，也能够很好地促进学生进行思维和语言表达，积极主动地与教师和同学分享自己的思考。在阅读教学中，教师同样可以开展大量的口语交际活动，并实施学业质量的评价设计。比如，让学生和同学交流朗读体验，简单评价他人的朗读；让学生复述故事、概括内容，根据自己的理解提出问题与同学进行交流；在文学体验活动中，让学生积极表达自己的体验、感受和发现。这些融在阅读教学过程中的口语交际活动，都可以成为学业质量评价设计的重要部分。在学业质量命题设计中同样也要注意口语交际融合的设计。

教学一线

案例 3-5　学业质量检测试题 1

《守株待兔》中："因释其耒而守株，冀复得兔。兔不可复得，而身为宋国笑。"为什么兔子不可能再次得到呢？对此，李明提出了自己的看法，请你能结合文章细节提出有说服力的观点。

> 李明：我觉得正确选择很重要。宋人得到一只偶然撞死的兔子，就"释其耒而守株"，做了错误的选择，所以得不到兔子。

这道题编制得非常灵活，虽然教学内容属于阅读教学，但是教师在阅读教学中融入口语交际表达，尤其是在内容富有冲突和矛盾的地方设置对话场景，为学生营造了一个小型辩论的场域。而学生在这个过程中会经历一系列思维过程，利用对比、联结、梳理、推理等阅读策略，既进行阅读能力的训练和培养，对学生的情感态度与价值观做正向引领，又引导学生开展口语交际能力的训练，实施口语交际的学业质量评价。

（三）关注学生在口语交际中的表现取向

口语交际的学习效果，不单单要关注外显的口语交际能力，还要关注学生在表达与交流中的情感态度、内隐的方法习得等的过程性表现。因此在设计的口语交际活动中，对学生进行学业质量评价时，不能只关注学生呈现出的能力结果，更要关注过程性的表现。这在学业质量描述中有充分的体现，如"愿意向他人说出自己的猜想""乐于表达自己的想法""积极参与讨论，把自己的想法说清楚""喜欢积累优美的词句，并尝试在口头表达中运用""乐于和他人分享阅读所得，关注有新鲜感的词句，并有意识地在口头表达中运用"等。可见，在学业质量评价中，要重视学生学习过程的表现，评价学生在口语交际表达中的学习方法、学习态度或学习习惯，观察学生习得口语交际过程中的情感态度与价值观，以及思维的外显层次。

（四）设计实践性强的生活化检测试题

在学业质量命题监测中设计者需要精选内容，设计实践性强的生动的口语交际情境，突出从情境之中引发学生口语交际能力的展现，从而科学检测学生的口语交际表达层次。

教学一线

案例 3-6　学业质量检测试题 2

李奶奶家的猫不见了，她对小林说："我家刚满三个月的小猫找不到了，麻烦你和小伙伴们帮我找一找。"[①]

（1）小林会这样向小伙伴们转述李奶奶的话："_____。"

（2）李奶奶介绍了小猫的情况，小林应该向伙伴们重点强调（　　）。

A. 小猫的趣事　　　　　　　B. 小猫爱吃什么

C. 小猫的外形特点　　　　　D. 小猫的性格特点

以上命题创设了帮李奶奶找猫的生活情境，编制了两道学业质量试题，很显然指向的是"转述"的口语交际能力，这样的命题设计凸显了情境性和生活化，更能凸显语文学习的生活意义和价值。

第五单元　口语交际教学设计案例分析

教学一线

本案例请重点关注口语交际能力训练的层次性和交流的互动性

案例 3-7　"该不该实行班干部轮流制"口语交际教学设计
（三年级下册）

长沙市芙蓉区育英学校　袁美娜　李　毅

【教学目标】

1. 通过列提纲、画思维导图等方法理清思路，更好地陈述观点和理由。

2. 积极参与讨论，表明自己的观点，并说清楚自己的理由。

[①] 廖丽萍，郑舒瑜. 小学语文学业质量监测命题的实践与思考 [J]. 教学与管理，2022(10)：66-69.

3. 能一边听一边思考，想想别人讲的是否有道理，尊重不同的想法。

【教学重点】

表明自己的观点，观点鲜明，条理清晰，说话有理有据。尊重不同的想法。

【教学难点】

表明自己的观点，观点鲜明，条理清晰，说话有理有据。

【教学准备】

多媒体课件。

【教学过程】

一、情境引入，明确话题

1. 刘杰浩所在的三年级（2）班，班干部是由同学轮流担任的。（出示两份班干部任职表）

2. 但是黄榕所在的三年级（1）班，班干部是固定的（出示一份班干部任职表）。

3. 出示讨论的话题：班干部要不要实行轮流制？鼓励学生表明自己的观点。（板书：表明观点）

4. 出示教材中的泡泡语提示。

> 轮流担任班干部，能调动全班每个同学的积极性。

> 应该由最合适的同学长期担任班干部，这样比较稳定。

5. 引导学生聚焦"该不该"和"为什么"进行阐述。

（板书：阐述理由）

6. 师生交流：

（1）你同意班干部轮流制吗？

（2）你不赞同班干部轮流制的理由是什么？

（3）如果不赞同轮流制，那可以采用什么方式呢？（教师指定法、班级竞选法、抓阄法）

二、小组合作，探秘方法

1. 具有相同观点的同学进行分组，每个小组5～6人。

2. 组长组织大家各抒己见，记录员可以用列提纲的方式或者思维导图的方式进行记录。

3. 汇报交流，明确陈述小组观点之后要有理由支撑。

（板书：阐述理由）

小组派代表发言，组内其他同学补充发言。

4. 问题探讨：你们觉得哪个小组的陈述最能说服你？为什么？小组讨论交流。

5. 教师小结（出示课件）：

① 观点要直接表达出来，阐述理由要做到有理有据。

② 一边听一边思考，想想别人说的话是否有道理。

③ 不能打断别人，尊重不同的想法。

（板书：听、思考、尊重）

三、交际训练，巩固要点

1. 提出问题：你认为学生应不应该从小管理压岁钱？（出示课件）

2. 同桌合作说一说。

3. 全班交流，之后引导学生：两种意见都有一定的道理，各有利弊，学会尊重不同的想法，学会倾听不同的声音，做文明有礼的交际者。

（提醒同学们认真倾听，依据"观点要直接表达出来，阐述理由要做到有理有据"展开点评，提出改进建议。）

四、话题实践，拓展延伸

1. 提出新问题："小学生应不应该使用手机？"同桌互相讨论。

2. 小组内交流各自观点。

3. 从相对的两个观点中挑出学生多轮上台进行小型辩论，学生互评，教师适时进行点评和表扬。

4. 教师指导小结：

这是一场观点对立的小型辩论。我们的目标并不是让对方必须同意你的观点，而是讲清楚各自的观点和理由，向大家展示你的观点和理由，做一个文明的参与者和讨论者。

五、总结分享，乐于交际

1. 同学分享本次口语交际课的感想。

2. 教师总结：同学们，从发表观点，到有理有据地阐述理由，再到实践交际的过程，我们既要认真倾听，又要学会巧妙应对，还要学会将自己的理由借助提纲或者思维导图进行呈现，这样才能更好地有条理地陈述自己的想法。经过这一次历练，相信大家未来都能成为智慧的参与者。

附：板书设计

该不该实行班干部轮流制

表明观点

阐述理由

听、思考、尊重

这节口语交际课总体上体现了如下特点：

一是设计的层次性。在设计上，教师没有将口语交际的话题局限于同一认知层面反复循环，而是通过层层推进，将话题不断引向学生生活的多个方面，同时从同桌交流、小组合作、小型辩论等多种形式层层递进展开交际，体现了口语交际能力训练的层次性。

二是活动的开放性。表现在小组活动开放，营造各抒己见、畅所欲言的交流语境；表现在课堂评价开放，让学生成为评价的主体，真正发挥课堂即时评价的促进与激励功能。

三是交流的互动性。课堂上既有生生、师生等不同形式的互动，也有个体、集体、个体与集体等不同类型的互动，体现了口语交际课平等对话、互动生成的特点。

四是内容的生活性。话题来自学生生活，切合学生的心理特点，充分体现了口语交际植根于生活实践、服务于口语实践的教学要求。

本章训练与拓展

教学设计训练

● **实践任务**

从语文教材中任选一个口语交际的内容，设计一份教学方案，并在小组内虚拟教学、相互评析。

实践要求：

1. 教学方案的各部分内容完整，重点突出教学目标与教学过程的设计；

2. 设计方案时要注意目标准确恰当、学生参与度高、交际互动性强；

3. 各自设计好方案后在小组内进行虚拟教学，并相互评析。

实践建议：

请认真学习本模块各单元具体内容，并登录"爱课程"网观看本模块各单元教学视频，掌握好口语交际教学的设计与教学要求。

推荐阅读

1. 沈碧君. 项目化学习背景下的口语交际情境创设 [J]. 语文教学通讯,2022(11).
项目化学习是基于项目而产生的一种创新高效的教学方式。该文基于项目化学习理念观照口语交际之情境创设，指出口语交际教学必须紧扣口语交际的项目目标、激发学生口语交际的内驱力、搭建真实的口语交际语境；提出用于课堂教学的情境包括课本中展现的情境、教师组织创设的情境、学生根据生活经验并依托资料自主创设的情境。这些为师范生创设口语交际的情境方面提供了很好的经验和做法。

2. 姚林群，王苏丫，胡小玲.小学生口语交际能力：要素、水平层次及评价指标 [J].教育测量与评价，2022（5）.

科学建构小学生口语交际能力评价指标体系是提高小学语文教学质量和学生口语交际能力的基础性工作。文章基于《语文课程标准》关于小学生口语交际能力的课程目标和学业质量描述，借鉴国内外相关理论研究成果，从交际情境、交际内容、交际过程、交际策略四个维度构建小学生口语交际能力评价框架，并在此基础上尝试划分螺旋上升、层层递进的水平层次，设定可评价、易操作的评价指标，有很强的参考价值。

3. 马骏.初中口语交际中"思维力"的价值、类型和教学优化 [J].语文教学通讯（初中），2022（9）.

思维力是话语的内核，是口语交际的灵魂。《语文课程标准》在"发展型学习任务群"中做了"实用性阅读与交流""思辨性阅读与表达"的安排，充分显现了口语交际教学在培养学生思维力上的重要价值。尽管这篇文章聚焦的是初中语文口语交际的"思维力"培养，但是对于小学语文口语交际中思维力价值的了解、思维力的类型、思维培养的优化策略有很好的借鉴性，故推荐大家阅读。

4. 刘玉雪.表现性评价在小学高年级语文口语交际教学中的应用研究 [D].烟台：鲁东大学，2022.

《语文课程标准》在评价建议中提出，"教师应树立'教—学—评'一体化的意识，科学选择评价方式，合理使用评价工具，妥善运用评价语言"，"广泛搜集课堂关键表现"，由此凸显出表现性评价在口语交际教学评价中的重要价值。本文对表现性评价与小学高年级语文口语交际教学之间进行了适切性分析，并对小学高年级口语交际教学进行了相应的表现性评价设计与实施探索，为大家提供了很好的观测视角。

思维导图

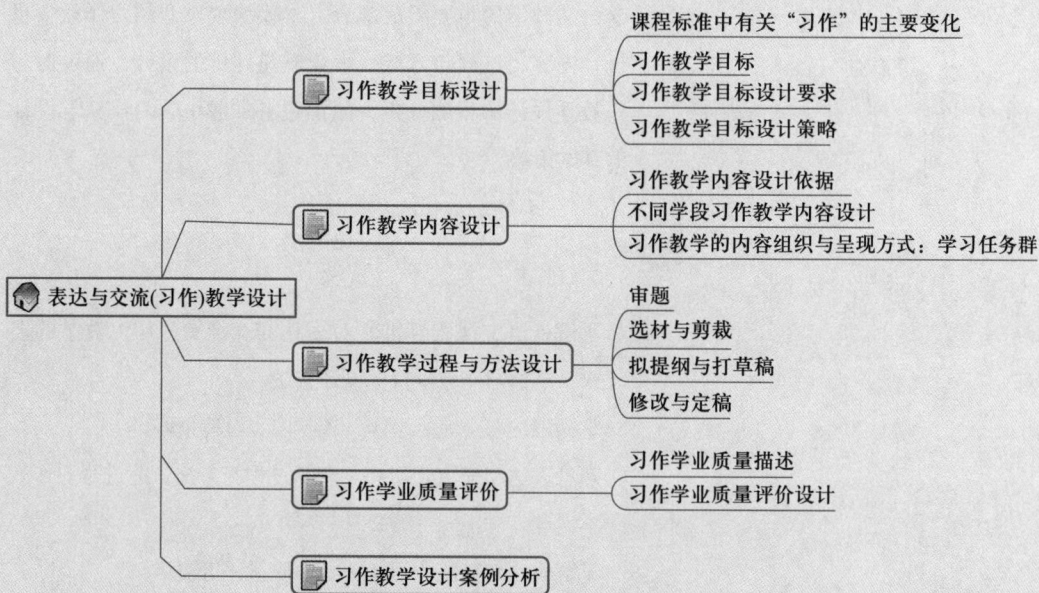

模块导读

表达与交流（习作）教学是在教师的指导下，学生通过习作实践，培养观察能力与书面表达能力的教学活动，是小学语文教学的重要组成部分。本模块着重介绍习作教学目标、内容、过程与方法、学业质量评价的设计，通过对习作教学设计的案例分析，使学习者掌握小学习作教学设计的基本策略。

学习目标

□ 了解《语文课程标准》对表达与交流（习作）教学的要求，掌握习作教学目标设计方法。

□ 掌握表达与交流（习作）教学内容设计策略。

□ 熟悉表达与交流（习作）教学过程与方法，能进行习作教学设计。

□ 了解表达与交流（习作）学业质量评价要求。

□ 通过分析表达与交流（习作）教学设计案例，形成习作教学案例分析能力。

《语文课程标准》将"口语交际""习作"整合为"表达与交流"，以"识字与写字、阅读与鉴赏、表达与交流、梳理与探究"四类语文实践活动统整课程内容。这是基于核心素养导向下的注重课程内容统整和真实学科实践的重要举措。

第一单元 习作教学目标设计

《语文课程标准》明确指出："语文课程是一门学习国家通用语言文字运用的综合性、实践性课程。"写作是运用语言文字进行表达和交流的重要方式，是认识世界、认识自我、创造性表述的过程。写作能力是语文素养的综合体现。习作教学应贴近学生实际，培养学生"具有正确、规范运用语言文字的意识和能力，能在具体语言情境中有效交流沟通。"

合作研习

下面这位教师的习作教学困惑，可能也是很多小学语文教师的困惑：如何指导学生习作？如何培养小学生的习作兴趣，使他们想写、愿意写？如何丰富小学生的习作素材，让他们有话说、有事写？如果你是这位教师，你会怎样做？为什么？

一位教师在《我的习作教学困惑》中写道：每次作文课，我都会看到许多学生皱着眉头，迟迟不肯动笔，对老师布置的作文毫无兴趣，最后只是被"逼"着写了寥寥几句。为了培养学生的写作兴趣，我可是想尽了办法，费尽了心机。如：推荐课外阅读书目，举办亲子阅读活动，编辑班级手抄报，建立班级博客，布置观察日记……但是，学生还是没有习作兴趣。同时，学生总感觉无话可写，尽管作文有明确的要求，但他们却不知道写什么，有的干脆天马行空，乱写一通。指导学生习作时也极为尴尬：指导得过细，容易束缚学生的思维，造成百文一面，千篇一律；若任其自由发挥，则又不能形成有效的习作指导，学生的习作水平也难以得到整体的提高。

一、课程标准中有关"习作"的主要变化

《语文课程标准》中的"表达与交流"与过去的语文课程标准相关内容比较，发生了显著变化。除了名称的改变，关于"习作"还有以下变化。

（一）课程理念：摆脱技能训练，注重素养立意

百年来，我国语文课程目标体系大致发生了三次比较大的转型：二十世纪八十年代之前注重"双基训练"，二十世纪八十年代后、二十一世纪以前注重"双力（基本能力、基本智力）培养"，二十一世纪以来注重"知识与技能、过程与方法、情感态度与价值观"的"三维目标"。2022年以前的语文课程标准仍然

是分别陈述"写话""习作""口语交际"的，整体上并未脱离单项技能训练的本质。《语文课程标准》强调的核心素养是对"三维目标"的继承和超越，实现了"学科本位"到"素养为本"的跨越。

（二）课程建构：素养型的课程目标和内容体系

《语文课程标准》从总目标到学段目标、课程内容（任务群），再到学业质量，素养导向一以贯之。

习作教学总目标是："能根据需要，用书面语言具体明确、文从字顺地表达自己的见闻、体验和想法。"

学段目标：第一学段侧重兴趣培养，"对写话有兴趣，留心周围事物，写自己想说的话，写想象中的事物""在写话中乐于运用阅读和生活中学到的词语""根据表达的需要，学习使用逗号、句号、问号、感叹号"。第二学段侧重观察与表达，"观察周围世界，能不拘形式地写下自己的见闻、感受和想象，注意把自己觉得新奇有趣或印象最深、最受感动的内容写清楚""能用便条、简短的书信等进行交流""尝试在习作中运用自己平时积累的语言材料，特别是有新鲜感的词句""学习修改习作中有明显错误的词句。根据表达的需要，正确使用冒号、引号等标点符号"。第三学段侧重独特感受与素材积累，"懂得写作是为了自我表达和与人交流。养成留心观察周围事物的习惯，有意识地丰富自己的见闻，珍视个人的独特感受，积累习作素材"。三个学段的习作教学目标都紧扣学生核心素养。

课程内容：六个学习任务群有关表达与交流（习作）的"学习内容"和"教学提示"，呈现出更为具体的要求。

学业质量评价：主要体现学生在学段学习后达到的写话或习作素养及能力表现。

"总目标""学段目标""课程内容""学业质量评价"是多线对应关系，基本体现出由概括到具体，再到关键表现，相互联系、各有侧重的逻辑思路。

（三）课程目标：注重知识能力的学段纵向进阶

总目标中的"见闻、体验、想法"是表达的内容，"具体明确""文从字顺"是书面表达的基本要求。在写作能力方面，各学段呈现出"句子写明白—语段写清楚—语篇写具体"的进阶要求。

第一学段：聚焦写话，保护兴趣。侧重句子写话训练。"写自己想说的话""写想象中的事物""喜欢积累优美的词句""用文字、图画等方式记录见闻、想法"等，这些是该学段学生写作能力的关键表现。其中，"留心周围事物"是形成表达的前提，"在写话中乐于运用阅读和生活中学到的词语"重在培养语言积累和模仿运用的意识，"根据表达的需要，学习使用逗号、句号、问号、感叹号"等则是交际意识和良好习惯的基本要求。

第二学段：聚焦构段，内容清楚。以段落层面的表达训练为主。"观察周围世界"是学生体察物象、获取习作素材的前提，"尝试在习作中运用自己平时积累的语言材料，特别是有新鲜感的词句"，要求学生不仅要积累语言，而且要学以致用，"能不拘形式地写下自己的见闻、感受和想象，注意把自己觉得新奇有趣或印象最深、最受感动的内容写清楚"。此外还有"便条、简短的书信""日记"等实用文习作要求。

第三学段：聚焦谋篇，真实具体。第三学段呈现由段到篇的训练转变，提出"懂得写作是为了自我表达和与人交流"等，凸显了"交际意识"的重要性，有利于促进学生、语文和社会生活三者有机结合，促进学生从被动的"自我表达"向积极主动的"与人交流"转变。"留心观察周围世界""有丰富的见闻和独特的感受"，与第一、第二学段要求一脉相承，从表象到内里，从"观物"到"观我"，观察视角在拓宽，观察品质在提升。

二、习作教学目标

《语文课程标准》将习作教学的总目标定位为："能根据需要，用书面语言具体明确、文从字顺地表达自己的见闻、体验和想法。"

（一）习作教学与核心素养

《语文课程标准》以促进学生核心素养发展为课程目标。核心素养是学生通过课程学习逐步形成的正确价值观、必备品格和关键能力，是课程育人价值的集中体现，更是学生在积极的语文实践活动中积累、建构并在真实的语言运用情境中表现出来的，是文化自信和语言运用、思维能力、审美创造的综合体现。习作教学中的核心素养目标主要体现在以下几点：

文化自信。文化自信是指学生认同中华文化并对中华文化的生命力有坚定信心。学生通过习作实践活动，形成热爱中华文化的意识，继承和弘扬中华优秀传统文化、革命文化、社会主义先进文化，关注和参与当代文化生活，初步了解和借鉴人类文明优秀成果，具有开阔的文化视野和一定的文化底蕴，积极参与学校文化活动与社会文化生活，借鉴和感受多样文化，具有文化自信。

语言运用。语言运用是核心素养在语文课程中的核心。《语文课程标准》总目标中的第4、5、6条针对语言运用这一核心素养提出了目标要求。强调习作教学要通过丰富的语言实践，以培养学生主动积累梳理语言材料，形成良好的语感和个体语言经验，初步领悟语言文字的运用规律。学生通过习作实践，能根据需要，用书面语言具体明确、文从字顺地表达自己的见闻、体验和想法。培养语言直觉，提高语言表现力和创造力，提升语言表达品质，并形成语言运用的自觉意识。同时具有正确规范运用语言文字进行表达的意识和能力，在语言运用中培养对国家通用语言文字的情感。

思维能力。思维能力是指学生在语文学习过程中的联想想象、分析比较、归纳判断等认知表现，主要包括直觉思维、形象思维、逻辑思维、辩证思维和创造性思维等。习作教学就是要培养学生思维的敏捷性、灵活性、深刻性、独创性、批判性，创新意识，积极思考的习惯。要培养思维能力：首先，习作训练应以学生的真实生活情境、真实情感表达等为前提；其次，要在习作训练中培养学生积

《语文课程标准》
各学段习作目标

极观察、感知生活的兴趣，使学生乐于探索、勤于思考，初步掌握比较、分析、概括、推理等思维方法，激发创造潜能；最后，思维和语言的发展是密不可分的，学生在语言实践中必然要关注语言的逻辑性，通过思维和语言的互动关系，促进语言运用和思维能力的共生共长。

审美创造。审美创造是指学生通过感受、理解、欣赏、评价语言文字及作品，获得较为丰富的审美经验，具有初步的感受美、发现美和运用语言文字表现美，创造美的能力，主要包含三个方面内容。一是审美经验，学生的审美经验是在不断的审美活动中积累丰富起来的，如感受语言文字美，文字表现出来的生活美、自然美、思想美等。二是审美能力，学生除了在阅读中感受美发现美，还要在习作语言表达中表现美和创造美，具备语言表达美、作品形象美、文章结构美等审美能力。三是审美观念，审美经验和能力是在正确的审美观念指导下发展提升的。而习作训练积累和培养的审美经验、审美能力，也有助于学生形成正确的审美观念。

（二）各学段习作教学目标

依据《语文课程标准》的学段目标要求，我们可以按习惯兴趣、内容表达、积累运用、指导修改四项内容将各学段习作教学目标分解细化，构建循序渐进的目标序列，使学生的习作目标发展有据可循（表 4-1）。

表 4-1　各学段习作教学目标序列

学段	目标			
	习惯兴趣	内容表达	积累运用	指导修改
第一学段（1~2年级）写话	对写话有兴趣，留心周围事物	写自己想说的话，写想象中的事物	在写话中乐于运用阅读和生活中学到的词语。根据表达的需要，学习使用逗号、句号、问号、感叹号	
第二学段（3~4年级）习作	乐于用口头、书面的方式与人交流沟通，愿意与他人分享，增强表达的自信心	观察周围世界，能不拘形式地写下自己的见闻、感受和想象，注意把自己觉得新奇有趣或印象最深、最受感动的内容写清楚。能用便条、简短的书信等进行交流	尝试在习作中运用自己平时积累的语言材料，特别是有新鲜感的词句。根据表达的需要，正确使用冒号、引号等标点符号。课内习作每学年 16 次左右	学习修改习作中有明显错误的词句
第三学段（5~6年级）习作	懂得写作是为了自我表达和与人交流。养成留心观察周围事物的习惯	能写简单的记实作文和想象作文，内容具体，感情真实。能根据内容表达的需要，分段表述。学写读书笔记，学写常见应用文	有意识地丰富自己的见闻，珍视个人的独特感受，积累习作素材。根据表达需要，正确使用常用的标点符号。习作要有一定速度。课内习作每学年 16 次左右	修改自己的习作，并主动与他人交换修改，做到语句通顺，行款正确，书写规范、整洁

三、习作教学目标设计要求

从表 4-1 中，我们不难发现《语文课程标准》习作教学目标具有鲜明的特点，在设计习作教学目标时，就要充分体现这一特点要求。

（一）突出核心素养的培养

《语文课程标准》明确指出："语文课程围绕核心素养，体现课程性质，反映课程理念，确立课程目标。"义务教育语文课程要培养的核心素养"是学生在积极的语文实践活动中积累、建构并在真实的语言运用情境中表现出来的，是文化自信和语言运用、思维能力、审美创造的综合体现"。核心素养的核心是语言运用，习作训练就是语言运用的实践活动。核心素养的培养融入习作教学的各方面：不管是语言材料的积累梳理，还是良好语感形成和个体语言经验的习得；不管是语言的直觉、语言运用的意识，还是语言表达的品质；不管是规范运用语言文字的意识能力，还是对国家通用语言文字的热爱等。

教学一线

本案例请重点关注如何指导学生在具体语言情境中有效沟通

案例 4-1 特级教师于永正《劝告》作文课节选

师：今天早上，我发现一位四年级的小朋友把一块吃剩下的面包扔进了垃圾箱。（出示一块只咬了两口的面包）你们说，这事应该如何处理？如果被你碰到了，你打算怎么办？

生：我准备把面包拾起来，交给校长。

生：我准备写篇稿子，提出批评。

生：我会告诉这位同学，农民种粮食很辛苦，不应该浪费。

师：你打算当面劝告，是吗？——请大家接着说。

生：我将把这件事告诉校长，并请校长在全校大会上告诉大家要爱惜粮食。

……

师：浪费粮食的现象较普遍，不光是晓理（扔面包的学生）一个人。有的同学想写篇稿子，对这种现象提出批评，我认为很有必要。咱们给全校同学写一封公开信，让每个人都认识到粮食的作用及来之不易，都能珍惜粮食，怎么样？

生：（齐答）好！

师：我刚才说了，咱们写这封信的目的是什么来着？

生：让全校同学认识粮食来之不易，粮食是宝中宝，都来爱惜粮食。

师：要想达到这个目的，在信中就必须将粮食来之不易、粮食的作用写清楚，这是重点。格式和一般书信一样，为了区别于其他书信，第一行可写上"给全校同学的一封公开信"。

生：以谁的名义写？

师：以个人名义写吧，写的时候如有什么不明白的，随时提出来。请大家抓紧时间写草稿。

于老师从学生的日常生活现象撷取说写训练的材料，培养学生的观察、思考和表达能力，这种训练亲切、实用又有针对性。练笔前的说话，激活了学生的思维，因为有了说的基础，学生就有写的欲望。于老师强调自由表达，让学生针对浪费粮食现象表明态度，同时明确写信目的，提醒学生注意书写格式。

（二）体现目标的渐进性

第一学段定位于"写话"，强调"对写话有兴趣"，鼓励学生写自己想说的话，学习使用简单的标点符号。"写话"旨在完成口头语向书面语的转换，降低学生习作起始阶段的难度，重在培养学生的习作兴趣和自信心。

第二学段由"写话"变为"习作"，强调"能不拘形式地写下自己的见闻、感受和想象"。在第一学段的基础上，学习修改习作，能用便条、简短的书信进行交流，正确使用更多的标点符号。

第三学段依然定位于"习作"，在第二学段的基础上，要求"能写简单的记实作文和想象作文""学写常见应用文""珍视个人的独特感受""能根据内容表达的需要，分段表述""修改自己的习作，并主动与他人交换修改""养成留心观察周围事物的习惯""习作要有一定速度"。

分析表 4-1 的内容，可以归纳出《语文课程标准》对各学段目标侧重点（表4-2）的明确指向及习作教学目标的渐进性。

表 4-2　各学段习作教学目标侧重点

学段	侧重点
第一学段（1～2 年级）	乐于表达、词句仿写
第二学段（3～4 年级）	学会观察、清楚表达、学抓重点
第三学段（5～6 年级）	谋篇布局、内容具体、感情真实

（三）加强语言积累运用

习作教学训练重点应该是习作实践，要鼓励学生多写、多改，在实践中提高写作能力。《语文课程标准》因此对第二、第三学段提出了课内习作每学期 8 次左右的量化要求。第一学段的写话指导，强调词语积累，语言材料的积累梳理是形成良好语感和习得个体语言经验的基础。教师训练学生写好一句话或几句话要从最简单的二素句抓起，如由"我们去爬山"，发展到"星期天，爸爸带我们去郊外爬山"。同时要重视习作中对所学知识的运用及语言材料的积累，使课内外阅读与写作紧密联系，学用结合。第一学段"在写话中乐于运用阅读和生活中学到的词语"，第二、第三学段要尝试在习作中运用平时积累的语言材料，留心观察，丰富见闻，积累习作素材。

（四）重视指导修改与分享

习作的兴趣和自信，还来源于习作时的合作和交流中所产生的成就感。如《语文课程标准》第二学段要求"学习修改习作中有明显错误的词句"；第三学段要求"修改自己的习作，并主动与他人交换修改"。

教学一线

案例4-2 "关联"病、"然后"病、让"哑巴"开口说话
——管建刚作文讲评

师：（出示句子）他虽然个子不高，但是很爱学习，次次都要考到100分才肯回家。

师："个子高"和"爱学习"，没有转折关系呀？高个子不一定能好好读书。（生笑）删去"虽然／但是"。

……

师：（板书："关联"病）大家的作文里有不少"关联"病，请你帮忙改一改。（出示句子）她不但可爱，而且是一个名副其实的开心果，天天都让我笑得合不拢嘴。

生："而且"改为"还"。

师："开心果"和"可爱"，没有递进关系。

……

师：我的同桌有一点烦，因为他整天说一些无聊的话题；有一点不讲卫生，因为他爱抠鼻子；还有一点自大，因为如果他考试得了100分，就会嘲笑我。（幻灯片，删三个"因为"，一个"如果"。）

师：请你再读，通顺不通顺？你会感觉，更干净，更通顺了！

……

（右侧批注）本案例请重点关注如何指导学生修改习作

管建刚老师通过引导学生分析并修改习作中常见的语病案例，帮助学生学会正确使用常见关联词，培养学生思维的逻辑性和修改习作的好习惯。

数字化时代，人们表情达意的载体有了很大改变，如传统日记被美篇、朋友圈等替代，传统书信被微信、邮件替代，另外还有大量的网络文字作品涌现。面对数字时代的原住民——小学生，习作教学就要与时俱进，培养学生适应社会发展需要的搜索信息、表达与交流等语文综合素养。

四、习作教学目标设计策略

明确了《语文课程标准》的要求，就可以依此设计习作教学目标了。

（一）整体设计习作教学目标

统编版教材改变了以往教材以阅读为中心的编排体系，创新单元结构，安排了习作栏目。习作栏目以习作能力发展为主线，独立组织单元内容，既聚焦习作

（右下角）习作教学目标设计

能力发展整体性，又关注各年级侧重点，将知识点分解在课文阅读、练习设计和习作例文中，体现习作教学目标的层次性和循序渐进的螺旋式上升过程。

1. 整体设计，各有侧重

习作教学并不是孤立的，教师要整体解读教材，梳理序列，形成听、说、读、写相统一的开放式训练体系。不仅在作文教学中，更要在阅读教学中渗透学生习作能力的培养，引导学生真正地从阅读的体验表达走向习作的言语习得与实践表达。例如，第三学段习作教学要解决"怎么写"的问题，教师就要借助阅读教学，通过读写结合，使学生充分运用阅读积累的优美词语和具有新鲜感的句子，学会使用恰当的表达方式进行细节描写，写出个人的独特感受。

同时，教师还应对整个小学阶段的习作训练有一个全面的认识，从横向的听、说、读、写训练到纵向的学段习作目标，进行整体设计，既兼顾训练序列，又突出学段特点，各有侧重。例如，一年级写话教学目标侧重词语运用，储备基本词汇和句式。三年级习作教学侧重观察与发现，学习基本段式的写法，能够运用不同句子表达相同意思。而六年级习作教学则侧重修改能力的培养，强调能对文章的细节和整体布局进行润色修改，关注个体的独特感受、思维的独创性和批判性。

例如，三年级上册第五单元习作"我们眼中的缤纷世界"，习作前，教师可以先布置学生以"寻找身边的秋天"为主题进行观察记录（表 4-3），这种有目的的主题式观察，能有效帮助刚开始进行习作训练的三年级学生学会用观察的方法、积累生活中的写作素材。教师的整理归纳与有效点评、反馈，有助于学生将习作变成课堂教学的优质资源，实现习作素材资源共享，促进学生观察能力的有序发展，为第二、第三学段的习作打好坚实的基础。

表 4-3　"秋天的画"学生课前观察记录 [①]

观察对象	"我"的发现	教师的点评
梧桐树	树叶开始变黄了，有的树叶颜色一半绿、一半黄，落了一地，真好看	原来秋天梧桐叶的颜色有这么多呢，你看得真仔细！
菊花	家里的菊花笑开了花，还有股淡淡的香味呢！	你会用闻一闻的办法来观察。秋天还有哪些花也盛开了？
柿子	我和爸爸、妈妈去西溪湿地打柿子，火红火红的柿子挂在枝头，像小灯笼，但是吃到嘴里却是苦苦的	火红的柿子挂满枝头，多壮观啊！秋天真是个丰收的季节

2. 循序渐进，形成序列

每学段各单元的习作教学目标是互为相关、循序渐进、螺旋上升的。虽然在不同的学段出现了相近的主题，但不是简单的重复，而是整体有序的深入。

把同一主题习作目标进行对比，隐性的训练序列就能显性化，如表 4-4 所示。

---

① 王林慧. 小学习作教学目标体系的构建与实施[J]. 中国教师，2014(7)：77-80.

表 4-4 写景类主题的习作目标序列

年级	习作主题	习作要求	习作目标
三（上）	这儿真美	留心观察周围事物	把身边的美景介绍给别人。仔细观察，试着运用从课文中学到的方法，围绕一个意思写，写好后修改错别字
四（上）	推荐一个好地方	感受自然之美	把推荐的地方写清楚，把推荐的理由写充分，与同学一起修改
四（下）	游________	妙笔写美景，巧手著奇观	把题目补充完整，按游览顺序写，写清楚游览过程，突出重点，写出特点，学会修改
五（上）	二十年后的家乡	热爱家乡与祖国	展开丰富的想象写家乡变化，写出对二十年后家乡生活的向往。分段叙述，重点部分写具体。学会互换修改
	________即景	发现四时景物皆成趣	按照一定顺序有条理地写景物，重点观察景物的变化
六（下）	家乡的风俗	认识百里不同风，千里不同俗	写清风俗的特点，条例清楚，做到有重点地介绍

同是写景类主题，第二学段目标侧重观察和发现，培养学生有序观察、细心观察的习惯和善于发现的能力，按照一定的顺序有条理地表达内容，初步实现写清楚的目标；第三学段目标侧重想象、有条理表达、个性化表达。在景物描写中渗透学生独特的感受，寄托情感。

如三年级上册和下册都有童话内容习作（图 4-1），但习作目标的要求是循序渐进的。

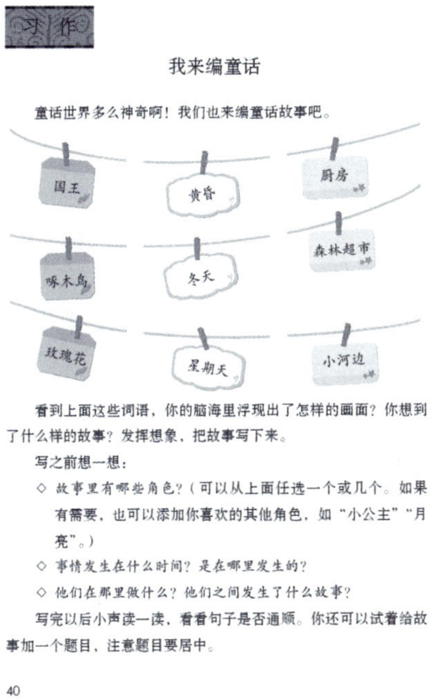
习作

我来编童话

童话世界多么神奇啊！我们也来编童话故事吧。

看到上面这些词语，你的脑海里浮现出了怎样的画面？你想到了什么样的故事？发挥想象，把故事写下来。

写之前想一想：

◇ 故事里有哪些角色？（可以从上面任选一个或几个。如果有需要，也可以添加你喜欢的其他角色，如“小公主”“月亮”。）

◇ 事情发生在什么时间？是在哪里发生的？

◇ 他们在那里做什么？他们之间发生了什么故事？

写完以后小声读一读，看看句子是否通顺。你还可以试着给故事加一个题目，注意题目要居中。

40

上册

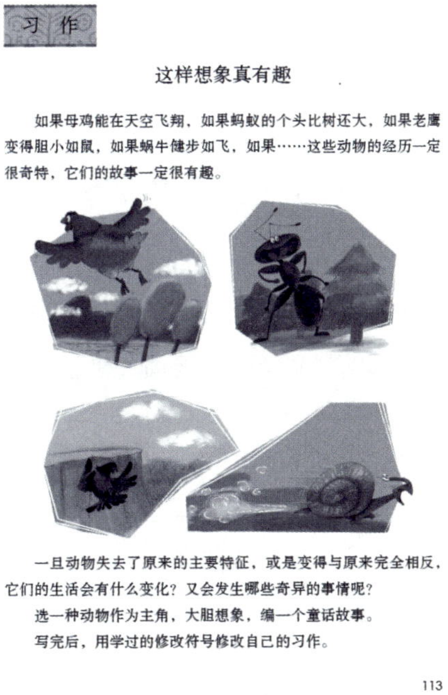
习作

这样想象真有趣

如果母鸡能在天空飞翔，如果蚂蚁的个头比树还大，如果老鹰变得胆小如鼠，如果蜗牛健步如飞，如果……这些动物的经历一定很奇特，它们的故事一定很有趣。

一旦动物失去了原来的主要特征，或是变得与原来完全相反，它们的生活会有什么变化？又会发生哪些奇异的事情呢？

选一种动物作为主角，大胆想象，编一个童话故事。

写完后，用学过的修改符号修改自己的习作。

113

下册

图 4-1 三年级上册和下册童话内容习作

　　三年级的童话习作目标，强调引导学生发挥想象。三年级上册习作目标侧重于根据故事发生时的角色、时间、地点等展开想象，下册的习作目标则进一步要求学生能抓住童话中动物的主要特征进行想象，并学会修改自己的习作，这样形成了同一年级上下册之间的习作训练序列。

　　从记实文的训练看，二年级下册写话练习有："照样子，写一写你的一个好朋友。向大家介绍一下：他是谁？长什么样子？你们经常一起做什么？"这就为三年级上册"猜猜他是谁"这样的习作训练做准备，此习作要求写出"他"让人印象深刻的特点，体现出两个年级之间的衔接性。

　　教材中的想象文类型丰富，让学生自由想象，编写童话，给了学生较大的发挥空间，有利于想象力的培养。二年级下册语文园地四"写话"——把小动物一天的经历写下来的写话经验，为三年级上册教材第三单元"习作：我来编童话"做好了铺垫。

　　即便是同一学段同一作文体裁，五年级与六年级的习作目标也是有区别的。五年级的应用文有"推荐一本书"，六年级的应用文有"学写倡议书"。"推荐一本书"创设了真实的习作任务情境，要求学生结合单元学习和以往阅读经验，把读过、认为值得推荐的好书介绍给同学，引导学生带着交际任务进行习作，同时让学生的习作服务于交际。在这样的交流互动中，学生不仅可以提高习作水平，还可以进一步拓宽阅读视野、提升阅读兴趣，落实单元双线目标。"学写倡议书"习作是一次密切联系学生生活实际的实用性练习，其目标是使学生围绕珍惜资源、保护环境等问题提出建议，使环保意识扎根心中，并转化为日常的行为，学生也可以结合自己的生活实际或自己关心的其他问题来写。

教学一线

本案例请重点关注中、高段习作教学目标的渐进序列

案例4-3　推荐一本书（五年级上册）

一、教材内容

　　第一部分，提示习作内容。联系生活激发学生的兴趣，把本次习作活动比作向同学介绍好朋友，唤起学生表达、交流、分享的欲望，同时有助于学生联系以往介绍好朋友的经验，把内容写清楚、写具体。

　　第二部分，明确习作要求。教材从写什么和怎么写两个维度，对本单元习作提出明确的要求。从写什么的维度讲，要求：一写清基本信息，二写出推荐理由。从怎么写的维度，要求：分段写、把重要的理由写具体。

　　第三部分，提出评价建议。教材注重习作评改与分享的传统，既有助于作者在这个过程中反思自己"写得怎么样"，又有助于其他同学提升习作水平、丰富阅读视野。

二、教学目标

　　1.推荐一本书，能介绍清楚书名等基本信息，重点写推荐理由，能分段写。

"推荐一本书"教材示例与教学设计

2. 突出重点，能结合书中的情节、人物、对话等，把重要的理由写具体。

3. 修改习作，并能把阅读中的独特感受和体会通过习作与人交流，激发大家阅读的兴趣。

三、教学重点和难点

教学重点：写清推荐理由，能分段写。

教学难点：能结合书中相关信息把重要的推荐理由写具体。

（二）分学段设计习作教学目标

小学习作教学内容分为："写话"教学，"习作"教学。

1. 写话教学

小学第一学段写话教学是小学作文教学的基础，也是个人习作的启蒙。《语文课程标准》为此提出了以下要求：对写话有兴趣，留心周围事物，写自己想说的话，写想象中的事物。在写话中乐于运用阅读和生活中学到的词语。根据表达的需要，学习使用逗号、句号、问号、感叹号。

根据教材和第一学段学生实际情况，一年级要求学生能够写好一两句完整的句子；二年级要求学生能够写好一个句群或简单的段落，愿意写话，喜欢写话，善于写话。基于此，我们制定了如下的目标体系（表4-5）。

写话的教学设计

表4-5 第一学段学生写话目标体系

学生训练目标	教师指导要求
1. 主要发展学生初步的概括信息、交流信息和自我表现的语言功能； 2. 能进行简单的想象，学习将句子写通顺、写连贯的方法； 3. 养成用连贯的语言写自己想说的话的习惯； 4. 在写话中乐于运用阅读中学到的词语和句式； 5. 在写话中具有正确使用逗号、句号、问号、感叹号的能力	降低难度，激发兴趣。依据系列，规范训练。不求多写，只求到位

在设计第一学段写话教学目标时，要注意目标设计的梯度。

例如，一年级的"写完整的话"的训练。先从说写一句简单的话开始，再到说写一句完整的话。教材安排了许多这样的练习。例如，一年级下册"语文园地六"的"字词句运用"："小白兔割草。小白兔在山坡上割草。小白兔弯着腰在山坡上割草。小鸭子游泳。小鸭子＿＿＿＿。小鸭子＿＿＿＿。""小鸟飞得真低呀（　　　　　）。爸爸看到我来了（　　　　　）高兴地笑了（　　　　　）"，这些是让学生学会说"谁干什么"这样最简单的二素句后，逐步掌握"谁在哪里干什么"的三素句形式，直至会说写"谁怎样地在哪里干什么"四素句的完整句式。学生通过不断地扩充练习达到说写一段通顺、意思连贯的话，并逐步学习使用逗号、句号、问号、感叹号。

教师还应根据学生的实际水平由易到难地提出不同层级要求，学生根据自己的实际情况选择相应层次的作业练习。例如，能选用三四个词语写话的为第一层次；用五六个词语写通顺句子的为第二层次；能用六个以上词语写一段通顺句子的为第三层次。这样，处在不同层次的学生各自朝着自己的目标努力。这种梯度式目标设定，可满足不同层次学生的需求，能有针对性地激发学生的写话兴趣。

本案例请重点关注第一学段看图写话的教学目标设计

教学一线

案例 4-4　看图写话教学目标设计（二年级上册）

一、教学目标

1. 学会看图（图 4-2），重点观察小老鼠面对电脑屏幕上突然出现猫时的神态。

2. 展开想象，小老鼠与电脑屏幕上的猫之间将会发生怎样的故事。

3. 能按照一定的顺序写几句意思连贯的话。

| 写话 |

看看下面这幅图，小老鼠在干什么？电脑屏幕上突然出现了谁？接下来会怎样？
快把你想到的写下来吧！

96

图 4-2　看图写话

二、教学重点

学会看图，学会写完整的句子。

三、教学难点

能进行合理想象。

这是一次看图写话练习。设计教学目标时，就要紧扣本学段写话目标、学生的写话能力、教材的具体要求，培养学生按照一定的顺序仔细观察图画的习惯，使学生展开想象，学会有条理地连贯说话、写话，激发学生写话兴趣。

2. 习作教学

中高学段习作教学目标要坚持以文化人，突出中华优秀传统文化、革命文化、社会主义先进文化方面的主题和载体，同时选择反映世界文明优秀成果、科技进步、儿童生活等主题目标。教材六年级下册的第一单元主题是"百里不同风，千里不同俗"。风俗是传统文化价值观在不同地区的差异性体现，因此，本单元设计的习作主题是：家乡的风俗。习作教学过程中，教师可结合《北京的春节》《腊八粥》等课文详略有序的表达方法，引导学生认知、理解传统文化内容，拓展"新年万象更新""团圆饭""祭祖"等内容。学生通过对家乡的风俗观察，进行详略有序的描写，了解更多的中华优秀传统文化内容，既增强了文化自信，又有效地提升习作水平。教材六年级下册第四单元的主题是"人生自古谁无死？留取丹心照汗青"。本单元课文有：《古诗三首》《十六年前的回忆》《为人们服务》《董存瑞舍身炸暗堡》等，阅读材料有《毛主席在花山》《十里长街送总理》《飞夺泸定桥》等，单元习作主题是：我的心愿。本单元特别适合向学生开展革命文化主题习作训练，无数革命先烈为了民族解放和人民幸福，浴血奋战，前赴后继，如李大钊、叶挺、飞夺泸定桥的红四团等，他们为革命事业谱写了壮烈的篇章。新时代的少年，处在和平年代，虽然不曾面临抛头颅洒热血的战场，但要有实现中华民族伟大复兴的中国梦的理想。习作"我的心愿"就可以引导学生从小立大志，心愿就像一粒刚刚发芽的种子，种在学生心的土壤中，终将开出美丽的花朵。

不同学段习作教学目标设计

第二学段习作教学既是第一学段看图说话、写话的发展，又是第三学段习作训练的基础，是习作教学承上启下的阶段。第三学段是学生从小学进入初中的过渡期，尤为重要。《语文课程标准》增加了对这一学段学生语文能力培养的要求，推动由低、中段的"放胆文"向高段的"小心文"发展。教师要注意将本学段习作教学目标从纵向、横向两个方面落实到每个学期的每个单元习作训练中。

（1）纵向序列

教师必须在整体把握习作教学总目标的基础上，研习全套教材，明晰不同学段、不同习作课的具体目标要求，形成目标序列。例如，第二、第三学段习作均有写人记事、写景状物的记实作文练习，落实到不同学段就有不同要求、不同重点。再如写想象作文，就有想象合理→想象丰富→奇思妙想这些不同层次的目标要求，教师应该在不同学段逐步落实，准确把握。

同是写人，三年级只要求抓住人物特点（上册"猜猜他是谁"，下册"身边那些有特点的人"）；通过典型事例，运用多种描写方法，具体地表现人物特点，同时学会修改交流。教师要纵向把握习作教学目标要求，瞻前顾后，注意前后学段的衔接，不"炒冷饭"，不"拔苗助长"。

同时，第二、第三学段出现了不同文体概念，而且有不同学段要求。第二学段提出了"能用便条、简短的书信进行交流"，便条、书信就是简单应用文；第三学段明确提出了文体写作目标要求，"能写简单的记实作文和想象作文""学写常见应用文"。

（2）横向联系

教师要注重教材之间的横向联系，整合习作教学单元目标，关注两大因素。

一是教材，这是主题单元内隐的"筋骨"。教师应深入思考教材中有哪些训练项目，怎样将这些项目梳理、选择、排列，形成一个循序渐进的训练链条。此为主题单元的"经线"，体现着习作教学的"历时性"。二是儿童生活，这是主题单元外显的"血肉"。围绕主题单元"经线"上的训练节点，深入与之对应的儿童生活"纬线"，体现着习作课程的"共时性"。这两者相互交织，生成以儿童为主体的习作教学活动。

同时，要把练笔辐射到阅读课上，课程设置中学生习作练笔的机会不多，次数有限，必须借助阅读加强训练。例如，四年级下册第四单元，该组教材的主题是"作家笔下的动物"，前两篇课文是《猫》《母鸡》，是同一作家写的不同动物；后一篇课文《白鹅》和阅读链接《白公鹅》，是不同作家写的同一种动物。同样写动物，但作者的观察角度不同，心理体验不同，运用的表达方法自然也不同。教师可以将"学习抓住动物特点进行具体描写的方法"确定为该单元的习作教学核心目标，使习作和阅读有机结合在一起。

又如三年级上册的习作训练，内容编排非常丰富，形式多样：有写人的、记事的，有观察日记、调查报告、看图写话、童话故事等。教师在设计习作教学目标时，就要注意相互联系，各有重点，力争一练一得，避免面面俱到。

再如五年级上册第五单元，该单元的两篇阅读课文《太阳》《松鼠》都为说明文。单元说明强调：阅读简单的说明性文章，了解基本的说明方法；搜集资料，用恰当的说明方法，把某一种事物介绍清楚。因为这是小学生第一次接触说明文，教材提供了两篇习作例文《鲸》《风向袋的制作》，习作训练要求是"介绍一种事物"，并用表格的形式提供了与动植物、物品、美食等相关的事物。这样阅读与写作整合，学生训练有"文"可仿，有"法"可依，有"料"可取，这正体现了教材编者随文学写的意图。

合作研习

以小组为单位，根据二维码所提供的三年级下册"身边那些有特点的人"和五年级下册"形形色色的人"的习作要求，设计第二、第三学段习作教学目标。

提示：

1. 三年级强调写身边熟悉的人，并提供了能够体现人物性格词语示例；五年级强调选择典型事例把人物特点写具体，结合课文指导，用典型事例突出人物性格。

2. 三年级只要求一人一事，用上表示人物特点的词语示例；五年级则进一步要求运用本单元学过的描写人物的方法，用多种手法从多方面具体描写人物性格。

教材示例：身边那些有特点的人、形形色色的人

第二单元　习作教学内容设计

合作研习

一位教师对四年级下册第七单元的习作训练"我的'自画像'"的教学进行如下设计。

第一步，通过出示学生熟悉的动画形象创设情境，引导学生说说他们的特点。第二步，出示两段描写本班同学外貌特征的文字，猜猜他（她）是谁；第三步，学生通过"照镜子"说说自己的外貌特征；第四步，例文引领，学写如何介绍自己。

现场效果是：学生在说自己的特点时，没有明显的区别，近乎一个"模子"印出来；而"照镜子"时的外貌，也大同小异；介绍我自己，更与例文如出一辙，只是改改姓名、性别等，出现了千人一脸的"怪象"。

尽管教师以范例引领，但学生习作效果不尽如人意。教师本想通过自己的"举一"，得到学生的"反三"，本想通过"猜一猜""照镜子"等情境让学生学会具体描述自己的外貌，结果反而限制了学生的写作思路，抑制了他们写作的个性、灵动的表达。

请小组内讨论，说说：这是为什么？

一、习作教学内容设计依据

高耗低效是当下小学作文教学最普遍的现象，各学段习作训练缺位与越位现象严重。第一学段的"写话"与第二学段的"习作"脱节，第二学段不注重段的训练，越位进入篇的训练，致使学生第三学段的习作基础欠缺。

（一）习作内容的梯度

习作内容除了遵循《语文课程标准》的要求（第一学段写想说的话和想象中的事物；第二学段写见闻、感受和想象；第三学段写丰富的见闻、独特的感受），还应根据学生的年龄特点、心智水平、现实生活、兴趣爱好等选择恰当的训练内容。

> ○实践指导
> 不同学段的教学重点与阶段特点是什么？

第一学段：这一学段的学生以直观形象思维为主，教材内容也多为童话，因此可以选择简单的童话故事续编、改编或绘本拓写训练，加强词语积累，重点训练说完整句，进而进行连句成段、写简单故事的训练。

第二学段：习作内容应从自己到他人，扩大视野，扩大写作的空间。侧重记叙文片段训练，强化训练观察、联想、幻想等思维能力和描写、叙述的表达能力，进行小篇章训练。

第三学段：将关注面扩大到社会、网络、经济、环保等社会热点话题。侧重篇章训练，注重个性表达，学会抒情、议论，鼓励创新；从描写向想象再到抒情、议论发展；从句到段进而到篇章训练。

（二）思维发展的梯度 ①

小学生思维是由具体形象思维逐渐向抽象逻辑思维发展，习作教学内容也应遵循这一思维发展规律。第一学段的学生想象力丰富，以形象思维为主。第二学段的学生由具体形象思维向抽象逻辑思维过渡，处在观察活动的"敏感期"，能初步运用概念进行判断推理，思维变得有序、完整，目的性较明确，因此最佳的习作训练内容是观察作文。第三学段的学生逻辑思维能力有了一定的发展，教师要帮助他们学会借助逻辑推理揭示事物间的内在规律和因果关系，引导使用议论性语言。

（三）语言发展的梯度

学生语言能力的发展同样具有鲜明的阶段性特点，认识和把握这些特点，是提高习作教学不可或缺的基础和前提。

第一学段学生可以通过句的练写，了解和掌握基本句式。此阶段学生的口头表达大大优于书面表达，可以采取鼓励学生用拼音代替不会写的或者没把握的字词，或者是"你表达，我书写"的策略，学生口述作文，家长记录，学生再朗读、抄写。第二学段学生可以利用课文中规范的段式结构进行片段仿写。教师通过创设情境，引导学生进行人、景、物的观察素描系列作文，训练取材、炼材、组材等能力。第三学段训练写篇章，教师指导学生运用修辞手法，掌握记叙、说明、抒情、议论等表达方式，使学生享受个性化表达带来的言语体验。

（四）教学训练的梯度

教师要按照学生习作学习规律及能力发展规律，制定不同年级习作教学训练目标。以教材中的写人习作为例，第二学段有"猜猜他是谁""身边那些有特点的人""我的'自画像'"；第三学段有"'漫画'老师""他陶醉了""把一个人的特点写具体"。第一学段可以让孩子们自由轻松地介绍自己、家人、熟悉的伙伴，进行有关"人"的写话训练。第二学段可以从"自画像""介绍兴趣爱好"等单一内容入手，侧重落实片段的具体化。第三学段要求通过描写人物的外貌、语言、动作、神态和心理活动表现人物的特点，刻画人物形象。

（五）习作评价的梯度

小学阶段的习作评价，要重视激发学生写作兴趣，引导学生热爱生活、鼓励表达真情实感。第一学段以激励写话兴趣为主；第二学段重在指向放胆习作、减少束缚；第三学段侧重于具体明确、文从字顺地表达自己的见闻、体验和想法等方面。同样写漫画作文，五年级上册的"'漫画'老师"，训练内容是引导学生从外貌、衣着、性格、喜好等方面来观察漫画中的老师，选择能突出其性格特点的一两个具体事例，读给老师听，看看老师对写自己的作文评价。而五年级下册

---

① 缪晓芬. 搭好小学习作训练梯度，让孩子们拾阶而上 [J]. 海峡科学，2015(2): 92-93.

的"漫画的启示",通过两幅漫画"等着乘凉""待业啄木鸟"启发学生思考,同时引导学生按照"观察→思考→撰写"的顺序进行习作训练。由此可见五年级下册漫画习作训练重点不在于画面内容描述,而是观察漫画获得的认识、思考等启示。

(六)数字化环境的变化

数字化环境为小学习作教学注入了新的内容,新媒体及其他数字媒体资源为习作教学提供了丰富的载体。如各类作文网站、名师习作博客、中小学习作教学主题公众号、各类电视节目等,使习作教学内容更加灵活、广阔。同时,教学内容除了类型丰富、时代性强以外,教师将学生的优秀习作转化为共享资源,也加快了学生习作的交流与互鉴。

合作研习

认真研读六年级上册第二单元"多彩的生活"习作要求,结合"语文园地"的"交流平台"内容,根据《语文课程标准》关于发展型学习任务群中的"实用性阅读与表达"要求,拟写习作教学内容设计。

设计提示:

1. 指导学生积极参加"祖国在我心中"朗诵会、学校运动会、六一儿童节演出等校内外活动;

2. 在活动中善于倾听、观察、思考,获取、整合有价值的信息;

3. 通过记笔记、列大纲、绘制思维导图等形式整理和呈现信息;

4. 通过多种形式的书面表达,分享活动所见所闻,所思所感;

5. 表达清楚得体,有效传递信息,满足家庭生活、学校生活、社会生活沟通交流需要。

方法指导:

以场面描写为例。

(1)指导学生描写活动中的场面:"面"的描写。

① 地点、时间、活动内容。

② 会场布置描写顺序;东、南、西、北;空中、地面。

(2)指导学生描写活动中的人物:"点"的描写。

① 可以写自己,也可以写别人。

② 描写人物的语言、动作、心理、神态。

(3)指导学生掌握描写顺序:一般按时间顺序,也可以按方位顺序。

二、不同学段习作教学内容设计

"习作"是小学语文单元教学达成的最高目标,习作教学内容从不同角度指向和对应这一目标。我们在分析习作教学内容设计依据的基础上,来了解不同学段习作教学内容。一般情况下，习作教材在内容结构上包括三部分：习作内容、习作提示、习作要求[①]。

（一）第一学段写话教学

第一学段写话教学常存在两难选择：如果对语言表达提出明确要求，学生有可能产生畏惧心理，丧失信心；如果只一味强调兴趣，降低语言表达质量要求，又会影响小学生整体写话水平，无法达到训练效果。

1. 写话教学的主要内容

《语文课程标准》对第一学段的写话要求是：对写话有兴趣，写自己想说的话，在写话中乐于运用阅读和生活中学到的词语，学习使用逗号、句号、问号、感叹号。下面我们按年级、训练内容分别加以说明。

（1）按年级分

低年级写话训练可按"练句—连句"的程序进行，即一年级以写好一句话为主，二年级进行"连句成段"的句群训练。低年级小学生只要达到可以"正确、完整、通顺、具体"地写一句话、一段话（一个句群）即可。这是教师在进行写话教学前必须明确、必须遵守的原则。

① 一年级：写完整句子

一年级汉语拼音教学结束后，提倡学生用汉语拼音写话，鼓励学生动笔。一方面引导学生用学过的词写完整、通顺的句子，另一方面以丰富多彩的生活为内容进行一日一句的写话训练。由一年级上册的"写完整一句话"，过渡到一年级下册的"写好一句话"的训练。

学生说话、写话应该从基本句式练起。从二素句"谁在干什么"，过渡到三素句"谁在哪儿干什么"，发展到四素句"什么时间＋谁＋在哪儿＋干什么"。还要训练学生使用逗号、句号、问号、感叹号等标点符号。例如，二年级上册语文园地六练习"给下面句子加上标点，再读一读"：一阵秋风吹过（　　）树叶像蝴蝶一样飘落下来（　　）；我们去公园玩（　　）公园里花真多呀（　　）；这棵树的叶子真奇怪（　　）是什么树呢（　　）。

如，"看""说""在""是""被""把"字句等：

我看见一只小鸟落在草坪上。（"看"字句）

李奶奶说："你真是个好孩子。"（"说"字句）

我在山坡上放牛。（"在"字句）

你是我的好朋友。（"是"字句）

雨伞被哥哥拿走了。（"被"字句）

妈妈把我的书包补好了。（"把"字句）

② 二年级：连句成段

二年级学生要进一步拓展一年级写完整句子训练，继而连句成段。如二年级上册《葡萄沟》课后训练的"读读下面的句子，照样子写一写"；《纸船和风筝》的"读一读，比一比"以及"选做：小熊也想写一张卡片，挂在风筝上送给松鼠，请你替他写一写吧。"二年级下册除了在"语文园地"中安排了四次主题写话训练外，还在"语文园地"的"字词句运用"中、随文的课后练习中设计了与写话有关的训练。《彩色的梦》是根据课文内容进行段落仿写；《枫树上的喜鹊》是依据情境想象画面，补写形象的心理与语言。

此外，教师还可以进行"一词多句"的训练和引导。如以"鼓励"造句：

语文课上，老师走到我面前鼓励我说："勇敢点，相信你的第一次！"

在老师的鼓励下，我第一次参加了课本剧的表演。

同学们的掌声确实给了我很大鼓励，从此我有了自信。

这几句话连起来，不仅可以再现情境，而且可以在引导句子训练的基础上进入连句成段的训练。又如"黑板"，这是一个极普通的词语，毫无感情色彩，但教师引导得当，同样可以拓展孩子的思维，训练学生的造句能力。

我们的教室里有一块黑板。

黑板是长方形的，是用玻璃制成的。

黑板的上方写着"好好学习，天天向上"。

上课时，老师在黑板上写字。

下课了，我们把黑板擦得干干净净。

这几句话是从黑板的数量、形状、材质等几个方面来写的，可以看出学生观察细致。

从以上两例中我们可以发现，对低年级学生的用词造句训练，不仅能发展学生的语言，同时也能增进他们观察、思维、表达、想象等方面的能力。同时，教师可以引导学生用"首先……接着……然后……最后……""有的……有的……有的……还有的……""一会儿……一会儿……"等进行连句训练。

（2）按训练内容分

①编童话

低年级儿童好幻想，童话的基本特点也是幻想，符合儿童的认知特点，可利用童话对小学生进行多种形式的写话训练。

A. 听童话，编童话，即先由教师讲童话故事，再让学生接着编。

B. 看图画，编童话。如二年级上册"语文园地七"的写话训练；二年级下册"语文园地四"关于"小虫子、蚂蚁与蝴蝶用鸡蛋壳做的事"的看图写话训练。

C. 看实物，编童话。如"文具盒里的争吵"。

D. 联系生活编童话。如指导学生编"桌子和椅子的对话"。

E. 结合课文编童话。如二年级上册《风娃娃》的课后思考"生活中风还能做些什么？"《雪孩子》的泡泡语"看着雪孩子变成了白云，小白兔心里会想些什么呢？"二年级下册《蜘蛛开店》的课后思考"接下来会发生什么事？展开想象，续编故事，讲给大家听。"

②看图说话、写话

看图作文的教学
设计

看图说话、写话是培养学生观察能力、思维能力、想象能力的有效手段。教师可以让学生从看单幅图发展到看多幅图，从看图说一句话到说几句话，再到说一段连贯的话，逐步过渡到根据图画内容编故事。

看图说话。教学中一般有"选图""看图""说图"三个环节内容。首先是选图。图的内容要健康，形象鲜明，故事完整，主题突出，能引起学生的兴趣。其次是看图。要指导学生学会看图，注意看图顺序，或整体到部分，或从上到下，或从左到右，学会有顺序地观察。最后是说图。注意说话的条理性，内容要完整，表达要清楚。

看图写话。在仔细观察、合理想象的基础上，梳理内容，明确顺序，把话写通顺、完整，事情写明白，书写格式正确。引导学生按顺序有重点地观察图画，进行合理想象，比较有条理地写出来。

③写祝福语或留言条

二年级上册语文园地四"学写留言条"：先写留言条的标题，再写是留给谁的，然后写有什么事，最后写自己的名字和时间。教师通过例文引路，提供写留言条的要求，循序渐进地教给学生写话方法，为进一步的应用文习作训练作铺垫。

2. 写话教学内容设计

（1）积累中练笔，夯实写话基础

写话教学内容设计

第一，口语积累——从说到写，激发表达欲望。第一学段的学生通过"口语交际"进行说话训练，这是学生在识字不多情况下的有效学习策略，可以提高书面语言的数量和质量，培养语感。例如，学完拼音后，让学生对着拼音图片说话，写词句，这样既能巩固拼音的运用，又能丰富语言和词汇。例如，《乌鸦喝水》："一只乌鸦口渴了，到处找水喝。"乌鸦为什么"到处"找水喝？引导孩子们结合自己的体验，想象乌鸦难受的滋味。

第二，书面积累——从抄到写，培养写话兴趣。第一学段学生的语言积累，呈现出言语单位逐级扩大的发展轨迹。首先是识字、学词，然后是连词成句，连句成段，结段成篇。在学生识字不多、写字不熟练的情况下，教师可充分利用课本资源，让学生抄写有关词语、句子和段落，丰富他们的词汇量，形成词语、句子和段落的书写意识。

学生完成词语、句子填空练习的同时，将经历从感知到理解、从抄写到运用的言语实践过程，积累写话素材。

（2）阅读中练笔，丰富写话体验

教师要引导学生进行经典句、段、篇等的模仿、迁移训练，这种训练使学生在潜移默化中丰富写话体验。例如，学习课文《坐井观天》《我要的是葫芦》时，让学生展开想象，练习续写、仿写。这样的读写练笔既能使文本语言内化为学生

的文本感悟，又能养成积累运用语言的习惯。

例如，阅读了《葡萄沟》后，让学生进行仿写训练，提醒学生注意段落中画横线的部分，并根据课文模仿填空，描述自己见过的场景：

<u>葡萄种在山坡的梯田上</u>。茂密的枝叶向四面展开，<u>就像搭起了一个个绿色的凉棚</u>。到了秋季，<u>葡萄一大串一大串挂在绿叶底下</u>，有<u>红</u>的、<u>白</u>的、<u>紫</u>的、<u>暗红</u>的、<u>淡绿的</u>，<u>五光十色</u>，美丽极了。

这种仿写训练以课文为情境，先让学生通过阅读领悟并内化课文的句式表达，然后进行模仿，丰富写话体验。

（3）观察中练笔，彰显写话个性

第一学段课文都是图文并茂的精品，如诗如画，教师要从课本中汲取养分，培养学生观察插图的能力，想象情境画面，进行个性表达。低年级学生看图写话时常存在观察不细致，缺乏深入观察，前后内容不连贯，表达缺少条理没有个性，不能发现图中的一些重要信息、图中各种事物的特点及不同事物之间存在的联系等现象。这些也是低年级学生在写话过程中普遍存在的难点问题。教师要引导学生仔细观察"什么时间？在哪里？图上有什么（人、物或景）？有什么活动？"，也就是时间、地点、人物、事件。通过仔细观察，展开想象，学生能够详细写出每幅图"最重要的情节"，如人物间的对话，并能够用上恰当的词语。这种练笔，学生有具体可感的观察材料，就有话说，还能说得有个性。第一学段学生的词语和句子积累量有限，不能苛求写作质量，只要语句通顺、意思明白、句式完整即可。

"猫和老鼠"写话教学设计

（二）第二、第三学段习作教学

第二、第三学段习作教学要突出练笔的性质。对学生进行常见的、简单的记实作文、想象作文和应用文的训练，使其掌握相关的作文格式，有助于培养学生的观察能力、想象能力和语言表达能力。

1. 习作教学的主要内容

《语文课程标准》明确提出了"能写简单的记实作文和想象作文""学写常见应用文"等要求。分析三至六年级上册习作教材内容（表4-6），可见中、高年级习作教学的主要内容为记实作文、想象作文和应用文。

表4-6　三至六年级上册习作教材内容统计表

三年级上册	四年级上册	五年级上册	六年级上册
猜猜他是谁	推荐一个好地方	我的心爱之物	变形记
写日记	小小"动物园"	"漫画"老师	多彩的活动
我来编童话	写观察日记	缩写故事	＿＿＿让生活更美好
续写故事	我和＿＿＿过一天	二十年后的家乡	笔尖流出的故事
我们眼中的缤纷世界	生活万花筒	介绍一种事物	围绕中心意思写

续表

三年级上册	四年级上册	五年级上册	六年级上册
这儿真美	记一次游戏	我想对您说	学写倡议书
我有一个想法	写信	＿＿＿即景	我的拿手好戏
那次玩得真高兴	我的心儿怦怦跳	推荐一本书	有你，真好

（1）记实作文

小学中、高年级的记实作文主要包括写人、记事、写景状物等。

写人：要通过人物的外貌、动作、语言、心理以及人物的经历、命运的记叙和描写，反映人物的思想品质等，突出人物的特点，其特点又包括外貌特点和性格特点。以塑造人物形象为中心、事为人存，可以是一人一事一品质，选取最能表现人物性格特点的典型事例，用行动表现品质，用语言表现性格；也可以是一人多事一品质，注意根据主题需要选材，有详有略。

记事：要交代清楚事件的六要素，即时间、地点、人物、起因、经过、结果。以事件经过为记叙重点，适当运用多种表现手法。要突出主要事件和人物语言、动作、心理活动等细节。写活动时，按照活动介绍、活动场面、典型事例、活动影响等顺序进行描写。

写人、记事作文的区别：写人的文章是为表现人而写事，写事的目的是刻画人物形象，是对人物的某种性格特征等的"举例证明"；记事的文章着笔于事件，事件应是完整的，给人印象最深的是事件本身。

写景状物：写景是对自然景观的生动描绘，状物要把现实生活中有意义的物件（如动植物、建筑、器具等）较深刻地表现出来。无论是景还是物，先从整体入手，多用总分总的方法，通过比喻、夸张、拟人、排比等修辞手法进行描绘。

（2）想象作文

想象作文可分为两类：一是写自己的设想、追求、愿望、梦境等的习作，这类习作往往和科幻结合在一起。二是童话，运用拟人手法，把各种动植物、物品想象成人，通过有趣的故事，告诉读者某个道理。想象文给了学生更为广阔的思维空间，是学生比较感兴趣的作文形式。

想象作文以想象为主，学生根据自己的生活经验和阅读、观察获得的知识，驰骋想象，虚构情节。教材为此安排了极其丰富的习作训练。如二年级上册看图写话"猫和老鼠"；二年级下册看图写话"小虫子、蚂蚁、蝴蝶与鸡蛋壳"；三年级上册"我来编童话"；三年级下册"奇妙的想象""这样想象真有趣"；四年级下册"我的奇思妙想""故事新编"；五年级上册"二十年后的家乡"；六年级上册"变形记"等。这类作文为学生开拓了广阔的创造性思维活动的天地，教师可以引导学生充分展开想象，适当运用本组课文表达感情的方法，也可以

让学生就学习生活中的各种可能进行想象，或结合范文学习，还可与课外阅读结合起来。

① 想象要合理、丰富

以《去年的树》为例，鸟儿飞越千山万水，从温暖的南方飞到雪已融化的北方森林，来找她的好朋友树。可是，树不见了，她问树根、门先生、煤油灯旁的小姑娘，当她看到火柴点燃的火还在油灯里亮着，她睁大眼睛盯着灯火看，再次唱起了去年唱给树听的歌。这些想象奇特新颖，但读者觉得合情合理，因为这种想象与现实生活有着相似的点，就是人们对友情的渴望，对友谊的珍惜，特别是对人际交往中可贵的品质——信守诺言的追求。

② 想象要新颖

文贵于新。新奇的想象，更能表现客观现实生活的多样性，便于学生真实地表达内心感受。教师应多指导，少限制，用孩子的眼光去审视学生的习作，培养学生的创新能力。

想象的形式有：

再现，侧重写景状物或叙事，再现脑海中对相关事物的印象。

移植，学生可以按自己心目中的特定形象，结合生活实际，进行移植想象。把想象与现实生活中的事物、人物巧妙地联系起来。

幻想，是更为大胆的想象。对于未知的世界，学生可以天马行空地想象，不受任何限制。

（3）应用文

应用文是人类在长期社会实践活动中形成的一种文体，是人们传递信息、处理事务、交流感情的工具，有的应用文还被人们用来作凭证和依据。《语文课程标准》要求小学第二、第三学段的学生应会写便条、简短的书信、读书笔记等应用文。这为小学生日后适应学习、生活和今后的工作奠定基础。

应用文语言简明，实用性强，有自身固定的格式和要求。在教学中，学生要联系具体内容，掌握相应格式要求，并懂得为什么必须按规定的格式来写。应用文重在"用"，教师应联系实际，让学生多练，在练中掌握格式，懂得写应用文的意义。教材在低年级的写话教材中，就已经出现了应用文训练，如一年级上册语文园地八"给家人或朋友写一句新年祝福的话"；二年级上册语文园地四写话训练的"学写留言条"。小学第二、第三学段的习作训练也都涉及应用文。如三年级上册"写日记"，要求了解日记内容及格式；三年级下册"我做了一项小实验"，要求介绍实验过程；四年级上册"写观察日记"，要求描写观察过程，写出观察时的心情和想法，观察要细致；四年级上册"写信"，要求了解书信格式；等等。

2. 第二学段习作教学内容设计

《语文课程标准》对第二学段习作教学目标定位为："能不拘形式地写下自己的见闻、感受和想象。"第二学段以观察习作为主，观察习作是以眼前

中高学段习作教学
内容设计

的、特定的静物、动物、人物、景物或活动等为对象，学生在仔细观察、把握对象主要特征的基础上，以片段或简单的篇章，将对象比较具体、真实地表达出来的习作训练形式。教师可以引导学生认真观察，如实反映观察对象，可使学生养成一丝不苟地对待生活，真实表达所见、所感的态度和习惯，这不仅解决了学生在习作时无话可写的难题，还有助于培养学生写真情实感的良好文风。

（1）构建完善的训练体系

观察习作应构建清晰、完整、合理的观察体系，不应是盲目的和随意的。例如，苏霍姆林斯基在帕夫雷什中学曾提供 233 个习作题目，其中观察习作就有 116 个，占总数的 50% 以上。这些习作可分成两类：一是描写成分较多、具有一定文艺色彩的，如《学校附近的花》《晚霞》《春天的溪流》等；二是说明成分较多、科学性较强的，如《燕子筑巢》《小麦是怎样抽穗的》等。[①] 这些题目显然是经过精心设计而构成系列的，隐约勾勒出其训练体系的大概。小学第二学段观察习作训练体系包括静物、动物、人物、景物和活动等的观察和叙写，遵循由简到繁、由易到难的原则。同时，可适当旁顾阅读教学，教材中不乏堪称观察和表达典范的课文，如《猫》《爬山虎的脚》《蟋蟀的住宅》《观潮》等。训练项目的安排应便于学生从中学习观察和表达，以发挥读写结合的功能和优势。此外，完善的观察习作训练体系，还应包括课外观察笔记。它不但是课内观察习作的补充，而且有利于养成学生的观察习惯。

（2）给予细致的观察指导

第二学段的学生尚未经历系统的观察训练，更未掌握观察的基本技能，教师要给予充分、细致的指导。首先，教师要用好指导语。教师在指导学生观察活动时，要以明确、清晰的语言，向学生下达观察任务，巧妙地运用提问指明观察的方向，并力求深入观察对象的细微部分，让学生以总分、上下或左右等常见的观察顺序去观察，使之练就有序观察的技能，使观察所得趋于全面和精确。其次，引导学生调动多种感官进行观察，通过视觉、听觉、嗅觉、味觉、触觉等，提高观察的广度、深度。请看学生习作：

　　一串串绿色的指头尖大小的葡萄，晶莹透亮，挂在葡萄架下，像珍珠一样美丽，又像小猫的眼睛，躲在叶子下面一眨一眨的。我小心地摸了摸，凉凉的，润润的，滑滑的，就像婴儿的脸。摘了一颗剥开，果肉是半透明的，还有很多细细的、短短的、好像天鹅绒的丝。放进嘴里，呀！甜甜的，酸酸的，味道比果冻更美！你要是不小心，它就自己滑到你喉咙里去呢！可是，多吃几颗，就越来越酸。要是你太贪吃，就是你喝水，喝粥，也让你酸得捂住牙直叫唤。你的牙已让葡萄酸倒了，谁叫你馋呢！[②]

　　这是一段静物的观察习作，之所以写得真切、动人，得益于习作者多种感官

---

① 施茂枝.确保教学与学生的适配：中年级应以观察习作为主 [J].天津师范大学学报，2012(1)：54-58.

② 施茂枝.确保教学与学生的适配：中年级应以观察习作为主 [J].天津师范大学学报，2012(1)：54-58.

的参与。

（3）促进语言的同步发展

观察习作是融观察、书面表达等诸多能力于一体的综合训练，将观察所得转化为"文"，才是完整的习作过程。观察的质量虽至关重要，但不是决定习作质量的全部因素，相应的语言能力也不可或缺。所以，观察能力与书面表达能力的同步发展，是观察习作教学之要义。教师可以借助教材内容，引导学生对优美佳句进行赏析，进而将观察所得内化为语言表达。例如，学习《荷花》"荷叶挨挨挤挤的，像一个个碧绿的大圆盘。白荷花在这些大圆盘之间冒出来"时，教师可以引导学生赏析重点词语：挨挨挤挤、……像……、冒等，并让学生在此基础上练写。

教学一线

本案例请重点关注教师是如何丰富学生语言表达的

案例 4-5　特级教师于永正《双人伞》教学片段

师：撑开以后又是怎样的呢？

生：撑开以后，伞是圆形的，像个花乌龟壳。

生：像"忍者神龟"的壳。

师：说得多形象啊！这是伞面的特点。（板书：伞面）其他部分还有什么特点？

生：伞里边的"那个"跟一般的伞不一样，是分开的。

师：你说的"那个"是不是这个（指伞骨）？

生：是的。

师：这叫伞骨（板书：伞骨）。

……

学生认识的事物和自身的语汇有限，观察后却无法命名表达的现象极为普遍。案例 4-5 中，"伞面""伞骨"都是学生语库里没有的词语，于老师相机传授新的语汇，为观察所得命名，以此丰富学生的语言。

（4）激发学生的习作兴趣

习作是一项难度较高且具有一定创造因素的综合性训练，中年段学生要较好地完成这项训练，激发他们习作的兴趣十分重要。为了调动学生自主习作的兴趣，有一位老师对"春游"习作，做了如下设计。

教学一线

案例 4-6 "春游"习作教学设计 [①]

学生很爱春游，可这位语文老师（班主任）故意说："学校要安排大家去春游，可我不太愿意让你们去，如果你们确实很想去，就说说让我批准你去的理由吧！"然后，老师要求学生用书面的形式报告。学生送上报告后，老师又说："理由是很充分，可是怎么去？去了之后要开展什么活动？应该注意什么？你们得想清楚。想好后用书面的形式报告老师，不然我不放心。"学生为了能去春游，都积极主动地写作文。其实，这是老师巧妙地让学生在做习作的片段练习，当然也让春游有了充分的准备，可谓一举多得。回来后，老师又让学生谈春游的感受、收获与启发，并将这些写成文字，展示在黑板报、学习园地和手抄报上。

在这一设计中，教师把"春游"这一习作中的难点，通过激发学生写的兴趣化解得无影无踪。第二学段的学生对习作已经没有神秘感，还存在不同程度的畏难情绪，不注意观察，也不善于观察，不重视语言文字的积累和运用，生搬硬套现象比较严重。教师要激发学生对作文的"好感"，尊重孩子独特的感受，指导学生留心生活，掌握观察的方法，多读书，才能"笼天地于形内，挫万物于笔端"。

3. 第三学段习作教学内容设计

第三学段是学生从小学进入初中的过渡期、由儿童进入少年的转型期。针对学生身心特点，教师要尽快让学生由"放胆文"向"小心文"发展。因此，教师在设计该学段的习作教学内容时，既要珍视学生的个人感悟，又要丰富习作训练内容，加强习作评价指导。

还要注意从第二学段到第三学段习作训练的衔接。积累上，从词句到篇章；观察上，从大略到细致；选材上，从合理到典型；顺序上，从局部到整体；描写上，从方法到运用。这一学段习作教学内容设计上要强化以下几点。

（1）珍视个人感受

《语文课程标准》明确提出第三学段要"懂得写作是为了自我表达和与人交流""珍视个人的独特感受"等，目标强调了"自我""独特"。个性是作文的灵魂，好文章就是因为有鲜明的个性才显得有价值。学生不珍视自己的独特感受，就不能写出个性化的作文，因此许多小学生作文中会出现圣人化的情感、功利化的思想和成人化的语言。

如《景阳冈》中描写武松"明知山有虎，偏向虎山行"的打虎行为。武松见一只吊睛白额大虫来，"便拿那条梢棒在手里，闪在青石边""武松见大虫扑来，

---

① 曾乔遑，吴飞爱．唤醒　引导　激励：小学中年段习作指导的几点做法 [J]．作文教学研究，2009(4)：84-85.

只一闪，闪在大虫背后""武松只一躲，躲在一边""武松却又闪在一边"。而那大虫拿人，只是一扑、一掀、一剪。那大虫先是"把两只爪在地上略按一按，和身望上一扑，从半空里撺将下来"，然后"便把前爪搭在地下，把腰胯一掀，掀将起来"，最后"把这铁棒也似虎尾倒竖起来，只一剪"。待那大虫三般提不着时，武松"双手轮起梢棒，尽平生气力，只一棒，从半空劈将下来"。梢棒打在枯枝上，被折做两截，那大虫翻身扑来，"武松又只一跳"，把半截棒丢在一边，"两只手就势把大虫顶花皮揪住，一按按将下来""武松把只脚望大虫面门上，眼睛里只顾乱踢""武松把左手紧紧地揪住顶花皮，偷出右手来，提起铁锤般大小拳头，尽平生之力，只顾打"。这一段酣畅淋漓的动作描写，既生动地展示了大虫由来势凶猛到苦苦挣扎再到最后变成一堆似躺着的锦布袋的变化状态，又形象地刻画了武松以退为进的策略、机谨敏捷的身手和临危不惧的神态。写大虫，根据老虎的身形及猎食动作特点，紧扣"扑、掀、剪"三个动词；写武松，重点突出"闪、躲、抢、跳、按、踢、打"等一系列由闪躲到抢、按、踢、打的动作变化。本文生动地刻画了武松这样一个在梁山一百单八将中排行第十四被称为"行者武松"的鲜活形象。教师可以借此启发学生：武松之所以能够成为文学画廊里鲜活的形象，关键是他独一无二的个性；在描写人物时，绝不能千人一面，而要抓住人物的个性特点去写，那样描写出来的形象才会有血有肉，才会有永久的生命力。

（2）强调内容具体

《语文课程标准》对第三学段学生的习作要求是"能写简单的记实作文和想象作文，内容具体，感情真实"。但现状却是写作内容空泛而不具体，这是小学生作文存在的最突出而又最普遍的问题。那么，如何做到内容具体呢？

首先，要仔细观察，处处留心周围的人和事，这是把一段话写具体的基础和前提。例如，《观潮》中写道："那条白线很快地向我们移来，逐渐拉长，变粗，横贯江面。再近些，只见白浪翻滚，形成一堵两丈多高的水墙。浪潮越来越近，犹如千万匹白色战马齐头并进，浩浩荡荡地飞奔而来；那声音如同山崩地裂，好像大地都被震得颤动起来。"如果作者没有认真仔细观察，怎么能写出如此具体壮观的钱塘江大潮场面？

其次，要展开联想与想象，使习作内容具体化。比如炒菜，可以在炒菜的过程中加入一些想象画面。"爸爸把嫩嫩的小白菜倒进油锅里，听到什么声音了？""铲子和锅底热情地打着招呼。""爸爸又拿盘子，你又听到了什么？""噼里啪啦"是油锅里油花四溅的声音，"叮叮当当"是炒菜的声音，"咣咣咣"是盘子之间的碰撞声。增加了这些象声词，习作内容就更具体，语言的张力就更大。

再次，用善于进行细节描写，运用修辞手法把内容写具体。如这段文字："这位年轻俊朗的厨师从刀架上抽出一把亮闪闪的切菜刀，他左手将一个大萝卜按在砧板上，手起刀落，一连串的哒哒哒的声音不绝于耳，仿佛战马撒开四蹄

○ 实践指导
如何指导学生把作文写具体？

飞奔而来，好像一阵持续不断的急促敲门声撞击心房，犹如豆大的雨点纷纷扬扬地滴落在砧板上。随着切菜的节奏，厨师手臂不断抖动着，他的肩膀在手臂带动下高高低低耸动着。他右脚尖着地，后脚跟不时地抬起落下，跟着手臂打着节拍。再看砧板上的萝卜被切成了细丝，像潮水一般不断地从菜刀下涌出来，根根细如白丝，前赴后继地码放在一起，越堆越高，成了一座洁白如雪的小山。椭圆形的砧板在菜刀的攻击下，在桌上轻微地颤动着，好像多日不见的两个亲密的老友，搂抱在一起窃窃私语。"作者用拟声词对声音进行了模拟，然后用比喻句"像战马飞奔，像急促的敲门声，像雨点滴落在砧板上"使动作更显具体生动。同时这个切菜的动作关联了厨师肢体、萝卜和砧板的变化，使切菜的动作变成了切菜的画面，生成了切菜的情景。

这样读写结合的指导，才能使学生把习作内容写具体。

（3）加强评价指导

习作评价主要分为习作批改与讲评。教师应按照不同学段的目标要求，综合考查学生习作水平的发展状况。第一学段主要评价学生的写话兴趣；第二学段是习作的起始阶段，要鼓励学生大胆习作；第三学段要通过多种评价，促进学生具体明确、文从字顺地表达自己的见闻、体验和想法。

习作批改主要有四个方面内容。① 思想内容：思想感情是否真实，内容是否具体。② 篇章结构：有无重点，层次、详略是否得当。③ 语言文字：语句是否通顺，用词是否恰当，有无错别字，标点符号运用得是否正确。④ 书写：字迹是否清楚，书写是否工整，书写格式是否符合要求。当然，每次习作批改要依据本学段本学期和本次作文的要求，有所侧重，不必面面俱到。

习作批改的形式有批与改。① 批：是教师对学生习作中出现的毛病、问题以及习作中的优点、特点加以分析、说明和评定，包括眉批和尾批（总批）。② 改：是对文章的思想内容、组织结构、字词句段、标点等进行修改，包括删、增、调、换。删，就是把多余重复的字词、句段删去。增，就是增补缺漏的字词、语句和标点符号；调，就是调整原文中的病句。换，就是把不恰当的词、错别字或不正确的标点换掉。

习作讲评的内容有：佳作赏析、得失分析和文字推敲。① 佳作赏析：教师精选出优秀的习作与学生共同赏析，总结作文得失，分析作文构思过程和行文思路，明辨作文的长处和取得成功的原因。课堂上创设欣赏和自我欣赏的情境，学生在欣赏过程中，掌握作文规律，学习作文方法，获得情感体验和美的享受。② 得失分析：无论是品味优秀之处，或者是分析问题之源，还是推敲有疑义的词句，教师都要引导学生充分发表意见，让他们自己品味、悟情，辨察得失，推敲结果，明确修改方法，找到"治病"方案，提高学生修改能力。③ 文字推敲，即文从字顺，包含两个方面的要求：一是用词恰当、妥帖；二是句与句之间顺从畅达、文气贯通，能很好地把作者的思想感情有条不紊、井然有序地表达出来。

习作指导与评改
《一件事情的启示》

本案例请重点关注学生作文中的童真、童趣表达

教学一线

案例4-7 学生习作：《妈妈回来了》

前段时间，妈妈去杭州学习，去了好长时间，可能有一个月吧。今天，妈妈终于从杭州回来了，我非常高兴！因为妈妈的怀抱很温暖，因为妈妈回来了，爸爸的生日就能过得更好，因为妈妈回来了，能陪我读书……妈妈不在家的时候，我很想她，想妈妈的感觉，是一种想哭的感觉。

这篇百余字的三年级小学生《妈妈回来了》的作文，在海内外五万多篇作文中脱颖而出，荣获首届冰心作文奖小学组一等奖，7岁的作者也是年龄最小的参赛者。其实这篇习作还不能算通常意义上的作文，而是孩子在"说话"。为什么这篇作文能在如此高规格的作文竞赛中获得大奖？作者就是以这种不加修饰的文字真切地表达了"妈妈回来了"带给自己的温暖和喜悦，以纯真的感情和宝贵的童趣打动了评委们。诚如专家评委组的评价："童真童趣表现得淋漓尽致，是真正的'我手写我心'。""想妈妈的感觉，是一种想哭的感觉"这一句极为精彩，极富童心。

三、习作教学的内容组织与呈现方式：学习任务群

习作教学通过"语言文字积累与梳理""实用性阅读与交流""文学阅读与创意表达""思辨性阅读与表达""整本书阅读""跨学科学习"六个学习任务群来组织和呈现习作课程内容，习作教学贯穿于"日常生活、文学体验、跨学科学习"三类语言文字运用情境和"识字与写字、阅读与鉴赏、表达与交流、梳理与探究"四种语文实践活动中，这种编排有助于改变知识、技能为本的课程组织，实现课程内容的统整。

习作教学的一般规律

《语文课程标准》对"学习任务群"有清晰的"身份"界定："以生活为基础，以语文实践活动为主线，以学习主题为引领，以学习任务为载体，整合学习内容、情境、方法和资源等要素，设计语文学习任务群。"

"以生活为基础"体现出学习任务群的"情境性"特征——习作学习源于生活，以真实的生活需求为前提；习作学习服务生活，运用习作改善自身的生活。

"以语文实践活动为主线"体现了学习任务群的"实践性"特征——学生在"做中学"，通过丰富语用型习作活动练就学生的表达素养。

"以学习主题为引领"体现着学习任务群的"整体性"特征——围绕一项习作学习任务，设计完成连贯而完整的语言实践活动。

"以学习任务为载体"体现着学习任务群的"过程性"特征——学生以明确的表达任务为驱动，完成任务的过程就是习作实践活动的过程，展现学生习作学

习逐渐展开的真实历程。

"整合学习内容、情境、方法和资源等要素"体现着习作学习任务群的"综合性"——习作学习在内容上加强了与其他学科之间的沟通，进行跨学科写作；习作学习在方式上注重了多媒介融合，开展跨媒介写作。①

《语文课程标准》按照内容整合程度，分三个层面设置六个"学习任务群"。我们将习作与学习任务群对应内容列表如下（表4-7），其中第一学段主要聚焦在口头讲述上，第二、三学段主要涉及习作的有关内容。

表4-7 学段习作学习任务群

层次	学习任务群	第一学段	第二学段	第三学段
第一层	语言文字积累与梳理	诵读、记录课内外学到的成语、谚语、格言警句、儿歌、短小的古诗等，感受中华优秀传统文化，养成自主积累的习惯	关注校园内外汉字和标点符号的正确使用情况；诵读、积累成语典故、中华文化名言、短小的古诗词和新鲜词语、精彩句段等，丰富自己的语汇，分类整理、交流，初步认识中华优秀传统文化蕴含的思想；在语言积累和运用过程中，体会同义词、反义词等词语的作用，发现、感受语言的表现力和创造力	开展校园内外正确使用标点符号情况的调查，整理、分享自己的发现；诵读优秀诗文，分主题梳理自己积累的成语典故、格言警句、对联等语言材料，并尝试运用到日常读写活动中，增强表达效果
第二层	实用性阅读与交流	学习运用文明礼貌语言，与家庭成员、亲朋好友交流沟通，学会感恩	学习写留言条、请假条、短信息、简单书信等日常应用文，注意称谓和基本格式。学习用日记、观察手记等，展示自己观察自然、探索科学世界的收获	学习记笔记、列大纲、写脚本、画思维导图等整理和呈现信息的方法；学习通过多种形式的书面表达，分享观察自然、探索科学世界的所见所闻、所思所感
	文学阅读与创意表达	阅读并学习讲述革命领袖、革命英雄、爱国志士的童年故事，表达敬仰之情和向他们学习的愿望	尝试用文学语言表达自己热爱自然、珍爱生命的情感	运用讲述、评析等方式，交流自己的情感体验。表达对自然的观察与体验，抒发自己的情感。学习联想与想象，尝试富有创意地表达。学习运用细节描写等文学表现手法，描述自己成长中的故事
	思辨性阅读与表达	阅读有趣的短文，发现、思考身边的鸟兽虫鱼、花草树木、家用电器等日常事物的奇妙之处，说出自己的想法	运用口头和图文结合的方式，表达自己的观点和思考。尝试运用列提纲、画思维导图等方式，表达故事中的道理	学习有理有据地表达自己的观点。用画思维导图等方式辅助，简洁清楚地表述科学家发现、发明的过程

① 吴勇.基于核心素养的小学写作教学重构：2022年版《义务教育语文课程标准》表达层面的热词解读及实施建议[J].语文教学通讯，2022(18)：11-18.

续表

层次	学习任务群	第一学段	第二学段	第三学段
第三层	整本书阅读	阅读自己喜欢的童话书，想象故事中的画面，学习讲述书中的故事	阅读中国古今寓言、中国神话传说等，学习其中蕴含的中华智慧，分享自己获得的启示	梳理、反思小学阶段的阅读生活，与同学分享自己整本书阅读的经历、体会和阅读方法
	跨学科学习	在班级、学校或家里养护一种绿植或者小动物。综合运用语文、科学、数学等多学科知识，学习日常观察和记录	就有关问题进行调查研讨，尝试写出简单的研究报告，与同学交流	综合运用语文、道德与法治、科学、劳动等多方面的知识和技能，通过小组研讨、集体策划、设计参观考察活动方案，运用跨媒介形式分享研学成果。运用多样形式丰富自己的语言表达，呈现与分享奇思妙想

  以六年级下册教材为例，教师可以站在"学科育人"的高度，将六个单元学习内容，置于实现中华民族伟大复兴的宏大背景中考量。围绕育人导向鲜明的"少年锦时，逐梦而歌"的核心主题大概念，以"梦想"为中心，将教材单元内容重构为三大课程群：基于文化传承和价值认同的"家国情怀"寻根课程（对应本册第一、四单元），基于自我观照的"当下生活"启航课程（对应本册第二、三、五单元），基于综合性学习的"恰同学少年"修远课程（对应本册第六单元）。习作教学应基于对三大课程群的分析开展统整性实践。如第一单元"家乡风俗"对应"实用性阅读与交流"任务群，可根据《北京的春节》《腊八粥》、古诗三首、《藏戏》等，设计以"中国节日文化的传承和创新"为主题的小论文写作或主题小报制作；借鉴其中一篇课文的写法，写一篇介绍家乡节日风俗的习作。[①]

  再如，四年级上册第一单元习作内容"推荐一个好地方"，进行了如表4-8的习作教学设计。

表4-8 习作教学设计

任务主题	任务情境	习作教学设计	
		习作实践活动	习作学习任务
守护城市文化，传播文明精神	假如你是城市文化大使，请你为家乡争创全国文明城市设计文明城市手册	1.搜集资料：借助图书馆、网络资源等，搜集家乡历史、地理、文化、教育等方面资料	拟写城市简介，突出城市文化特点
		2.城市名片：走访一处你认为最适合作文明城市名片的景点，搜集相关资料，用你的笔和镜头，描画下来	设计文明城市名片，文字与图片交融
		3.文明守则：走访影剧院、商场、超市、景区、公园等公共场所，了解市民的文明行为	拟写市民文明行为守则

① 荣维东，周胜华."表达与交流"教学应走向能力进阶和统整实践：《义务教育语文课程标准（2022年版）》"表达与交流"解读[J].福建教育，2022(27)：37-42.

任务主题	任务情境	习作教学设计	
		习作实践活动	习作学习任务
守护城市文化，传播文明精神	假如你是城市文化大使，请你为家乡争创全国文明城市设计文明城市手册	4. 路线设计：研究本市地铁、公交路线及酒店分布情况，为考察团成员设计两条以上便于了解整个城市文明的路线图	拟写交通指南，要能真实反映城市文明程度
		5. 文明倡议：从个人到家庭再到社会，提升市民整体文明素养，弘扬社会正能量，承担守护城市文化、传播文明精神重任	拟写争创文明城市倡议书，突出任务主题

分析以上表格内容，我们发现该教学设计有以下特点：

第一，主题鲜明。"学习任务群"的设计必须保持课程育人、文化化人的初心，继承和弘扬中华优秀传统文化、革命文化、社会主义先进文化。"推荐一个好地方"以"守护城市文化、传播文明精神"为主题，鲜明地表达了对家乡文化的认同，体现了核心素养中的"文化自信"，对学生的培根铸魂有着积极意义。

第二，情境真实。本案例将习作学习巧妙地与生活结合，学生在具体的习作学习情境中有活动主体意识，有身份认同感。学生担当"城市文化大使"，设计城市名片，拟写市民文明行为守则、交通指南以及文明城市倡议书等。这样的系列语境，使学生自始至终地融入习作学习活动中，学生有真实的素材，就有习作的冲动与源泉。

第三，活动连贯。本组教学设计包含了五项彼此连贯的语言实践活动，学生调动各种感官，在实践活动中蓄积表达素材，掌握习作技能，训练语言表达。

第四，任务明确。习作是在任务驱动下进行的，大任务分解成各项群组活动单元小任务，只有完成具体语用实践活动，才会有习作学习的真正发生。本组教学设计大的学习任务集中明确，五项小的学习任务彼此关联。

第三单元　习作教学过程与方法设计

习作教学的一般过程设计

小学习作教学主要包括以下四个阶段的实践活动：审题、选材与剪裁、拟提纲与打草稿、修改与定稿。教师应针对学生在这四个阶段中所存在的困难有目标、有计划、有步骤地进行教学设计，从而有效地指导学生顺利、愉快地完成习作。

一、审题

小学生习作主要提倡自主选题。但习作练习中也有部分命题或半命题习作，特别是作文考试时多以命题作文为主。其实不管自主选题还是教师命题，学生动笔习作时首先要解决的难题就是该写些什么，也就是要确立文章的写作内容与中心意思。所以，无论自主选题还是教师命题，学生动笔前都必须过审题这一关。小学生习作常见的问题就是"跑题"。怎样让学生的习作不跑题呢？小学阶段作文题目有哪些类型？审题有哪些基本规律和方法？这些是教师首先要为学生解决的难题。

（一）小学生作文审题常见问题及分析

一是弄错对象。例如：作文题是"我的同桌"，写的内容却是班主任的工作；作文题是"我和爸爸"，写的却是我的爸爸。这些都是对象错误。

二是弄错时间。例如：作文题是"放学之后"，作文内容写的是体育活动课发生的事，这时还没有"放学"；作文题是"一个周末之夜"，写的却是星期天白天野炊的事，不是"周末之夜"发生的事。

三是弄错人称。例如：作文要求是"写一封信给校长，汇报你某一个方面的进步，并用一两个事例具体说明，署名一律用'张虹'"。信中却用这样的语气写："敬爱的校长：张虹同学衷心感谢您和全体老师六年来的辛勤培养和教育……"这就属于人称错了。

四是弄错地点。例如：作文题是"发生在教室里的故事"，写的却是兰兰病了没上学，婷婷去兰兰家帮兰兰补课，这件事不可能发生在"教室里"。

五是弄错数量。例如：作文题是"爸爸二三事"，至少要写两件事，如果只写一件事，就不符合题目要求。

六是弄错重点。例如：作文题是"童年趣事"，写的却是听到爷爷去世的消息，失声痛哭，弄错了题目中"趣"这个关键词。

作文跑题的原因是什么呢？小学生作文跑题，大致有下面一些原因：一是审题不细，顾此失彼。有的同学一看到作文题，就迫不及待地动笔，不去细细琢磨题中每个字词的含义。或看错一个字，全文跑了题；或丢掉关键词，闹出大笑话；或忽视某个限制词，文章偏了题。由此可见，粗心是审好题的大敌。二是一题当前，不知从哪里入手审题，如何进行分析，没有掌握审题的基本方法。

（二）指导小学生作文审题的基本方法

审题主要包括三个方面的内容：一是审题目中的关键词，即题眼，是写作的重点；二是审题目的写作范围，包括时间、地点、数量、人称等；三是写作的体裁。指导小学生作文审题，应根据不同的作文类型，采用不同的方法。命题作文，审题时可用"三步审题法"，即"分解、画线、定要点"。第一步"分解"。就是以词为单位，把题目分解成若干层意思，如《记忆深处的一件事》，以词为单位可分为四层意思：记忆→深处的→一件→事。第二步"画线"。就是在每层意思下画一条竖线。把题目规定要写的内容写在竖线左边，把题目范围外的不应该写的写在竖线右边。第三步"定要点"。在分析的基础上，确定若干要点，如：人称、重点、数量或范围、对象等。教师可以一边讲，一边画，画出"三步审题示意图"（图4-3）。

○ 实践指导
如何运用三步审题法指导学生习作？

(1) 分解：	记忆 →	深处的 →	一件 →	事
(2) 画线：	是过去的，时间较久　不是眼前的、最近的	写印象深刻，难以忘怀的　不能写一般化的琐事	只写一件　不能写几件	以写事为中心　不能以写人状物为中心
(3) 定要点：	（第一人称）	（重点）	（数量）	（对象）

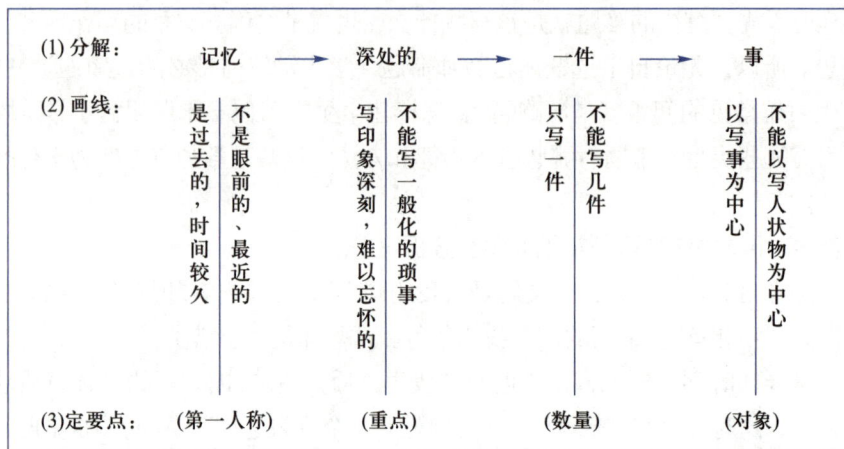

图 4-3　三步审题示意图

"三步审题法"，特别适合指导第二学段刚开始习作训练的学生，主要用于指导学生审题的思维过程。待学生运用熟练之后，只需心里想，就不必动笔画了。

不过，还要特别注意另外几种作文题。

第一种是看图作文。这类作文审题的特点是"先看图后作文"。前提是"看懂图意"，方法是"四看四判断"：看花草树木、日月星辰，判断季节、时间；看环境，判断地点；看人物的外貌和衣着，判断人物的性别、年龄、职业；看人物的动作，判断事件和人物之间的关系。

第二种是含有比喻意义或象征意义的题目。如"校园新风"这个作文题，如果只写自然界的春风吹绿了校园的草，吹开了校园的花，就跑题了。含有"新风""新歌""新貌"等字眼的题目，大都应取它的比喻意义或象征意义。

第三种是读写结合题。提供一定的阅读材料，按要求作文。读是基础，读不懂，就会写不好，主要形式有缩写、扩写、改写、续写、仿写、写读后感、写回信等。这种作文综合性强，既考阅读能力，又考作文能力，难度较大。审题时，不仅要看懂题目的要求，而且要读懂提供的阅读材料。

第四种是半命题的作文题。半命题作文是教师只出一半题目，留一半给学生自己写。半命题作文又分选择题与补充题。选择题，即任选其中的一种情况写。如"一想起这件事，我就（惭愧、自豪、气愤、好笑、高兴）"，括号中的五种情况可任选其一。补充题就是作文题只出一半，剩下一半由学生自己补充完整。如"我爱×××""我学会了×××""写给×××的一封信"等。

合作研习

想一想，下面作文题的写作对象、范围、重点、人称各有什么不同？分小组讨论交流。

1. 我的妈妈　我爱妈妈　我和妈妈　妈妈爱我我爱她

2. 当太阳升起来的时候

3. 那一天没有作业

4.保留题目（　　）里任意一个词，画掉其他的词，再作文：

那一次，我（流泪了、生气了、笑了）

5.把下面的题目补充完整再作文：

他是一个（　　）的人

二、选材与剪裁

小学生在选定了习作题目并且完成了审题这一重要环节后，就要根据审题来决定该写什么，不该写什么，这就是选材。选材的标准是什么？选好材料后，哪里要详写，哪里该略写，才能让材料为文章的中心意思服务？选材与剪裁有哪些基本规律和方法？这就是教师要为他们解决的第二道难题。

小学习作草稿指导（上）

（一）根据中心的需要选材和剪裁

俗话说"依人选布，量体裁衣"，也就是说，选布裁衣都离不开人的特点和需要。文章的选材和剪裁也都离不开"中心"的需要。

有的习作，题目就明确了中心，例如"我的语文老师"，甲同学这样写：1.当我没有背下课文时，张老师带着我一遍遍背诵；2.当我写不好作文时，张老师告诉我怎样选材，怎样观察，怎样表达；3.当我的语文成绩有进步时，张老师为我高兴、鼓励我。乙同学这样写：1.我生病了，张老师开车送我去医院；2.我与同学闹矛盾了，张老师耐心开导我；3.我不爱运动，张老师带着我跑步。很显然，乙同学的选材没有紧扣"语文老师"这个中心。

有的题目虽规定了中心范围，但中心不具体，学生写作文时，先要把中心确定下来。例如，写"我们的好榜样"，"好榜样"就是中心，但写他哪一个方面呢？是写他公而忘私、关心他人、见义勇为、勤奋学习，或是几方面都写。教师要指导学生确定一个中心，然后围绕中心选取有价值的材料，剪掉无关的材料。

有的题目没有明确规定中心，要由学生自己确定中心，如"发生在教室里的一件事""我的星期天""礼物"等，作者下笔前首先要确定中心，再围绕中心选材和剪裁。

（二）选择最有意义的材料，剪掉意义不大的材料

读书能养性，文章能育人，只有选择最有意义的材料，才能达到育人的目的。如"勤劳的妈妈"，教师只需指导学生在关于"妈妈"的许多材料中，选取能表现"勤劳"的事例来写，其他的材料应剪掉。

（三）选择典型的材料，剪掉一般材料

著名作家魏巍在《我怎样写〈谁是最可爱的人〉》一文中介绍了宝贵经验。在朝鲜时，他曾写过一篇《自豪吧，祖国》的通讯，里边写了二十多个他认为很生动的例子。带回来给同志们看了看，感到不好，就没有拿出来发表。因为例子堆得太多了，好像是记账，哪一个也说不清楚，不充分。后来写《谁是最可爱的人》时，他只选了几个例子，写完后又删掉了两个。事实证明：用最能够代表

一般的典型例子，来说明本质的东西，给人的印象是会清楚明白的，也会是突出的。魏巍紧紧围绕中心，从二十多个例子中剪裁出几个，最后又剪掉了两个，只留下三个最典型的。这样做，收到了以少胜多的最佳效果。

（四）选择新颖的材料，剪掉陈旧的材料

在不少同学中常流行一些"套路"，如"让座风""拾金不昧风""专注思考撞树风"等，内容千篇一律，形象千人一面。新颖的材料是指能展现新人、新事、新风尚的材料。有新颖的材料才会有生动活泼的内容，才能吸引人、感动人、说服人。只有认真观察生活，写作材料才会富有个性，不落俗套。

（五）选择真实的材料，剪掉虚假的材料

有的同学不善于从生活和阅读中积累素材，写起文章来，感到无事可写，就胡编乱造。这样的文章无法写出真情实感，没有生命力。

（六）小学生作文不会剪裁的毛病分析

让我们先来分析一篇小学生习作《我的爸爸》的剪裁问题。

《我的爸爸》写了四件事：第一件——爸爸给我"压"作业，弄得我喘不过气来；第二件——爸爸不收别人的礼物；第三件——爸爸有时脾气不怎么好，同妈妈吵架；第四件——爸爸从上海出差回来，给我买了许多新书。

这篇习作内容具体，语句也不错。但文章中心意思是什么，读者很难明白。因此，教师在指导学生剪裁时，要联系审题环节，强调每篇习作应围绕一个中心意思来组织材料。让学生明白什么是文章的中心，怎样才能做到文章的中心明确。文章中心就是作者要表达的思想感情，或要解决和说明的问题，也就是一篇文章的写作目的。

教师先点拨，让学生思考：你写这一篇文章的目的是赞扬还是批评爸爸？如果是赞扬，集中赞扬什么？如果是批评，主要批评什么呢？

一般情况下，经过教师的点拨，学生会明白：我写爸爸的目的不明确，想到哪儿就写到哪儿。第一件事写他"压"作业给我，我有意见；第二件事赞扬他廉洁奉公；第三件事反映他脾气不好；第四件事又说明他关心子女的学习。

教师再点拨，就能看出习作目的不明确，对爸爸是赞扬还是批评？要懂得：一个人值得写的东西有很多——思想、品质、性格、能力、作风、兴趣、爱好、特长等，但在一篇四五百字的习作中，集中写一点就行了。爸爸的四件事，每件事都可以作为一个中心。如果写他"压"大量的作业，中心应是希望爸爸教育子女不要只重考试分数，要有科学方法。如果赞颂爸爸廉洁奉公，那就集中写他拒收别人的礼物；如果集中写他同妈妈吵架，目的应当是反映爸爸急躁，脾气不好，表达我盼望家庭和睦的思想感情；如果中心定为赞颂爸爸关心子女的学习，又该选择哪些材料？这样指导学生就会豁然开朗，选取能突出中心的材料。

这样的一篇文章由此分化出四个中心意思，可见小学生在动笔前没有明确的中心，其实只需要抓住其中一点写，习作的中心意思就明确了。

合作研习

1. 先找出下面的作文题里面的中心词，再想一想要选择什么材料才能突出这个中心。

（1）一名关心集体的同学。

（2）我的家乡变了样。

（3）有趣的课余生活。

2. 以"一次军训"为题作文，下列哪些内容要选上，哪些内容要删掉？哪些要详写，哪些要略写？为什么？

（1）出发前的工作筹备；（2）父母的叮嘱；（3）途中见闻和心情；（4）分小组；（5）安排教官；（6）上午训练；（7）午餐；（8）下午训练；（9）晚餐。

三、拟提纲与打草稿

小学生在完成了审题、选材与剪裁后，要思考被选定的材料哪些先写，哪些后写？哪些详写，哪些略写？有哪些基本规律和方法？这是教师要为学生解决的第三部分难题——拟提纲与打草稿。

小学习作草稿指导（下）

（一）拟提纲

拟提纲是作者在写文章之前，根据自己所思考的审题立意，选择组织材料，确定详略，并用简明扼要的文字记录下来，并作为写文章依据的过程。

叶圣陶认为，先写提纲的习惯养成了，一辈子受用不尽，而且受用不仅在写作方面。编写提纲确实有很多好处，总的来说有三点：一是有利于明确中心；二是有利于组织材料，安排层次；三是有利于分清主次，确定详略。

明白了编写提纲的重要性，那又应该怎样编写提纲呢？一般来说，有以下几个步骤：第一，确定文章的中心，这是首要的。第二，确定用什么材料来表达中心，材料越是典型、恰当，中心就会越鲜明、突出。第三，根据材料分好段，确定详略。与中心关系密切的材料要详写，与中心没有密切联系但又不能缺少的材料要略写；与表达中心无关的材料，一定不写。这样，该详写的详写，该略写的略写，不该写的不写，文章就会重点突出，中心明确。

拟提纲有哪些基本方法呢？根据材料安排的顺序不同，提纲主要有下面几种类型：一是以时间的推移来拟定，如可以按年、季节、月份、天、时段等来划分；二是以空间位置变换为顺序，如东西南北，上下左右，前后远近，里外正反都是表示空间位置或顺序的，还有中间、两边、中央、四周等；三是以事情发展过程为顺序，如首先、然后、接着、最后，开始、末了，发生、发展、高潮、结束等；四是以事物的性质为顺序，如状物时，按物品的形状、质地、结构、来历、用途等为序。例如，写一个三好学生，从思想、学习、身体几个方面写；写"我的家"从衣、食、住、行几个方面写，或者从住址、环境、人口状况、生活水平几个方面写。

本案例请重点关注如何拟写以时间为序的习作提纲

案例4-8 《观日出》（提纲）

中心：赞美日出前后的壮丽景色。

开头：交代观日出的时间、地点及人员（略）。

中间段落：

（1）日出前朝霞色彩及形态的变化：鱼肚白—梨黄—橘红—大红—火红。

（2）日出时的壮丽景象：一点红跃出地平线—半个红球—全部升起（详写）。

（3）日出后自然界的变化：大地、森林、鸟儿等。

结尾：抒发热爱大自然的思想感情。

本案例请重点关注如何拟写以空间为序的习作提纲

案例4-9 《家乡巨变》（提纲）

中心：反映家乡的巨大变化。

开头：总起，介绍家乡巨变。

中间段落：

（1）村东的荒山已绿化，花果满山。

（2）村南的小河上修起了小水电站（详写）。

（3）村西修了高速公路，可通村里。

（4）村北的大片盐碱地已改造成高产田。

结尾：抒发热爱家乡的思想感情。

本案例请重点关注如何拟写以事情发展为序的习作提纲

案例4-10 《一件值得回忆的事》（提纲）

中心：通过对一件往事的回忆，赞美老师热爱学生的崇高品德。

材料：张老师为我洗脏裤子。

中间段落：

（1）毕业了，往事历历在目，尤其一件事特别令人难忘。

（2）回忆这件事的起因、经过、结果。

起因：一年级时拉肚子把裤子弄脏了。

经过：我不好意思地站在教室外哭着—张老师问长问短—大家闻到了一股臭味—老师带我去她家—老师帮我洗澡、换裤子—老师把我的脏裤子洗干净、烘干（详写）。

结果：第二天，妈妈写了一封感谢信。

结尾：照应前段，点题结尾。

（二）打草稿

拟好了提纲就可以按照提纲打草稿了，打草稿时还应注意两点：

1. 动笔之前"打腹稿"

"打腹稿"就是在心里"打草稿"。唐代有个叫王勃的人很会写文章，他写文章有个特点，准备好纸墨后，就去蒙头大睡，爬起来，大笔一挥，文章一气呵成。其实，他不是在蒙头"睡大觉"，而是在专注打腹稿，腹稿打好了，文章就能一气呵成。

2. 想时要慢写时快

想好后，动笔写的时候要快，一口气往下写，碰到不会写的字就暂时空着；拿不准用词也空着；绕过这些小障碍，尽可能快地把文章写完，以免连贯的思维被打断，流畅的行文被阻滞。待写完初稿了，再来查字典，把不会写的字补上；再来推敲，把拿不准的词填上。这就是所谓的"文如流水，下笔千言"。

合作研习

1. 下面是一篇作文的提纲，重点不突出，请先确定中心思想，再修改提纲。

愉快的星期天（提纲）

（1）早晨起床后，跟妈妈到市场买菜。

（2）上午和爸爸去医院看望生病的姑姑。

（3）下午和邻居小明一起在家里做船模。

（4）傍晚到河里去试航。

（5）傍晚在灯下赶做家庭作业。

2. 以"我班的新鲜事"为题，编写一个写作提纲。

要求：能从提纲中看出时间、地点、人物、事情，以及事件的起因、经过、结局。注明详写与略写的部分。

3. 从下列作文题目中选一个，用学过的方法写提纲。

我敬佩的人　我们的学校　秋天的田野

四、修改与定稿

工厂制造产品需要经过许多工序，而最后一道工序往往是"检验"。这是一道既严格又重要的"关口"，产品只有检验合格，才能出厂销售。作文修改就类似这道工序。只不过工厂的"检验"只负责对产品质量进行检测评估，而作文修改不只是停留在这一层面上，它更重要的任务是通过加工改造、修饰润色，使文章趋于完善，精益求精。如果只是完成了写作程序中的前几道工序，而忽略了"修改"这最后一个环节，那么，我们辛辛苦苦写出来的文章就有可能成为"次品"甚至"废品"。在学习习作修改基本方法前，我们先结合三年级上册第三单元语文园地和三年级下册第四单元语文园地教材内容，掌握规范的修改符号（图4-4）。

小学习作评改指导

○ 学习下面的修改符号，并试着使用这些修改符号修改自己的习作。

◇ 李老师以经走了。（已）

◇ 他穿着一件灰色的上衣，一顶蓝色的帽子。（戴着）

◇ 菜园里种了很多蔬菜，有土豆、黄瓜、西瓜和西红柿。（shū）

⌐○ 表示改正   ⌐ 表示增补   ⌐○ 表示删除

(1) 三年级上册第三单元

○ 下面这段话只修改了一部分。读一读，看看还有什么问题，用修改符号改一改。

我养了螃蟹一只，他眼睛、嘴巴都不怎么显眼，钳子倒是很大。它最爱显摆它的钳子。有一次，我轻轻点了它一下用一根小棍，它立刻转动身体，向我高高举起那大钳子剪刀似的。我又点了几下，它钳子越举越高，突然，整个身子翻了过去。它急了，腿和钳子在空中乱舞，好不容易才借助玻璃缸壁翻身过来。

我要用修改符号修改自己的习作。

⌐○⌐ 表示对调   ⌐⌐○ 表示移动

(2) 三年级下册第四单元

图 4-4 规范的修改符号

要修改文章，先要发现问题。怎样引导学生去发现问题呢？通过默读检查文章整体：中心是否突出，选材是否恰当，叙述是否具体，条理是否清楚，分段是否合适，结构是否完整。然后，学生再通过细读，来检查文章的词语、句子，看得越细，越容易发现毛病。如叶圣陶先生所说，"请耳朵做先生"，边读，边听，边想：句子是否通顺，用词是否恰当，有没有错字漏字等。以下先就词句方面的一般问题，谈谈如何指导小学生修改自己习作的四种方法。

（一）一般字词句小毛病的修改方法

1. 删除

就是去掉可有可无的内容，使意思更加简洁明白。例如，有个同学三改一句话。原文是："桌上摆着一碗老母鸡肉，一盘鱼。"他一读删去"老"字；再读删去"母"字；三读删去"肉"字。最后，这句话改为："桌上摆着一碗鸡，一盘鱼。"这样改，简洁明快，朗朗上口。

2. 更换

有时，为了使句子更合理、更准确，就需要对词句进行更换。有个同学写他家"阳台上种着一盆红艳艳的天竺葵"。天竺葵株体是绿的，只有花才是红的。应把句子改成："阳台上有一盆天竺葵，开着红艳艳的花。"意思就准确了。

3. 调整

就是调整词语的次序，使要表达的意思更准确。例如，"打开肖华的抽屉一看，里面有一叠厚厚的报纸。"每张报纸基本都是一样厚薄的，没有"厚""薄"之分。"厚厚的"是形容"一叠"，表示多，所以这两个词要对调，将原文改成："打开肖华的抽屉一看，里面有厚厚的一叠报纸。"

为了减少文中遣词造句的毛病，还有三个办法。一是拿不准某个词的用法，就干脆不要用它；二是平时怎么说，作文就怎么写，这样读起来顺口，听起来顺耳，不要写得文绉绉的，使人读了不舒服；三是把句子写短些，不要写得太长。长句子词语难组织，前后难照应，句式易杂糅。

（二）文章段落结构大毛病的修改方法

如果发现文章有整体性的大毛病：如一段写得不好或没有写，就要另外写一段补进去；如离题，题材没选好，中心不明，就要做大的修改，甚至要拿出勇气来重写。请看在教师指导下学生修改的例文。

教学一线

案例 4-11 《我亲身经历的一件事》（原文）

[早上，我起床后，洗完脸，吃过早饭，背上书包上学去了。]①[在上学的路上，我走着走着，忽然从那边过来的骑自行车的这个人撞在这边的那个人身上。]②他俩互不相让，吵个没完。[最后，]③竟动起手来了。

过了一会儿，一个说：["你从那边过来，没看见我吗？真不像话！"那个骑自行车的说："谁让下这么大的雪，路这么滑呀！"]④

[我想上前去劝说他俩不要在这儿吵，在这儿吵影响交通多不好呀！]⑤

我正在为难时，一个警察[钻]⑥进人群中，[把他俩说服了。]⑦[他们互相原谅了对方。这时，人群散了，我也上学去了。]⑧

① 流水账似的开头，不吸引人。

② 叙述得模糊，"这个人""那个人"指代不明。

③ 应改"最后"为"后来"。如果是"最后"，就不会有下面的内容了。

④ 吵架的情景写得太简单。吵得一定很激烈，不然，怎么会"动手"，会引来那么多围观者以及警察的调解呢！

⑤ 想去劝就应该去劝，把"我"的参与写进去才符合文题。

⑥ 用"钻"，不如改为"挤"。

⑦ 是怎样说服的，应详细描写。

⑧ 结尾仍像流水账，淡而无味。

显然，上例是篇较典型的病文。对那些一般性的问题，教师已在文中进行了评点，提出了修改意见。此外，教师还指出了这篇例文存在以下三个毛病。

一是偏离文题。标题要求记叙的必须是"我""亲身经历"的事，而上文始终没有把"我"写进去，写的都是别人的事。这样，"我"仅是事情的旁观者和叙述人，"经历"二字无从落实，文章也就偏离成"我亲眼看见的一件事"了。

二是主题模糊。通观全篇，读者很难弄清作者的写作意图。肯定什么，否定什么，应旗帜鲜明。而上文究竟是批评吵架这种不文明行为，还是赞扬警察善于调解纠纷，维护社会秩序呢？都不明确，令人费解。

三是内容空洞。上文不仅平铺直叙，处理简单，而且内容单薄，言之无物。由于缺少生动的描写和具体的细节，所以读后不能给人留下什么印象。

教学一线

案例 4-12 《我亲身经历的一件事》（修改文）

早上，我一推开房门，不觉大吃一惊：雪怎么下得这样大，一夜之间就给大地披上了银装。

我踏着被人们踩得滑溜溜的路去上学。走着走着，一不留神，滑倒了。我嘟哝着："这鬼路，真滑！"

这时，对面驶来一辆自行车，我急忙躲到一边。随后，我听到"咔嚓"一声，回头一看，是那个骑自行车的小伙子和一个姑娘撞到一起了。姑娘火了，站起来，愤怒地瞪着那个小伙子说："你没长眼睛啊？"

小伙子一听，立刻回击说："怎么怨我，你为什么不让道？""如果汽车来了，你也不让道吗？"两个人越吵越凶。

他们的争吵声引来了许多围观者，把路都堵塞了。我想，我是一名少先队员，应该维护交通秩序。于是，我挤进人群，说："你们别吵了。看，都挡住大家的路了。"可吵架的两个人好像没听见似的。

正在这时，一位警察叔叔挤进人群。他高声制止说："别吵了！"嘿，这一声真灵，他们立刻停止了争吵。警察叔叔批评他们说："人与人之间要互相谅解。如果人人都为一点小事而争吵，全国还不乱了套？你们看，连这个小同学都知道维护交通秩序，而你们呢……"一席话，说得两个人惭愧得低头不语。

小伙子和姑娘各自不好意思地走了，人们也散去了，被堵住的路又畅通了……

通过对习作主题的再提炼，作者突出了这是"我""亲身经历"的事，突显了警察叔叔对他人的教育。由于有了更加具体的细节描写，习作的可读性增强了。

教学一线

案例 4-13 叶圣陶先生修改中学生作文《一张画像》

五年级下册第六单元"语文园地"节选了叶圣陶先生为一位中学生修改的作文（图 4-5、图 4-6）。

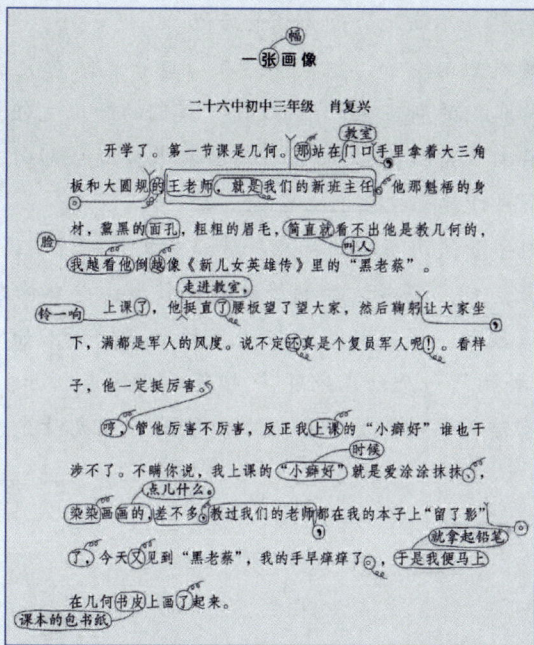

图 4-5 《一张画像》（1）

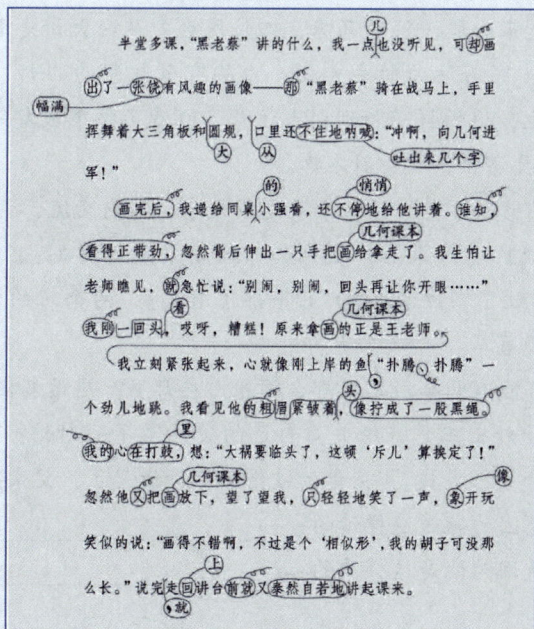

图 4-6 《一张画像》（2）

叶圣陶先生对《一张画像》这篇作文作了仔细的推敲、修改，主要体现在以下六个方面。

1.把用词不准确的地方改准确。如把"一张画像"改为"一幅画像"、把"书皮"改成"课本包书纸"，将"不停"改为"悄悄"，将"画"改为

"几何课本"，将"并不断地"改为"最后他"。

2. 把长句断成短句。如，把"那站在门口手里拿着大三角板和大圆规的王老师，就是我们的新班主任"，改为"我们的新班主任王老师站在教室门口，手里拿着大三角板和大圆规"，这样把长句断成短句，不但意思表达得清楚明白，而且读起来也朗朗上口。

3. 改正错别字和使用不当的标点符号。作文将"像"写成"象"，叶先生一一加以改正。标点符号方面的修改也比较多，这些修改都值得仔细琢磨，都是很有道理的。还有几处比较明显的标点错误，如"心就像刚上岸的鱼，'扑腾、扑腾'一个劲儿地跳。"中间要用逗号断开，"扑腾扑腾"不必加顿号。所有这些，叶先生都一一加以修改，可见叶先生对这篇作文的修改十分仔细、认真。

合作研习

请运用各种方法来修改以下作文片段，然后组内交流，看谁修改得最好。

1. 一阵风儿送来一股淡淡的药味，四位医生身穿白大褂走进教室。他们端着打预防针的工具，穿着洁白的白大褂，左胸有个红色的"十"字。其中有一位五十多岁的女医生，他的样子特别引人注意。他看了整个教室一眼，好像对我们说："小朋友，不要害怕，我打针不疼。"

请运用学到的修改习作方法来修改这段文字，组内交流，看谁修改得最好。

2. 学校乒乓球比赛结束后，裁判公布的结果是这样的："本次乒乓球比赛，四年级（1）班打败了四年级（2）班夺得了冠军。"两个班的学生都欢呼起来，都说自己班获得了冠军。

一场比赛不可能有两个冠军，那么问题出在哪里？应该怎样准确表达？

3. 一个小伙子外出工作，给关心自己的父母写了一封信："我的生活好痛苦没有粮食多病少挣了很多钱。"父母读过信后，母亲哭了，父亲笑了。

母亲哭了，是因为她是这样读的：＿＿＿＿＿＿＿＿＿＿＿＿＿＿＿＿＿。

父亲笑了，是因为他是这样读的：＿＿＿＿＿＿＿＿＿＿＿＿＿＿＿＿＿。

第四单元　习作学业质量评价

《语文课程标准》明确指出："学业质量是学生在完成课程阶段性学习后的学业成就表现，反映核心素养要求。语文课程学业质量标准是以核心素养为主要维度，结合课程内容，对学生语文学业成就具体表现特征的整体刻画。"

一、习作学业质量描述

根据小学三个学段学习内容，我们按照日常生活、文学体验、跨学科学习三类语言文字运用情境，整合表达与交流（习作）实践活动，描述学生语文学业成就的关键表现。习作教学学业质量标准从以下方面体现学段结束时学生核心素养应达到的水平（表4-9）。

表4-9　各学段"习作"学业质量描述

维度	第一学段	第二学段	第三学段
日常生活	看图说话，能描述一幅图画的主要内容，说出多幅图画之间的内容关联。留心观察周围事物，对写话有兴趣	能用表现事物特征的词语描摹形象，用积累的语言材料，特别是有新鲜感的词句描述想象的事物或画面；乐于书面表达，观察周围世界，能把自己觉得有趣或印象深刻、受到感动的内容写清楚；能根据表达需要，正确使用句号、感叹号、问号、冒号、引号等标点符号	能发现富有表现力的词句和段落，并尝试在自己的表达交流中运用。养成留心观察周围事物的习惯，有意识地丰富自己的见闻，乐于表达自己的独特感受；能用多种媒介方式表达交流。能根据表达需要，准确使用常用的标点符号；能积极参与活动的策划与组织工作，围绕学习活动收集材料，提供活动设计方案；能围绕学习活动展开调查，从多方面获取活动各阶段的材料，并用多种文字有条理地记录学习活动过程，表达参与活动的感受，完成活动总结
文学体验	乐于向他人展示自己的作品；喜欢积累优美的词句，并尝试在表达中运用。参加文学体验活动，愿意用文字记录见闻、想法	乐于和他人分享阅读所得，关注有新鲜感的词句，并有意识地在表达中运用。能按照童话、寓言等文体样式，运用联想、想象续写故事；能用日记等方式记录个人的见闻、感受和想法；能用便条、简短的书信等与他人交流	能与他人分享阅读作品获得的有益启示，有意识地运用积累的优美语言进行表达。能用多种方式记录、分享自己独特的阅读、参观、访问的经历、见闻和心得体会。在活动中积累素材，写简单的记实作文，内容具体、感情真实；写想象作文，想象丰富，生动有趣；能写读书笔记，常见应用文
跨学科学习	在跨学科学习和探究活动中有好奇心和求知欲，喜欢观察、提问，能用自己喜欢的方式呈现学习所得	参加跨学科学习活动，能用文字展示学习成果，并与他人分享	能借助跨学科知识和相关材料，与同学合作探索解决问题的具体方法，运用相关知识解释自己的想法，记录探究的过程及结论，写简单的研究报告。能根据校园、社会活动的需要，自己或与同学合作撰写活动计划、实施方案或活动总结

如四年级上册第七单元习作的提示和范文（图4-7），体现了学业质量评价要求："能根据表达需要，正确使用句号、感叹号、问号、冒号、引号等标点符号；能用便条、简短的书信等与他人交流。"

【习作】

写　信

书信曾经是人们和远方的亲人朋友互通消息、交流感情的主要方式，现在仍然是重要的联络手段。下面是小杰写给叔叔的一封信。

亲爱的叔叔： ●------------------	----称呼
您好！ ●------------------	----问候语
您寄来的书我已经收到了，我很喜欢。谢谢您！●	----正文
告诉您一个好消息，我们学校搬进了新的校园。新	
教室宽敞明亮，配有多媒体设备，上课时老师经常使用	
它们。学校有一个很大的操场，我每天都会去踢足球。	
搬进新校园，同学们天天都很开心。	
您好久没有回来了，家里人都很想您。今年过年，	
您会回来吗？	
祝 ●------------------	----祝福语
身体健康！	
侄儿小杰 ●------------------	----署名
2018 年 11 月 25 日 ●------------	----日期

写好的信要寄出去，还需要有信封，和同学交流一下写信封的注意事项。

请给你的亲友或者其他人写一封信，可以通过邮局寄给对方，也可以通过电子邮件发给对方。

106

图 4-7　习作

二、习作学业质量评价设计

"习作教学"学业质量评价包括过程性评价与终结性评价，过程性评价贯穿习作实践活动全过程，终结性评价是学业水平考试和过程性评价的综合结果。

（一）习作学业质量评价意义

"习作教学"学业质量评价与标准化试题类学业质量评价最根本的不同是作文主观成分更多，没有标准答案，而且每个学生的作文都会迥然不同。

我国的高考作文质量评价一般采用"内容、表达、特征"三大类项目，各项又有具体的细目指标划分。"内容"项分为：题意、中心、内容、感情；"表达"项分为：结构、语言、书写、文体；"特征"项分为：深刻、丰富、文采、创意、个性、新颖等。

小学语文教材力争构建一个相对科学的习作训练系统。如，五年级下册第七单元习作"中国的世界文化遗产"（图 4-8），以习作过程三个环节体现学业质量评价要求。第一步，搜集资料：有目的地搜集相关资料，记录资料来源，积累素材，这一步是强调素材的真实性。第二步，整理资料：首先对搜集到的介绍对象资料进行分类整理，其次筛选资料，删减、完善资料。这一步是对整理资料方法和步骤的指导。第三步，撰写：可以用自己的话将整理的资料记录下来，也可以引用资料原文，但要注明出处，可以使用图片、表格等辅助形式。这一步是对文字撰写的指导。对引用资料提出要求目的在于培养学生严谨求真的治学态度，使用图片、表格等辅助形式是高年级学生要掌握的行文技巧。

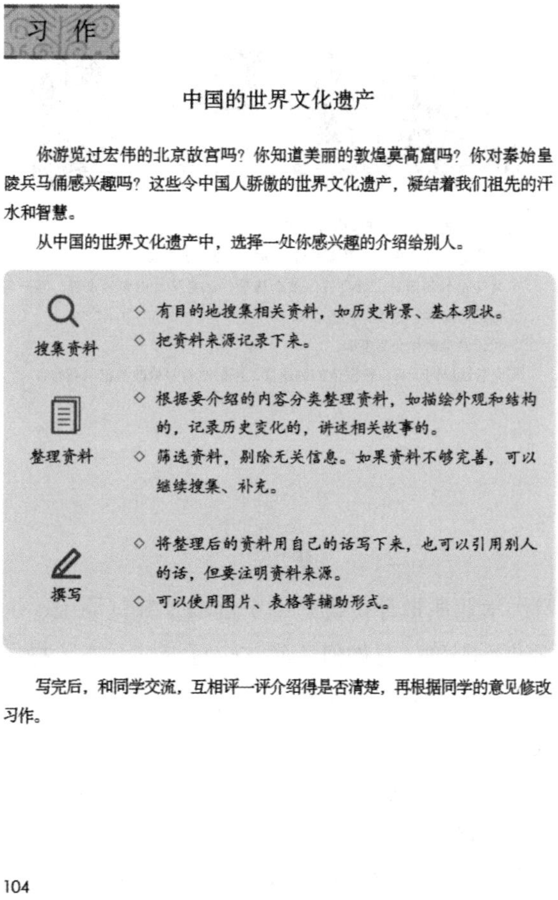

习作

中国的世界文化遗产

你游览过宏伟的北京故宫吗？你知道美丽的敦煌莫高窟吗？你对秦始皇陵兵马俑感兴趣吗？这些令中国人骄傲的世界文化遗产，凝结着我们祖先的汗水和智慧。

从中国的世界文化遗产中，选择一处你感兴趣的介绍给别人。

搜集资料
◇ 有目的地搜集相关资料，如历史背景、基本现状。
◇ 把资料来源记录下来。

整理资料
◇ 根据要介绍的内容分类整理资料，如描绘外观和结构的，记录历史变化的，讲述相关故事的。
◇ 筛选资料，剔除无关信息。如果资料不够完善，可以继续搜集、补充。

撰写
◇ 将整理后的资料用自己的话写下来，也可以引用别人的话，但要注明资料来源。
◇ 可以使用图片、表格等辅助形式。

写完后，和同学交流，互相评一评介绍得是否清楚，再根据同学的意见修改习作。

104

图 4-8　中国的世界文化遗产

又如，六年级上册第二单元习作“多彩的活动”（图 4-9），主要以日常生活中的活动参与和文学体验中的活动经历、见闻、心得体会，以及习作修改来体现学业质量评价要求。如活动参与，要求写清楚活动过程，突出印象深刻的内容，点面结合，由场景到同学个人的动作、语言、神态描写。文学体验，要写出活动体会，写简单的记实作文，内容具体、感情真实，与同学分享习作内容，并接受修改建议，进一步完善自己的习作。

习　作

多彩的活动

"祖国在我心中"朗诵会、学校运动会、"六一"儿童节演出，植树、端午节看赛龙舟、看望孤寡老人……这些校内外活动，你参加过哪些？

选一次活动写下来，和同学分享你的经历。

◇ 写清楚活动过程，把印象深刻的部分作为重点来写。

◇ 写活动的场面时，既要关注整个场景，也要注意同学的表现，写一写他们的动作、语言、神态。

◇ 把活动中的体会写下来。

写完后读给同学听，根据他们的建议，用修改符号修改自己的习作。

32

图 4-9

但如何进行习作学业质量评价仍是一个难题。究其原因，一是部分教师对习作学业质量评价标准不明确，对如何达到这个标准缺乏实际操作经验；二是教师过于重视讲授写作技巧，忽视对学生写作的过程性指导，学生难以把写作的陈述性知识转化为可操作的程序性知识，教师的写作指导也基本呈"架空"状态。因此，设计出操作性强的习作学业质量评价方案就显得尤为重要。

（二）习作学业质量评价方案设计

要设计出科学合理的学业质量评价方案，教师首先需要清楚知道设计方案的目的是什么，需要测试学生哪些方面能力；其次，需要根据习作要求、学生水平和能力等设置指标，并明确期待作文呈现的水平以及具体的评判指标；最后，教师在设置不同等级分数段时，要考虑分数与分数之间的区别是否有意义，是否可以通过可观察的方式去定义每一个分数。

1. "作前"学习课：依据单元目标制定评价量表[①]

根据单元导语中的人文主题和语文要素，明确学业质量评价目标，确定训练

---

① 姜彩美. 发展性评价量表为习作教学"导航"：以统编版语文六年级上册"围绕中心意思写"为例[J]. 小学教学研究，2022(6)：85-86.

中心。我们以六年级上册第五单元"围绕中心意思写"为例。第一步，引导学生回忆课文《夏天里的成长》《盼》的中心思想，借此引出要想写好一篇文章要"中心清楚"。第二步，结合《夏天里的成长》中动植物的生长、非生物的生长、人的生长三个方面，让学生探究围绕中心"成长"要从不同方面选材的道理；从习作例文《爸爸的计划》中，让学生探索用不同事例凸显中心的具体做法，懂得要从不同方面、不同事例来选择表达中心意思的材料，材料要为中心服务。第三步，以《盼》中的第二个画面为例，学生从语言、动作、心理等方面来具体、生动地描写"盼"的心情，从而探索出写好文章就要把重点内容写生动、写具体，即"具体生动"的规律。教师借助学生熟知的教材和文本，引出主题，在对课文中心内容的梳理和回顾中，逐步提炼出写好一篇文章的奥秘，即"中心清楚、材料关联、重点具体"，进而生成本次主题习作的"作文星级评价表"（表 4-10）。

表 4-10　作文星级评价表

星级	"围绕中心意思写"评价标准
★	中心不清楚
★★	中心比较清楚；只有一个方面或者一件事能表达中心
★★★	中心清楚；能从不同的方面或者选取不同的事例突出中心；能将重要的部分写详细、写具体

2."作中"体验课：对照评价量表写一写、评一评

我们仍以六年级上册第五单元"围绕中心意思写"为例。

环节 1：阅读习作材料"围绕中心意思写"，根据写作要素研制分值量表（表 4-11）。

表 4-11　"作中"分值量表

项目	要　　求	很好	好	一般
基础项	基本符合题意、符合文体的一件或几件事	5	4	3
发展项	详略得当、内容具体、表达清楚	2	1	0
	能通过描写议论抒情等表现手法突出中心	1	0.5	0
	能表达自己的真实感受	1	0.5	0
	字数、题目、书写等符合基本要求	1	0.5	0

环节 2：对照分值量表，给一类文（例文略）评分，并归纳一类文高分特点。

环节 3：对照分值量表，给四类文（例文略）评分，师生讨论低分原因——事件不具体、详略不得当等。

环节 4：对照量表，完善作文。

（1）结合量表评价病文中的材料，重新选择修改习作材料。

① 概括病文中的材料，对照量表进行评价，并圈画可用材料。

② 对照量表，明确修改意见。

（2）对照量表，当堂修改。

① 对照量表，小组合作，制订小组最佳修改方案，当堂修改。

② 全班展示、讨论，制订班级最佳的修改方案。

（3）基于量表，巩固成果。

① 根据量表，再次给升格后的作文评分。

② 组织讨论，分析量表各项分值，并思考：我们将量表中的哪些项目做了升格，使得这篇文章成为一篇优秀作文？

（4）给自己的作文打分，同伴互评，提出修改建议。

3. "作后"升级课：参考评价量表评一评、改一改

如果"作中"体验课是聚焦重点段落，那么"作后"升级课就是聚焦整篇作文。教师可以选取几篇例文让学生自己评估等级。参照评价量表，学生能够清楚地发现自己在写作上的不足，并有针对性地改进，经过一次次思维的爬坡，不仅仅能提高他们作文修改的效率，还能提升学生的作文水平。不管是片段的聚焦，还是对整篇文章的思考，学生都能通过"个体体验—小组碰撞—班级引领"三部曲，强化对评价量表、等级案例的认识，激发了他们运用策略进行升级表达的愿望。

（三）习作学业质量评价设计案例分析

我们以统编教材三年级上册第六单元的习作为例（图4-10）。

图 4-10

学生根据习作内容要求，拟写的习作如下：

新 疆 之 美①

你知道吗？新疆可是一个好地方。

它的草原一望无际像绿色的海洋。草地上开着各种颜色的野花，有红的、黄的、白的、粉的、紫的……真是美丽极了！新疆还有一种非常有趣的房子——蒙古包。它是用羊皮做的，里面没有房间，也没有窗户，只有一张床。最有名的还要数葡萄。像一颗颗大珍珠一样挂在藤上，摸上去滑滑的。葡萄干的美名比葡萄传得远，酸甜可口，令人垂涎三尺。新疆还有很多美景，看不完说不尽，像一幅精美绝伦的画。

如何评价这篇学生作文呢？按照惯例就是教师根据自己的教学经验和标准进行评价。但是评价标准不一致，对文章的认知和理解就会不一样，就会出现相同的文章评价两极分化的情况，学生即使感觉有问题，也搞不清楚问题出在哪里，找不到努力方向。如果设计出合理的评价标准，教师和学生就可以根据评价标准更有针对性地解决问题。评价量表如表 4-12 所示。

表 4-12 作文评价量表

等级	写作顺序	描写和抒情
C 级	写作顺序混乱，写作思路不清晰	有相关的描写和抒情
B 级	写作顺序和写作思路相对清晰，部分内容经不住推敲	有一定的描写和抒情
A 级	内容表述清楚，能通过合适的叙述视角让读者感受到新疆的美	写作思路和顺序比较清晰，条理分明，描写和抒情运用得较好
A+ 级	能根据主题、情感的表达需要，选择合适的写作角度	写作顺序清晰，描写、抒情、修辞运用恰当

根据这个参照标准，可以断定上文的等级为 B。小作者从自己的视角对新疆的自然环境和人文环境进行了描写，但描写的内容比较单薄，语言表达不够准确。那么如何修改呢？学生可以结合评价标准修改。

下面是学生修改后的作文：

新 疆 之 美

你知道吗？新疆可是一个好地方。

它的草原一望无际，就像绿色的大毯子，在微风的吹拂下，涌起层层的波浪。草地上开着各种颜色的野花，有红的、黄的、白的、粉的、紫的，这些花就像刺绣一样，真是美丽极了！

最有名的还要数葡萄。你看，葡萄藤多美啊，上面挂着一颗颗水晶一样的葡萄，摸上去滑滑的。虽然还没有成熟，但我仿佛闻到了它的甜香味儿。新疆葡萄干的美名比葡萄传得远，因为新疆昼夜温差大，日照时间长，有利于葡萄干的晒

---

① 刘美治. 小学作文实践中看评价量表的积极作用 [J]. 作文成功之路, 2022, 3(2): 56-58.

制，所以葡萄干酸甜可口，美名远扬。新疆还有很多特产，比如哈密瓜、小白杏、香梨，这些让你看也看不完，吃也吃不完。

新疆真是个好地方呀！

修改后的作文达到了 A 级。可见，习作学业质量评价量表既能帮助教师诊断作文教学中的问题，又能帮助学生准确定位自己的作文水平以及努力方向，还能有效反馈写作教学任务的完成情况，搭建学生习作思维、习作结构、习作内容"支架"，为作文教学效率的提高打好基础。

第五单元　习作教学设计案例分析

本模块前面四个单元分别阐述了习作教学目标设计、内容设计、过程与方法设计、学业质量评价设计，接下来我们分享几份习作教学设计案例，从实践的角度学习如何进行习作教学设计。几份案例各有侧重。案例 4-14 对小学第一学段写话的教学内容、目标等进行了全面解读。案例 4-15 记录了管建刚老师对小学第二学段记叙文的习作指导，旨在指导学生写具体、生动。《"介绍一种物品"教学设计及评析》《"二十年后的……"教学设计》以二维码形式呈现，旨在说明描写对象要体现个性和想象作文要激发学生的思维与创造力。

本案例请重点关注设计要领

教学一线

案例 4-14　看图写话教学设计

一、教学内容

猫和老鼠。

二、教学目标

1. 巩固学过的标点符号，即逗号、句号、问号、感叹号的用法。

2. 仔细观察图画，能按照一定的顺序写几句意思连贯的话。

3. 激发学生表达的兴趣，提高学生写作的自信。

三、教学重点

1. 关注学生习作态度，注意学过的标点符号的用法和写法。

2. 仔细观察图画，把看到的、想到的用几句意思连贯的话写下来。

四、设计要领

这是一次看图写话练习。教学时，先让学生仔细看图，然后让学生自由说，说完以后让学生评价谁说得好，好在哪里。在此基础上，再给机会让学生有条理地把几句话连起来说，最后让学生把自己说的几句话写下来。注意把重点放在激发、调动学生的写话兴趣和愿望上，不要提过多的要求，以免影响学生的积极性。

　　"写话"是学生作文的起步阶段。此阶段的小学生入学不到半年，尚没有句子、段落的概念。他们不会运用标点符号，对问号、感叹号的理解也模糊不清。标点符号是学生难以掌握运用的抽象符号，需要教师时常提醒，直到学生能正确地使用为止。考虑到这次习作是学生第一次进行正规的写话练习，因此在指导学生根据图意写出几句意思连贯的话时，教师对习作的书写规范给予了适当指导。本案例中教师对标点的书写及自然段开头空格的要求都进行了指导，巧妙地利用课件给予学生直观生动的提示。

教学反思：看图写话的问题与指导

　　案例用一些常见的句式，引导学生畅所欲言，在"乐说"的前提下，逐步达到"善说""会说"，最后顺利过渡到"我手写我心"的层次。写话要在充分"说"的语言实践中发展，让学生在完整的实践中不断比较、改进、提高。

　　为了激发学生写话的自信，提高写话的兴趣，教师提倡伙伴间进行互助与分享。在学生完成写话后，先让学生自主修改，然后再让学生同桌间、小组内互相阅读、评议，使学生在平等、友好、融洽的气氛中分享自己写话的快乐，充分体验到写话的成就感。此外发动学生参与邻座、小组评价，能有效地提高学生主动参与学习活动，从而大大提高了教学效率。

　　教师除了有效地设计、组织教学活动外，及时、恰当地激励学生大胆地参与写话学习、充分深刻地体验写话的成功也是十分重要的。本案例建立了伙伴间、师生间、亲子间的互动平台，让学生多层次、多角度地体验写话的愉悦与成功。

教学一线

本案例请重点关注教师的引导

案例 4-15　特级教师管建刚"记一件自己做成功的事"的习作指导

......

　　师：大家看，故事有起起落落，要写好一篇作文，你一定要寻找这个故事当中的曲折点。（板书：作文，寻找故事的曲折点。）

　　生（齐读）：作文，寻找故事的曲折点。

　　师：你把故事的曲折点找出来，你把心思花在这个上面，你的作文一定精彩，每次作文你都可以像管老师那样画图，你写起来就特别顺手。这是我们班同学写的一件事情，讲自己学做菜，你们做过菜吗？大家猜猜，第一次炒菜，都有哪些曲折点？

　　生：炒焦了。

习作讲评

师：焦了，一个曲折点。

生：盐放多了。

师：又是一个曲折点，这个曲折点怎么解决？放水，水放多了，又放盐，又放水，最后成了一锅汤了。（生笑）曲折点很好，还有吗？

生：把醋当成酱油。

师：醋和酱油一个颜色，一个曲折点。

生：忘记放炒菜的油。

师：油都没放，怎么炒菜？这个问题在你身上发生了。

生：切菜切到手。

师：这个曲折点厉害，付出了血的代价（笑）。还有吗？

生：把糖当成盐。

生：炒菜把油溅到自己身上。

生：炒菜忘记开煤气，怎么打火也打不着。

师：一切都是白搭。

师：如果说，你写第一次炒菜，有这些曲折点，能不能写？能，肯定能写得很不错，对不对？一会儿把糖当成盐，一会儿把醋当成酱油，手切破了，盐放多了，放水，水放多了，放盐，最后变成一锅汤的。你说会不会那么巧，那么多事情发生在你身上？

……

师：我的一个学生跟我讲，管老师，不对，我炒菜好像很简单，我做菜就没什么事发生，你说的曲折点，我就没有，我切菜不会切到手，盐是盐，醋是醋，酱油是酱油，都看得清清楚楚。（生笑。）

（出示学生《第一次炒菜》习作：切好了菜。油热了，菜放入锅子。炒了一会，放佐料，熟了。大家一尝，很好吃。）

师：炒菜也很简单，放油，放菜，一炒，熟了，大家一尝，味道好极了。（生笑。）有人会说，管老师，你说曲折点，我一个曲折点也没有，你叫我写什么呢？他心里还说，这是骗人，哪有那么多曲折点给你写啊，那怎么办呢？他大概天生做大厨的，将来要去考厨师。（生笑。）他就是顺风顺水，没有曲折点，这作文怎么写？还能写吗？

生：能写。

师：为什么能写？

生：都是起，没有落。

师：你是说，他就属于那种上，上，上，一直上，上到天上？（生笑。）这不对，折线图是上上下下这个过程，能不能想个办法，变得能写？

（评：作文教学就是要打开学生的视野和思路，要引导学生把看似不能写，写不下去的素材"想个办法，变得能写"。如此方能把握习作方法，提高习作能力。)

生：可以把"最后大家一尝，很好吃。"这个"很好吃"打一个双引号。(生笑。)

师：原来不好吃啊？给他增加一点小插曲。

生：可以写他心里很紧张。

师：你认为他心里有哪些紧张？

生：油热的时候，放菜下去，心里有些紧张。

师：心里的紧张作为一个曲折点，很好！除了这个地方紧张，还有什么地方心里紧张？也就是内心的曲折点。

生：尝的时候，会担心菜好不好吃。

师：我想，大家都会有这个担心。

生：放佐料的时候，担心放多了还是放少了。

师：对，放佐料的时候内心会产生一些纠结。

生：切菜的时候，怕切到手指。

师：尽管他切得很顺利，但切的过程中，那闪闪发亮的刀，切的时候总有些担心、害怕，是不是？当你把这些担心、害怕写出来的时候，是不是变成一个又一个的曲折点了？表面很顺利，内心很纠结，是不是有曲折点了？所以，如果说你这个故事表面看起来很顺利，顺风顺水的，这时候怎么办？你要去寻找内心的曲折点。(板书：故事，寻找内心的曲折点。)

生(齐读)：作文，寻找故事的曲折点；故事，寻找内心的曲折点。

师：如果有两个同学写炒菜，一个同学写切破了手，盐放多了，再放水，再放盐，再放水，……变成一锅汤，这是一篇作文。还有一个同学写作文，他很顺风顺水，可是他把切菜时内心紧张的曲折点，把放佐料时放多少内心的纠结点，炒菜时担心好不好吃的纠结点、矛盾点写出来。这样的两篇作文，你喜欢哪一篇？喜欢第一篇伸一个手指，喜欢第二篇伸两个手指，告诉我你喜欢哪一篇。

师：这个世界有的时候是不可思议的！(生笑。)你为什么伸出两个手指？全部都是两根手指！看看我伸出几根手指一、二、三……(师伸出两根手指，生大笑。)

师：同学们，记住此时的感觉，这个感觉如此珍贵。写文章，写故事的外部曲折给人的震撼远远不及写你内心的曲折所带来的震撼。所以，以后你写文章，写作的重心应更多指向你内心的曲折，而不是指向外在故事的曲折，要指向你的内心，要去挖掘内在的心里矛盾、困惑、担心、害怕，这是写好作文的一大秘诀。咱们所有的同学都和这个秘诀有着一种无形的默契，非常好！咱们把这两句话再读一读。

生：作文，寻找故事的曲折点；故事，寻找内心的曲折点。

> 师：一篇文章，在写之前，把曲折点找出来，在纸上画出这张折线图，从图中找两到三个点就够了，这两到三个点需要细细地写，一篇文章，一个故事，有了曲折，再加上有两三个细致的地方，那一定是一篇优秀的文章。
> ……

管建刚老师"记一件自己做成功的事"习作指导课，充分体现了"突出中心，训练方法"的理念。

首先，管建刚老师以"作文，寻找故事的曲折点；故事，寻找内心的曲折点"为中心，引导学生自己去发现：在习作提纲中发现故事发展的折线图，在故事发展中发现心理活动的折线图。

"文似看山不喜平。"学生的习作，最常见的毛病是记事平铺直叙，写人简单、脸谱化，使人感到乏味、单调。而富于变化的文章如波澜起伏，读起来就会使人兴味盎然，手不释卷。管建刚老师首先以学生习作《学骑自行车》和《第一次主持》为例，引导学生探讨曲折点，寻找曲折点，并在黑板上画出折线图图强调这一重点，总结曲折点是学生作文的精彩处。在此基础上，又以学生的习作《第一次炒菜》为例，解剖学生习作问题，打开学生思路，指导学生如何使记事的作文有故事曲折点。

其次，引导学生分析比较，故事曲折与内心曲折，对读者的吸引程度是不一样的。管建刚老师仍以学生的习作《第一次炒菜》为例，分析不同的故事曲折点会给读者带来完全不一样的感觉，习作要从读者的角度出发，抓住阅读心理，这样的习作才更有魅力。以此诠释了"故事，寻找内心的曲折点"，并明确学生习作方向："写文章，写故事的外部曲折给人的震撼远远不及写你内心的曲折所带来的震撼。所以，以后你写文章，写作的重心应更多指向你内心的曲折，而不是指向外在故事的曲折，要指向你的内心，要去挖掘内在的心里矛盾、困惑、担心、害怕，这是写好作文的一大秘诀。"

最后，训练学生拟写提纲，学会细节描写。管建刚老师以自己黑板上的折线图引领学生拟提纲，具体指导学生怎样抓细节描写点。这样的指导训练，真实扎实，落到实处，学生习作既有章可循，又有据可依。

写作能力的高低，是一个人能否较好地运用语文知识的体现，是一个人语文素质的综合体现。习作教学是小学语文教学的一个重要组成部分，它承载着培养学生写作能力，发展学生的智力，培养学生的高尚情操与创新精神，提高学生的审美情趣和文化品位等一系列重要任务。不管是习作教学目标还是习作教学内容，不管是低年级的写话教学还是高年级的习作教学，小学语文教师都应结合《语文课程标准》要求，深入了解学生实际，认真钻研教材，精心设计，提高习作教学效果。

本章训练与拓展

教学设计训练

● **实践任务 1**

结合《语文课程标准》要求，分别为五年级下册"神奇的探险之旅"和六年级下册"插上科学的翅膀飞"设计习作教学目标（图 4-11）。

图 4-11

实践要求：

1. 结合《语文课程标准》要求，拟写两个习作教学目标，要体现五年级、六年级习作教学目标的梯度；

2. 要紧扣习作训练特点，体现习作教学目标的针对性。

实践建议：

请您认真学习本章"第一单元　习作教学目标设计"，并登录"中国大学MOOC"观看相关教学视频，注意不同年段习作教学目标的梯度，学会设计习作教学目标。

● **实践任务 2**

请根据三年级上册第二单元"习作：写日记"和四年级上册第三单元"习作：

写观察日记"具体习作内容，结合发展型学习任务群中"实用性阅读与交流"的相关要求："学习用日记、观察手记等，展示自己观察自然、探索科学世界的收获"。设计写日记习作训练教学内容。

实践要求：

1. 掌握日记的规范格式，了解日记主要内容；

2. 结合《爬山虎的脚》的"资料袋"和《蟋蟀的住宅》的"阅读链接"内容，培养连续观察能力，以日记形式记录观察所得所想；

3. 注意观察的细致与内容的准确。

实践建议：

请认真学习本章"第二单元　习作教学内容设计"，并登录"爱课程"网观看本章相关教学视频，掌握习作教学内容设计策略。

推荐阅读

1. 吴立岗. 小学作文教学论 [M]. 南宁：广西教育出版社，2017.

作者在 20 世纪 80 年代初首创的"小学作文素描训练"是国内最有影响的作文教学流派之一。该书以儿童语言交际功能发展的年龄特点为主线，构建小学作文教学体系。主要有三大特色：一是把作文教学从以升学为中心的应试教育，转到以提高素质为核心的国民基础教育的轨道上来；二是将语言心理学、发展心理学、教育心理学，特别是活动心理学的研究成果运用于作文教学，使作文教学有一个比较坚实的心理学基础；三是努力将文献法、实验法、调查法等教育科研方法，运用于作文教学的科学研究，使作文教学论这门应用科学建立在实践的基础之上。

2. 王振刚. 全国模范教师的 48 个小学作文教学锦囊 [M]. 福州：福建教育出版社，2019.

该书就如何开展低段写句教学、如何开展中段段落写作教学、如何指导学生进行高段篇章写作训练、如何展开扎实有效的作文课教学活动等进行了翔实的解读。该书有方法的引领、有范文的展示、有教案的呈现，内容充实、严谨、环环相扣。该书不仅能够指导语文教师如何开展作文教学，而且能够为教师如何指导学生开展习作活动出谋划策。全书通过四个锦囊包，为语文教师、学生及家长打开了一扇窗，既开拓了作文教学的视野，抓住了作文教学的金钥匙，又让学生了解了如何从低段打牢坚实的写作基础，继而文采飞扬，妙笔生花。

3. 施茂枝. 教容易 写不难：新模式新教材小学作文教学案例点评 [M]. 北京：高等教育出版社，2021.

该书是作者带领团队实施写作课改十年的成果。该书以学生易写、教师易教为直接诉求，在教学是学科逻辑与学生心理逻辑沟通的教学观的指导下，基于皮亚杰儿童心理发展阶段理论，在构建 13 种教学模式基础上，带领团队参照小学语文教材写话与习作教学要求进行案例开发。该书收录了 40 多个小学作文案例，覆盖小学三个学段。每个模式在简要的理论介绍基础上，附数个教学实录或教学设计案例，并由施茂枝教授予以点评，教师在充分掌握模式操作要领、把握每个案例设计意图的前提下，可直接模仿案例进行教学。

思维导图

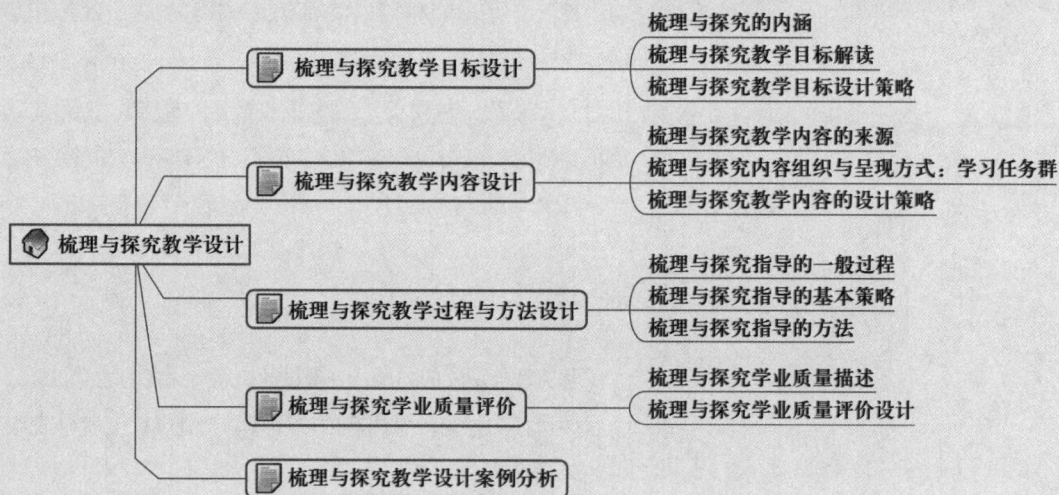

模块导读

《语文课程标准》的一个重要变化是将"综合性学习"改为"梳理与探究",旨在让学生通过梳理、整合、探究性的活动,将积累的语言材料和学习的语文知识结构化,将言语活动经验逐渐转化为具体的学习方法和策略,并能在语言实践中自觉地运用,从而促进学生核心素养的提高。本模块立足小学语文梳理与探究教学,着重探讨梳理与探究的教学目标、教学内容、教学过程与方法、学业质量评价及其设计。

学习目标

□ 了解梳理与探究的内涵,合理设计梳理与探究的教学目标。

□ 掌握梳理与探究教学内容的设计策略,能进行梳理与探究的教学设计。

□ 明确梳理与探究指导的一般过程、基本策略和方法。

□ 掌握梳理与探究评价设计的基本原则,了解梳理与探究学业质量评价设计的关注点。

□ 观摩梳理与探究学习活动,能进行梳理与探究学习案例分析,具备梳理与探究案例分析的能力。

20 世纪 80 年代，面对科技革命和知识经济的变革，一些发达国家倡导课程向儿童经验和生活回归，追求课程的综合化，以培养学生的实践精神和创新能力，基础课程的综合化就成为世界课程改革的整体趋势。为了更好地适应时代与社会发展的需要，2001 年颁布的《全日制义务教育语文课程标准（实验稿）》首次把"综合性学习"纳入语文课程体系之中，与"识字与写字""阅读""写作""口语交际"相并列，成为语文课程内容的有机组成部分。十年后颁布的《义务教育语文课程标准（2011 年版）》延续了五个版块的分类。2022 年，义务教育课程标准迎来大变革，《语文课程标准》将语文课程五个模块变为四个，"综合性学习"变为"梳理与探究"。"梳理与探究"在综合性学习的基础上，突出了语文知识和语言材料的积累、整理、归类与探究的性质。梳理是建构知识的过程；探究是发现问题，研究问题，力求解决问题的过程。将综合性学习改为"梳理与探究"，体现了《语文课程标准》重视语文学习的综合性、实践性，同时又关注语文核心素养尤其是思维能力的培养。梳理与探究成为我国语文课程改革的新亮点。

第一单元　梳理与探究教学目标设计

阅读与鉴赏、表达与交流、梳理与探究是达成核心素养目标的三种基本实践方式。《语文课程标准》在总目标中指出："积极观察、感知生活。""乐于探索，勤于思考，初步掌握比较、分析、概括、推理等思维方法。"可见，"梳理与探究"的提出，是落实语文课程总目标的需要。

小学语文教材从三年级开始，每个年级的下册安排一个综合性学习单元，共编排 4 次综合性学习。《语文课程标准》将综合性学习改为梳理与探究，给教师提供了更广阔的天地，梳理与探究绝不能囿于教材中安排的 4 次综合性学习。我们在进行梳理与探究学习指导时，应将其理解为广义的梳理与探究。一方面要注意开发教材中的梳理与探究资源，另一方面要开发课外梳理与探究资源。《语文课程标准》指出：要从核心素养形成和发展的内在规律出发，紧密结合语文教材内容，选择有利于组织和实施综合性语文实践活动的优质资源。

教学一线

案例 5-1　"我爱我的家乡"教学设计

湖南省郴州市永兴县红旗实验小学　曹白兰

一、设计思路

本次活动，以"我爱我的家乡"为活动主题，采用收集资料、访问调查、实地参观考察等活动方式，指导学生了解家乡永兴的风景名胜、

本案例请重点关注梳理与探究和其他三个模块的语文教学有什么不同并思考什么是梳理与探究

特产、历史名人和发展变化，激发学生热爱家乡的思想感情，能以习作形式赞美家乡。

二、活动目标

1. 通过本次活动，对家乡有初步的了解，激发热爱家乡的情感和探究"家乡美"的兴趣。

2. 学会有序地进行小组活动，培养团结协作、交流沟通的意识和习惯。

3. 在活动中掌握实地调查了解的方法，培养收集运用、处理各种信息的能力。

4. 用书面和口头方式表达自己活动中的收获和发现，在活动中培养听、说、读、写等语文能力。

三、活动重点、难点

重点：指导学生围绕主题制订活动计划。

难点：培养实地考察、收集整理有效信息的能力。

四、活动过程

（一）第一阶段：激发兴趣，指导分组制订活动计划（1课时）

1. 创设情境，激发参与活动欲望

（1）同学们，作为永兴人，你对我们的家乡永兴有哪些了解呢？（指名说一说。）

（2）播放视频《永兴宣传片》，师生共同欣赏。

（3）看了这段视频，你想说什么？（指名说，激发参与活动欲望。）

（4）从这节课开始，我们就要围绕"我爱我的家乡"这个主题开展一次综合实践活动了！（揭示活动主题，板书：我爱我的家乡）

2. 确定内容，指导分组制订活动计划

（1）关于我们的家乡，你最感兴趣、最想了解的是什么？（自由发言，打开思路）教师相机分类板书：

便江画廊　黄克诚将军　板梁古村　中华银楼……

冰糖橙　柏林银器　山茶油　四黄鸡……

永兴的旧貌　现在永兴的发展变化

（2）引导归类，小组确定活动内容。

① 根据板书，给上述内容分别取个小标题。

生自由发言，师引导归纳板书：

风景名胜　永兴特产　历史名人　发展变化

② 小组确定活动探究内容。

③ 围绕小组课题，你们小组打算采取什么方式探究呢？你们小组在探究活动中如何来记录活动收获呢？（小组讨论，代表发言，教师随机引导）

板书　活动方式：搜集资料（文字资料、图片资料、视频资料……）

　　　　　　调查访问（咨询家人、现场采访……）

　　　　实地参观考察

活动记录：文字资料、图片集、采访考察视频、活动心得感悟……

④ 为了使活动有序地进行，小组的每个成员都要有具体的分工，而且要团结协作。请小组长根据各成员的特长明确分工。

⑤ 出示活动计划表（表5-1），小组长组织小组成员完善表格。

表5-1　活动计划表

活动主题		
小组课题		
组　名		
成　员		
我们的研究方法	查阅资料（　　）　上网搜索（　　）　调查访问（　　）　实地考察（　　）		
我们的记录方式	文字卡片（　　）　图片集（　　）　采访考察视频（　　）　心得感想（　　）		
我们的分工		
活动时间安排	时间	活动内容

⑥ 展示小组活动计划表，小组长汇报，师生共同评议、完善。

（二）第二阶段：分组开展实践活动，多渠道了解家乡风土人情

……

（三）第三阶段：活动成果汇报，总结评价（1课时）

……

（四）第四阶段：活动延伸，习作赞美家乡

可是，如何才能把我们可爱的家乡永兴展现在世人面前呢？同学们，拿出你们的"妙笔"，用它描写我们的家乡，把它最美丽的、最耀眼的一面通过你的生动描述展示给大家看，把全国乃至全世界的人们吸引过来，来我们永兴观光，来永兴兴业！

学生习作（另作安排）。

　　四年级下册第一单元的语文要素之一是"写喜爱的某个地方，表达出自己的感受"，这一单元安排的课文有"古诗词三首"、《乡下人家》、《天窗》、《三月桃花水》等。

　　案例5-1主题鲜明，目标具体，活动内容和形式丰富多样。根据阅读和写作的需要，教师较好地把课堂与生活实践结合起来，通过学生自主的探究性活动，

带领学生走进家乡、了解家乡，在学生课内学习的基础上拓宽了学习内容，深化了学生对家乡的了解，于潜移默化中培养了学生良好的性情，锻炼了学生的能力，促进了学生健康、快乐成长。这样的梳理与探究活动，既有对家乡的风景名胜、特产、历史名人、发展变化等方面知识的梳理，又有调查了解、参观访问、合作研讨等探究性活动。本节课的学习内容是课本外的，学习过程是自主、开放、灵活的，学习方式是灵活多样的。

教学一线

案例 5-2　"中国娃玩转中国字"绘本制作活动方案

湖南第一师范学院斑马湖小学　刘雅琴

一、设计思路

二年级学生已经学过一些象形字，对象形字的特点有了初步的认识。本次活动，以"中国娃玩转象形字"为主题，设计了"回顾梳理—观察想象—绘本制作—互动点评"的活动过程，旨在激发学生探索象形字的特点、汉字演变过程、汉字意蕴的兴趣，传承中华汉字文化。

二、活动目标

1. 文化自信：由象形文字开始，探索汉字的演变历史及文化，初步了解汉字的结构，感受汉字的独特价值。

2. 语言运用：认识常用的象形字，初步领悟象形字的构字规律，能通过主动积累、梳理和合作探究开展有效的交流与沟通。

3. 思维能力：用心观察，能根据画图识字，提高形象思维能力。

4. 审美创造：通过梳理与探究，认识更多的象形字，能通过触摸文字之形、体会书写之美；能合作设计一本象形文字绘本册，在设计与展示活动中努力发现美，表现美，创造美。

三、活动组织流程

（一）第一阶段：激发兴趣，梳理象形字，感知象形字的文字符号意义。

1. 象形文字是什么？（2课时）

梳理学过的象形字，感知象形文字的文字符号意义，尝试画一画象形文字。

2. 汉字是怎么演变的？（2课时）

讲述汉字的发展变化，了解汉字由象形文字逐渐演化而来，理解汉字的表意特点。

（二）第二阶段：分组开展梳理与探究活动，通过观察、想象认识更多的象形字。（略）

（三）第三阶段：小组合作探究学习，一起动手制作象形字绘本册。

1. 一本书包含哪些要素，是如何制作的？（2课时）

了解一本书的组成和制作书的流程，各小组学生根据自己的喜好和特长，认领绘本的设计、制作、装订等活动任务。

2. 小组合作，制作象形文字绘本册（3 课时）。

小组整合任务成果，编制一本《象形文字真好玩》绘本册。

（四）第四阶段：活动成果展示，交流与评价。

小组绘本展示，学生自评、互评，教师小结点评（1 课时）。

《语文课程标准》在第一学段要求中指出："观察字形，体会汉字部件之间的关系。梳理学过的字，感知汉字与生活的联系。"案例 5-2 较好地体现了《语文课程标准》对第一学段梳理与探究的要求，学生对象形字的特点和汉字的来源已有初步的认识，可以利用已学的象形文字和各种各样的"符号"，在合作学习中自主配图、使用制作材料，绘制独一无二的象形文字绘本。这样的活动，将具象的象形文字和绘图结合在一起，便于学生发现共同点，把握象形字的特征。相比一般的识字活动，这样的活动重视学生学科知识、学科能力、核心素养等不同层次、不同方面的发展，学生在感知象形文字的产生和发展过程中，了解汉字的悠久历史，激发对汉字的热爱。学生在积极的语文实践活动中，文化自信、语言运用、思维能力、审美创造都得到了提升。

一、梳理与探究的内涵

梳理，即指梳爬整理。探究，即探索、探讨、研究。梳理，是对语文知识和语言材料进行的系统整理，包括由散到聚、由乱向整，找联系、归类别、成体系等，是巩固旧知识、建构新知识的过程。通过梳理，学生对知识有了新的认识和体验，并从中掌握规律。梳理，离不开探究，探究是学生在梳理的过程中发现问题、努力解决问题的过程。探究能力作为人类探索、研究自然规律和社会问题的一种综合能力，通常包括提出问题的能力，收集资料和信息的能力，建立假说的能力，进行社会调查的能力，进行科学观察、科学实验、科学思维的能力、运用知识解决问题的能力，等等。

"梳理与探究"的前身是综合性学习，倡导"梳理与探究"，并不否认综合性学习。可以说，"梳理与探究"包含综合性学习，综合性学习是"梳理与探究"的有机组成部分。《义务教育语文课程标准（2011 年版）》指出，综合性学习主要体现为语文知识的综合运用、听说读写能力的整体发展、语文课程与其他课程的沟通、书本学习与生活实践活动的紧密结合。可见，语文"综合性学习"的"综合"主要指：一是语文知识的综合，如在家庭生活、学校生活中，尝试运用语文知识解决问题；二是语文能力的综合，如在参加语文趣味活动、文学活动，在游戏、办刊、演出、讨论等活动中，提高语文能力，体验合作与成功的喜悦；三是语文课程与其他课程的综合，如根据对各门学科的了解提出感兴趣的问题，共同讨论，选出研究主题，制订简单的研究计划，从书籍或其他媒体中获取有关资料，讨论分析问题，独立或合作撰写简单的研究报告；四是语文实践过程的综合，让学生在读书、写作、调查、研究等多种学习活动中提高语文素养。对综合性学习的理解，同样适用于梳理与探究，梳理与探究要注意体现语文学习的综合性，重视在学生自主性、研究性、综合性学习中去发现问题、解决问题。

《语文课程标准》指出，"义务教育语文课程围绕立德树人根本任务，充分发挥其独特的育人功能和奠基作用，以促进学生核心素养发展为目的，以识字与写字、阅读与鉴赏、表达与交流、梳理与探究等语文实践活动为主线，综合构建素养型课程目标体系"。其中，"识字与写字"是语言学习的基础，"阅读与鉴赏"属于输入型学习方式，"表达与交流"属于输出型学习方式，而"梳理与探究"则是依托、融入前三个模块的语文实践方式，旨在促进语言积累、内化、运用，进而提高学生核心素养。

尽管梳理与探究活动除了包括语文知识、语言材料的梳理与探究之外，还包括跨学科学习，涉及自然科学等学科。但梳理与探究首先姓"语"，其落脚点在于提高学生的核心素养，而不是为了让学生掌握其他学科和其他领域的知识，它是一种语文学习活动，而不是其他学科活动。不管梳理与探究语文实践活动涉及哪个领域，跨越了多少学科，采取哪些方式，其落脚点都在致力于学生核心素养的形成和发展。例如，四年级下册的综合性活动"轻叩诗歌大门"，其活动之一是利用阅读书刊的方式收集诗歌。我们可以让学生分类收集诗歌，如搜集写"春天"的诗歌，搜集写"花"的诗歌，尽管需要学生搜集、梳理、理解诗中有关"春天""花"的描写，但其主要目的在于让学生了解语文与生活的联系，培养学生阅读理解与自主表达、搜集和处理信息的能力，而不是让学生获得有关春天和花卉的知识。又如，六年级下册的综合性活动"难忘小学生活"，活动中要求制作成长纪念册，学生不仅要搜集、梳理成长纪念册的素材，还要对成长纪念册进行设计、排版。这样的梳理与探究活动，需要综合运用语文、艺术、信息技术等知识。但活动的主要目的是使学生在回忆的基础上感受小学生活的美好，感受对母校、对老师、对同学的不舍之情，会写临别赠言、书信、毕业演讲等，进而提升学生的语言运用能力，促进学生核心素养的提高。因此，语文学习中的"梳理与探究"，一切均应从语文课程目标、特点和性质出发来进行。

二、梳理与探究教学目标解读

《语文课程标准》在总目标中指出，"主动积累、梳理基本的语言材料和语言经验，逐步形成良好的语感，初步领悟语言文字运用规律。""积极观察、感知生活，发展联想和想象，激发创造潜能，丰富语言经验，培养语言直觉，提高语言表现力和创造力，提高形象思维能力。""乐于探索，勤于思考，初步掌握比较、分析、概括、推理等思维方法，辩证地思考问题，有理有据、负责任地表达自己的观点，养成实事求是、崇尚真知的态度。""关心社会文化生活，积极参与和组织校园、社区等文化活动，发展交流、合作、探究等实践能力"。《语文课程标准》又在此基础上设定了明确的学段目标（表 5-2）。

表 5-2　小学各学段"梳理与探究"目标

学段	目　标	特别提示
第一学段	1. 观察字形，体会汉字部件之间的关系。梳理学过的字，感知汉字与生活的联系。 2. 观察大自然，热心参加校园、社区活动，积累活动体验。结合语文学习，用口头或图文等方式整理、表达自己在活动中的见闻和想法。 3. 对周围事物有好奇心，能就感兴趣的内容提出问题，结合其他学科的学习和生活经验交流讨论，尝试提出自己的看法	在落实这些要求的过程中，注重引导学生关注中华优秀传统文化在日常生活中的表现，初步感受中华优秀传统文化的重要价值；初步懂得幸福生活是革命前辈浴血奋战、艰苦奋斗换来的，激发对革命领袖、革命家、英雄人物的崇敬之情
第二学段	1. 尝试分类整理学过的字词。尝试发现所学汉字形、音、义和书写的特点，帮助自己识字、写字。 2. 学习组织有趣味的语文实践活动，在活动中学习语文，学会合作。结合语文学习，观察大自然，观察社会，积极思考，运用书面或口头方式，并可尝试用表格、图像、音频等多种媒介，呈现自己的观察与探究所得。 3. 能提出学习和生活中的问题，有目的地搜集资料，共同讨论，尝试运用语文并结合其他学科知识解决问题	在落实这些要求的过程中，注重感悟国家通用语言文字的文化内涵，初步认识中华优秀传统文化蕴含的思想和智慧；感悟革命英雄、模范人物的爱国主义情怀和高尚品质，激发向英雄模范学习的意愿和行动，培养对中国共产党和中华人民共和国的朴素情感，增强民族自豪感
第三学段	1. 分类整理学过的字词，发现所学汉字形、音、义和书写的特点，发展独立识字能力和写字能力。 2. 感受不同媒介的表达效果，学习跨媒介阅读与运用，初步运用多种方法整理和呈现信息。 3. 初步了解查找资料、运用资料的基本方法。利用图书馆、网络等渠道获取资料，解决与学习和生活相关的问题。尝试写简单的研究报告。 4. 策划简单的校园活动和社会活动，对所策划的主题进行讨论和分析，学写活动计划和活动总结。对自己身边的、大家共同关注的问题，或影视作品中的故事和形象，通过调查访问、讨论演讲等方式，开展专题探究活动，学习辨别是非、善恶、美丑	在落实这些要求的过程中，注重了解中华优秀传统文化的源远流长、丰富多彩，提升自身中华优秀传统文化修养；感受先贤志士的人格魅力，感悟老一辈无产阶级革命家的英雄气概、优良作风和高尚品质，体会捍卫民族尊严、维护国家利益和世界和平的伟大精神

根据表 5-2，我们发现 2022 年版《语文课程标准》"梳理与探究"各学段目标呈现出以下特点：

第一，2022 年版课程标准认可并接受了 2011 年版课程标准中关于"综合性学习"的学段目标，各学段目标都注意体现语文学习的综合性，强调在学习与生活中发现问题，解决问题。与 2011 年版课程标准的不同之处主要在于：一是，2022 年版课程标准在各学段新增加了关于汉字这一载体的梳理与探究，各学段都要把字词作为载体落实在目标要求中，进而达到学段目标。二是，2022 年版课程标准在提出"梳理与探究"各学段目标后，增加了"在落实以上要求过程中，注重……"的特别提示，这些特别提示指向中华优秀传统文化、革命传统文化、国家通用语言文字的文化内涵，体现了核心素养和立德树人的有关要求。三是，2022 年版课程标准增加了积极思考、跨媒介阅读与运用、运用多种方法整理和呈现信息等要求，以鼓励学生感受不同媒介的表达效果，尝试多途径解决问题。

第二，从横向来看，各学段"梳理与探究"目标呈现出一些相同点：一是三个学段的第一条都指向字词的梳理与探究，与学段目标中的第一个模块"识字与写字"紧密联系，表现出对国家通用语言文字的极大关注。二是三个学段都强调学生参与实践活动的重要性，提到了学生的语文学习要与大自然、学校、社区、社会紧密联系，不断寻找语文学习的新途径、新方法。三是各学段目标的阐述，都共同体现了六种视角：问题视角、观察视角、资料视角、表达视角、活动视角、合作视角（表 5-3）。

表 5-3　"梳理与探究"学段目标的六个视角

视角	第一学段	第二学段	第三学段
问题视角	能就感兴趣的内容提出问题	能提出学习和生活中的问题；尝试运用语文并结合其他学科知识解决问题	利用图书馆、网络等渠道获取资料，解决与学习和生活相关的问题；对自己身边的、大家共同关注的问题，或影视作品中的故事和形象，通过调查访问、讨论演讲等方式，开展专题探究活动
观察视角	观察字形；观察大自然	尝试发现所学汉字形、音、义和书写的特点；观察大自然，观察社会	发现所学汉字形、音、义和书写的特点；感受不同媒介的表达效果
资料视角	结合语文学习，用口头或图文等方式整理	尝试分类整理学过的字词；有目的地搜集资料	初步运用多种方法整理和呈现信息；初步了解查找资料、运用资料的基本方法；利用图书馆、网络等渠道获取资料
表达视角	用口头或图文等方式表达自己在活动中的见闻或想法	运用书面或口头方式，并可尝试用表格、图像、音频等多种媒介，呈现自己的观察与探究所得	尝试写简单的研究报告；学写活动计划和活动总结
活动视角	热心参加校园、社区活动，积累活动体验	学习组织有趣味的语文实践活动，在活动中学习语文，学会合作	策划简单的校园活动和社会活动；开展专题探究活动
合作视角	交流讨论	共同讨论	对所策划的主题进行讨论和分析；通过调查访问、讨论演讲等方式，开展专题探究活动

第三，从纵向上看，三个学段的"梳理与探究"要求，彼此联系，循序渐进，体现了层次性和发展性的特点：一是，虽然三个学段的第一条都指向字词的梳理与探究，但学习的方式方法及难易程度层次梯度明显。从"感知"到"尝试发现"再到"发现"，学生学习主动性越来越强；从"观察字形……感知汉字与生活的联系"到"尝试发现所学汉字形、音、义和书写的特点，帮助自己识字、写字"，再到"发现所学汉字形、音、义和书写特点"，可以看到学生独立自主识字、写字的能力逐渐增强。二是，虽然三个学段都强调学生参与实践活动的重

要性，但随着学段升高，实践的范围越来越广，实践的程度也增强了。从第一学段的"热心参加"到第二学段的"学习组织""学会合作"，再到第三学段的"策划简单的校园活动和社会活动"，可以明显感受到学生在组织参与实践活动方面，学习的主动性有一个逐步增强的过程。三是，虽然各学段的"梳理与探究"要求共同体现了六种视角——问题视角、观察视角、资料视角、表达视角、活动视角、合作视角，但我们不难发现，六种视角的阐述均随着学段升高，要求也逐步提高，明显体现了层次性和发展性的特点。可见，"梳理与探究"从多方面促进学生的发展，使学生的语文核心素养得到整体提高，成为一个全面发展的人。

三、梳理与探究教学目标设计策略

教学目标是教师设计教学的出发点，并引领学生发展的方向。确定有效的梳理与探究教学目标的依据主要有《语文课程标准》要求、学情和学习内容特点。

教学一线

本案例请重点关注梳理与探究教学目标的设计

案例 5-3　"走进田园，热爱乡村"教学目标

福建省漳平市新桥镇西埔小学　郭淑旎

1. 通过观察、上网、调查、访问等方法，了解家乡的景物、风土人情，了解不同季节的庄稼、瓜果蔬菜，感受田园文化与生活，促进听、说、读、写能力发展。

2. 借助具体的乡村田园场景，以问题为抓手，以语文知识与技能为凭借，通过自主、合作、探究方式解决问题。

3. 用多种形式把自己的活动过程、体验、感受记录下来，激发热爱乡村、珍爱田园的感情。

案例 5-3 的设计关注了小学生语文学习的特点和学情，通过自主、合作、探究的学习方式，让学生采用观察、上网、调查、访问等多种方法，来体验、感受、参与、记录学习进程，让学生感受家乡的田园文化，进而促进学生听、说、读、写诸方面的能力发展。

具体而言，梳理与探究教学目标有以下设计策略。

（一）注意整合性

梳理与探究的教学目标一是要注意兼顾知识目标、能力目标和素养目标。这并不意味着每节课的教学目标都要一一对应地列出三个维度的目标，每一个维度下面还要再列出若干小的目标，而是意味着教师要能整体把握三个维度的目标。在一次语文课中，教学目标可能会有所侧重，但作为一个持续较长时间的语文梳理与探究活动，要注意整体把握知识、能力、素养目标。二是要重视在语言运用

中提高学生的核心素养，义务教育语文课程要培养的核心素养的四个方面"文化自信、语言运用、思维能力、审美创造"是一个整体，但学生的文化自信、思维能力、审美创造都以语言运用为基础，在学生的个体语言经验发展过程中得以实现。要把握核心素养四个方面整体交融的特点，设计教学目标时，既有所侧重，又要融为一体。三是要注意促进学生语文多方面能力的综合提高。梳理与探究，不是为活动而活动，而是要围绕学科特点，突出语文性。案例 5-3 的问题视角、观察视角、资料视角、表达视角都立足于学生听、说、读、写诸方面能力的发展，致力于在梳理与探究的过程中，整体提升学生的核心素养。

（二）具有可行性

梳理与探究教学目标的设计要具有可行性，即学生能够操作、教师能够实施，且活动讲究实效。活动的设计必须为学生所接受。在郭老师设计的"走进田园，热爱乡村"梳理与探究中，观察、上网、调查、访问都是学生能够做到的。学生生长在农村，对乡村的一草一木、蛙叫虫鸣，耳熟能详，乡间小道、沟渠小洼了如指掌；对农活农具、农家生活，了然于胸……这样的生活环境，让他们更容易走进田园。

（三）突出针对性

梳理与探究教学目标的设计要针对语文学习的需要，尤其要针对学生实际。在设计梳理与探究教学目标时，要依据各学段目标，考虑学生的身心特点和学习实际，以学生的学习兴趣为基本出发点，并注意培养学生学习的主动性。案例 5-3 为学生"走进田园"搭建了阶梯：生活经验，为学生"走进田园"提供了铺垫；文本阅读，使学生对"走进田园"产生了期待。

（四）彰显学科性

梳理与探究教学目标的设计应体现语文学科的内容、特色。虽然语文课程应从封闭走向开放，但它首先姓"语"，其基本目标定位应指向语文，在活动设计上，每种活动的展现也应紧扣语文课程目标，其落脚点都在致力于学生语文素养的形成和发展。

合作研习

小组合作，设计以下梳理与探究活动的教学目标：

1.三年级下册"中华传统节日"（图 5-1）

提示："中华传统节日"教学目标设计应侧重于使学生了解中华民族重要的传统节日和民间习俗，感受中华传统节日的文化内涵，体验传统文化的魅力，提高学生收集、处理信息的能力和语言表达能力，增强学生的民族自信心、自豪感。针对不同的活动阶段（如活动计划制订、收集整理资料、活动成果展示），不同的活动内容（春节、端午节、中秋节、重阳节），教学目标应有相应的侧重点。

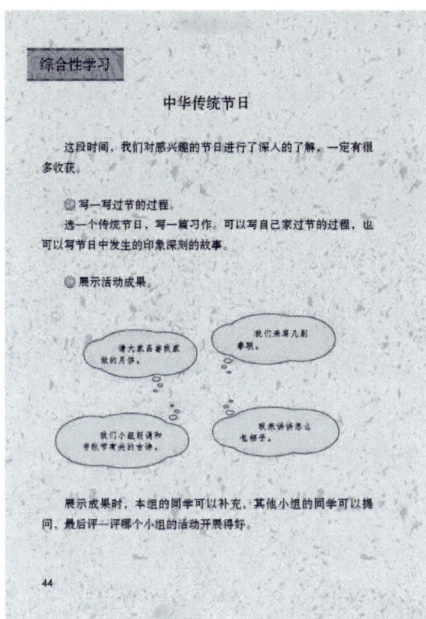

图 5-1　三年级下册语文综合性学习"中华传统节日"

2. 五年级下册"遨游汉字王国"（图 5-2）

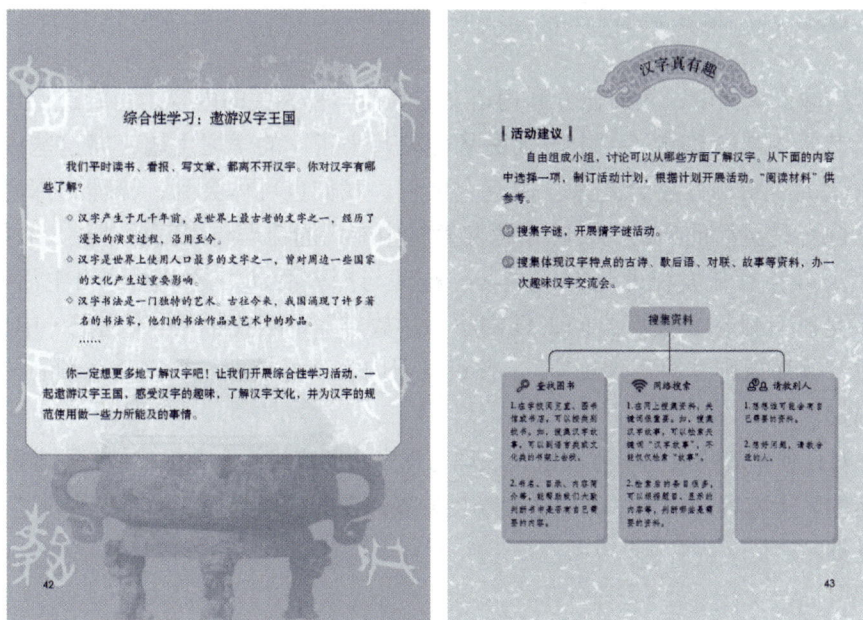

图 5-2　五年级下册语文综合性学习"遨游汉字王国"

提示："遨游汉字王国"教学目标设计应侧重于让学生体会汉字文化的丰富有趣，培养学生对汉字的热爱等方面。针对不同的汉字文化主题，教学目标应有不同的侧重点，如搜集字谜，开展猜字谜活动；搜集体现汉字特点的古诗、歇后语、对联、故事等资料，办一次趣味汉字交流会；围绕汉字历史、汉字书法或其他感兴趣的与汉字有关的内容，开展简单的研究；调查同学的作业、街头招牌、书刊中，存在的用字不规范的情况。

第二单元　梳理与探究教学内容设计

本案例请重点关注其教学内容是如何创生的

教学一线

案例 5-4　《松鼠》一课的跨学科实践活动（五年级上册）

探究学习是学生学习语文知识的重要方式。在教授《松鼠》这篇文章时，教师可以先在课堂上带领学生开展阅读活动，让学生了解松鼠的特点，感受小动物的"奇思妙想"。在课后，教师则可以立足学生的学习情况，以"动物的'奇思妙想'"为主题组织学生利用激光雕刻技术完成动物的模型创作。为完成动物模型，学生需要迁移已有认知，抓住动物的特征设计、组装模型，完成后通过多种形式进行展示。在这个过程中，学生会经历阅读、动手制作、科学探究、写作等过程，学生不仅需要展现自己的科学认知，还需要迁移阅读所得，构思自己的说明顺序、说明方法。[1]

在这个案例中，教师充分利用语文与其他学科相关的内容，协同道德与法治、艺术等学科确定了"中国人民从此站起来了"的学习主题，将这些内容按一定的逻辑顺序整合起来。由这个案例，我们也可体会到：梳理与探究的教学内容是灵活而丰富的，除了语文教材中专门的梳理与探究活动外，教师、学生可以自行开发梳理与探究内容。梳理与探究活动，是学生的自主活动，但不是没有目标、没有方向，任由学生"放羊"的自由活动。《礼记·中庸》指出"凡事豫则立，不豫则废"。预设学习内容，是梳理与探究活动顺利开展的前提。

对任何年龄阶段的学生而言，梳理与探究活动应是一个有机整体，而非随意拼凑的若干内容的组合。确立适合学生发展需要的梳理与探究学习内容是"立"的基础。

一、梳理与探究教学内容的来源

梳理与探究教学内容的来源主要有两个方面。

（一）来源于教材和教学实际

梳理与探究活动应立足于课堂，让每一个学生都成为探究者，同时还应充分

---

① 邵丽芳. 小学语文课程的跨学科整合教学策略 [J]. 2023（13）: 55-57.

利用教材，让每一个学生都成为开拓者。

教材是基本的课程资源，教材从内容到形式都具有很强的典范性，因此首先要从教材中精选梳理与探究教学内容。小学语文教材采用"人文主题"与"语文要素"双线并行的结构进行编写。"综合性学习"的内容编排从一年级教材开始，在课后的练习、语文园地等处陆续渗透，从三年级开始，每个年级的下册均设有一个综合性学习单元（见表5-4）。

表5-4　小学语文教材"梳理与探究"（综合性学习）的编排

册次	活动内容	学习要素	栏目设计		编排方式
三（下）	中华传统节日	收集传统节日的资料，交流节日的风俗习惯，写一写过节的过程	单元篇章页 活动提示1 活动提示2 综合性学习		综合性学习与阅读教学相结合，分步推进
四（下）	轻叩诗歌大门	根据需要收集资料，初步学习整理资料的方法。 合作编小诗集，举办诗歌朗诵会			
五（下）	遨游汉字王国	感受汉字的有趣，了解汉字文化。 学习搜集资料的基本方法。 学写简单的研究性报告	汉字真有趣	活动建议	梳理与探究自成体系，以单元整组的方式进行编排
				阅读材料	
			我爱你，汉字	活动建议	
				阅读材料	
六（下）	难忘小学生活	学习整理资料的方法。 策划简单的校园活动，学写策划书	回忆往事	活动建议	
				阅读材料	
			依依惜别	活动建议	
				阅读材料	

教材中的综合性学习单元，是含有特定任务的特殊单元，从编排类型看，三、四年级采用"小综合"的形式，综合性学习与阅读相辅相成，单元的构成一般包括：单元导语、两类课文、综合性学习、语文园地。单元篇章页提出综合性活动任务，"活动提示"穿插安排在单篇课文学习之后，共两次：第一次是布置活动任务，第二次主要是对活动进行检查，并提出下一阶段的要求。最后在综合性学习栏目中进行活动总结和展示。而五、六年级则采用"大综合"的形式——独立安排综合性学习单元，在单元篇章页提出综合性活动任务，以任务带动活动的开展，每个单元都分成两个版块。五年级下册"遨游汉字王国"分为"汉字真有趣"和"我爱你，汉字"两个版块，六年级下册"难忘小学生活"分为"回忆往事"和"依依惜别"两个版块。每个版块又由"活动建议"和"阅读材料"两个部分组成，"活动建议"帮助学生明确活动的内容及具体要求，"阅读材料"则从学习内容及学习方式等方面提供多个材料支持，确保综合性学习活动有序开展。总体上看，统编版教材在梳理与探究的目标设定上聚焦于两个方面：一是学习传统文化；二是综合运用语文。

选择教材中专门的梳理与探究学习内容时，要根据教学目标、教材特点、学生实际进行再设计。教师可以根据教学目标的需要适当打破模式，把梳理与探究内容加以整合。例如，综合性学习"遨游汉字王国"，教师可以引导学生先进行第二个分主题的活动，激发学生对汉字的热爱，再进行第一个分主题的学习，引导学生深入地了解汉字的起源和发展。小学语文教材为梳理与探究活动提供了多种活动建议和丰富的阅读材料，教师要在充分理解教材的基础上，指导学生确定最适合本班学生的学习内容和方法。

实际上，每个单元的单元小结、每个学期的"期末复习"，其实就是一次梳理与探究。由于梳理与探究是《语文课程标准》新的亮点，我们建议每学期在教材已有 8 个单元的基础上，增加一个"梳理与探究"单元，以便教师指导学生回顾、整理一个学期的语文学习历程，梳理学过的字、词，巩固识字与写字的方法，展示诵读与积累的收获，分享阅读与表达的经历，提升核心素养。

（二）来源于学生生活

《语文课程标准》指出"创设学习情境，教师应利用无时不有、无处不在的语文学习资源与实践机会……建设开放的语文学习空间，激发学生探究问题、解决问题的兴趣和热情，引导学生在多样性的日常生活场景和社会实践活动中学习语言文字运用。"梳理与探究学习活动，要适合学生的年龄特征，要设计学生喜爱的学习活动，而学生的生活实践本身就含有大量值得探究和思考的问题。例如，煮熟的饺子为什么会浮起来，风筝为什么能飞上天，小学生为什么迷恋电游，校园里为什么很少听到歌声？等等。

除了课内资源，教师也要注意开发课外资源。各地的自然风光、文化遗产、风俗民情，国内外的重要事件，日常生活的话题等都可以成为梳理与探究的内容。例如，地方文化包含了地方的节日习俗、文艺活动、传统手工艺等内容，这些内容是学生生活的有机组成部分，为学生成长营造了良好社会文化氛围，教师可以借此指导学生了解家乡的人文环境、了解家乡的民俗民风、了解家乡的历史变化等。

生活有多宽广，语文就有多宽广。课本之外，有万水千山；课堂之外，有万紫千红。大千世界，每天都在发生纷繁复杂的变化，教师要利用学生对周围事物的好奇心，引导学生仔细地观察、思考生活中各种各样的问题，从生活的启发中创生探究性的学习内容。

二、梳理与探究的内容组织与呈现方式：学习任务群

在梳理与探究活动中，核心素养需要通过梳理与探究内容的有序组织和梳理与探究方案的有效落实才能养成。为此，《语文课程标准》创造性地提出了六个语文学习任务群，以语文素养为纲，以学生的语文学习为主线，以学习项目为载体，以真实任务为导向，整合学习情境、学习内容、学习方法和学习资源，引导学生在运用语言的过程中实现核心素养的提升。学习任务群和梳理与探究活动，有着密不可

分的关系。小学阶段，"梳理与探究"的内容组织和呈现方式可以通过学习任务群来实现。下面以第二、三学段为例梳理各学习任务群的梳理与探究实施重点。

（1）"语言文字积累与梳理"作为基础型学习任务群，具有奠基性与贯穿学习全过程的重要作用。识字与写字是阅读和写作的基础，是第一学段的教学重点，也是贯穿整个义务教育阶段的重要教学内容。为此，《语文课程标准》在各年级都极为重视语言文字积累与梳理。本章案例5-2"中国娃玩转中国字"就可以看作是一个"语言文字积累与梳理"学习任务群。"语言文字积累与梳理"学习任务群的"梳理与探究"实施重点在第二学段主要体现在：一是引导学生根据需要，用多种方法梳理已经学过的常用汉字，把握音、形、义之间的联系，并主动尝试运用构字规律，识认生字；二是引导学生主动整理自己和同学的作业，留心观察周围世界规范用字、用词的情况，促进学生"识字与写字"能力的提升；三是引导学生在真实的语言运用情境中，诵读名言警句、新鲜词语、精彩句段，并有意识地进行分类整理和交流，形成丰富的、结构化的语言积累，帮助学生更好地在生活中运用，增强文化自信。第三学段则在第一、二学段的基础上，增加了"通过多种方式独立识字""开展校园内外讲普通话、写规范字、正确使用标点符号的调查""分主题梳理自己积累的成语典故、格言警句、对联等语言材料"等实施重点。

（2）"实用性阅读与交流"学习任务群虽然以"阅读与鉴赏""表达与交流"为主要学习方式，但在"梳理与探究"中也是必不可少的。这一学习任务群的"梳理与探究"实施重点在第二学段主要体现在：一是指导学生阅读有关家庭生活、学校生活、社会生活的短文，和阅读说明、叙写大自然等实用类短文，梳理短文的主要内容；二是引导学生用口头和书面的方式，将生活见闻的主要内容客观地梳理和表达出来；三是引导学生用写日记、观察手记等方式，展示自己观察自然、探索科学世界的收获。第三学段则在第一、二学段的基础上，增加了"走进大自然，走进科学世界，走进社会，阅读参观访问记、考察报告、科技说明文、科学家小传等文本；学习记笔记、列大纲、写脚本、画思维导图等整理和呈现信息的方法；学习通过口头表述和多种形式的书面表达，分享观察自然、探索科学世界的所见所闻、所思所感"等实施重点。第二、三学段，"实用性阅读与交流"学习任务群还应重视中华传统美德、革命英雄、劳动模范故事的讲述、展示、梳理和探究。

（3）"文学阅读与创意表达"学习任务群主要的实践方式是"阅读与鉴赏""表达与交流"。但"梳理与探究"仍然离不开"文学阅读与创意表达"，我们可以开展"轻叩诗歌的大门""名著阅读交流会"等梳理与探究活动。这一学习任务群在第二、三学段"梳理与探究"的实施重点主要在于：一是阅读诗歌、散文、革命故事、儿童文学作品等文学作品时，能阅读、讲述、复述、评析。二是结合自己的生活体验开展创意表达，学习运用细节描写等文学表现手法。三是如果梳理与探究活动与"文学阅读与创意表达"有关，我们建议学生对主要内容、情节脉络、重要场景、人物形象、思想情感等学习内容能进行梳理，如用绘制思维导图、统计语言频次、编制小标题、比较阅读同类作品等方式，帮助学生感知文学作品，有效促进阅读理解的深化与表达能力的提升。

（4）"思辨性阅读与表达"学习任务群主要的实践方式仍是"阅读与鉴赏""表达与交流"，但在思辨性阅读与表达过程中离不开"梳理与探究"。这一学习任务群在第二、三学段"梳理与探究"的实施重点主要有：一是在阅读有关科学的短文时，引导学生梳理、提取相关内容，运用口头和图文结合的方式，表达自己的观点和思考；二是阅读富有思辨色彩的故事时，引导学生尝试运用列提纲、画思维导图等方式表达观点和道理；三是在日常学习和生活中，引导学生用图示、表格等工具记录、整理、交流自己发现的问题和思考，学习辨析、质疑、提问等方法。第三学段还要求体会猜想、验证、推理等思维方法。

（5）"整本书阅读"学习任务群在第二、三学段主要研究对象包括《小英雄雨来》《雷锋的故事》《可爱的中国》《小兵张嘎》《闪闪的红星》等表现英雄模范事迹的书籍，《稻草人》《爱的教育》《寄小读者》等儿童文学名著，《十万个为什么》《海底两万里》等科普科幻作品、中国古今寓言以及中国神话传说等。教师要引导学生运用"梳理与探究"的方法展开阅读，理清目录，讲述故事，分享启示，发现各章节的关系，了解故事的主要人物、内容和情节，并借助表格、鱼骨图、人物关系图等多种工具梳理作品的基本内容。第三学段要求梳理、反思小学阶段的阅读生活，运用口头或书面方式，与同学分享自己整本书阅读的经历、体会和阅读方法。

（6）"跨学科学习"学习任务群是达成"梳理与探究"教学目标的重要载体。第二学段可以设计朗诵会、故事会、戏剧节等校园活动，第三学段应引导学生以语文为基础，综合运用科学、美术、艺术、信息技术、科学等学科知识，完成制作节目单、设计活动方案、梳理活动要点等任务。如："难忘小学生活""我爱我的家乡""二十四节气"的梳理与探究活动，这些梳理与探究活动都可以采用跨学科学习方式进行。教师要引导学生参加丰富多彩的中华优秀传统文化主题活动，根据需要观察、记录和梳理，并能清楚表达自己的体验；还要引导学生关注日常生活，在发现问题、分析问题的基础上，尝试写简单的研究报告。第三学段还可以要求设计人工智能时代的未来生活，鼓励学生运用跨媒介形式分享研学成果。

三、梳理与探究教学内容的设计策略

教学一线

本案例请重点关注方芳老师对教学内容的设计

案例5-5　"遨游汉字王国"活动方案（五年级下册）

湖南第一师范学院第一附属小学　方芳

在五年级下册语文教材中，综合性学习第一次以整组单元的形式呈现，上好这种大型综合性学习颇有难度。方芳老师的"遨游汉字王国"活动方案注重调动学生的学习兴趣和积极性，把活动分为四个阶段。在活动设计和活动开展中，方芳老师把活动的主动权交给学生，遵照学生的意愿，把全班分成了六组：字谜组、对联组、故事组、广告组、歇后语组、诵读组，同时提出了本次综合性学习的三个任务：感受汉字的趣味；学习搜集资料的基本方法；学会制订活动计划，并能通过独立或合作学习，较好地完成任务。学生通过主动的探究去感受汉字的神奇有趣和丰富的文化内涵，并升华凝聚为对汉字的真诚的爱。教师的作用则体现在激发学习兴趣，创设良好的自主学习情境，指点学习活动的方法上。这次活动还注意充分发挥教材中阅读材料的作用，拓宽学生学习语文的途径，在一定程度上培养了学生搜集处理信息和互助合作的能力。

"遨游汉字王国"活动方案（完整版）

梳理与探究学习主要由学生设计和组织，但要重视教师在各环节中的指导作用。在梳理与探究活动中，教师是引导者、组织者，帮助学生选择教学内容时，要考虑学生关心什么，对什么感兴趣，要激发学生的学习兴趣和问题意识，要充分开发和利用生活中广泛的课程资源，从中提炼出有意义、有价值的学习内容，为梳理与探究活动提供明确的方向。

根据梳理与探究教学内容的来源，小学语文梳理与探究教学内容主要有以下设计策略。

（一）根据学习主题，细化内容

梳理与探究活动中，每个学习小组研究的内容可以不同，但都要围绕一个明确的主题。教师应指导学生，围绕主题，细化内容，让研究内容更具体。"遨游汉字王国"的主题是"感受汉字的有趣和神奇，激发对汉字的热爱之情"，方芳老师紧扣学习主题，指导学生把学习内容细化为：字谜、对联、故事、广告和歇后语等。又如三年级下册"中华传统节日"，但其学习内容可以涵盖中华传统节日的来历、故事、习俗等，具体到传统节日，则又可以分为春节、元宵节、端午节、中秋节、七夕节、重阳节等，活动内容还包括"写一写过节的过程""展示活动成果"。"写一写过节的过程"是与梳理与探究活动紧密结合的习作练习，"展示活动成果"则是一段时间主题实践活动的展示与总结。教师应指导学生，围绕主题，细化内容，让研究内容更具体。

（二）根据学生实际，精选内容

梳理与探究内容的设计，应考虑学生的实际情况。每一项内容的选取，都要考虑学生的年龄特征、身心特点、生活背景、兴趣和接受程度等。这样，梳理与探究才能符合实际情况、有实效。如湖南省宁乡市金海实验小学的罗集华老师注意到学校附近农民工比较多，学生的家长也有不少是农民工这一现实情况，组织学生开展"走近农民工"梳理与探究活动，设计了"一拨心弦，感受贡献，萌生

课堂实录《走近农民工》[1]

---

[1] 湖南省宁乡市金海实验小学，罗集华执教。

敬佩；二拨心弦，交流采访，唤起同情；三拨心弦，以情导行，倾注关怀"等系列活动。湖南第一师范学院第一附属小学有着"诗教"的传统和特色，方芳老师在"遨游汉字王国"活动中，指导学生选取自己感兴趣的诗文，自主开展诗文诵读活动。

（三）根据学习进展，优化内容

梳理与探究具有学科性、综合性、实践性、开放性、自主性、灵活性等特点，它的教学内容灵活，教学过程灵活，教学结果灵活。活动过程以学生的实际动手操作为主，其教学内容不仅丰富多彩，而且灵活、灵动。例如，"遨游汉字王国"活动，一位教师在指导中发现学生对湖南的童谣特别感兴趣，湖南的童谣念起来朗朗上口、趣味性强，如"月亮粑粑，肚里坐个爹爹，爹爹出来买菜，肚里坐个奶奶，奶奶出来绣花，绣了一个糍粑"。教师应引导学生创生新的学习内容，成立新的研究小组，并根据学生的研究进展情况，对活动的内容进行整合和优化。

合作研习

小组合作：依据你当地的地方文化活动，思考如何开发梳理与探究活动。选择一个有特色的地方文化活动，设计梳理与探究活动的具体内容。

下面以湖南省为例，做一些提示：

提示一：湖南境内的神话传说。湖南境内关于自然界的神话传说，关于人神爱情的神话传说，与炎帝、舜、禹有关的传说等，以及各种与神话传说有关的纪念活动。

提示二：湖南的儿歌、童谣研究。湖南数字童谣、问答歌、连锁歌、颠倒歌等，各种与童谣相关的文化活动。

提示三：湘剧研究。研究湘剧的历史、名角、传统剧目、特点、高腔分类、在湖南的传播等。

提示四：湖南的湘楚文化、梅山文化、湘西文化……

第三单元　梳理与探究教学过程与方法设计

教学一线

本案例请重点关注该活动方案的指导过程包括哪些环节

案例5-6　"难忘小学生活"活动方案（六年级下册）
湖南第一师范学院　袁利芬

一、活动目标

1. 通过阅读活动材料，把握活动主题，明确本次活动的要求。

2. 通过小组合作、探究，制订活动计划，并能通过独立或合作学习，有序开展梳理与探究活动，较好地完成学习任务。

3. 整体把握本次活动两大模块之间的联系，培养合作精神及组织、策划、协调、实施的能力。

4. 回忆小学生活的点点滴滴，搜集与成长相关的习作、书法、美术作品、获奖证书、照片等成长资料，制作成长纪念册，培养搜集信息及处理信息的能力。

5. 用多种形式表达对老师、同学和母校的依依不舍之情，树立并交流自己美好的志向。

二、活动过程

● 第一阶段：阅读活动建议，把握活动主题，明确学习任务，制订活动计划

1. 导入，播放歌曲《友谊地久天长》。

同学们，六年来我们一起学习、共同成长，度过了难忘的小学生活。转眼间，我们的小学生活即将画上句号，今天就让我们在《友谊地久天长》的歌声中，一起来回忆咱们难忘的小学生活。

2. 回忆往事。

（1）学生自由谈：回忆六年来小学生活中难忘的点点滴滴。

（2）教师多媒体展示班级重要活动、重要事件、有特色的照片。

3. 阅读"活动建议"，明确学习任务。

（1）阅读教材"回忆往事"版块的"活动建议"，明确第一版块学习要求。

① 填写时间轴。借助时间轴来回忆六年的小学生活，记录值得我们细细回味的点点滴滴。可以把印象最深的人或事填写在相应的时间点上，还可以把照片贴在旁边。

② 分享难忘回忆。选取时间轴上有代表性的内容与同学分享，如令人难忘的集体活动，舍不得的人，有特别意义的物品，或者一两个关于成长的关键词。

③ 制作成长纪念册。用心制作一本具有特殊意义的成长纪念册，珍藏这段难忘的成长记忆。

④ 阅读、理解"阅读材料"中的文章。

（2）阅读教材"依依惜别"版块的"活动建议"，明确第二版块学习要求。

① 举办毕业联欢晚会。通过文艺表演的形式，表达对师友、对母校的惜别之情。为了办好联欢会，要先做好策划，请你写一份毕业联系会活动策划书。

② 写信。可以给老师或同学写一封信，回忆共同度过的美好时光，表达深切的感恩之情；也可以给母校写一封信，提出中肯的建议，期许美好的未来；还可以给自己写一封信，展望未来的自己，放飞纯真的梦想。

③ 阅读、理解"阅读材料"中的文章。

④ 用多种形式表达对老师、同学和母校的依依惜别之情，树立并交流自己美好的志向。

4.合作研讨，制订活动计划。

（1）师生商议：刚才，我们阅读了版块一和版块二的活动建议，同学们认为本次活动的主题是什么，本次活动可以分为几个阶段？

预设1：本次活动主题是回忆难忘的小学生活，用多种形式表达对母校、老师、同学的依依惜别之情。本次综合性学习活动可以分六个阶段进行。

（2）全班交流：要做好一项重要的工作，那就是制订活动计划。大家想想，在制订计划时有哪些要求？

（3）教师对活动计划提出要求。

① 自由组成小组。

② 讨论活动内容。

③ 完成活动计划（表5-5）。活动计划包括：活动时间、活动地点、活动过程、人员分工、预期成果等。

表5-5　"难忘小学生活"活动计划

组名						
组长						
组员						
活动阶段	活动内容	活动时间	活动地点	活动过程	人员分工	预期成果
准备阶段	1. 阅读"活动建议"，明确学习任务。 2. 制订活动计划					
阅读、搜集相关材料阶段	1. 阅读教材中的"阅读材料"，小组交流感受； 2. 搜集小学阶段的照片、与成长相关的资料，完成时间轴的填写。 3. 借助时间轴，分享难忘回忆					
整理资料，制作成长纪念册	1. 整理资料，选出最能反映小学生活的有代表性的资料。 2. 根据需要给收集的资料分类。 3. 制作成长纪念册					
依依不舍话惜别	1. 写书信、毕业赠言。 2. 通过其他方式表达对母校的依依惜别之情					
举办毕业联欢会、举办学习成果展	1. 讨论、制订"毕业联欢会活动策划书"。 2. 根据分工，创编节目，各司其职，准备节目。 3. 举办毕业联欢会。 4. 举办学习成果展					
总结、评价阶段	1. 学生自评。 2. 小组自评、组内互评。 3. 组外评价					

（4）学生组建学习小组，制订活动计划。

（5）学生以小组为单位汇报活动计划，师生共同评议。

（6）小组根据评议，修改完善活动计划。

● 第二阶段：阅读、搜集相关材料，分享难忘回忆

1. 阅读教材"回忆往事"版块的"阅读材料"，读后小组内交流感受，激发学生对母校、老师、同学的依恋、感恩之情

（1）《老师领进门》写了"我"不满六周岁就到邻村小学读书，执教四个年级的是口才、文笔都很好的田老师。"我"深深地感受到，启蒙老师对人一生的影响是非常巨大的，启蒙老师对"我"的恩情"我"终生难忘。

（2）《作文上的红双圈》讲述了"我"在学生时代的一次征文比赛中获得了成功，作文《补考》被老师打了九十八个红双圈，之后被刊载，在老师的激励下，"我"走上了文学创作的道路，并最终成为一名作家。

（3）阅读材料"如何制作成长纪念册"，告诉了我们怎样收集、筛选成长资料，如何根据需要给收集的资料分类，以及编排成长纪念册的注意事项。

2. 课外搜集与"难忘小学生活"相关的阅读材料，小组交流感受。

3. 搜集小学阶段的照片、与成长相关的资料，完成时间轴的填写。

4. 借助时间轴，分享难忘回忆。

（1）说一说自己的成长故事。

（2）写一写自己难忘的人和事。

● 第三阶段：收集、筛选成长资料，制作成长纪念册

1. 收集、整理资料，筛选出最能反映小学生活的有代表性的资料。

如有意义的照片、习作、美术作品、获奖证书、物品等。

2. 根据需要给收集的资料分类。

3. 确定以什么样的形式编排成长纪念册。

4. 制作成长纪念册。

5. 召开交流会，展示纪念册，在全班分享小学生活的难忘回忆。

● 第四阶段：依依不舍话惜别，写书信、毕业赠言

1. 阅读教材中第二版块的"阅读材料"，激发学生对老师的感激之情，树立并交流美好的志向。

（1）阅读《给老师的一封信》，交流对老师、对母校的感激之情。

（2）阅读《把握自己，把握美好未来》，交流自己美好的志向。

（3）阅读《我为少男少女歌唱》，感受诗人炽烈的情感。

2. 写信，用书信表达对老师、同学和母校的依依惜别之情。

（1）每位同学可以给老师或同学写一封信，回忆共同度过的美好时光，表达深切的感恩之情。可以给母校写一封信，提出中肯的建议，期许美好的未来。还可以给自己写一封信，展望未来的自己，放飞纯真的梦想。

（2）先组内交流书信，再推荐 2 篇佳作在全班交流。

3.学写毕业赠言，用毕业赠言表达自己的惜别之情和美好祝愿。

（1）诵读第二版块"阅读材料"中的"毕业赠言"，学写毕业赠言。

（2）把"毕业赠言"送给你想送的人，为老师和同学送上真情与祝福。

4.用多种形式，表达对母校的依依不舍之情。

（1）小组交流：还可以通过哪些方式表达你对母校的依依惜别之情。

提示：给母校栽下一棵成长树，审视校园环境，给母校提一条合理的建议，赠送一份纪念品给母校，给学弟学妹们赠送书籍或学习用品等。

（2）付诸行动，用多种形式表达对老师、同学和母校的依依不舍之情。

● 第五阶段：举办毕业联欢会，举办学习成果展

1.小组讨论、制订"毕业联欢会活动策划书"。

2.根据分工，创编节目，大家各司其职，准备节目，确定节目单。

3.举办毕业联欢会。

4.举办学习成果展。

● 第六阶段：活动总结与评价。

1.师生商议评价内容、评价标准。

评价内容：在整个活动中的态度、表现、方法、合作精神，创新能力及成果等方面。

评价标准：五星等级标准。

2.组内评价。

（1）学生自评。

（2）小组间的成员相互评价，取长补短。

（3）小组自评。

3.组外评价。

（1）小组相互评价。

（2）教师评价。

（3）家长评价。

案例"难忘小学生活"活动方案关注梳理与探究的六个视角——问题视角、观察视角、资料视角、表达视角、活动视角、合作视角，重视在学生实践活动中提升核心素养。在学生阅读"活动建议"，明确学习任务后，教师让学生分组讨论研究计划，制订学习方案，再分组、分阶段开展学习活动。活动方案设计注意整体把握本次活动两大版块之间的联系，统筹两个版块的学习内容，以学生自主、合作、探究式学习为主，注重在实践中培养学生搜集、处理信息的能力，培养学生的合作精神及组织、策划、协调、实施的能力。活动方案安排了多次学习成果展示，鼓励学生以多种形式呈现学习成果，并对学生学习活动进行了较为全面的评价。

一、梳理与探究指导的一般过程

一般来说，梳理与探究活动过程设计，应考虑以下流程：确定学习主题→制订学习方案→开展学习活动→成果呈现和拓展，如图 5-3 所示：

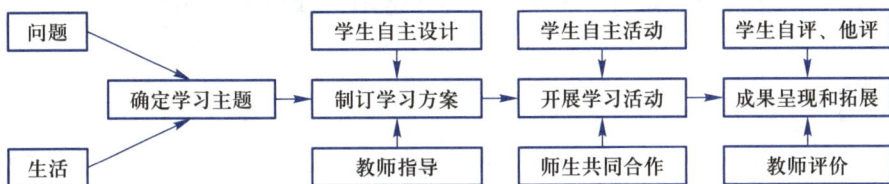

图 5-3　小学语文梳理与探究的过程设计

（一）引导学生确定学习主题

在梳理与探究活动中，主题是活动的灵魂，没有主题，活动就会失去方向，活动的内容就会零散，也就不利于提高学生的核心素养。学习主题与学习内容是相辅相成的关系，主题统率内容，内容围绕主题。梳理与探究活动主题是确定的，内容则是灵活多样的。

教材目前通过综合性学习栏目呈现梳理与探究的活动，与阅读教学相结合的小型综合性学习栏目的主题一般紧扣单元的人文主题，以单元整组方式编排的大型综合性学习栏目一般会呈现一个大主题，然后以两个分主题的形式出现。教师应指导学生学习教材中这些综合性学习栏目，有意识地引导学生联系学习内容和生活实际设计、确定新的梳理与探究学习主题。

确定梳理与探究主题的方式有以下几种：

1. 知识整理式

知识整理式即以学过的知识为出发点，在整理与复习中巩固知识，夯实基础。梳理，是针对以前知识的碎片化、零碎化，为了知识的结构化、整体化。探究，是为了更好地培养学生的思维。因此，梳理与探究，首先应强调对旧知识的整理。《语文课程标准》在总目标中指出"主动积累、梳理基本的语言材料和语言经验"；在教学建议中指出"应整合关键的语文知识和语文能力"；在学段目标中提出"尝试分类整理学过的字词。尝试发现所学汉字形、音、义和书写的特点"。整合关键的语文知识，梳理基本的语言材料和语言经验，可以是对某一类知识进行梳理与探究，也可以是对某一阶段所学进行回顾与梳理。例如，鼓励学生梳理、探究学过的字、词、句；鼓励学生聚零为整，对修辞、文学常识等自己感兴趣的知识进行分门别类的梳理与整合。一个单元学完后，可以进行一次小的梳理，一个学期学完后，可以增加一个梳理与探究单元。"知识整理式"梳理与探究，其目的不仅仅是让学生认识到知识与知识之间的内在联系，在头脑中逐步建构完整的知识体系，更重要的是让学生经历梳理与探究的过程，提升核心素养。

2. 课堂拓展式

课堂拓展式即以课文为生发点，在拓展中引发梳理与探究的主题。小学语文梳理与探究活动要求教师既要依据语文教材，又要跳出语文教材去教学生学语文。教师要以课文为"经"，以相近主题的优秀课外读物为"纬"，引导学生构建经纬交错的阅读网络，将课堂延伸到社会，将课内知识迁移到课外。

在课堂教学中，教师首先要有捕捉、确定语文梳理与探究主题的意识；其次，要善待学生提出的各种疑问，引导学生从这些疑问中发现具有价值的主题。

本案例请重点关注
对梳理与探究学习
主题的发掘与设计

教学一线

案例 5-7 《月球之谜》主题的发掘与设计（三年级下册）①

学习《月球之谜》一文后，学生对月球产生了浓厚的兴趣，这是依托文本进行梳理与探究的良好契机。何况，月球的文化色彩浓厚，古往今来，历史上留下了许多关于月亮的神话传说、诗词歌赋。于是，在理解课文内容的基础上，我以"神秘的月球，多彩的文化"为主题，设计了这样的梳理与探究活动。

1.了解月球。让学生先搜集月球的资料，再向同学们介绍月球的有关知识，进一步激发学生热爱科学、探索宇宙奥秘的兴趣与热情。

2.感受丰富多彩的月亮文化。（1）说一说"月之神话"；（2）吟一吟"月之诗文"；（3）对一对"月之对联"；（4）猜一猜"月之谜语"；（5）听一听"月之名曲"。

3.写一写"月之畅想"。引导学生放飞想象，写一写未来人类将如何利用月球，对未来的月球进行展望。

这样的梳理与探究，不仅能拓宽学生的视野，让学生感受到博大多彩的中华文化，而且有利于培养学生的问题意识及自主、合作、探究能力，提高其核心素养。

3.生活诱发式

生活诱发式即以日常生活为生发点，在实践中确立梳理与探究主题。教师要利用学生对周围事物的好奇心，引导他们仔细观察、深入思考生活中的各种问题，关注社会中形形色色的现象，从中产生梳理与探究主题。

如"神舟十六号"飞船成功发射，举国欢庆。一位教师就抓住这一大好时机，举办以"神舟十六号，为你骄傲"为主题的梳理与探究活动。此外，教师还可以引导学生将目光投向大自然和身边的事物，确定"随我去旅游"主题，介绍各处的地理位置、景物特点以及那里的风土人情、经济状况等；"节假日商品需购的调查"活动，让学生知道某商品的受欢迎程度，并对其原因进行分析；"漫游商标王国"活动，不仅可以引导学生欣赏图简意深、美观大方的各式商标，还

---

① 赖翩京.语文综合性学习主题的发掘与设计[J].小学教学设计，2007(12)：9-10.

可以让他们增强商品的广告、权益意识；"菜市场里的收获"活动，让学生调查、了解、交流菜市场里物品的名称、种类、价格等。

4. 学科联系式

学科联系式即以学科联系为生发点，从整合中提炼梳理与探究主题。2022 年版《语文课程标准》提出"跨学科学习"学习任务群，并明确指出跨学科学习任务群旨在引导学生在语文实践活动中，联结课堂内外、学校内外、拓宽语文学习和运用领域；围绕学科学习、社会生活中有意义的话题，开展阅读、梳理、探究、交流等活动，在综合运用多学科知识发现问题、分析问题、解决问题的过程中，提高语言文字运用能力。因此，我们在引导学生确立梳理与探究的学习内容时，必须打破僵化的学科框架，软化学科体系，让学生从语文学科与其他学科的联系中发现具有梳理与探究价值的学习内容。如，可以将语文课中的《赵州桥》、科学课中的"桥"、美术课中的"家乡的桥""我为祖国造大桥"的教学内容有机结合起来，确立"畅想桥"这个探究主题，让学生了解赵州桥历史，赵州桥的结构特点，明白拱桥、拉索桥、引桥的力学原理，运用泥塑和绘画描绘和塑造想象中的大桥。通过对"桥"的多角度畅想，学生感受古代文明和现代文明，提升语言表达能力和动手、动脑的创造能力。又如二年级上册第三单元"口语交际"的主题是"做手工"，请学生带一件自己最喜欢的手工作品，并谈谈是怎么做的。本单元适合与美术学科相联系开展梳理与探究活动，教师可以"小题大做"，鼓励学生走出校园，以小组为单位到社会上采访手工业者，比如糖人制作者、素描绘画者、雕刻家、剪纸艺术家等，学做手工，并附上自己的手工作品成果。再如，学习二年级下册的课文《找春天》，我们可以拓展为一次梳理与探究活动，让学生整理和春天有关的字词，梳理关于春天的好词佳句，在语文课上吟诵描写春天的诗文，在美术课上描绘春天的图画，在音乐课上歌唱春天的歌曲，在信息技术课上上网查找春天的图片、诗文，在劳动课上，去大自然寻找春天……我们在使用教材时，不论教材中有无显性的、集中的梳理与探究内容，都要树立较强的梳理与探究教学意识。只要能够引导学生主动观察、思考，锻炼学生的语言文字运用能力，提高学生的核心素养，传递优秀民族文化的主题和内容，就可以设计梳理与探究活动。

（二）引导学生制订学习方案

制订学习方案，可以增强学习的目的性和计划性。教师在与学生商定梳理与探究主题时，要根据具体的教学情境，以学生为主体研制活动方案。学生制订梳理与探究活动方案，必须经历一个由扶到放的过程。教师应指导学生从多个角度思考分析问题，了解解决问题的途径和线索，建立学习小组，讨论具体的研究思路和措施。

梳理与探究活动方案一般包括以下几个部分：（1）活动的主题；（2）活动的目的与要求；（3）活动的形式、内容及时间安排；（4）活动的任务分工及其具体要求；（5）活动的预期结果及呈现方式；（6）相关条件与保障等。

（三）引导学生开展学习活动

这一阶段是梳理与探究的关键。学生在明确了活动的主题，制订了活动计划之后，便要进入活动的实践体验、探索解决问题的阶段。学生是探究活动的主体。实践体验的主要内容包括：搜集、筛选信息资料；寻找问题解决的具体办法并实施直至取得相应的成果；小组成员之间合作，开展各种形式的人际交往、沟通等活动。

由于小学生年龄较小，强调活动自主的同时也要避免放任自流。教师要根据当地的实际条件，就适合开展哪些活动、不适合开展哪些活动，积极地向学生提出建议。对学生自由组合小组的过程以及小组的活动进展，要及时了解和关注。有的学生由于个性或家庭的原因，性格孤僻、不合群，可能没有小组愿意接纳；有的小组人数过多或过少，不便开展活动……出现这些情况时，教师要做好协调工作，培养学生的合作精神以及活动策划和实施能力。

这一阶段的活动过程是学生知识增长、能力提高的过程，是学生核心素养发展的过程，不能单纯追求问题解决的结果。即使有的问题尚未得到解决，也决不意味着学习的失败。教师要注重学习活动的过程和方法，注重学生的全员参与，注重把问题的解决转化成新问题的起点。

（四）引导学生进行成果呈现和拓展

这是梳理与探究的表达交流阶段。交流与分享的成果内容，不仅包括研究报告、改革建议、图片资料等，还包括实践活动的过程和内心体验。交流的目的不是评判探究成果的多少与优劣，而是创造一个真诚倾诉和思维碰撞的机会，通过观看、倾听，分享他人的活动成果和心得感受。

1. 加强学生之间的互动

一是，汇报人带动全班同学互动。如一个小组背诵了一段文字，可以邀请其他同学看着教材一起读。二是，对汇报进行补充或发表意见。如欣赏书法作品，汇报人讲完了他们的看法，可以再请其他组的同学发表意见。三是，听众提出疑问，请汇报人或这一组的其他同学解答。四是，听众对汇报做出评价。这些做法可以促进全体学生参与汇报和交流，共享学习成果。

2. 成果发表形式丰富多样

成果可以用书面形式呈现，也可以用口头形式表达；可以办展览、搞竞赛，也可以出墙报、编刊物、做网页等。

这个阶段也是对成果的检验阶段，还是学生相互评价、自我反思的阶段。在这个阶段中，教师要鼓励和协助学生建立自己的梳理与探究档案，指导学生及时保存活动过程资料，及时总结活动过程中的实际体会；评价时应注意对学生活动的各个方向给予充分的肯定，多发现学生的优点和长处，鼓励和表扬学生，多以描述性评价为主，避免将评价简化为分数或等级，为学生树立信心、更好地在梳理与探究活动中提升自己的核心素养打下良好的基础，并尽量促使学生以此梳理与探究活动为新的学习起点，拓展延伸，积极主动地进行更深入的学习。

教学
一线

案例 5-8 "汉字小先生在行动"的梳理与探究活动 ①

一、活动目标

1. 能够在梳理单元错别字的过程中发现构字规律,探究有效记忆方法。

2. 养成借助工具书了解汉字形、音、义关系的习惯,并尝试制作汉字资源。

3. 在"汉字小先生在行动"的真实任务情境中,主动和他人分享自己对汉字的所学、所悟,熟悉国家通用语言文字。

二、活动过程

"汉字小先生在行动"包括四个学习活动。

● 学习活动 1:找出"小蛀虫"

为了让学生学会梳理错别字,教师引导学生在习作任务单中寻找"小蛀虫"(图 5-4)。

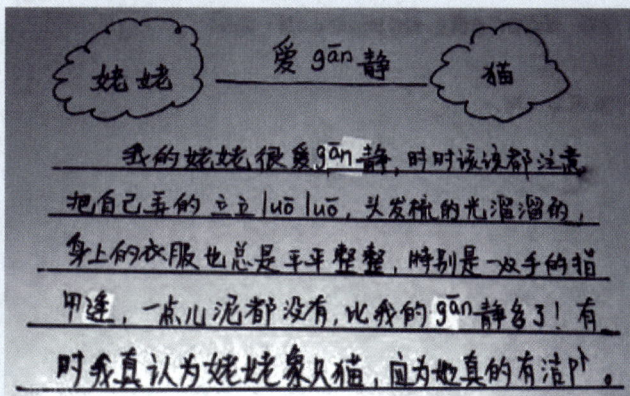

图 5-4 习作任务单

接着教师鼓励同桌相互整理习作任务单中的错别字,并将这些"小蛀虫"归类、起名字。学生一下子沉浸在"小蛀虫"的游戏中。

● 学习活动 2:建立"汉字小档案"

根据学生的学习需要,教师推荐了《汉字演变五百例》《汉字部首解说》两本工具书,引导他们在自主阅读过程中发现汉字的构形单位——构件的表形、示音、表义、示源等功能,并尝试建立汉字档案,从而建构属于自己的"汉字库"。

在设计"汉字小档案"的过程中,有的学生绘制了汉字的字形演变图,发现了汉字的构形秘密;有的学生学会了借助图示解读字形与字义的关系;还有的学生根据字理撰写一小段识记策略,帮助自己理解记忆。由此,学生

---

① 崔静.注重知识梳理,提高探究能力[J].小学教学(语文版),2022(7):29-32.

在课下开始主动阅读汉字书，并将自己难以记住或特别想了解的汉字从字源、字理的角度进行探究，最终设计成个性化的"汉字小档案"。针对错别字、难记字的自主梳理与探究氛围悄然生成。

● 学习活动3：升级字课堂

为了让每个学生的"汉字小档案"流动起来，形成可循环利用的汉字资源，帮助更多学生了解汉字形、音、义的关系，教师又利用"汉字微课堂"，引导学生思考如何将自己的汉字"作品"完善。在本环节，教师设计了许多互动游戏，并向学生推荐《爱上汉字课》一书。学生在汉字游戏中学识字、学写字、学辨字，了解汉字的故事及百科知识。大量新颖有趣的汉字游戏更是为学生重新认识汉字打开了又一扇大门——"汉字小档案"变成"汉字微课堂"。这样的汉字学习方式极大地鼓舞了学生的学习热情。

● 学习活动4：再看错别字

在最后的总结梳理环节，学生再谈及对错别字的认识时，不仅端正了改错的态度，更是梳理出很多好的改错方法，如比较法、图文对照法、故事记忆法、字谜儿歌法、书法创意法、游戏闯关法……每个人都增强了正确使用汉字的信心。

本次"汉字小先生在行动"活动，貌似是在梳理基础错别字，实则已进阶到发展型学习任务群——重视在阅读、讨论、探究、写作、演讲等多种学习活动中，引导学生发现、思考、探究问题的思路和方法。同时，整本书阅读活动也由汉字学习跨越到艺术、科技、文化等领域，在探究活动中助力学生获得多样的文化体验，学生从讨厌汉字到产生好奇心和求知欲，进而学习有条理、重证据地表达自己的探究成果。这样的学习任务群设计，可以在单元后进行，也可以贯穿于全册语文实践活动始终。相信通过长期的锻炼，学生一定会把梳理与探究的乐趣转化为习惯，把对汉字文化的热爱融入每天的一笔一画写字中。

合作研习

小组合作，请根据《语文课程标准》发展型学习任务群中"文学阅读与创意表达"的学习内容及相关要求，设计一个五年级"红色经典阅读"梳理与探究活动指导方案。

提示：从活动主题的选择、活动方案的制订、活动的具体内容和安排、成果呈现与分享等方面设计。

二、梳理与探究指导的基本策略

梳理与探究活动方案设计出来后，还需要教师在实践中运用、实施。活动中要注重让学生全员参与，也要加强教师的即时指导。小学语文梳理与探究指导的基本策略如下。

（一）突出整合

梳理与探究首先要加强整合：一是学习目标上的整合，应围绕立德树人根本任务，立足学生核心素养发展。不仅应加强语文知识的综合运用，听、说、读、写能力的整体提高，而且应加强知识与能力、过程与方法、情感态度与价值观的融合。二是学习内容的整合，除了整理已学知识，还可以探究自然、社会、人文领域知识等，只要是学生感兴趣的、有学习和研究价值的、有助于核心素养形成和发展的、学生力所能及的主题，都可以作为梳理与探究的学习内容。三是学习方式的整合，梳理与探究既要有接受性学习，又要有探究性学习；既要有个体学习，又要有合作学习；既要有以查阅资料为标志的借助书报、网络、跨媒介的学习，又要有以观察、调查为标志的在实践中的学习。

（二）加强实践

建构主义学习理论认为，知识不是通过教师传授得到的，而是学习者在一定的情境即社会文化背景下，借助其他人的帮助，利用必要的学习资料，通过意义建构的方式而获得的。学生只有自己探究发现，知识才能内化为自身知识结构的有机部分，从而建构自己的知识。梳理与探究要特别加强学生的实践活动和亲身经历，引导学生在生活实践和社会实践中学语文、用语文。《语文课程标准》提出"观察大自然""观察社会""学习组织有趣味的语文实践活动""策划简单的校园活动和社会活动"，都旨在通过实践活动来达成梳理与探究学习目标。梳理与探究教学和识字与写字教学、阅读与鉴赏教学、表达与交流教学相比，其实践性更为突出，实践的领域也更加宽广，更加注重学习的过程。因此，在指导中应注意如下内容。

一要突出活动的可操作性。活动的设计要适合学生的年龄特征，利于学生实际动手操作；要符合当地的实际情况，便于操作。

二要保证时间的充足性。要让学生有足够的体验、探究的时间，有足够的小组讨论、交流时间，有足够的集体汇报、展示、交流时间。

三要突出过程的完整性。教师要敢于放手、乐于放手，凡是学生能做到的事情，教师绝不替学生做，要让学生经历一个完整的自主实践的过程。

（三）注重开放

《语文课程标准》指出："建设开放的语文学习空间，激发学生探究问题、解决问题的兴趣和热情，引导学生在多样的日常生活场景和社会实践活动中学习语言文字运用。"梳理与探究学习，应力求体现开放性。

一是，学习空间的开放。即引导学生从课内走向课外，从校园走向校外。语文梳理与探究活动虽然可以在课堂上开展，但由于它注重从学习中、从生活中提出问题并通过多样化的方式解决问题，所以学生常常要走出课堂，甚至走出校园，与社会各个领域取得广泛的联系。

二是，学习时间的开放。梳理与探究不仅仅局限于 40 分钟的课堂教学，也不仅仅局限于校园的学习生活，而应适当联系或利用学生的课余生活，把学生课余的语文生活纳入语文教育的视野。

三是，学习内容的开放。语文学习的内容丰富多彩，梳理与探究不应局限于教材，而应把语文学习的视野扩大到其他学科的学习和人类的文化活动中，最大限度地利用语文学习资源。

（四）强化自主

梳理与探究活动是在教师指导下的学生自主活动。梳理与探究从形式到内容都应体现学生是学习的主人。从学习主题的确立、学习途径的选择、学习伙伴的选择、活动计划的制订到学习成果的展示乃至学习评价都要由学生自己来决定。教师参与指导甚至参与学习过程，但绝不可包办、代替。教师的角色是参与者、引导者、组织者、促进者，而不是控制者。学生应在自主性活动中充分发挥自己的潜能，展示特长，进而形成主体意识、独立人格，和对他人、集体、家乡、社会的责任感。

（五）凸显语文

梳理与探究是指向核心素养的重要学习方式之一。陆志平指出，"梳理与探究指向主动、个性、探究、建构，指向知识的情境化结构化，也离不开语文素养的每一个方面"[①]。梳理与探究学习的出发点和落脚点都在于"语文"，其基本的内容必须是"语文"，其目标也必须是"语文"。因而在强调跨学科学习的同时，不能盲目地引入其他学科的教学活动，而违背语文学习的目的。在梳理与探究学习中，要凸显语文的工具性与人文性，为提高学生的听说读写能力服务，为提高学生的核心素养服务。

三、梳理与探究指导的方法

梳理与探究的前身是综合性学习，我国许多学者、教师都对语文梳理与探究的指导方法、教学方法进行了探究。如，姜楠在《多元智能与语文综合性学习培养方法探讨》一文中指出，语文综合性学习的培养方法如下：（1）言语智能训练法，具体包括：课前演讲，仿写、续写、扩写与改写，编写课本剧剧本。（2）节奏智能训练法：用背景音乐；配乐朗诵、配乐背诵。（3）空间智能训练法：画面想象；利用好文章插图。（4）动觉智能训练法：角色模仿或表演课本剧。[②] 吴忠豪则指出，语

---

① 陆志平. 语文学习任务群的特点 [J]. 语文学习，2018(3)：6-9.
② 姜楠. 多元智能与语文综合性学习培养方法探讨 [J]. 珠海城市职业技术学院学报，2007(4)：24.

文综合性学习的指导有必要指导与弹性指导、及时指导与延迟指导、集体指导与个别指导等。[①] 语文梳理与探究的指导方法很多，分类的角度不同，其方法也不同。

梳理与探究既是一种语文学习的方法，又是教师指导下学生自主进行的语文实践活动，更是学生语文学习能力的体现。在教学方法的设计上，要充分发挥教师的指导作用，还要注重对学生进行学法指导。小学梳理与探究学习由于其学习形式的丰富性，其教学模式也多种多样，相应的指导方法也各不相同。小学阶段的语文综合性学习方式主要有三种："问题—解决"式、"观察—表达"式、"活动—探究"式，[②] 这些方式也同样适用于梳理与探究的指导，教师应相机进行方法点拨。

（一）"问题—解决"式

一般而言，梳理与探究学习是围绕学生感兴趣的问题展开的。这些问题主要由学生发现并提出，然后在教师的引导下，学生运用语文知识和能力去研究问题、解决问题。培养学生具有提出问题、发现问题、分析问题和解决问题的能力，是梳理与探究的重要目标。问题可以多种多样，有身边的，有自然的，有生活的，有社会的；有家庭的小事，也有学校、社区、国家的大事。解决问题的方法也是多种多样的，可以通过查找资料、调查访问、相互讨论等方法解决；可以合作完成，也可以独立完成。"问题—解决"式梳理与探究学习主要有如下几个基本阶段：（1）感悟问题阶段；（2）发现问题阶段；（3）问题解决阶段；（4）结果归纳阶段。比如学习了三年级上册《富饶的西沙群岛》后，教师可以引导学生探究家乡建设的有关问题，激发学生热爱家乡、为家乡建设献计献策的热情。

针对"问题—解决"式梳理与探究学习，除了采用创设情境，直观演示法、讨论法等教学方法外，还要注意指导学生发现问题、归纳问题、开展文献研究、实地调查采访等。

（二）"观察—表达"式

"观察—表达"式，主要是结合语文学习的需要，在教师的指导下，学生个体或群体自主观察大自然，观察社会，并且运用语文知识和能力表达自己观察所得。

例如，教授完二年级下册的"找春天"后，可组织学生到田野、河边、公园、校园等处观察春天，并开展以下活动：搜集写春天的诗、词语以及与春天有关的故事；仔细观察，寻找春天的美丽；用画笔或照片呈现春天的美丽；编一编春天的童话故事。又如，指导学生写四年级习作"我的动物朋友"时，可以让学生自己选养一种小动物，仔细观察，完成观察记录（表5-6），等等。

① 吴忠豪.小学语文课程与教学论 [M].北京：北京师范大学出版社，2008：394.
② 陆志平.语文课程新探：新课程理念与语文课程改革 [M].长春：东北师范大学出版社，2002：96.

表 5-6　×× 动物观察记录　　　　　　　　　　　　四年级（　　　）班　姓名（　　　）

日期	我的工作	它的变化	我的想法
我想告诉大家：			

进行"观察—表达"式梳理与探究学习的指导，教师除了要加强观察方法的指导外，还要指导学生把眼见、口述、笔录、思考结合起来，并辅以示范法、演示法、集体讨论法等多种教学方法。

（三）"活动—探究"式

语文活动充满探究色彩，语文活动的过程就是学习探究的过程。培养学生乐于探索，勤于思考，初步掌握比较、分析、概括、推理等思维方法，辩证地思考问题，有理有据、负责任地表达自己的观点，养成实事求是、崇尚真知的态度，是梳理与探究学习的重要目标。"活动—探究"式，主要由学生确定探究的问题，提出开展实验活动的假设，制订探究的活动计划，调控活动过程，写出探究的结果，使语文梳理与探究的学习过程成为学生"自主、合作、探究"的过程。

浙江的蔡虹老师针对小学现在中高年级学生生活条件好、平时自觉不自觉地会以自我为中心的现象，设计了旨在开拓学生的视野，丰富他们内心情感的梳理与探究活动——《关爱，生命里的阳光》[1]，这是典型的"活动—探究"式教学模式。在课前准备环节，她让学生搜集有关"关爱"的资料，与几个好朋友组织一次"春风行动"，到敬老院做一天"爱心天使"，同时，自己设计一份"你最喜欢什么样的朋友"问卷，在同学、老师、家长以及邻居中做一次简单的调查。在课堂教学的环节，主要设计如下流程：其一，谈话引入，进入情境。让学生采取说一说、想一想、忆一忆、谈一谈等方式，回忆人生经历当中得到的关爱及感受。其二，合作探索，实践体验。首先请同学讲"最让你感动的"有关"关爱"的故事以及朗诵有关"关爱"的诗歌；然后要求学生根据好朋友的需要，为他（她）做一件在课堂不方便展示的事，用写纸条的方式告知好朋友。其三，表达交流，应用拓展。要求学生将自己或者小组经过实践、体验得到的收获进行归纳、整理、总结、提炼，之后相互交流、研讨。其四，教师引导学生共同评价。

在"活动—探究"式梳理与探究学习中，教师常用的指导方法有实地考察法、实验演示法、调查研究法、竞赛评比法等，教师要把重点放在指导学生开展实践活动上，同时教师要以平等的身份参与活动。

---

① 蔡虹 . 关爱，生命里的阳光：语文综合性学习案例 [J]. 小学教学设计，2004(12)：42-43.

第四单元 梳理与探究学业质量评价

《语文课程标准》首次提出了"学业质量",体现了新课标的"教—学—评"一体化要求,即课程标准与课程评价、学生学习、教师教学应是一个有机的整体,学业质量评价是新的课程标准的重要组成部分。

一、梳理与探究学业质量标准

《语文课程标准》在"学业质量描述"部分描述了各学段的语文学业质量要求,其中与梳理与探究相关的学业质量,主要从汉字和语言材料梳理与探究的要求、跨学科学习和探究活动的要求两个方面来描述(表5-7)。

表5-7 各学段梳理与探究学业质量描述

维度	第一学段	第二学段	第三学段
汉字和语言材料梳理与探究的要求	有意识地梳理在日常生活中学习的汉字、词语,并尝试进行分类;愿意整理自己的学习成果,并向他人展示	注意积累和梳理语言材料,能把具有相同或相似特征的汉字进行分类,愿意与他人交流分类的理由,感受汉字和汉语的魅力;能分类梳理日常生活中学到的词句,愿意用自己喜欢的方式整理学习成果,参加集体展示活动	在社会生活中发现自己不认识的字,能根据字形推断字音字义,并借助语境和工具书验证自己的推断;在学习中,能发现富有表现力的词句和段落,自觉记录、整理,乐于与他人分享积累的经验,并尝试在自己的表达交流中运用
跨学科学习和探究活动的要求	在跨学科学习和探究活动中有好奇心和求知欲,喜欢观察、提问,能用自己喜欢的方式呈现学习所得	参加跨学科学习活动,乐于观察、提问、交流,能参与简单的活动策划、组织工作;能根据不同学习活动主题搜集、整理信息和资料,提出自己感兴趣的问题;能用照片、图表、视频、文字等展示学习成果,并与他人分享	积极参加跨学科学习活动,能利用多种信息渠道获取资料,在简单的调查、访谈等活动中记录真实生活;能根据活动需要,结合自己的知识积累和生活经验提出要探究、解决的主要问题;能借助跨学科知识和相关材料,与同学合作探索解决问题的具体方法,运用相关知识解释自己的想法,记录探究的过程及结论,写简单的研究报告;能组织讨论和专题演讲,发表自己的观点,在交流反思中辨别是非、善恶和美丑。能根据校园、社会活动的需要,自己或与同学合作撰写活动计划、实施方案或活动总结

《语文课程标准》提出,学业质量是学生在完成课程阶段性学习后的学业成就表现,并指出,语文课程学业质量标准是以核心素养为主要维度,结合课程内容,对学生语文学业成就具体表现特征的整体刻画。因此,梳理与探究学业质量评价并不是对学生活动开展得好不好、学得好不好下一个结论,而是要真实地描述、刻画学生的梳理与探究学业成就表现。很显然,仅从汉字和语言材料梳理与

探究的要求、跨学科学习和探究活动的要求两个方面来描述学生的梳理与探究学业质量是不够的。评价应结合课程内容，建立多元的梳理与探究学业质量评价体系，力求在真实情境中考查学生的核心素养。

二、梳理与探究学业质量评价设计

梳理与探究学业质量评价，其主要的评价手段不是考试，评价的依据不是分数，评价的目的也不是用来甄别和选拔，而是采用多元评价的方法，考查学生的核心素养达成情况，推动学生的核心素养发展。

（一）梳理与探究评价设计的基本原则

1.评价主体多元化

梳理与探究评价，不仅要关注学生的学习成果，还要关注学生在活动过程中的态度和表现。其评价主体是多元的，可以是教师或教师群体，也可以是学生或学习小组；可以是语文学科的教师，也可以是其他学科的教师；可以让家长参与评价，也可以让社区有关部门和人员参与评价。就学校层面来说，学生是梳理与探究活动的主体，学生更应作为评价主体，梳理与探究评价应以学生自评为主，师评为辅。

2.评价标准灵活化

梳理与探究评价要有统一的标准，这样有利于从整体上全面了解、把握学生的学习情况。又要因人而异，更多地关注"个体内差"的评价，不宜过于强调"个体间差"的评价。所谓"个体内差"，是指个人内部的素养、能力的状态和差异；所谓"个体间差"，是指把一个人与另一个人作比较，明确学生间的个体差异。加德纳的多元智力理论认为，人的智力是多元的，每个学生都有自己的优势智力。因此，梳理与探究评价既要考查被评价者是否达到目标要求，又要强化被评价者的"自我参照"，以此来促进学生个性化发展。

3.评价形式多样化

梳理与探究评价提倡诊断性评价和过程性、终结性评价相结合，提倡教师评价与学生自评、小组评价相结合，鼓励学生采用成长记录袋评价、成果展示评价等表现性评价方式，但无需排斥必要的纸笔测评。运用灵活多样的评价形式，可以实现对学生真实全面的评价。

（二）梳理与探究评价设计的关注点

根据《语文课程标准》，梳理与探究评价设计的关注点主要有：

1.注重汉字文化

汉字是中华文化的根，《语文课程标准》进一步加强了对汉字学习的要求，把汉语、汉字摆到第一位，在各学段新增加了关于汉字这一载体的梳理与探究活动。在梳理与探究活动中，不仅要关注学生能否独立识字，是否能分类整理学过的字词，更要关注学生能否发现汉字形音义的特点，发现汉字的趣味，增进对汉字的热爱之情。

2. 强调语言积累

各学段都重视积累和梳理语言材料，要求学生能主动积累语言材料并分类梳理，感受汉字和汉语的魅力，乐于分享、展示。在梳理与探究评价设计中，语言是文化、思维、审美的基础，评价要以语言学习活动为重点，注重考查学生语言积累与语感、语言整理与语理、语言交流与运用情况。

3. 关注跨学科学习

语文学习的外延也是生活的外延。跨学科学习，不仅是梳理与探究的要求，也是学习任务群的要求。《语文课程标准》将"跨学科学习"作为六个学习任务群之一，就是要求教师引导学生在语文实践活动中连接学校内外、课堂内外，拓宽语文学习的应用领域；围绕跨学科学习、社会生活中有意义的话题等，开展阅读、梳理、探究、交流等活动，在综合运用多个学科知识发现问题、分析问题、解决问题的过程中，提高语言运用能力。"跨学科学习"学习任务群是达成梳理与探究目标的重要载体。在校园活动、社会活动、生活实践的跨学科活动中，关注学生：能否以语文为基础，综合运用科学、美术、信息技术等跨学科知识？能否在跨学科学习中，积累知识、梳理各项材料，具有较好的思维能力？能否在跨学科学习中，发现问题、分析问题，尝试解决问题，写出简单的研究报告？因此，如果设计的梳理与探究活动，需要学生较多地运用跨学科知识，那么在梳理与探究评价设计中，应适当考查学生跨学科学习能力。

4. 重视探究活动

梳理与探究的实质是一种研究性学习，梳理与探究评价应重视学生在活动中的表现。例如，学生在活动中的合作态度和参与程度，发现问题、分析问题、解决问题的能力，搜集、整理材料的能力，根据占有的课内外资料，形成自己的假设或观点的能力，语文知识和能力综合运用的表现，学习成果的展示与交流情况等。第一、二学段要较多地关注学生参与探究活动的兴趣与态度。第三学段要多关注学生在探究活动中提出问题、探究问题以及展示学习活动成果的能力。

（三）梳理与探究评价设计例谈

梳理与探究学业质量评价在评价目标上，强调素养本位；在评价过程上，强调关注过程；在评价主体上，主张多元化、互动性；在评价标准上，强调统一标准 + 自我参照标准；在评价方式上，注重多样化的评价方式。因此，梳理与探究评价设计是灵活、灵动的。表 5-8 是一个较为通用的评价表，教师可以根据梳理与探究活动主题、活动目标、活动过程、成果呈现情况制订适宜学情的评价表，也可以根据需要增减评价指标。不同的梳理与探究活动，活动目的不同，学生的起点不同，评价的侧重点也应做出相应调整，教师可灵活把握。

表 5-8　小学生梳理与探究学习评价表

评价指标	评价标准			评价得分		
	优秀	良好	还需努力	自评	互评	师评
完成任务情况	按时完成全部任务	完成了主要任务	完成了部分任务或未完成			
搜集整理资料能力	资料搜集齐全，整理资料认真，有条理、分类合理	资料搜集较齐全，能够进行一定的整理	搜集的资料较少，或基本不会整理			
沟通合作能力	积极参加活动，主动和同学配合，合作愉快	参加活动并乐于配合同学，合作良好	不参与合作或不主动与人配合			
语言运用能力	善表达、综合语用能力强	能表达，综合语用能力良好	不善于表达，综合语言运用能力有待加强			
思维能力	能在梳理与探究中有精彩发现，积极主动地分析问题、能解决问题	能在梳理与探究中有一定发现，能分析问题、并尝试解决问题	能在梳理与探究中提出一些问题，尚不能解决问题			
……						

第五单元　梳理与探究教学设计案例分析

　　本模块前面四个单元主要阐述了梳理与探究的教学目标设计、教学内容设计、教学过程设计的基本要领与方法、学业质量评价，我们还应关注一线教师的优秀教学设计，尽可能地去小学观摩语文梳理与探究教学活动，从实践层面学习教师如何进行梳理与探究教学设计。我们还要学会分析梳理与探究设计方案与教学案例，培养梳理与探究的案例分析能力，在学习中不断反思，不断进步。

本案例请重点关注教师的引导与归纳并将案例 5-5 与本案例相比较，体会教学设计对教学过程的指导作用

课堂实录《遨游汉字王国——有趣的字谜》

教学一线

案例 5-9　"遨游汉字王国——有趣的字谜"教学设计（五年级下册）
湖南第一师范学院第二附属小学　胡冉
一、活动目标
1. 了解基本的制谜规则，能制作简单的字谜。
2. 通过活动，锻炼独立与合作学习的能力，掌握猜字谜的基本方法，体验合作与成功的喜悦。
3. 感受字谜的趣味性，激发对汉字的热爱之情，收集更多有趣的字谜。

二、活动准备

学生通过各种途径搜集字谜，准备 3~5 条有意思的字谜；负责汇报活动成果的同学还应准备好 PPT、卡片、字谜作品；教师准备教学 PPT、彩色字谜条。

三、活动过程

第一阶段，确立研究主题，分组制定活动计划。

第二阶段，分小组开展研究，通过各种途径搜集字谜，整理资料，准备活动成果汇报。

第三阶段，交流汇报，拓展提升。

以下为第三阶段教学设计。

（一）谈话导入，引出主题

师：近段时间，我们开展了"遨游汉字王国"的梳理与探究，经过讨论，我们决定集中开展"猜字谜、编字谜"活动。（板书：猜、编）

课前，同学们对字谜已经进行了一番了解和研究。今天我们就一同走近有趣的字谜。（板书：有趣的字谜）

（1）指名汇报本组的活动计划。

（2）出示活动计划要求，引导集体评价。

（二）活动一：快乐竞猜

小组活动，师生同猜字谜。

（出示要求：1. 各小组交流字谜，选一条有趣的字谜；2. 各组互相猜字谜）

1. 指名汇报，教师相机点拨

（根据学生汇报的情况而定，教师准备补充内容。）

（1）一面多底谜。

导疑：绝大多数字谜都只有一个谜底，而有些字谜有两个或者更多谜底。如"半推半就"，谜底可以是"掠"；还可以是"扰"。这样的字谜，你们知道叫什么吗？

（2）了解猜谜的思考过程。

（3）师以评促导。

2. 欣赏字谜，引导归类

（1）举一：从学生汇报中提例。

出示一则数字谜，引导学生观察、谈发现。

小结归纳：像这样谜面全由数字组成的字谜，我们把它叫作——数字谜。

（2）反三：在你们搜集的字谜中，还有没有觉得很有趣的字谜？

a. 生展示自己收集的字谜，师生同猜（对联谜、画谜、古诗句谜、绕口令谜等）。

b. 师出示一则字谜，让学生猜。

通上不通下，通下不通上，要通上下通，不通都不通（每句打一字）。

生读谜面，谈发现；齐读，谈感受。

c. 自由猜谜，谜底是四个字：由、甲、申、田；师注重引导说出猜的思考过程。

3. 生小结猜谜方法，师相机点拨

（三）活动二：看我露一手

拓展练习，编写字谜。

1. 学生自由编写字谜，教师在学生中巡视

（1）找出三则有代表性的字谜作品，引导评议。

（2）小结方法：谜面生动、改变原义。

（3）发现问题，解决问题。

（从学生编写的谜语中提例：谜底与谜面有一个或多个字相重复。）

小结：谜底与谜面不能有任何一个字相重复（底不重面）。

（4）归纳制谜的规则：谜面生动、改变原义、底不重面。

2. 同桌对照制谜规则，互评自编字谜，共同修改

（1）指名读自己编的字谜。

（2）师生同猜，生揭示谜底，教师相机指导。

（四）总结拓展

（1）指名谈学习收获。

（2）教师小结。

（3）出示各国名人对汉字的评价，师引读。

（4）指名谈感受。

（5）总结：汉字，这一奇妙的文字，是我们祖先智慧的结晶，是中华民族文化的根！（板书：奇妙的文字　智慧的结晶）

今天的学习为同学们打开了一扇小小的门，希望大家怀着更多的思考去探究祖国的语言文字，在浩瀚的汉字王国里尽情遨游。

"遨游汉字王国"是五年级下册第三单元独立的大型综合性学习活动。"遨游汉字王国"由"汉字真有趣"和"我爱你，汉字"两个版块组成。"汉字真有趣"通过"字谜七则""门内添'活'字""有趣的谐音""'枇杷'和'琵琶'""有趣的形声字"等阅读材料，引导学生开展搜集或编写字谜，开展猜字谜活动，查找体现汉字特点的古诗、歇后语、对联、故事等材料，举办趣味汉字交流会等。感受汉字的趣味，了解汉字文化。"我爱你，汉字"安排了"汉字字体的演变""甲骨文的发现""书法欣赏""制定国家通用语言文字法的必要性""关于'李'姓的历史和现状的研究报告"等主题的阅读材料，引导学生搜集更多的资料，围绕

汉字的历史或汉字书法，选择感兴趣的内容写一写，调查学校、社会用字不规范的情况，如，调查同学的作业本、街头招牌、书刊等，让学生从多方面了解中华汉字的灿烂文化。胡冉老师在设计梳理与探究的教学内容时，从中选取学生感兴趣的内容——有趣的字谜，并对这一教学内容进行了再设计，从猜—赏—编—拓等角度，引导学生去探究、思考，感受汉字字谜的有趣和神奇。其教学目标设计明确、具体、可操作性强，切合学生实际，针对性强。其教学过程设计呈现出以下特点。

（一）充分体现了语文梳理与探究的本质特征

1. "语文味"浓

对于语文学科来说，梳理与探究首先姓"语"，不管我们的学习活动涉及哪个领域、哪门学科，采取哪些方式，其落脚点都在"致力于全体学生核心素养的形成与发展"。教师应在梳理与探究活动中引导学生观察语言文字现象，从中找到规律，学会发现和解决问题，培养学生在积极的语文实践活动中积累、建构并在真实的语言运用情境中表现出来的核心素养。这次"猜字谜、编字谜"的活动，教学重点是让学生通过学习感受字谜的趣味性，激发对汉字的热爱之情；教学难点是让学生通过自主合作学习，掌握基本的制谜规则、猜谜方法，感受字谜的有趣。每一个活动环节无不围绕提升学生的核心素养展开。它的语文味在教学过程中展现，在民族文化中释放，在丰富的情感中流淌，让学生既积累了语文知识，又整体发展了听、说、读、写的语文能力，从多方面提升了核心素养。

2. "综合性"强

语文课程是一门学习国家通用语言文字运用的综合性、实践性课程。《语文课程标准》指出，要"注重课程内容与生活、与其他学科的联系，注重听说读写的整合，促进知识与能力、过程与方法、情感态度与价值观的整体发展"。本案例较好地体现了课程标准的"综合性"要求，主要体现在以下几个方面：首先是学习目标的综合，既兼顾了知识与能力、过程与方法、情感态度与价值观，又兼顾了课程标准提出的文化自信、语言运用、思维能力、审美创造核心素养的四个方面。注意指导学生在梳理、探究的同时，培养学生语言的敏感性，发展思维能力，加强语言实践运用，感受汉字的无穷魅力，加深学生对汉字和中华传统文化的感情，积淀文化底蕴。其次，体现了听、说、读、写语文能力的综合。学生搜集字谜，互猜字谜，诵读古诗，编写字谜，始终强调语文课程内部要素的整合。最后，教师的指导和点评，学生的资料搜集、信息处理、讨论和交流等过程，体现了语文知识、社会生活和学生经验的整合。

3. "实践性"突出

作为一次实践活动，教师设计的环节没有拘泥于课本、课堂，没有拘泥于单一地训练听、说、读、写，而是让学生走出课堂，走进生活，以活动小组的形式开展，自主搜集资料，合作完成小组任务，在实践中锻炼学生自主、合作、探究的能力。

（二）充分体现了学生的主体地位

《语文课程标准》指出："支持学生开展自主、合作、探究性学习，为学生的个性化、创造性学习提供条件。"要进行个性化、创造性学习，就必须充分尊重学生主体。本次活动从制订活动方案、小组分工到搜集材料等，都是以学生为主体的，在活动中学生将个体探究与合作探究相结合，充分发挥了学生的主观能动性。学生尽可能搜集不同种类的字谜，选出小组推荐的有趣的字谜，学习自编自创字谜，发展个性；教师尊重每个学生的情感体验，使不同兴趣爱好的学生都得到提高，真正做到人人谋划、人人参与。学生亲历整个活动，在过程中感受成功的喜悦。

（三）充分体现了语文学习的多样性

作为母语教学，语文学习的天地很广阔。以"猜字谜、编字谜"为主题的梳理与探究活动，打破课堂内外界限，变单纯枯燥的课堂教学为开放、灵活的综合实践学习，把书本学习与学生的生活紧密结合起来。如学生在搜集资料中，开阔了视野，丰富了学习内容。在这次活动中，学生运用多种方法，或是多方搜集材料，或是认真分析材料，或是大胆创意编字谜，从不同角度进行多样化的实践和探究，体现了语文学习的多样性。

本章训练与拓展

💡 教学设计训练 ▮▮

● 实践任务

谈谈你对《教学案例："生活中的传统文化"之"二十四节气"》的认识，写一篇不少于 600 字的评议稿或体会。

实践要求：

1. 认真阅读该方案，从教学理念体现、教学目标设计、教学内容设计、教学过程设计、教学方法设计等方面评议该方案。

2. 记录员做好评议记录，撰稿员综合大家的意见写出评议稿。

3. 汇报员代表本小组在全班汇报。

实践建议：

请认真学习本模块"梳理与探究教学设计案例分析"部分，并登录"中国大学 MOOC"平台观看相关教学视频，明确如何进行梳理与探究案例分析。

教学案例：
"生活中的传统文化"之"二十四节气"

📖 推荐阅读 ▮▮▮

1. 包建新. 语文综合性学习案例教学论 [M]. 杭州：浙江大学出版社，2012.

该书注意精选教学案例，努力把观念放到具体的案例中探讨。在写该书的预备工作中，作者共搜集了近千个语文综合性学习案例。这些案例能给读者带来启发和思考。该书理论深刻，案例丰富，资料翔实。

2. 林晖，陈建伟. 语文综合性学习教学技能训练 [M]. 广州：暨南大学出版社，2010.

该书为"语文教师有效教学技能案例训练"丛书之一。丛书以单元方式构建训练项目，呈现专项训练内容。每个单元都包含训练导言、案例评析、技能训练三大版块。该书主要帮助学习者认识语文综合性学习活动的基本特点，掌握语文综合性学习活动的教学要领，以及开展语文综合性学习活动必备的基本技能。

3. 赵水英，王林发. 语文综合性学习教学设计方案 40 例 [M]. 北京：中国轻工业出版社，2013.

该书是一本实用的语文综合性学习教学设计指导书，分策略篇和应用篇，涉及语文综合性学习教学的方方面面。书中从语文综合性学习教学涉及的基本内容讲起，由如何确定主题、设计方案、组织活动、妙用途径、评价成果到如何组织主题设计型、利用资源型、活动形式型、课题研究型、成果展示型语文综合性学习教学，层层递进。该书选取了最有代表性的 40 个教学设计实例来展示语文综合性学习教学技巧，以课堂实录的形式展开，具有较强的参考性。

4. 陶灵芝. 小学语文"综合性学习单元"教学设计研究：以近十年教学案例为对象 [D]. 杭州：杭州师范大学，2020.

该论文以近十年小学语文高段综合性学习单元的教学设计案例为研究对象，通过对综合性学习单元的内容概述、具体内容分析和编写特点的研究、以及综合性学习教学设计现状的研究，探讨综合性学习单元教学设计的基本模式和有效经验，并结合优秀教学设计和自身教学实践提出一些有益建议。

思维导图

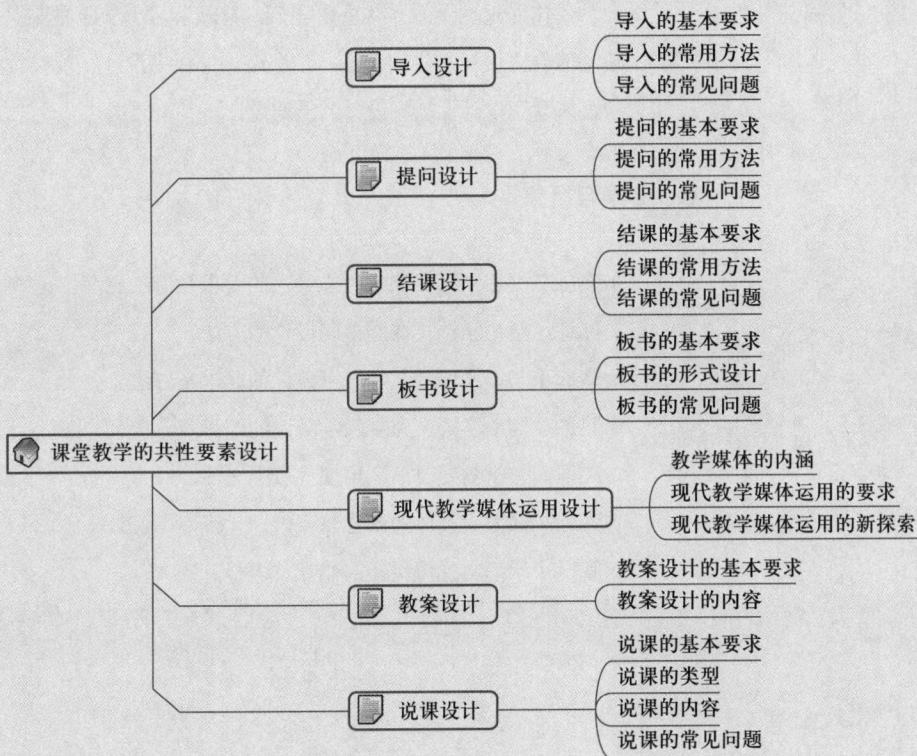

课堂教学的共性要素设计

- 导入设计
  - 导入的基本要求
  - 导入的常用方法
  - 导入的常见问题
- 提问设计
  - 提问的基本要求
  - 提问的常用方法
  - 提问的常见问题
- 结课设计
  - 结课的基本要求
  - 结课的常用方法
  - 结课的常见问题
- 板书设计
  - 板书的基本要求
  - 板书的形式设计
  - 板书的常见问题
- 现代教学媒体运用设计
  - 教学媒体的内涵
  - 现代教学媒体运用的要求
  - 现代教学媒体运用的新探索
- 教案设计
  - 教案设计的基本要求
  - 教案设计的内容
- 说课设计
  - 说课的基本要求
  - 说课的类型
  - 说课的内容
  - 说课的常见问题

模块导读

本书模块一至模块五立足小学语文教学的四大模块设计进行了全方位的介绍，本模块将转向小学语文课堂教学的共性要素，紧扣课堂教学的一些重要环节，着重学习小学语文课堂教学的导入设计、提问设计、结课设计、板书设计、现代教学媒体运用设计、教案设计、说课设计。

学习目标

□ 熟练掌握小学语文课堂教学导入的要求及方法。

□ 熟练运用小学语文课堂提问设计的方法。

□ 掌握小学语文课堂教学板书设计的要求及方法。

□ 熟悉掌握小学语文课堂教学结课的要求及方法。

□ 能根据教学需要灵活运用现代教学媒体。

□ 熟练掌握教案设计的内容与要求。

□ 掌握小学语文说课设计的要求及内容。

第一单元　导入设计

教学一线

案例 6-1 《海底世界》教学导入（三年级下册）

师：同学们，你们喜欢大海吗？

生：喜欢！

师：我也是，今年暑假我还特地去了青岛看大海。大海是那样辽阔美丽，点点帆影映缀着碧蓝的海面，水天间海鸥在自由地翱翔。看着这美丽的景象，我当时就想：这大海的深处是什么样子的呢？那里有没有阳光，有没有声音，有没有深山峡谷，有没有动物、植物和矿产呢？同学们，你们想知道海底是什么样的吗？

生：（兴奋）想！

师：好！今天我们一起学习新课文《海底世界》，它将向我们介绍海底深处许多新鲜有趣的事。现在让我们来细读课文。

　　课堂教学导入是指教师围绕教学内容在课堂的起始阶段，用巧妙的方法集中学生注意力，激发学生学习兴趣，帮助学生明确学习目标的教学活动，是小学语文课堂教学中重要的一环。恰当的导入设计可以迅速稳定学生情绪，激发学生学习积极性，为整堂课奠定坚实的基础。案例 6-1 中教师描述了大海的美妙情境，再通过一系列紧扣海底世界的问题导入新课，激起学生强烈的学习欲望。在小学语文课堂教学中，教师需要把握好导入设计的基本要求，并采取灵活有效的方法导入课堂。

一、导入的基本要求

一般来说，小学语文课堂教学的导入要做到以下几点

（一）紧扣教学目标

导入是为完成课堂教学目标而服务的，它与课堂教学内容有着密切的联系。因此课堂导入要紧扣本节课的教学目标和要求，引导学生抓住重点内容，明确学习方向，以指引学生自觉达成和实现教学目标。

课堂实录《小毛虫》①

（二）激发学习兴趣

心理学研究表明兴趣能激发大脑进行组织、加工等思维活动，带给个体愉悦的身心体验，有利于发现事物的新线索，并促使个体持续深入探索。教学重在激发学生的学习兴趣，培养学生自主学习的能力。因此，别具匠心的导入设计，一

---

① 湖南第一师范学院第一附属小学，杨慧。

定要能够激起学生对学习内容的兴趣，吸引学生的注意力，唤起学生强烈的求知欲望，引导学生轻松、愉快地学习。

（三）新颖活泼

教师授课时面对的是不同的文本、不同的学生，文本各有差异，学生各有特点，因此，教师要采用灵活多变的导入形式，做到丰富多彩、新颖活泼。若一直采用某种单一形式，学生极易产生厌倦心理，不利于激发学生强烈的求知欲。

（四）短小精悍

导入是课堂的序曲，一般控制在 3 ~ 5 分钟为宜，应力求简明扼要、短小精悍，不宜喧宾夺主，占用太多教学时间，否则教学的核心内容不能充分展开。

二、导入的常用方法

导入新课的方法多样，没有固定不变的模式，教师要根据学生的实际情况及具体教学内容及自身能力，设计不同的导入方法。下面介绍小学语文几种常见的导入方法。

（一）悬念设置法

悬念设置法是在教学导入时创设问题，引发学生思考，吸引学生注意力的一种导入方法。这种方法在小学语文课堂导入中运用得极为普遍。例如，在教学五年级下册《田忌赛马》时，教师如此导入：战国时候，齐国的贵族非常喜欢赛马。有一次，齐威王和齐国的大将田忌约定举行一场比赛。他们商量好，把各自的马分成上、中、下三个等级进行赛跑，当时齐威王挑的每个等级的马比田忌的马都要高大、强壮。但是最后，却是田忌以弱胜强赢得了比赛。那么，田忌到底是怎样以弱胜强的呢？请大家打开课本从课文中寻找答案。该导入中设置的问题，如同学生阅读的催化剂，激发了学生的求知欲望。运用这种导入法要注意所设的问题是否和课文内容有内在的联系。设问的深浅度要适宜，太难了学生不感兴趣，太简单了达不到引发学生思考的目的。

（二）故事讲授法

故事讲授法是通过讲述哲理性故事、寓言、传说等，帮助学生展开想象、丰富联想，引出新课的一种导入方法。例如，二年级上册《坐井观天》这篇课文，就可以用讲故事的方式导入："很久很久以前，在一口井里住着一只青蛙，有一天，青蛙坐在井底望着蓝天出神，这时，飞来一只小鸟落在井沿上，青蛙看见小鸟就高兴地向它打招呼，于是小鸟和青蛙开始交谈起来。同学们，你们想知道他们都说了些什么吗？"又如，六年级上册《月光曲》一课，教师可把贝多芬的故事讲给学生听："在两百多年前，一位德国少年出身于宫廷歌手世家，自幼跟从父亲学音乐，17 岁就担任音乐老师。后来他失去了听觉。但他对自己的坎坷命运并不气馁，以超人的毅力创作了众多举世闻名的音乐作品，最终成为著名的作曲家、钢琴家。他就是我们这节课学习的课文《月光曲》的主要人物——贝多芬。"① 从故事入手过渡到教学内容，可以有效激发学生的学习兴趣。

（三）新旧联系法

新旧联系法是教师从旧知识入手引出新知识的一种导入方法。运用该法时要注意新旧知识的密切关系，使旧知识成为学习新知识的基础，做到"温故而知新"。教师在教学《普罗米修斯》一课时这样导入：同学们，来看课件上的图片，大家能不能分别用一个词语概括看到的画面呢？（《盘古开天地》《羿射九日》《精卫填海》《夸父追日》……）故事中的人物有什么共同的地方吗？（勇敢、执着、为人类甘愿无私奉献……）是的，这些都是我们之前所学的我国古代神话人物。在另一个遥远的国度——古希腊，同样拥有着璀璨的文化，流传着一个个动人的神话故事。今天我们要在古希腊的神话故事中，认识一位带给人类光明和幸福的神，他的名字叫普罗米修斯。教师以旧引新，帮助学生通过新旧知识的联系更好地学习新课文。

（四）情境创设法

情境创设法是指教师通过语言描述或音乐、图画、动画、录像等手段创设生动情境，诱发学生积极思考、陶冶性情的导入方法。

教学一线

本案例请重点关注导入时教师是如何创设情境的

案例 6-2 《小蝌蚪找妈妈》教学导入（二年级上册）

导语：（配乐，出示课件图片并用语言描述）春天来了，池塘里的冰融化了。青蛙妈妈睡了一个冬天，也醒来了。她从泥洞里爬起来，扑通一声跳进池塘里，产下了很多黑黑的、圆圆的卵。春风轻轻地吹过，阳光暖暖地照着。池塘里的水渐渐暖和了。青蛙妈妈产下的卵慢慢都活动起来，变成一群大脑袋、长尾巴的小蝌蚪，他们在水里游来游去，非常快乐。可是，小蝌蚪们不知道他们的妈妈长什么模样，他们就开始去找妈妈。那么，小蝌蚪们这一路上发生了怎样的故事呢？我们来看课文。

案例 6-2 中教师利用音乐、图片及生动形象的语言描述，引导学生进入春天的美好景象中，学生不知不觉地随着教师的引导轻松愉快地进入了学习情境。

（五）谜语引入法

谜语引入法是教师根据课文内容巧引诗词、巧设谜语引出新课的一种方法。此法可丰富教学内容，增强语文知识性和趣味性，而且能引发兴趣、激发学生思维。例如，教学三年级下册《荷花》一课，教师这样导入——同学们，现在老师说谜语，看谁反应快，猜得准："一个小姑娘，坐在水中央，身穿粉红袄，撑船

---

① 楚云.浅论小学语文课堂教学的导入设计 [J].新闻世界，2011(7)：262.

不用桨。"学生们听了，纷纷举起了手，争先恐后地说出了谜底。这时教师顺势板书课题《荷花》，引入课文。又如，教学二年级下册《蜘蛛开店》一课："同学们，老师知道大家是猜谜高手，今天老师先和同学们一起来猜个谜语。"接着出示谜面"小小诸葛亮，独坐军中帐；排起八卦阵，单捉飞来将"。等学生猜出谜底后，顺势引出：今天我们一起来学习一篇有关蜘蛛的童话故事。这样导入往往能够有效活跃课堂气氛，开拓学生思维，达到事半功倍的效果。

（六）解题释义法

题目是文章的眼睛，是探究课文内容和中心的窗口。解题释义法是抓住课文题目的疑问处，点明文章要旨的一种方法。例如，教学五年级上册《将相和》时，教师这样导入："'将'指的是谁？'相'指的又是谁？他们为什么不和？最后他们为什么又和了？他们由不和到和的过程说明了什么？"教师挖掘课题中蕴藏的内容信息，在导课中以问题的方式巧妙地进行梳理，既能激发学生的好奇心和求知欲，又能很好地切合课文题目，帮助学生理清文章的思路。再如，教学五年级上册《圆明园的毁灭》："同学们，这节课我们将共同学习一篇新课文《圆明园的毁灭》。圆满无缺的圆，光明普照的明，皇家园林的园。就像其名字一样，它圆满无缺，光明普照。然而，昔日的辉煌却变成了一片废墟，只缘于一个词——毁灭。下面让我们来一起读读课文。"该导入紧扣课题，简单明了，对圆明园名称的拆解帮助学生认识其曾经的辉煌，再扣住"毁灭"二字予以对比，有效地帮助学生把握全文的核心内容。

实践指导
综合运用多种方法进行导入设计

除了以上介绍的几种方法，课堂上还可以通过直观演示、交流讨论、背景叙述、作者介绍、游戏导入、复习导入等导入方法。好的导入设计往往不是单一地采用某一种方法，通常是综合运用多种方法，实现开启课堂的良好效果的。如案例6-2《小蝌蚪找妈妈》，除了创设情境之外，还运用了故事讲授、悬念设置等方法。总之，课堂导入方法多种多样，教师要灵活运用。

三、导入的常见问题

教学一线

案例6-3 一名实习生的《我要的是葫芦》教学导入
（二年级上册）

（1）出示笛子，吹奏《浏阳河》；
（2）与生交流、笛子形状、构成；
（3）拿出葫芦丝，吹奏《月光下的凤尾竹》；
（4）与生交流：歌曲悦耳，葫芦丝形状、构成，古代人的智慧；
（5）板书课题，学生齐读。

本案例请重点关注教学导入设计存在哪些问题

案例 6-3 导入环节紧凑，内容丰富，展现了导入者较高的综合素质，经过了缜密的思考和设计，能达到激发学生学习兴趣的效果。但是结合课堂导入的具体要求来思考，就会发现存在诸多问题。

（一）偏离教学内容和教学目标

案例的教学思路是：课文讲的是葫芦，可从与葫芦密切相关的葫芦丝引入，葫芦丝大家不熟悉，因此要介绍一下葫芦丝，展示一下葫芦丝吹奏的音乐，交流一下感受。同时，为介绍葫芦丝可由大家熟知的乐器笛子引入，既然展示了笛子乐器，自然也可以展示一下乐曲吹奏，这样既可以激发学生的兴趣，又可以展示自身的音乐素养，还可以较好地引入接下来的教学内容。但是，殊不知，一堂 40 分钟的语文课，仅仅导入环节就耗费了十多分钟，严重影响后续教学环节的时长。事实上，展示笛子和吹奏笛子乐曲以及之后的交流感受，没有紧扣教学内容，乃至偏离教学目标。

（二）盲目追求手段多样化

很多人在设计导入时，总希望通过多种方式激发学生的学习兴趣，最大限度地调动学生积极性，且认为让学生活跃起来就是激发兴趣了。于是在导入时特别喜欢用音乐、绘画、情境、多媒体、表演、游戏等，各种花样手段接连上阵，如此一来，导入的手段虽多样化，也激发了兴趣，但耗费了时间，学生不能沉下心来进入后面环节的学习，从而影响整堂课的教学组织和课堂教学效果。其实激发兴趣是导入设计的重要原则，但并不是"为兴趣而兴趣"，所有教学手段的使用都应服务于课堂教学内容和目标，这才是教学导入的根本。

（三）啰唆冗长

导入环节非常重要，开始环节做好了也就成功了一半。导入尽管是"虎头"，但还是要分清主次，尤其是导入的时间要把握好，以 3～5 分钟为宜，否则影响整堂课的时间、节奏安排，影响后续重点、难点内容的教学。另外，啰唆冗长还表现在语言表达上，不简洁干练，拖泥带水，这也是导入容易犯的毛病。

合作研习

以小组为单位，研读五年级下册《威尼斯的小艇》的教学导入，交流、评析该导入，并根据导入的基本要求和导入方法另行设计该课教学导入。

1. 交流、评析下面的导入示例。

（1）出示威尼斯城市图片，播放音乐，感受威尼斯的风光。

（2）学生交流心中感受，分享威尼斯城市的美丽和独特。

（3）教师安排学生汇报课前查阅的有关威尼斯的资料。

（4）教师总结威尼斯是一座水上城市，但不仅仅是世界闻名的水乡，也是意大利的历史文化名城。同时介绍威尼斯的音乐、绘画、建筑、电影等。

（5）进一步介绍威尼斯的水。水曾是威尼斯的保护神，却也成为威尼斯最大的敌人，意大利政府将防洪列为国家头等大事。

（6）今天我们一起来认识威尼斯的重要交通工具，共同学习课文《威尼斯的小艇》。

2.合作设计该课导入环节并开展教学实践。

提示一：可从威尼斯城市图片入手引发学生兴趣。

提示二：可从城市交通入手引导学生交流。

提示三：可从文章课题入手引发学生思考。

第二单元　提问设计

本案例请重点关注两位教师提问的差异性及其作用

教学一线

案例6-4 《草船借箭》课堂提问（五年级下册）

在学生齐读课文第一小节后：

1.李老师提问：这一小节在文中起什么作用？结果无一人回答问题。教师责怪学生不认真思考。

2.王老师提问：

（1）这一节写了什么？（诸葛亮挺有才干，周瑜很妒忌。）

（2）文中哪些词说明诸葛亮的才干和周瑜的妒忌心都不是一般的？请把它们圈出来，并议一议。（"挺""很"。）

（3）这一小节在文中起什么作用？（交代故事发生的原因，也就是周瑜为什么要为难诸葛亮。）

两位教师都问到了"这一小节在文中起什么作用？"但很明显李老师忽略了学情，没有考虑到问题的难度和引导方向，结果无一人回答。实际上学生并不是没有思考，而是不知如何回答。王老师将问题变成三个层级问题，先从总体上入手，再分析重点词语，最后得出事情的起因，由浅入深，学生易于接受。

课堂实录《我要的是葫芦》[1]

一、提问的基本要求

课堂提问是引导学生展开学习的重要手段。好的提问能激发学生思维的火花，引发学生积极思考、探索问题并解决问题，从而实现教学目标，达到良好的教学效果。提问设计的基本要求如下：

---

[1] 湖南省长沙市麓山国际实验小学，周桂平。

（一）适时

提问是最能启发学生思考的方式，但提问应选择恰当时机。时机表现在两个方面：一是课堂教学进度，即根据教学的进展在恰当的时候提出；二是学生的思维状态和认知水平。正如孔子所言"不愤不启，不悱不发"，没有达到"愤""悱"之境时，试图提问而启发学生思维，往往难以奏效。教师要把握好学生的思维状态和认知水平，适时而问，不可不考虑教学进展和学生的学习状况随意发问。

（二）适度

适度，一是指问题在量上宜"少而精"。问题不是越多越好，太多反而可能琐碎而不得要领，凌乱而缺乏逻辑，"少而精"即做到提纲挈领，富有启发性，帮助学生延伸思考。二是指问题难易适中。要把握好问题的难易度，要根据学生的认知水平进行相应设计，对学生来说有一定的思维量，难度又不能过高。案例6-4中李老师的问题显然没有考虑问题的难易适度，而王老师就较好地进行了化难为易的工作。

（三）全面

全面同样也有两个方面，一是问题的设计要通盘考虑，问题之间逻辑严密，连贯完整，避免琐碎而无序；二是提问要面向全体学生，而不能只片面向少数学优生或学困生，所提问题应是全体学生基于自己的不同水平展开思考及讨论后可以回答的。

（四）重视反馈

提问成功与否在学生的反馈中可以得到印证，教师通过观察和思考学生的反馈情况及时调整自身的问题设计，从而更有利于改变问题的形式，以适应学生的认识水平，开启学生的思考空间。在案例6-4中，李老师若是能够在学生无人回答的情况下，不是责怪学生，而是重视该现象反馈的信息，迅速对提出的问题进行调整，教学状况可能就会有所改变。

二、提问的常用方法

教学提问是教师通过提问来促进学生学习，了解学生学习状态，引发学生思考的一种教学行为。课堂提问应考虑教学内容的难易，学生的年龄特点、认知规律、知识基础、能力水平等，确保问题质量，实现语文课堂教学的高效与优质。从提问的方法上来看，通常有以下分类。

课堂实录《四季之美》[1]

（一）直问与曲问

直问就是指教师针对教学内容开门见山，直接提出问题，学生对问题的思考是直线式的，能够直接回答。大多数提问属于此种。曲问则是指教师不直接提问，而是借助其他内容的提问，来帮助学生解决特定问题。例如，在《清平

○ 实践指导
如何进行提问？

---

[1]　湖南第一师范学院第一附属小学，张泽佳。

乐·村居》中有"最喜小儿亡赖"一句，"亡赖"一词是理解的重点。教学时当然可以直问"'亡赖'这个词是什么意思"，但是总觉乏味，如果变直问为曲问，"好奇怪呀，小儿子是个"亡赖"，怎么还会讨人喜欢呢？"如此曲问，生发出思维的矛盾，别具一格，新颖有趣，富有启发性。学生们通过讨论，很快便理解了在这里"亡赖"不是指"游手好闲，品德不好"，而是"顽皮"的意思。可见，曲问的艺术性更高。

（二）正问与反问

正问就是教师根据教学内容从正面提问。反问是指教师不从问题的正面提出问题，而是从反面提出假设，让学生通过对照比较，自己得出结论。这种提问可促使学生深入思考，训练学生的逆向思维能力。正问与反问可以促进学生从问题的两个对立面出发加深对知识的理解，能培养学生对问题进行顺向与逆向思维的能力。这两种提问可以交替进行，结合使用。如五年级下册《草船借箭》一课，教师可以问学生"诸葛亮草船借箭为什么能够成功？"这是正问，也可以反问："出现哪种情况，草船借箭就不能成功？"

（三）追问与连问

追问就是对某一内容或某一题，在待学生回答一问后再次提问，穷追不舍，以引导学生正确理解学习内容的提问方式。如教学四年级下册《"诺曼底号"遇难记》时，当学生读到船长第一次命令"妇女先走，其他乘客跟上，船员断后。必须把六十人救出去"的时候，教师提出问题："船上一共有多少人？""61人。"教师追问："为什么船长说把 60 人救出去，他把自己忘了吗？""没有。"教师继续追问："你从这儿读懂了什么？""他没想到自己，已经有了与轮船共存亡的决心。""我感受到了一个船长忠于职守的决心，他让乘客们放心，有他在，大家不要害怕。"通过追问很快促进了学生对哈尔威船长人物内心的理解，对人物形象的认识进一步得到深化。[①]

连问就是把几个问题按照一定的结构组合起来，连续向学生提出，中间不停顿的提问方式。例如，三年级上册《卖火柴的小女孩》文尾说："谁也不知道她曾经看到过多么美丽的东西，她曾经多么幸福，跟着她奶奶一起向新年的幸福中走去。"教师向学生连问："谁"是指什么人？谁不知道的情况有哪些？小女孩的"幸福"是不是真正的幸福？小女孩在大年夜冻死街头，明明那么悲惨不幸，为什么却用两个"幸福"说她是"幸福"的？通过连问同样能有效地激发学生的思考。

（四）快问与慢问

快问即教师快速问，学生抢答，以训练学生思维的敏捷性和灵活性，这种提问宜用于较容易的内容。慢问则需要教师提出问题后给学生留出足够的思考时间，让学生周密思考，组织语言，以对问题做出圆满回答。这种提问可训练学生思维的深刻性和批判性，突出重点和难点，宜用于较难的内容。

---

① 唐敏.把准追问时机，提升课堂实效 [J].小学教学参考，2018(28)：76-77.

本案例请重点关注教师采用了哪些提问方法

教学一线

案例 6-5《圆明园的毁灭》教学片段①（五年级上册）

生：这还没完，敌人为了销毁罪证，放火把圆明园烧了，大火烧了三天三夜，圆明园只剩一片灰烬！

师：一天多少小时？（学生答 24 小时。）

师：三天三夜多少小时？（学生答 72 小时。）

师：一小时多少分钟？（学生答 60 分钟。）

师：三天三夜多少分钟？（学生答：4 320 分钟，有的学生动笔计算。）

师：4 320 分钟是多少个半分钟？（学生回答 8 640 个半分钟。）

师：烧掉一幅历史名画只用几秒钟，烧掉一个建筑，如"平湖秋月"只需几分钟。半分钟，大家想一想会烧掉什么？（放无声录像，是大火焚烧圆明园的镜头。全体静默，出示画面：烈火熊熊，浓烟滚滚的半分钟。）

师：这半分钟，感觉长吗？（学生齐点头。）

生：会烧掉许多精美的建筑物和画家、书法家的作品。

生：会烧掉许多华丽的丝绸和衣服。

生：会烧掉唐、宋、元、明、清历代的奇珍异宝。

师：圆明园本来是在北京西北郊，可大火笼罩了整个北京！所以，可以想象出圆明园这不可估量的文化价值是怎样化为灰烬的。

　　案例 6-5 的教学片段为引导学生理解"大火烧了三天三夜"的含义，教师用快问的方式引导学生对"三天三夜"进行计算，训练学生的思维，而更重要的是让学生体会"大火烧了三天三夜"中所蕴藏的深刻含义。紧接着以"半分钟，大家想一想会烧掉什么？"让学生通过观无声录像和画面去想象和思考，教师的慢问让学生进入用媒体营造的情境中，开始深思教师的提问。一快一慢，有效地控制了课堂教学的节奏，把学生的思维由表层引向深层，让学生体验到侵略者放火烧毁圆明园的罪行。

　　直问与曲问、正问与反问、追问与连问、快问与慢问分别从不同角度对提问进行区分。直问与曲问重在问题以直线式还是迂回曲线式提出的；正问与反问则是从问题内容的对立面来进行划分，重在训练学生顺向和逆向思维的能力；追问与连问的区别关键在于多个问题提出时有无间歇；而快问与慢问重在提问速度上的区别。事实上，提问方法可以是重叠的，如追问在使用时讲求速度转为快问，以训练学生的思维敏捷性。

① 姚春杰．小学语文名师同课异教实录 [M]．上海：华东师范大学出版社，2008：196．

三、提问的常见问题

提问作为教师课堂教学的重要手段，对于启发学生思考，引发学生兴趣，提高对知识点的理解具有重要作用。因此，提问是语文课堂的常用策略，但在实践中却容易产生各种问题。

（一）随意发问

有时候，在课堂上我们会听到："对不对啊？是不是啊？好吗？可以吗？对吗？"等没有目的的发问。这样的问题不具有启发性，不能引发学生的思考，不如不问。

（二）太易或过难

太容易的问题学生不假思索即可作答，会抹杀学生的探究欲望，不利于学生思维的发展；太难的问题则超出他们的"最近发展区"，容易使学生产生畏难情绪，影响学习兴趣。因此，在设计问题时，很多时候需要考虑学生的情况，若是太易，可不提问，或加大难度以深化问题；如果问题确实难度过大，那么可以考虑将问题拆分成多个问题，一步步引导，直至较难的问题迎刃而解。案例6-4中王老师的问题，即是化难为易的一个典型。

（三）形式单一呆板

提问的方式多种多样，有直问、曲问，正问、反问，追问、连问等，可很多教师习惯直问、正问，长期如此就会导致提问方式固化、呆板，缺乏趣味性和启发性；若能稍作变通，往往能达到极佳的效果。

（四）设置标准答案

提问应允许多样答案存在，这是语文学科特殊性决定的。但有的教师信奉标准、权威，所设问题不允许学生自由发表看法，如果学生偏离了教师的思路，教师就即刻否定，而不探究、深思乃至引导学生，这就会扼杀学生的积极性。如此，不仅不利于学生思维发展，更不利于学生创造力的培养和个性发展。

（五）不给予充分的思考时间

提问之后，许多教师为节省时间，完成教学任务，不给予学生充分的思考时间，以致课堂提问成为可有可无的环节，达不到启发学生思考和训练学生思维的目的。

（六）不注意指向性和开放性的结合

指向性是指提问的目标明确，指向清晰，让学生的思维活动与教学内容紧密地联系起来；开放性主要是指提问要能够为学生引路，给学生提供思考的线索。指向性是开放性的前提，如果没有指向性做基础，过度追求开放性往往不利于教学任务的顺利完成；只注意指向性而没有开放性则不利于学生思维的训练和发展。二者须有机融合，且以指向性为前提。如教学二年级上册《日月潭》一课时，教师提问：同学们知道哪些旅游景点啊？一学生脱口而出：埃及神庙。教师表扬，随后很多同学围绕世界各地人文景观纷纷发言："法国凯旋门、埃菲尔铁塔，埃及胡夫金字塔，意大利米兰大教堂，中国长城……"这时，教师发现问题过于开放，没有指向本课

> ○ 实践指导
> 课堂提问中教师要避免哪些常见的问题？

自然景观来切入，赶紧说："我国有哪些著名的自然风景名胜呢？"这时学生们纷纷举手，聚焦到国内的自然风景名胜。等学生说得差不多时，教师导入新课："大家说的地方真美呀！老师真想去那儿看看。今天老师想给大家介绍我国台湾的一个著名风景区。那里风光秀丽，吸引了很多中外游客，大家知道老师想说什么地方吗？"学生脱口而出"日月潭"。教师顺势板书课题，转入新课学习。当中不难发现，问题的指向需要切入课文内容，做到指向性与开放性的统一。

合作研习

　　以小组为单位，研读三年级下册《赵州桥》课文第二段。根据该段教学的重点以及提问的基本要求和方法合作设计该段的课堂提问。

　　（1）赵州桥非常雄伟。（2）桥长五十多米，有九米多宽，中间行车马，两旁走人。（3）这么长的桥，全部用石头砌成，下面没有桥墩，只有一个拱形的大桥洞，横跨在三十七米多宽的河面上。（4）大桥洞顶上的左右两边，还各有两个拱形的小桥洞。（5）平时，河水从大桥洞流过，发大水的时候，河水还可以从四个小桥洞流过。（6）这种设计，在建桥史上是一个创举，既减轻了流水对桥身的冲击力，使桥不容易被大水冲毁，又减轻了桥身的重量，节省了石料。

　　要求一：采用直问的方法从全段的结构上进行提问。
　　要求二：采用反问的方法对重点句（4）（5）（6）进行提问设计。
　　要求三：采用连问的方法设计关于赵州桥特点的提问。

第三单元　结课设计

教学一线

案例6-6　《太阳》课堂结课（五年级上册）

　　同学们，学过课文后，我们知道太阳和人类的关系非常紧密，自古以来，就有许多关于太阳的传说。那除了教材上介绍的太阳知识之外，你还想知道什么呢？老师给大家推荐几本书：《后羿射日》《神奇的太阳》《宇宙的奥秘》《太阳能的利用》，大家读完后有什么想法可以跟老师交流哦！

　　写文章有"凤头、猪肚、豹尾"之说，语文教学也应善始善终，首尾呼应。好的结课不仅可以对课堂教学内容起到总结课堂、回顾知识、点睛升华、深化学习的作用，还可以帮助学生拓展思维和视野，使学生始终保持旺盛的求知欲和浓厚的学习兴趣。

一、结课的基本要求

结课作为一节课的结尾，教师需通过精简、高效的结课方式奏响课堂的"终曲"。具体来说，结课有以下基本要求：

（一）言简意赅

结课不是对教学内容重新讲述，教师需要用概括性的语言归纳教学内容、升华文章主题或拓展延伸学习内容，从而使学生提纲挈领地把握课堂重点难点，明晰文章的思想主旨。高质量的收束，要做到言简意赅、词约义丰。

（二）切合内容

结课是针对本节课而言的，因此教师要紧扣本节课所讲的要点进行总结、提升和延展，不能与本堂课的内容脱节，盲目追求广化、深化，使学生难以把握。比如，案例 6-6 教师针对太阳一课进行了简单的总结概括，提示学生太阳和人类的紧密关系，随后引发学生去关注更多有关太阳的传说和相关的知识内容，尽管后面是拓展，但都是围绕太阳展开的，且文本在大多数学生阅读能力范围之内。

（三）把握重点

一节语文课的信息量通常比较饱满，比如，一节汉语拼音课通常包括汉语拼音的读音、写法、拼读等，一节识字与写字课涉及生字词的音、形、义以及运用，一节阅读课则可能涉及生字词、句、段、篇、文章主旨、思想情感、朗读、写作特点等，因此，收束目的性要强，做到有的放矢，不能面面俱到。这就要求教师在结束时要紧扣文本，重点突出，让每个学生都能从一堂课的结课中提炼重要信息，以帮助学生理解、掌握和记忆。

（四）灵活多变

面向同一班级的学生在结课时不能一成不变地采用一种方式，这样会造成结课呆板机械，了无趣味。教师应根据文本的特点、教学的需要和学生实际，不断创新结课形式，以多样的方法使结课变得生动有趣，有声有色，达到"课终而趣无限，言尽而意无穷"的最佳效果。

二、结课的常用方法

结课有法，但无定法。教师应该结合自己的教学风格，根据班级学生的学习特点和学习水平，结合不同的教学内容，选择不同的结课方式。下面介绍常见的结课方法。

（一）归纳提炼法

归纳提炼法是指教师用准确简练的语言，提纲挈领地对本节课的重点、难点、知识结构、基本原理、基本技能等进行梳理和概括，从而结束课堂教学的一种方式。它是最常用的语文结课方式。归纳式结课有利于学生形成知识系统，加深学生的印象，起到强化和深化的作用。例如，学习《坐井观天》后，教师可条理性地从以下方面进行总结：一是对重点词句进行总结，引导学生进一步掌握坐井观天、无边无际等；二是总结文章段落内容，明确文章主旨，明晓不能用"狭隘眼光看世界"的道理。再如，《威尼斯小艇》一课结课语："《威尼斯小艇》以形神兼备、灵活多变的语句展示了异国风情和小艇的重要作用。课文通过介绍威尼斯小艇的样子、船夫驾驶小艇的高超技术以及小艇的重要作用，为我们展示了威尼斯这座水上名城特有的风光。同学们，今天的课就到这里，下课！"教师寥寥数语帮助学生梳理了整节课的重点内容。

（二）主旨升华法

主旨升华法通常是教师结合课文内容和主题引发学生深入思考、深入理解、深化情感的结课方式。大多老师会通过自身的深入解读、理性思考或情境朗读，引发学生的强烈情感共鸣。例如，《为人民服务》一课结课时，教师说："同学们，今天的课堂学习中，我们知道了共产党的宗旨是——（学生）为人民服务；我们还知道张思德同志是——（学生）我们队伍中的一员；他是为人民利益而死的，他的死——（学生）比泰山还重。孩子们，此时，我想起了臧克家写的一首纪念鲁迅的诗（课件呈现）：有的人活着／他已经死了；有的人死了／他还活着……同学们，从现在起，大家要好好学习本领，将来造福社会和国家！"教师通过与学生的对答梳理课文内容，并朗诵臧克家的诗深化主旨，最后发出号召，引导学生形成远大志向。

（三）拓展延伸法

教学一线

案例 6-7　《少年闰土》课堂结课（六年级上册）

师："同学们，'我'和闰土少年时结下了深厚的友谊，离别时难舍难分。三十年后，我们又相见了。这时我们又怎样呢？"

学生大胆猜测，自由表达。

师："大家说得很好，想象也很丰富，可是结果并不是如此。三十年后，闰土见了'我'就喊'老爷'，这是怎么回事呢？大家想知道吗？请同学们课后到学校图书馆借阅鲁迅的小说《故乡》读一读，大家就明白了。"

此法指的是结课时教师因势利导将课内学习延伸到课外及其他学科，将书本知识拓展到日常生活及社会实践活动的教学方式。运用时要注意，拓展延伸要求应是学生能够达到的，要考虑学生课外资源的利用程度，避免提出的教学要求落空。如《白鹅》一课："这只白鹅真是'架子十足'，高傲得很！但是从诙谐、明贬实褒的语言中我们可以体会到作者对白鹅的喜爱之情。其实，我们也可以仔细观察身边的小动物，并用笔记录下来，期待大家在日记里展现你们的观察本领！"教师在总结全文特点后延伸至习作练习，高效结课并促使学生学以致用。

（四）问题悬念法

悬念式结课法是指设置疑点留下悬念，引发学生积极思考的结束课堂教学的方式。此法能促成学生的学习期待和探索动力，激发学生的学习兴趣和继续思考的热情。运用时要注意设置的悬念要有启发性，给学生留下思考的空间，激起学生的探究愿望，常在两节课具有内容或形式上的密切联系时使用。如学习《自相矛盾》时，教师在第一节课字词、朗读、节奏等基础问题解决后，设置悬念结课："同学们，大家对文言文的意思已经了解了，那么'其人弗能应也'的原因到底是什么呢？再深入思考一下，如果用楚人的矛去刺他的盾，可能会出现哪些结果呢？不同的结果和楚人的哪句话相冲突呢？我们下节课再来讨论。"教师通过一连串逻辑严密的问题，调动学生的积极思维，使课堂言尽而意无穷。再如《学弈》，结课时教师说："《学弈》这个故事，告诉我们学弈的两人学习结果不同，不是因为智力上有差异，而是学习态度上有差异，学习只有专心致志、一心一意才能成功，相信大家已经懂得了其中的道理。不过，如果我们继续深思，人与人之间真的没有智力差异吗？是的，每个个体的智力其实是存在差异的，那在有智力差异的情况下，我们又该怎么做呢？下节课我们再深入研讨。"教师既对课文内容主旨进行了总结，同时又引出新的问题，引导学生课下深入探究，明晰人与人之间其实存在智力差异，但是笨鸟亦可先飞，不努力同样会荒废自己的智力，由此基于问题悬念的引领，激发学生用心思索，并深化对课文主旨的理解。

（五）活动训练法

活动训练法是指教师采用让学生活动或者练习的方式米结束课堂教学的方式。这种结课方式通过学生自己参与活动或练习，使学生掌握知识、运用知识、巩固知识，突出学生的主体地位，有助于培养学生的语文实践能力。如《穷人》一课结尾，教师向学生提出："渔夫和桑娜收养了邻居的两个孩子。以后的日子将是何等难熬啊！相信此时此刻同学们心中都布满了无限的忧虑，请大家打开想象的翅膀，续写'桑娜拉开了帐子……'。"由此，同学们在深入理解文本的基础上以语言训练的方式结束课堂，实现在收束时训练学生语言表达能力的目的。

教学一线

案例 6-8　《枫桥夜泊》课堂结课（五年级上册）

师：这里什么都没有，但是，听……（播放钟声）在这清透幽冷、万籁俱寂的夜晚，在诗人愁上复愁，夜深未眠的时候，寒山寺的钟声突然悠悠地响起，穿过寒霜，贴着水面，飘入船舱，一记，两记，记记撞击着诗人的心坎。请问，这午夜的寒山寺的钟声似乎在向张继述说着什么呢？

生1：张继啊，一个人出门在外，难免经历各种波折困苦，你一定要意志坚定，想家的时候，听见寺庙钟声来慰藉你思乡的心情吧！

生2：张继啊张继，仕途不会一帆风顺的，坦然处之平静待之，就听听我这悠远的钟声聊慰心中的烦忧吧！

生3：张继啊，你一定在思念你的家人，但是在这万籁俱寂的夜晚，就让我为你宽解这心中的愁绪吧！

……

师：是啊，这钟声使他愁上加愁愁更愁的同时，又似乎在为他指点迷津，还好似警钟，敲醒了梦中人……听，寒山寺的钟声还在敲呢！（播放钟声）来，就让我们带着这钟声特有的意蕴，一起齐读这首诗。

除了以上介绍的五种方法外，还有强化练习、游戏表演、抒发情感、激发想象等方法，但事实上，教师在运用结课方法时常常综合应用，如《泊船瓜洲》一课结课时，教师说："看到明月，诗人更加思念家乡、思念亲人、思念朋友。明月是古人表达思乡之情常用的意象，不管是苏轼的'明月几时有，把酒问青天'，杜甫的'露从今夜白，月是故乡明'，还是李白的'举头望明月，低头思故乡'，袁枚的'明月有情应识我，年年相识在他乡'，都表达了诗人们亘古不变的思乡情怀。课下，请同学们积累几首有关明月的古诗词，并试着在课外写一首思念远方亲人的诗，寄给远在他乡学习、工作的亲人。"这个案例中教师先归纳总结诗歌主要内容，再通过思乡主题的群诗的诵读升华主旨，最后再拓展延伸到课外让学生写诗寄给亲人，多种方法综合运用实现了良好的结课效果。

三、结课的常见问题

结课虽然很重要，但在平时的课堂中容易被教师所忽视，产生许多常见性问题，具体如下：

（一）随意结课

一些教师在设计时特别重视课堂导入和中间环节的安排，而忽视结课的设计，到教学实施过程中自然而然将所有重心都放在课堂教学内容的讲解上，常常没有足够的时间进行课堂总结，于是在最后的时刻随意结课、草草收尾。造成这一问题的原因一是设计时没有重视，二是课堂教学过程中未把控好时间，从而导致整个课虎头蛇尾、头重脚轻。

（二）啰嗦耗时

还有一类结课的问题表现为花的时间太长，重复讲解课堂内容，语言不干净利落。其中很大原因是教师时间未把控好，前面内容讲解、环节进程节奏太快，导致结课预留时间过长，还有一种可能教学设计本身存在问题。啰嗦耗时的结课方式容易使学生产生厌烦心理，不利于学生学习激发和保持学习兴趣。

（三）形式单一

有的教师习惯采用归纳总结的方式结课，在针对同一班级不同课文结课时，长期使用单一形式的结课方式，学生少了新鲜感，缺少学习兴趣。

（四）目标不明

不同的课文要根据具体的目标来确定结课的方式，如果是为了帮助学生加深知识点记忆，教师可通过归纳总结或强化练习的方式结课；如果是为了拓展学生的思维和视野，则可以在结课时拓展同一作家的不同作品或不同作家的同类作品。总之，目标不同，方式不一。但是在实际教学过程中，有的教师由于经验不足，对结课目标不清楚，很容易使结课与课堂教学内容脱离、与学生能力发展脱节。

合作研习

以小组为单位，研读三篇课文，针对具体内容设计不同方式的结课，并展开交流评析。

1. 研读三年级上册《卖火柴的小女孩》，请分别尝试用归纳提炼、问题悬念、延伸拓展的方法设计三种不同的结课。

2. 研读五年级上册《慈母情深》，请尝试分别用主旨升华、活动训练的方法设计两种不同的结课。

3. 研读三年级下册《守株待兔》，请尝试综合运用多种结课方法设计结课。

第四单元　板书设计

在科技时代，多媒体教学手段丰富多样，很多教师忽略课堂教学板书的设计，事实上，它仍是课堂教学中不可缺失的重要部分，是教师课堂教学艺术的重要体现，是教师引导启发学生思维、理解、记忆的重要措施。

一、板书的基本要求

板书质量同教师教学活动的其他方面一样，直接影响着课堂教学的效果。板书要力求做到工整规范、整洁美观，重点突出、简明扼要，布局合理、条理分明，形式多样、新颖别致。

（一）工整规范，整洁美观

这是从板书的书写角度提出的。教师须遵循汉字的书写规律，写好楷书，书写正确规范，工整美观。不出现错别字，笔画、笔顺正确，不写繁体字和不规范的简化字。这其实属于教师的板书基本功，教师在传授知识的同时，要通过规范、工整、美观的板书有意识地引导、训练学生认字与写字，并督促他们养成良好的书写习惯。

（二）重点突出，简明扼要

板书设计要做到突出重点，简明扼要。要紧扣中心，把课文中最主要的内容，以最精练的文字和符合学生认知过程的板书形式，清晰地呈现在黑板上，从而帮助学生理解教学内容，掌握文章思路，提高构思作文的能力。

（三）布局合理，条理分明

板书通常要能帮助学生迅速把握和理解教学内容，并对学生课后复习起到辅助记忆的作用，这需要教师设计好板书的布局。教师必须根据教学要求，在授课前进行一番周密而精心的设计，做到层次清楚、条理分明，这样才能充分发挥板书直观形象、条理清晰的优势，有助于学生对照板书掌握教学内容。

（四）形式多样，新颖别致

板书的形式应服从教材的内容，服从教学活动的实际需要，选择字、词、图或表等最佳的板书形式，从而实现形式上的多样化，新颖别致，这样的板书形式可以引起学生浓厚的学习兴趣，加深学生的记忆和理解，增强学生思维的持续性，实现良好的教学效果。[①]

二、板书的形式设计

板书多种多样，从不同的角度有不同的划分形式。从板书使用的要素来看，可分为纯文字板书、图形板书、表格板书、美术画板书等；从板书功能上，可分为概括总结式、脉络线索式、对比呈现式、循序渐进式等；从板书时机上，则可分为先讲后书，先书后讲，边讲边书。下面从板书功能和要素的角度，就一些板书的设计形式做简要介绍。

（一）概括总结式

这种设计适用性强，指把课文的内容用精练、简洁的词语进行概括性说明。如五年级上册《落花生》可以这样设计（图 6-1）：

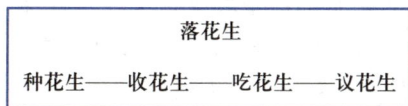

> ☐ 实践指导
> 小学语文教师一般可以采用哪些板书设计形式？

落花生

种花生——收花生——吃花生——议花生

图 6-1 《落花生》板书示例

这样处理，简单明了，条理性强，脉络清晰，有助于学生理清文章结构线索，既体现了作者的写作思路，又反映了作者的写作意图。

（二）脉络线索式

板书应揭示课文的主要内容，突出课文的重点和关键，准确地扣住作者的思路。合理的板书不仅能帮助学生理解教学内容，而且能使学生通过板书对所学内

---

① 丁莉，郁琼蕊. 小学语文有效教学使用课堂教学艺术 [M]. 北京：世界图书出版公司，2009：141-142.

容一目了然。因此，在教学中教师要根据教学要求，精心设计并确定板书内容、格式，力求体现教材的思路。例如，教师在教学四年级上册《观潮》时，依据潮来前、潮来时、潮过后的脉络设计板书（图6-2）：

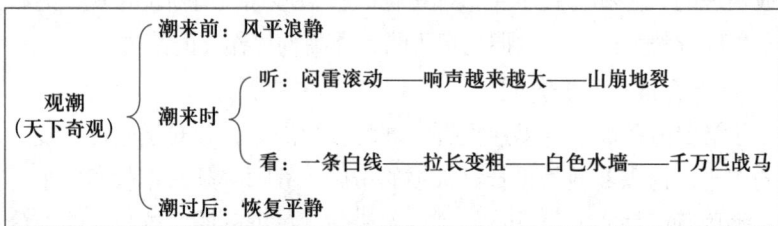

图 6-2　《观潮》板书示例

（三）对比呈现式

这种设计形式是把相近或相反的事物或事情放在一起进行比较，可分析其特点以进一步揭示事物或事情的本质特征和发展规律。如五年级下册《田忌赛马》的板书可以这样设计（图6-3）：

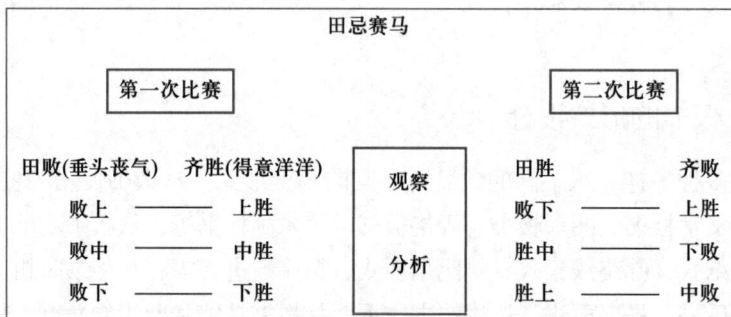

图 6-3　《田忌赛马》板书示例

该设计把两次比赛情况进行对比，从比较中学生不难发现两次比赛的对阵情况，板书的设计形式简洁明了，对比鲜明，有助于学生迅速理解文章的内容。

（四）循序渐进式

这种形式要根据课文讲解的需要逐步板书，有计划地向预设的整体设计发展。从开始到结束，板书内容循序渐进，直至最终表达出中心思想。例如，三年级上册《卖火柴的小女孩》的板书设计（图6-4）：

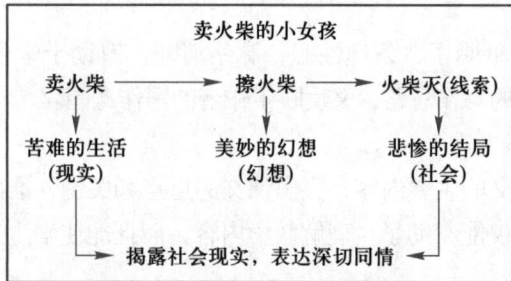

图 6-4　《卖火柴的小女孩》板书示例

（五）图文结合式

这是从教师板书所使用的要素上提出的板书形式。它要求使用不同颜色的粉笔书写和绘画，通过文字、符号、线条、图表、简笔画等形式将教材内容具体化、直观化，使板书具有独特的吸引力。此种形式多用于中、低年级课堂教学。例如《去年的树》的板书设计（图6-5）：

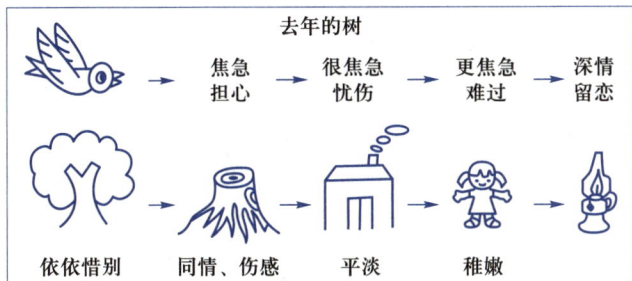

图6-5 《去年的树》板书示例

该课的板书贴近儿童的心理，结合课文中的角色——小鸟和树，生动形象地通过简笔画以及彩色粉笔的描画，激发了学生对课文学习的兴趣，同时也能有效地帮助学生掌握全篇内容。

除此之外，从板书书写时机来看，有的可先讲后书，有的则需要先书后讲，而有的则需边讲边书，最终应根据教学和学生的需要而定。一般先讲后书的板书起指引作用；先书后讲的板书起强调作用；边讲边书的教学板书则可引起学生注意，激起学生的学习热情。通常而言，采用边讲边书的情况较多。

例如四年级下册《白鹅》第1课时的教学：教师采用了边讲边书（图6-6）的形式，先提出纲领性问题：这篇课文写了几个方面的内容？分别是什么？学生带着问题认真读课文。之后，教师引导学生概括出这几方面的内容，学生一边概括，教师一边引导和补充，一边在黑板上书写。之后，教师再指导学生发现作者围绕白鹅高傲的特点来描写，并表现出作者对白鹅的喜爱之情。这样做可以吸引小学生的注意力，并启发小学生思考和归纳。

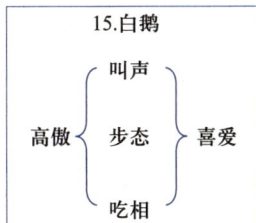

图6-6 《白鹅》板书示例

三、板书的常见问题

板书在现代课堂教学中极易被教师忽视，但如前所说，板书作为课堂教学的重要组成具有不可替代的作用。在板书时易出现以下问题。

（一）照抄照搬

在信息时代，教师可以通过各种途径获得他人教学的板书设计，于是很多教师将其照抄照搬运用到自己的课堂，殊不知在没有经过自己的思考和消化而照搬他人板书的结果，往往容易造成板书与教学内容环节安排上的不协调，并且不利于自身板书设计能力的提升。因此设计板书时可以借鉴优秀板书，但借鉴不等于照搬，教师必须在独立钻研教材、切合自身所长的前提下，再汲取他人之长，进行创造性的整合，这样才能提高自身的板书设计能力。

（二）书写潦草

在课堂教学中很多教师为了节省时间，而不太重视板书的布局和美感，随意书写、潦草勾画，导致整体板书凌乱无序。尤其是对文字板书的潦草书写，对学生会造成诸多不利影响。一是不利于学生通过板书理解课文内容；二是对学生的学习态度造成不良影响；三是造成学生对汉字笔画、笔顺、间架结构的轻视，不利于小学生良好书写习惯的养成。

（三）缺乏条理

很多教师由于在课前没有认真吃透教材的三点（特点、重点、难点）和三路（思路、教路、学路），匆匆设计板书，结果导致板书条理不清、结构不合理。这也是新教师最容易出现的问题，因此，教师一定要事先认真研读、分析教材，在吃透教材的基础上再进行设计，确保板书条理清楚和结构严谨。

（四）形式单一

板书的形式多种多样，不同板书各有其优点与缺点。在设计板书时，一些教师习惯单一使用某种形式而忽视多种形式的综合运用，导致学生觉得枯燥乏味，降低学习效率。可见，教师在设计时还需根据板书形式的不同特点，结合教学目标、教学内容以及学生的认知特点灵活设计有效的板书形式。

合作研习

以小组为单位，共同研读三篇课文，针对教学设计选择恰当的形式设计板书，并展开交流评析。

1. 研读二年级上册《我要的是葫芦》课文，采用图文结合的形式设计该课的板书。

2. 研读四年级下册《飞向蓝天的恐龙》课文，针对教学设计选择恰当的形式设计该课的板书。

3. 研读五年级下册《威尼斯的小艇》课文，针对教学设计选择恰当的形式设计该课的板书。

第五单元　现代教学媒体运用设计

随着现代教育技术的不断发展，教育教学发生巨大变革，教学空间的虚拟化、学习场所的泛在性、学习时间的灵活性、学习资源的数字化使当前小学语文教学出现许多新的变化形态，深度融合小学语文教学与现代教育技术的能力成为语文教师的重要素养。《语文课程标准》明确指出，要充分发挥信息技术在语文教学变革中的价值和功能。

一、教学媒体的内涵

媒体是指承载、加工和传递信息的介质或工具。当媒体用来辅助教学而作为承载教育信息的工具时，则成为教学媒体。教学媒体既可以是教学内容的载体，也可以是教学内容的表现形式，还可以是师生之间传递信息的工具，如实物、图表、图像、录音、动画等。宽泛意义上，传统的粉笔、黑板、挂图等技术手段都是教学媒体，但本书所指教学媒体主要是指利用现代信息技术承载和传递教学信息的现代教学媒体手段，如投影仪、录音机、电子白板、虚拟实验室等传递教育信息的各种现代教学设备。

智慧教学《小毛虫》[1]

教学媒体以其广阔的知识信息存储、"声色像"元素的高度融合、跨越学习时空界限等特点而在现代小学语文教学中广泛应用。《语文课程标准》也明确提出，在语文教学中"应加强对跨媒介阅读与交流的指导，充分利用数字资源和信息化平台，引导学生提高语言理解与运用能力，逐步增强语言表达的准确性、规范性""应鼓励学生借助现代信息技术，自主搜集和利用学习资源，拓展思路，支持自己的思考和论说"。小学语文教师需充分且有效地运用教学媒体开展教学。

二、现代教学媒体运用的要求

尽管小学语文教学大量使用教学媒体辅助教学，并成为语文教学重要的应用场景，但是并不是随时随地、不分重点、无论内容都必须使用，从教学媒体运用角度来看，教学媒体运用要遵循以下基本要求。

（一）服务于学生发展

这是教学媒体运用时要遵循的根本要求。教学媒体的运用是"当用则用"，而不是不论目标与效果、教师特点与学生发展就"全盘必用"或"非得要用"。例如，教学课件是语文课堂教学中常见的教学媒体，很多教师认为教学课件乃必

---

[1] 湖南省长沙师范学院附属创远小学，黄晓林。

备要素，但事实是，教学课件运用与否取决于能否有效促进教学、服务于学生的发展，如果运用不当反而会对学生课堂学习造成牵制。毕竟教学课件呈现内容更为便捷、信息量更大，学生的"理解""思考""反馈""情感熏陶"的过程极易被机械演示所取代，教学效果反而适得其反。

（二）切合教学内容特点

不同教学内容有不同的教学重点，运用教学媒体时需要切合教学内容特点恰当运用。如识字教学重在使学生把握汉字偏旁、笔顺、间架结构及理解字义等，教师运用教学媒体时就需要切合识字教学的重点进行设计。如教"啄"字，可通过视频展示啄木鸟的动画，介绍啄的动作和意义，然后再通过多媒体识字教学软件展示汉字，将偏旁"口"标红，提请学生注意啄木鸟是用"口"啄击树木的；接着演示啄字的笔画、笔顺及间架结构，帮助学生对该字形成整体印象，从而掌握汉字的整体间架结构及其在田字格内的布局。

从《圆明园的毁灭》教学片段中，我们会发现，窦桂梅老师根据阅读理解的需要，适时通过课件、视频等教学媒体呈现辅助性材料，让学生身临其境、心有所感。尤其场景三，用的是无声录像，"无声"更能促发学生内心情感、激发情绪，而只播放半分钟，目的在于让学生体察半分钟时长，再想象半分钟所烧掉的圆明园的瑰宝何其之多，而圆明园是烧了三天三夜，回应这是"不可估量"的损失，从而加深学生对课文的理解，激发学生的爱国情感。

（三）结合自身所长及学生学情

现代教学媒体的运用还要考虑到教师自身所长，不能盲目使用。如当下翻转课堂蔚然成风，一些教师在对教学视频的录制技术和视频制作缺乏相应的了解、对翻转课堂没有深入的认识、对相应的教学内容是否有必要采取翻转课堂缺乏判断的情况下，只为追求新奇仓促教学。虽然革新教学模式之精神可嘉，但却未必能产生好的教学效果。同时，教学媒体运用也不能忽视学生的实际情况。对于独立学习能力强的人，翻转课堂往往能发挥更大的辅助作用；反之，则不一定能起到良好作用。

三、现代教学媒体运用的新探索

《语文课程标准》在教学建议中指出，教师要关注互联网时代日常生活中语言文字运用的新现象和新特点，认识信息技术对学生阅读和表达交流等带来的深刻影响，把握信息技术与语文教学深度融合的趋势，充分发挥信息技术在语文教学变革中的价值和功能。在现行的小学语文教学中，教师们大力探索新技术、新媒体与小学语文教学的深度融合，出现了许多教学媒体应用的新形式、新方法。

（一）利用网络资源平台拓展语文学习空间

随着现代信息技术与语文教育的一体化，网络平台中世界各地的各种"超文

《圆明园的毁灭》教学片段

说课《探索智慧教育新范式，赋予师生成长新动能》①

---

① 湖南省邵东市城区第五完全小学，刘媛。

本"语文资源与现行语文教学紧密结合，打破教材的限制，弥补课堂教学的缺陷，最大限度地拓展语文学习内容，使语文学习更富针对性、实效性和多元化、立体化。[①] 教师可以充分利用教育网站的教学资源，营造语文教学的开放性平台，如《蝙蝠和雷达》一课，教师将该课导学案上传至云平台，学生在平台上自主下载预习，对课文内容形成初步认知。课堂上，教师提问：除了雷达外，科学家们还从动物的身上获得了哪些启示呢？学生借助互联网平台搜索各种资料，如鹰的滑翔与滑翔机、斑马与斑马线、苍蝇的眼睛与蝇眼摄像机、蝴蝶与人造卫星等，这些资料极大地拓展了学生的知识视野。同时，学生在课堂上思维也变得更为活跃，提出许多"高质量"的问题，教师则可以充分利用互联网，及时解答，帮助学生掌握更多的课外知识，大大拓展了语文课程的学习空间。

（二）信息技术支持学生自主合作探究学习

《语文课程标准》指出，教师应"充分利用网络平台和信息技术工具，支持学生开展自主、合作、探究性学习，为学生的个性化、创造性学习提供条件"。现实教学中，有的语文教师创建网络学习空间，实现学生在线浏览、检索、下载、讨论、作业上传、评价等各种自主学习功能，甚至建立辅导区、资源区、互动交流区、QQ学习群、展示区，引导学生自主学习。如在学习《匆匆》后，借助资源区平台，让学生自主学习朱自清先生的其他文章《背影》《春》《荷塘月色》等，在对比、拓展阅读后通过互动交流区与其他同学交流，在展示区分享自己的心得体会；还有教师利用各种智慧教学技术手段，如通过高拍仪、实物展台将学生学习的成果在电子白板上展示，将师生、生生之间交流讨论的内容通过电子绘图板上传至电子书包云平台，利用智慧课桌与电子白板实现抢答、作业练习、学习展示、评价反馈等教学活动，积极为学生的自主、合作、探究性学习提供技术支持。

说课《精品课是这样炼成的——以〈端午粽〉为例》[②]

（三）大数据分析诊断学生学业表现

当前大数据广泛应用于教育领域，《语文课程标准》亦提出"发挥大数据优势，分析和诊断学生学业表现，优化教学，提供及时、准确的反馈和个性化指导"。国内在小学语文诊断评价方面已有初步尝试：利用人机协同支持的小学语文写作教学模型为学生的作文打分；进行问卷调查、测评、投票，记录并搜集学生数据；使用智能平台批改试卷，促进学生的个性化学习；利用"智慧校园"对学生基础信息、学习行为、学习习惯、学习内容、学习过程、学习结果进行数据化的记录，描绘出"学生画像"；利用 AI 智能技术等，关注学生学习过程、多维评价学生；依托软件的班级管理、作业在线批改、成绩汇总分析、课件分享、在线讨论等功能，教师可以依靠大数据汇总分析学情，呈现出勤率、作业提交率、互动参与率、话题参与度、表现星级的五维雷达表，从而为阶段性反馈提供参考等。[④]

《我的植物朋友》习作教学案例[③]

---

① 李冰霖."在线语文"：语文教育新概念 [J].课程·教材·教法，2002(9)：7-11.
② 湖南第一师范学院第二附属小学，李紫玥。
③ 湖南省长沙市岳麓区博才咸嘉小学，赵高菲。
④ 汪睿，赵静华.小学语文精准评价策略研究 [J].中国教育信息化,2022(8):95-101.

第六单元 教案设计

从广义上说，教案设计的过程即教学设计的过程。在内容上，教案设计和说课设计有较多的重合，如设计的理念依据、教材内容分析、学情分析、教学目标确立、教学方法选用、教学过程安排等，但教案设计是个人授课的教学预案，主要是为已所用，当然也可用于同行间学习；而说课设计重在交流，通常用于观课汇报或同行交流。所以在学习本单元的同时，请与说课设计内容相结合。

一、教案设计的基本要求

作为课堂教学的预案，一份好的教案设计是教师上好课的前提，通常反映出一个教师的教学理念、学情把握情况、课文理解程度、教学设计能力等。教案设计要遵循以下基本要求。

1. 体现语文课程理念

教案设计主要呈现"教什么"和"怎样教"，但背后却充分展现出教师的设计理念，即"为什么要这样教"。设计理念作为教案设计的思想指引，首先要遵循语文课程的基本理念，具体来说，包括立足学生核心素养发展，充分发挥语文课程育人功能；构建语文学习任务群，注重课程的阶段性与发展性；突出课程内容的时代性和典范性，加强课程内容整合；增强课程实施的情境性和实践性，促进学习方式变革。

《我要的是葫芦》
教案设计①

2. 重视学生学习方式和行为的设计

教案设计从字面意义上理解是教师教学的方案设计，但并不意味着不关注学生的学习方式和行为。传统课堂学习方式基本采取被动接受式，学生被动地倾听、答问、记笔记、做练习、背诵等，缺乏主动性、创造性。语文课程倡导实施自主、合作、探究性的学习方式，更需要教师在教案设计中充分理解自身在教学中的引导者、帮助者、对话者角色，关注学生的学习方式和行为，有效地引领学生主动参与、亲自实践、合作探究，帮助他们发展获取信息、整理信息、解决问题、交流合作的能力。

本案例请重点关注教师对学生学习方式和学习行为的设计

教学一线

案例6-9 《赵州桥》教案设计节选②（三年级下册）

1.开展读书"闯关"活动。第一关我会读，第二关我巧认，第三关我能写。

（1）学生自由读文，做"闯关"准备。

圈画出文中的生字，注意读准字音，把句子读通顺，难读的词句想办法解决。

---

① 湖南省长沙市麓山国际实验小学，周桂平。
② 冯丽云.《赵州桥》教学设计与评析 [J].教育实践与研究，2006(8)：56-57.

（2）以小组为单位尝试"闯关"。

2.检查"闯关"情况。

第一关：我会读。

（1）大屏幕出示生字、生词。学生以开火车方式朗读；

（2）指名读课文。看谁读得正确、流利；

（3）选择读。把你喜欢的段落读给大家听，教师随机指导；

（4）想象读。学生边读边想象赵州桥的样子。

第二关：我巧认。

（1）用自己喜欢的方式识记字形；

（2）互相交流自己的识字秘诀。

第三关：我能写。

（1）学生自主观察汉字的结构，练习书写；

（2）教师巡视指导；

（3）展示优秀作业。

3.教学过程设计个性化

面对相同的教材课文，不同的语文教师由于自身阅历、知识水平、思维能力、审美能力等的差异对文本会有不同的理解，同时由于面对的班级不同、学生情况又有差异，因此不同教师的设计会呈现出个性化色彩，而非众案一词、千篇一律。总之，教师需根据自身的教学风格、教材内容、学情、教学媒体等设计教学方案，提倡百花齐放、设计多样。

二、教案设计的内容

教案设计体现了教师对课程理念、教材内容、学情的理解层次和水平，也体现了教师个体的教学设计能力。教案从形式上分有条目式教案和表格式教案，按篇幅分有详细教案和简要教案。条目式教案是以顺序排列的条目为结构形式的教案类型，有大致固定的条目及其结构顺序，每一条目的容量可因人、因材、因校制宜，是一种常用的教案形式。表格式教案是以表格为结构形式的教案类型，有特定的栏目及其结构，在每一栏目之中研究、设计和安排相关内容，如表6-1所示。其主要特点是具有提示特性，适合新教师使用。

教案的基本内容通常包括：教学目标、教学重难点、教学方法、课时安排、教学过程、板书设计等（与说课设计有较多重合），一般无需交代清楚设计的依据，不过现在很多教师在教案的教学过程部分，会随着教学环节的展开而增加设计意图的说明。

条目式教案包括背景记载，有学校、班级、科目、教材、教师和日期等项目；

实践指导
教案设计一般包含哪些内容？又可以采取哪些教案设计形式？

教案文本的构成

然后一般有课题名称、教学目标、教学内容、教学重难点、课程类型、教学方法、教具准备、课时安排、教学过程设计和板书设计、教学后记等条目。

表格式教案是在条目式教案的基础上，把必要的项目、教学环节以及教与学的相互关系，设计为具有相对固定格式的表格。表格式教案有各种类型，有的仅仅是条目式教案的表格化，而有的则突出表格的直观性和结构化特点。具体结构可见表 6-1 示例说明。

表 6-1　表格式教案示例说明

学校		班级		科目	
教材		教师		日期	
课题名称	说明本课名称				
教学目标	依据《语文课程标准》、学情分析、教材分析等方面确定教学目标				
课程类型	说明是新授课、综合运用课还是复习课等				
教学重点	说明本课所必须解决的关键性问题				
教学难点	说明学生易产生困难和障碍的知识点				
教学方法	说明本课所采用的教学方法				
教具准备	说明辅助教学手段使用的工具、素材等（包括教师和学生的）				
课时安排	说明具体的课时数				
教学过程					

教学活动	学生活动	设计意图
一、导入 结合教学内容、学生情境选择适当的导入方法，力求简洁、新颖、激趣、实用。 二、新授 体现教师的主导和学生的主体作用；层次清楚、过渡自然；重点突出，难点突破，而且方法灵活。 三、巩固练习 练习有坡度，有层次，能体现不同能力学生的需要。 四、总结 结合教学内容、学生表现与课堂反馈对本节内容进行小结	学生参与教学活动的方式、数量以及相关要求	说出每个环节、每个提问、每个动作的具体指向，明确设计目的；与教学活动、学生的表现一一对应

板书设计	简练、清晰、实用，勾勒整节课的主要内容
教学后记	本课教学亮点、失败之处，以及学生见解、改进设计等

《清平乐·村居》
教案设计[①]

在小学语文教学改革过程中，一些教师不断创新教案形式，出现了"导学案"的形式。导学案以学为中心，通过活动、练习、任务等，引导学生在自主学习、合作探究中完成课程学习。具体形式和内容，可参见二维码资源《记金华的双龙洞》。

导学案:《记金华
的双龙洞》[②]

---

① 湖南省湘潭县列家桥中学，周明珠。
② 湖南省湘江新区博才西江小学，王好好、胡雪婷。

第七单元 说课设计

说课是教师在备课基础上于课前或课后向同行或评委用口头语言说明教学设计及其理论依据，然后由听者评说交流的一种教学活动。由于说课构建了学习、交流和共同研究的空间，有助于教师提高教学水平，提升课堂教学质量，是小学教育教学实践（如评课、赛课）常用的一种形式。

一、说课的基本要求

说课能集中而简明地反映教师的教育教学理念、教学技能与教学风格，并使教师的教学实践上升到一定的理性层面，解决理论与实践脱节的矛盾，从而服务于教师的课堂教学。说课的基本要求如下。

（一）内容完整，详略得当

说课活动要求教师在较短时间内（10分钟左右）讲清对教材、学情的分析以及教法与学法指导、教学程序、理论依据等问题，做到内容完整、系统。但由于时间有限，为了让听者更好地把握重点内容，说课又要注意详略得当、重点突出。一般来说，说课的重点应放在"说教学过程"上，而且，即使是对教学过程设计的说明也不宜面面俱到，应主要说明如何解决重点、突破难点。教学重点、教学难点、教学亮点、教学特色等要具体说，以便给听者留下深刻印象。

（二）说清理论依据

说课一般要说明"教什么""怎样教""为什么要这样教"三个方面，而其中"为什么要这样教"在说课中最为重要，即教师在说课中一定要交代清楚自己采取某种教学设计和思路的理论依据。例如，要以小学语文学科基础理论、《语文课程标准》以及课文编写者意图为"说教材"的指导，学情分析则要以教育学、心理学相应的理论为学情分析的依据；以学科教学论为指导设计教学方法。

（三）语言生动，富有交流感

说课通常以语言、图表、图像甚至多媒体辅助手段来表现，当然以"说"为主，配以适度的情感与情境表达。语言表达时做到自然、大方，生动、流畅，语速适中，内容讲述条理清晰、层次分明、表述完整，同时因为说课也是一种交流，教师要注意增强自身的交流感。说课时，要精神饱满、充满激情；要使听者感受到说课者的自信和能力。说课的语言应具有较强的针对性，简练干脆，避免拘谨，力求有声有色，灵活多变。前后要连贯紧凑，过渡要流畅、自然。

二、说课的类型

说课的类型有很多，从设计者的目的和需要进行划分，有示范式、训练式、汇报式、评比式、考试式、反思式等多种说课类型，也有从课程类型的角度将说课分为基础课程说课、拓展课程说课、探究课程说课。在此，根据说课的具体时间段将说课分为课前说课和课后说课两种。

（一）课前说课

课前说课，指教师在上课前，向同行或评委们讲解自己的教学设想。它是说课教师将教材分析、学情分析、重难点设计、教法及学法、教学过程设计等进行说明的课前教研活动。基本按照"教什么""怎样教""为什么要这样教"的思路展开，侧重理论分析，尤其是"为什么要这样教"这一部分，要就自己的具体教学设计说出其中蕴含的理论依据，将其上升到一定的高度。

（二）课后说课

课后说课由于是在授课发生之后，通常在讲明自身的教学设计外，还需要结合学生的课堂表现，反思自己的教学设计是否达到了预期目的，说出设计上的成功之处、不足之处及改进之处。一般按照"怎样教""为什么要这样教""教得怎样""如何改进"的思路展开，侧重从实践效果的角度分析认识。通常要认真运用教学理论分析、研究本节课教学的得与失，剖析预设与教学实际出现偏差的原因，并探究最佳的教学策略与方法，以求今后更有效地教学。

一般而言，竞赛性说课都开展课前说课，突出对教材理解、目标确定、学情把握、过程设计理念的说明；而大型公开课或示范课多数开展课后说课，教师突出对自身教学设计及教学效果的认识和反思，结合课堂教学分析、说明授课得失。

三、说课的内容

说课主要包括以下五个方面的内容：说教材、说学情、说教学目标、说教法学法、说教学过程。

（一）说教材

这部分主要说明"教什么"的问题。一般要说明三项内容，一是教材的版本和课文在教材的位置；二是课文的主要内容是什么；三是课文有何特色。

本案例请重点关注教师具体说明了教材的哪些内容

教学一线

案例 6-10　《观潮》说课稿之说教材（四年级上册）

《观潮》一课是四年级上册第一单元"自然之美"的一篇精读课文。"海阔天空浪若雷，钱塘潮水自天来。"钱塘江大潮自古以来为人们所称颂。《观潮》这篇课文介绍了农历八月十八钱塘江大潮涌来时雄伟壮观、惊心动魄的景象。全篇用一个"奇"字作为主线统领全文。潮来前，作者通过观潮人群急切心情的描写，从侧面突出"奇"；潮来时，作者把潮水由远及近的声音和看到的景象交织在一起描写，再现了大潮的势不可挡，进一步突出"奇"；潮头过后，余波"漫天卷地地涌来"，可见潮头虽去，气势犹在，留给我们的仍是"奇"。

案例6-6第一句介绍了教材版本及课文在教材中的位置，第二、第三句简要地概括了课文的主要内容，后面部分围绕课文的结构进行了特点的归纳和介绍。

（二）说学情

说学情就是分析学情，包括学生已有的知识结构、学习习惯、学习能力、心理特点等，该部分主要是为教学目标设定和教法学法设计提供依据。一般情况下可以单独说学情，也可以巧妙融入其他部分里说学情。

教学一线

案例6-11 《盘古开天地》说课稿之说学情（四年级上册）

　　我教授的学生在学习本课之前已接触《夸父追日》《羿射九日》《精卫填海》等神话故事。学生在日常生活中，对神话故事中的英雄人物极为崇敬和喜爱。小学生天性好奇、好问、富于幻想、勇于探索，对神话故事兴趣浓厚，对这类课文的学习，热情高涨，主动参与，有较强的表达欲望。

> 本案例请重点关注教师具体说明了学生的哪些方面

案例6-7对学生已有的知识储备、学习兴趣及学习特点进行了说明，在说课稿中作为"说学情"部分单列出来，学情概括基本到位，表明教师熟悉授课对象，为教师的教学设计提供了依据。

（三）说教学目标

说教学目标通常分为两个部分：一是说制订教学目标的依据；二是具体描述教学目标。如果在前面已经对教材及学生情况做了详细说明，此处重点就是描述教学目标了。另外教学重难点通常置于教学目标之后表述。

教学一线

案例6-12 《搭船的鸟》说课稿之说教学目标（三年级上册）

　　结合本单元要求学生能留心观察周围事物和本课作者对翠鸟的描写，以及学生的实际情况，我将本课的教学目标定为以下三点：

　　1.会认读5个生字，会读会写11个生字，重点指导带有"口"字部的不同写法的五个生字："吞""嘴""响""哦""啦"。

> 本案例请重点关注教师如何"说教学目标"

2.能正确、流利、有感情地朗读课文，了解课文主要内容；通过品读对翠鸟的外形的描述，初步学习仔细观察、抓住特点进行事物描写的方法。

3.体会人与动物、自然和谐共处的美妙境界，陶冶亲近自然、热爱自然的美好情感。

本文的教学重点在于通过学习生字词，在能正确、流利朗读课文的基础上，品读对翠鸟外形的细致描写，感受语言的形象生动，培养学生热爱自然的美好情感。鉴于三年级的学生仍以形象思维为主，教学难点确定为引导学生品读翠鸟外形的描写，初步学习仔细观察、抓住特点进行事物描写的方法，进而培养学生留心观察事物的品质。

（四）说教法、学法

从教法的角度看，主要说明"怎样教"以及"为什么要这样教"的道理；从学法的角度看，则重在说明"怎样学"以及"为什么要这样学"的道理。通常在讲教法时，学法也就相应地呈现，不可截然分开。因此一般在这部分，主要解释教师采用什么样的方法去落实教学目标，怎样处理教与学、讲与练的关系；教师如何在重难点上进行点拨，在能力特点上强化训练等。当然也可以只从学法上进行说明。

教学一线

本案例请重点关注教师怎样说教法、学法

案例6-13 《猫》说课稿之说教法、学法（四年级下册）

本课利用多媒体创设情境，展示不同形态的猫，激发学生学习的兴趣，活跃课堂气氛，并辅以图文结合、反复诵读等教学方法进行教学。与此相应，在学法上我将采用"读—画—思—议—读"的方法引领学生自主学习。通过"读"（范读、默读），学生初步感知课文；通过"画"，学生标记文中重点词句；通过"思"，学生从深层次上进一步认识课文内容和写作方法；通过"议"，学生进行反馈交流，检查学习效果；最后通过反复诵"读"（个别读，男、女生读，小组分句、段读），学生情感升华，加深对文本的感悟。此学法体现"把学习的主动权还给学生"这一指导思想，让学生进入文本、体验文本，进而内化文本。

（五）说教学过程

这是说课的重点。主要说明教学的总体设计、结构安排、环节转换、板书设计等；同时要说明每一步教学环节设计的依据与目的。

本案例请重点关注
教师怎样说教学
过程

案例6-14 《司马光》说课稿（三年级上册）

湖南第一师范学院第一附属小学 戴娜 谢洁

一、说教材

《司马光》是本单元的第一篇课文，也是统编版教材出现的首篇文言文。《司马光》选自《宋史》，文章短小精炼，语言清浅易懂，人物形象生动，是学生初识文言经典的极好范本。

二、说学情

学生在低年级时已经积累了不少古诗文，这为本课的学习打下了基础。这篇课文非常重要，决定着学生日后对于文言文的情感态度与价值观。然而，对于三年级的学生，我们恰恰要将这份"重"表现出极度的"轻"。只有这样，才能让学生轻松、愉悦地进入文言文的世界。

三、说教学目标

紧扣单元人文主题和语文要素，我们确定了本课的教学目标：

（1）认识"司、跌、皆、弃、持"5个生字，会写"司、庭、登、跌、众、弃、持"7个字。

（2）正确跟读课文，读好停顿，背诵课文。

（3）借助注释，用自己的话讲一讲故事。

（4）初步感受文言文语言上的特点。

重难点如下：

（1）正确跟读课文，读好停顿，背诵课文。

（2）借助注释，用自己的话讲一讲故事。

（3）初步感受文言文语言上的特点。

四、说教法学法

古人云："书读百遍，其义自见。"因此，我们将"读"作为重要策略，从"读对——读懂——读好——熟读成诵"四个层次渐入，使学生在读中理解，读中感悟，读中思考，读中表达。

五、说教学过程

基于以上思考，我们设计了以下教学环节：

（一）读解姓氏，知人物

先出示"司"字甲骨文，让学生猜猜是什么字？"司"字是本课要学习书写的第一个生字。指导学生写好"司"字后，接着聊一聊"对司马光有哪些了解"。然后相机补充：2019年是司马光诞辰一千周年，他的家乡光州还举行了庆典活动。

接下来，让学生猜一猜司马光姓什么，通过回顾一年级学的《姓氏歌》，学生不难知道，"司马"也是一个复姓。联系旧文学习新知，不断复现，这也是教材的一大特色。

（二）读通文言，识言简

1. 文白对读，初识言简

"《司马光砸缸》这个耳熟能详的故事，在课文里是怎么写的？"让学生在文白对读中说说"发现了什么"。有的可能会说："课文的字数很少。"也有的可能会说："不太好读。"但通过文白对读，既消除了陌生感，又初步感受了文言文语言简练的特点。

2. 师生对读，感受停顿

接着，我们会发现，不会停顿是学生碰到的一个难题。这时，我们采取了师生对读的方式，如这句（出示：群儿戏于庭。）让学生自由练读，然后再范读（范读：群儿／戏于庭）。学生在比较中会发现，这句话其实就是根据"谁？在干什么？"来进行停顿的。学生再用这样的方法，尝试为后面的句子画停顿记号。这样，学生就慢慢掌握了停顿的方法。

（三）读懂文言，明其义

在读准停顿之后，我们再次走进文本。

1. 善借方法读，在读中释义

读着读着，学生可能会发问"迸"是什么意思？这时，我们会引导他们借助注释、通过朗读，感受"迸"的力量。若学生又问，"瓮"是什么？则可顺势从"司马光砸缸"中引导学生说说'缸'和'瓮'有什么区别。而学生借助注释，再观察图片，就能明白两者的区别。

2. 巧找动词读，在读中感悟

诵其文，明其义，方能知其人。在提出"你们觉得司马光是个什么样的人呢？"这个问题后，学生会讲到他砸瓮救人的义举，我们会顺势引导学生关注文中的动词。

【找一找】他们会发现全文共30个字，光动词就有10个之多，这是为什么呢？

【动一动】我们先让学生边读边想象画面，并试着做做动作。其间借字理识字——"登""持"，在诵读过程中一篇短小的文言故事便慢慢丰盈起来。

【品一品】我们从动词"没"引出故事的"起因"，再以"众儿与光如何应对？"串起后面的动词。学生会从"弃"中读出众儿的惊慌失措，会从"持""击"，感受到司马光的临危不乱，会从"活"读到故事的美好结局。这样，既读出了故事的脉络，又读出了人物的品质。

3. 角色带入读，在读中思考

此时，我们再化身为故事中的一儿，询问司马光："你在破瓮时是怎么想的？"话头再转向众儿："你们是怎么看司马光砸瓮救人的？"用这样的句子（出示：光真＿＿＿＿＿也。）来评价一下他。学生可能会说"光真勇也……"
"光真智也……"等。如此，教学方可入境入情入心。

4. 图文对照读，在读中表达

读到这里，可以让学生试着讲讲这个故事了。我们将课文插图延展成连
环画，让学生给每幅图配上原文中的一个字，这是对课文内容的复现，也是
为讲故事提供一个支架。我们再鼓励学生，以教室为"庭"表演，或学众儿
惊慌失措，或学司马光持石砸瓮，充分体验角色。故事表演好了，后面的背
诵也就水到渠成了。此时，我们再向学生提供一个背诵小妙招：借助人物，
熟读成诵。记住文中依次出现的人物，师生合作，用接龙的方式背诵（出示：
群儿……，一儿……，……。众……，光……，……，儿……）再鼓励学生
不看提示进行背诵。

（四）读活文言，巧运用

温儒敏教授提出：要让学生从小"海量阅读"，读些"深"一点的书，可
以"似懂非懂"地读，"连滚带爬"地读。于是，我们补充了一则文言小故
事《曹冲称象》，放手让他们借本课学到的方法在"连滚带爬"中提升核心素
养，习得中华美德。

（五）板书设计，促记忆

本课的板书设计如下，通过简练的文字、图画提炼重点内容和学习方法，
帮助学生记忆和运用。

文言文是中华优秀传统文化的载体，学习的是语言，训练的是思维，传
承的是精神和品质！我们就是这样和学生一起以趣味为先，以诵读为本，以
方法为媒，举重若轻学文言。

以上我们对说课的主要内容进行了详细的介绍。如果是课后说课，通常在概
述教材情况、教学目标、教法与学法运用、教学过程等环节后，讲述课堂实践的
情况（也可以在教学过程中穿插讲述），可以是成功之处，也可以是欠缺之处和
改进之处，一般会涉及教学效果、教法与学法运用情况、学生活动情况及教学实
施情况，简单来说就是在课前说课基础上增加教后反思。

说课设计：
《总也倒不了的老
屋》[1]

① 高婷. 聚焦部编语文教材，关注阅读策略指导 [J]. 课程教育研究，2019(4):124-125.

四、说课的常见问题

说课不是教案的宣讲，也不是课堂中的讲课。在说课活动中，教师常出现宣讲教案、理论与设计脱节、重点不突出、语言表达欠缺交流感等问题。

（一）宣讲教案

说课不等于教案的宣讲，也不是浓缩课堂教学过程。说课的核心在于说理，在于说清"为什么要这样教"，因为没有理论指导的教学实践，只知道做什么，不了解为什么这样做，永远是经验型的教学，必然是高耗低效的。因此，教师必须认真学习教育教学理论，主动吸纳教育教学改革的新信息、新成果，并应用到课堂教学之中。

（二）理论与设计脱节

突出教学理念与诠释教学思想并不是要向听者宣讲现代教育教学理论，详细介绍某理论成果，而是在于说明教法、学法指导的依据，在于说明教学安排的指导思想。然而实践中很多教师故弄玄虚，生搬硬套一些专业术语，抽象地阐述教育教学理论，脱离说课的具体内容，极易造成理论与设计脱节的问题。

（三）重点不突出

有些教师非常重视对前几个环节的处理，即在"说教材"与"说教法学法"上花较多的时间，但却忽视了"说教学过程"。其实恰恰相反，说课的重点应放到"说教学过程"上。而且，即使是说教学过程，也不应平均用力，主要应说清如何解决重点、如何突破难点。

（四）语言表达欠缺交流感

说课强调的是互动，而非单方面地传递信息或背诵。但在实践中很多教师往往忽略了说课的互动性，或将自己写下的说课稿拿着念给同行听，或停留于背稿状态。另外，语言太过书面化也不利于同行间的交流互动，适当增加一些口语化的过渡性话语能增强说课的交流感，当然太过口语化以及琐碎的话语也不行，反而会影响说课内容的完整性和表达的效果。

合作研习

以小组为单位，结合以下具体要求分别对三篇文章进行说课设计，并在小组内开展说课及评价。

1. 请以二年级上册课文《坐井观天》为课题，进行说课设计。

2. 请以三年级下册课文《赵州桥》为课题，进行说课设计。

3. 仔细研读五年级下册课文《青山处处埋忠骨》，设计一份课后说课稿。

本章训练与拓展

教学设计训练 ‖‖

● **实践任务**

从以下三篇课文中任选一篇独立设计说课稿，之后以小组为单位进行说课及虚拟教学：

1. 二年级上册《日月潭》；

2. 四年级下册《琥珀》；

3. 六年级上册《少年闰土》。

实践要求：

1. 说课稿的各部分内容完整，重点突出，说清理论依据；

2. 在"说教学过程"部分要注意采用恰当的方法设计导入、重要提问、板书及教学媒体的运用；

3. 小组内说课后再进行虚拟教学，并结合虚拟教学情况开展课后说课。

实践建议：

请你认真学习本模块各单元具体内容，并登录"中国大学 MOOC"观看本模块各单元教学视频，掌握教学导入、提问、板书及说课的设计方法。

推荐阅读 ‖‖

1. 雷玲. 名师备课新思维：语文卷 [M]. 上海：华东师范大学出版社，2017.

该书对一线教师提高专业素养、提升教学水平具有很大的帮助。书中汇聚了孙双金、吉春亚、王崧舟、周益民、赵景瑞、刘祥等众多语文名师的备课新思维、新方法，教你备得有效、备出新意、备出特色。从名师备课的新理念、新思维、新做法中提升教学能力，掌握各种有效的教学方法。

2. 丁军鹏. 小学语文课堂教学新课导入所面临问题及策略 [J]. 天津教育，2022（8）：165–167.

成功的课堂导入，对于小学语文课堂教学有着至关重要的作用。该文对小学语文课堂导入存在的诸多问题进行了剖析，并基于小学语文案例提出了悬念式课堂导入、情境式课堂导入、媒体式课堂导入、导图式课堂导入等策略，大家在阅读中可以边读边思考，想想这些导入策略的优势与不足。

3. 祝新华. 阅读教学课堂提问设计：普遍存在的问题与改进策略 [J]. 课程·教材·教法，2009（10）.

恰当的提问是有效教学的核心，该论文虽然是新世纪课程改革后的教学研究，但对于当前的语文教学仍然有着很强的指导意义。文章指出阅读教学课堂提问普遍存在提问数量过多、问题认知层次太多两个典型问题，对于达成阅读学习目标、提高思维能力有着显著的负面影响。据此，文章指出要平衡不同认知层次的问题，采取问题与教学目标相配合、核心问题与辅助问题相辅相成等策略，以实现良好的提问设计。

4. 刘艺慧. 学习任务群下大单元教学的实施路径 [J]. 语文建设，2022（5）：69-72.

《语文课程标准》指出，"义务教育语文课程内容主要以学习任务群组织呈现""语文学习任务群由相互关联的系列学习任务组成，共同指向学生的核心素养发展，具有情境性、实践性、综合性"。基于学习任务群如何开展教学设计？此文基于"民间故事"主题进行了大单元的教学设计尝试，通过阅读和思考，大家可以从中把握学习任务群下的大单元教学设计思路和方法。

主要参考文献

［1］郑国民，李宇明.《义务教育语文课程标准（2022 年版）》解读 [M]. 北京：高等教育出版社，2022.

［2］王崧舟.《义务教育语文课程标准（2022 年版）》案例式解读（小学）[M]. 上海：华东师范大学出版社，2022.

［3］徐鹏 . 义务教育课程标准（2022 年版）课例式解读：小学语文 [M]. 北京：教育科学出版社，2022.

［4］江平 . 小学语文课程与教学 [M]. 3 版 . 北京：高等教育出版社，2017.

［5］吴欣歆 . 培养真正的阅读者：整本书阅读之理论基础 [M]. 上海：上海教育出版社，2019.

［6］曾文婕，潘蕾琼，黄甫全 . 小学课程设计与评价 [M]. 北京：高等教育出版社，2018.

［7］王荣生 . 语文课程与教学内容 [M]. 北京：教育科学出版社，2015.

［8］李杏保，顾黄初 . 中国现代语文教育史 [M]. 成都：四川教育出版社，1997.

［9］刘淼 . 当代语文教育学 [M]. 北京：高等教育出版社，2008.

［10］叶圣陶 . 叶圣陶作文论 [M]. 上海：商务印书馆，1924.

［11］吴忠豪 . 从"教课文"到"教语文"：小学语文教学专题行动研究 [M]. 北京：高等教育出版社，2012.

［12］张秋玲 . 语文教学设计：优化与重构 [M]. 北京：教育科学出版社，2012.

［13］张文质，窦桂梅 . 小学语文名师同课异教实录 [M]. 上海：华东师范大学出版社，2008.

［14］施茂枝，等 . 教容易 写不难：新模式新教材小学作文教学案例点评 [M]. 北京：高等教育出版社，2021.

［15］施茂枝 . 这样教写作不难：基于小学生心理特征的写作教学序列与模式 [M]. 北京：高等教育出版社，2018.

［16］薛法根 . 为言语智能而教：薛法根与语文组块教学 [M]. 北京：教育科学出版社，2014.

［17］丁有宽 . 丁有宽与读写导练 [M]. 北京：北京师范大学出版社，2006.

［18］吴忠豪 . 小学语文教学内容指要：汉语·阅读［M］. 北京：高等教育出版社，2015.

［19］何捷 . 习作这样教：全 2 册 [M]. 武汉：长江文艺出版社，2020.

［20］《小学语文教学》杂志社出版社 . 跟着名师教习作 [M]. 南昌：江西教育出版社，2022.

［21］刘济远，刘卫英 . 本色作文全程导写教与学：小学版 [M]. 北京：北京师范大学出版社，2012.

［22］王荣生 . 语文综合性学习教什么 [M]. 上海：华东师范大学出版社，2014.

［23］赵水英，王林发 . 语文综合性学习教学设计方案 40 例 [M]. 北京：中国轻工业出版社，2013.

［24］方贤忠 . 如何说课 [M]. 上海：华东师范大学出版社，2008.

［25］冯铁山 . 小学语文新课程教学设计与技能训练 [M]. 北京：清华大学出版社，2012.

［26］靳彤 . 语文综合性学习：理论与实践 [M]. 北京：中国社会科学出版社，2007.

［27］蔡伟 . 语文课堂教学技能训练 [M]. 上海：华东师范大学出版社，2009.

［28］王荣生 . 听王荣生教授评课 [M]. 上海：华东师范大学出版社，2007.

［29］于永正 . 课堂教学实录 1：阅读教学卷 [M]. 北京：教育科学出版社，2014.

［30］于永正 . 于永正：我怎样教语文 [M]. 北京：教育科学出版社，2014.

［31］杨美芳 . 小学语文说课概论 [M]. 武汉：湖北人民出版社，2015.

［32］荣维东，唐玖江 .《义务教育语文课程标准（2022 年版）》的主要变化、学理依据与实施策略 [J]. 课程·教材·教法，2022（10）：11-19.

［33］刘飞 . 对语文课程性质的比较与反思：兼谈新课标视野下语文教育新走向 [J]. 语文教学与研究，2022（21）：30-37.

［34］付睿 . 坚守与超越：语文课程性质界定的历程、特征及启示 [J]. 天津市教科院学报，2022（3）：20-27.

［35］董蓓菲，闫琳 . 走向文化自信：《义务教育语文课程标准（2022 年版）》文化教育图谱 [J]. 课程·教材·教法，2022（10）：36-41.

［36］董小玉，刘晓荷 .《义务教育语文课程标准（2022 年版）》的新变化、新方向与新要求 [J]. 天津师范大学学报（基础教育版），2022（5）：14-20.

［37］王荣生 ."语文学习任务"的含义：语文课程标准文本中的关键词 [J]. 课程·教材·教法，2022（11）：71-77.

［38］何华英 . 一年级阅读课如何教识字、写字：以统编教材一年级上册《秋天》一课教学为例 [J]. 小学语文教师，2020（7-8）：116-117.

［39］屈太侠 . 写字教学如何体现年级特点 [J]. 语文教学通讯，2010（12）：45-46.

［40］邱志凯 . 大概念在统编语文教材单元学习任务群中的渗透 [J]. 教学与管理，

2022（2）：42-46.

［41］傅登顺. 构建语文"学习任务群"群链的构想与策略［J］. 教育科学论坛，
2023（1）：12-16.

［42］王荣生. 语文"学习任务群"的含义：语文课程标准文本中的关键词［J］. 中
国教育学刊，2021（11）：71-77.

［43］沈碧君. 项目化学习背景下的口语交际情境创设［J］. 语文教学通讯，2022
（11）：31-33.

［44］王学进. 融通、链接、回归：统编小学语文教材习作内容的编排特点及教
学建议［J］. 基础教育课程，2021（5）：57-62.

［45］彭小芹. 统编教材中习作教学的创新与实践［J］. 基础教育课程，2022（6）：
29-33.

［46］王微，秦善鹏. 任务型教学创设读写一体课堂的探索性实践：以部编本小
学语文五年级（上册）习作单元为例［J］. 现代教育，2022（9）：55-58.

［47］曹海. 小学语文作文评改存在的问题及对策研究［J］. 语文建设 2022（10）：
73-74.

［48］沈虹. "读后感式"看图作文教学策略例析：以统编版小学语文五年级下
册第八单元习作《漫画的启示》为例［J］. 福建教育学院学报，2022（5）：
71-72.

［49］荣维东，周胜华. "表达与交流"教学应走向能力进阶和统整实践：《义务
教育语文课程标准（2022 年版）》"表达与交流"解读［J］. 福建教育，2022
（27）：37-42.

［50］曹爱卫. 第一学段"梳理与探究"的意义、要求与教学建议［J］. 教学月刊小
学版（语文），2022（9）：4-7.

［51］刘春. 第二学段"梳理与探究"的内涵、目标与教学建议［J］. 教学月刊小学
版（语文），2022（9）：8-12.

［52］何必钻. 第三学段"梳理与探究"的目标解读与教学建议［J］. 教学月刊小学
版（语文），2022（9）：12-16.

［53］谭畅. 基于"梳理与探究"的情境、任务与评价设置：以三下复习单元为
例［J］. 小学教学设计，2022（16）：11-14.

［54］吕俐敏，王珺然. "梳理与探究"的意义、价值及实践［J］. 小学教学（语文
版），2022（Z1）：18-22.

［55］阳利平，叶会彬. 语文"梳理与探究"板块解读［J］. 湖北教育（教育教学），
2022（8）：5-7.

［56］黄涛，龚眉洁，杨华利等. 人机协同支持的小学语文写作教学研究［J］. 电化
教育研究，2020（2）：108-114

［57］廖敏. 小学中段语文习作单元教学问题及策略研究［D］. 西南大学，2020.

［58］郭畅. 统编教科书小学语文习作单元教学现状及策略探究［D］. 上海：上海

师范大学，2022.

［59］杨碧洁.大单元教学法在小学语文第二学段习作单元教学中的应用研究 [D].
河北师范大学，2022.

郑重声明

高等教育出版社依法对本书享有专有出版权。任何未经许可的复制、销售行为均违反《中华人民共和国著作权法》，其行为人将承担相应的民事责任和行政责任；构成犯罪的，将被依法追究刑事责任。为了维护市场秩序，保护读者的合法权益，避免读者误用盗版书造成不良后果，我社将配合行政执法部门和司法机关对违法犯罪的单位和个人进行严厉打击。社会各界人士如发现上述侵权行为，希望及时举报，我社将奖励举报有功人员。

反盗版举报电话　（010）58581999　58582371
反盗版举报邮箱　dd@hep.com.cn
通信地址　北京市西城区德外大街 4 号
　　　　　高等教育出版社法律事务部
邮政编码　100120

读者意见反馈

为收集对教材的意见建议，进一步完善教材编写并做好服务工作，读者可将对本教材的意见建议通过如下渠道反馈至我社。

咨询电话　400-810-0598
反馈邮箱　gjdzfwb@pub.hep.cn
通信地址　北京市朝阳区惠新东街 4 号富盛大厦 1 座
　　　　　高等教育出版社总编辑办公室
邮政编码　100029